창간 50주년기념 軍소리군소리 제4권

I CORPS Family 함께한 50년

창간 *50* 주년 기념 軍소리군소리 제4권

I CORPS Family
함께한 50년

국학자료원

사막에서 네 번째 장미를 피우다

　사막과 장미. 참으로 어울리지 않는 짝이다. 그러나 세상에는 어울리지 않을 것 같으면서도 묘하게 어울리는 짝들이 있다. 그것이 세상이고 그것을 보는 것이 세상 사는 묘미 가운데 하나이기도 하다.
　얼마 전 월드컵을 개최해서 유명해진 카타르의 수도 도하에 2019년 3월에 개관한 '사막의 장미'라는 멋들어진 외관의 박물관이 있다. 현대건설이 시공을 맡아 지었다고 하니 우리와도 인연이 있는 박물관인데, 정식 명칭은 카타르국립박물관이다. 사막에서 나는 돌 가운데 장미꽃을 닮은 예쁜 돌이 있는데, 프랑스 건축가 장 누벨이 이 돌의 모양에서 영감을 얻어 이 박물관을 설계했기 때문에 '사막의 장미'라는 별명을 갖게 되었다고 한다. 그저 평범하게 보일 수도 있는 사막의 돌을 장미와 연결시킨 발상이 참신하고 그것을 국립박물관 디자인의 모티프로까지 승화시킨 상상력과 그런 파격적 상상까지 허용한 그 나라 사람들의 포용력이 새삼 놀랍다.
　병사(兵士)와 문집(文集). 이것 역시 사막과 장미만큼이나 어울리지 않는 짝이다. 그러나 그런 짝이 엄연히 이 땅에 존재했다. 50년이나 전에, 그것도 세 번씩이나 이런 문집이 중대단위의 작은 부대에서 사병들에 의해 간행되었으니 놀라운 일이다.

우리는 50년 전에 한미1군단(집단)사령부 본부중대에서 함께 근무했던 전우들이다. 우리 부대는 독립중대였기 때문에 근무하는 병사들의 수도 얼마 되지 않았고 몇 년 존속하다가 상급부대로 흡수통합되었기 때문에 부대의 역사도 뒤안길로 사라졌다.

1971년에 부대 창설요원으로 왔던 병사들이 1974년에 자신들의 전역기념으로 창간호를 만들고, 『군소리군소리』라고 이름 붙였다. 국군의 역사상 초유의 중대단위부대 병사들이 만든 문집은 그렇게 탄생했다. 그리고 그들의 조수들이 그 뒤를 이어 1976년에 제2권을 만들고, 또 그들의 조수들이 1977년에 제3권을 만들었다. 그리고는 1980년에 부대가 없어졌기 때문에 더 이상은 만들어지지 않았다.

우리는 50년 전 만들었던 그 문집을 구심점 삼아 지금까지 귀중한 만남을 이어오고 있다. 짬짬이 모여서 산행도 하고 담소도 나누고 막걸리잔도 기울인다. 사심 없이 만나 어려움을 함께 했던 전우들이니 다른 어떤 모임보다 격의 없이 어울릴 수 있어서 좋다.

금년이 『군소리군소리』 창간 50주년이 되는 해이다. 그래서 우리는 따로 모임을 갖고 조촐한 축하행사를 가졌다. 제1권, 제2권, 제3권을 복사해서 연락되는 모든 옛 전우들에게 보냈다. 50년의 세월을 뛰어넘는 감격이 있었다. 그리고 자연스럽게 창간 50주년 기념호를 새로 만들기로 뜻을 모았다. 이 나이에 새삼스레 글을 쓴다는 것이 쉬운 일이 아니었지만 모두들 50년 전으로 돌아가는 기쁨에 힘을 내어 적극적으로 호응해 주었다. 그래서 이 『군소리군소리』 제4권이 나오게 된 것이다.

이 책에는 우리 전우 42명의 글 52편과 편집부에서 작성한 두 편의 글이 실려 있다. 그리고 50년의 역사성을 고려해서 『군소리군소리』 제1권, 제2권, 제3권에 실렸던 글들 가운데 대표성을 가질 만한 것 하나씩을 가려서, 편집부가 작성한 '『軍소리군소리』의 역사를 AI에게 듣는다'라는 특집 가상대담 기사 속에서 함께 다루었다.

이 기쁨과 감격을 선물해 준 모든 동료들에게 감사한다. 모두의 그 헌신과 봉사를 기억한다. 그 중에서도 특히 두 분께는 특별한 감사를 드린다. 권문택 장군과 서장선 전우다. 서장선 전우는 군에 있을 때에 중대본부 서무병으로 온갖 어려운 일을 도맡아하였는데 전역 후에도 50년 가까운 세월 동안 그 서무병의 일을 계속하여 왔다. 중대원들의 대소사를 챙기고 각종 소모임을 주선하여 끊임없이 만남이 이어지도록 한 그의 헌신 덕분에 이 모임이 유지될 수 있었다. 권문택 장군은 당시에 대위로 본부중대 중대장이셨는데, 장교와 사병의 벽을 넘어 이 모임에 참여하고 후원하며 늘 든든한 버팀목이 되어 주셨다. 참으로 쉽지 않은 일을 하신 두 분께 이 자리를 빌려 깊은 감사를 드린다.

우리는 이제 사막에서 네 번째 장미를 피우려 한다. 그 기대가 우리를 설레게 한다. 거기에는 50년의 세월을 뛰어넘는 노병들의 감격과 환호성이 있다. 20대 초반의 활력이 되살아나는 듯하다. 노년에 이런 호사를 누리는 것도 복 중의 복이리라. 그리고 이 책은 '사막의 장미'처럼 국군의 역사에 길이 남을 멋진 박물관이 될 것을 굳게 믿는다.

2024년 12월
편집위원 일동 씀

목 차

편 집 부　사막에서 네 번째 장미를 피우다　4
권 문 택　우리들의 이야기, 우리들의 전설　14
편 집 부　'그곳을 향해' 오줌을 갈기자! 거총! 발사!　17

제1부
『軍소리군소리』 창간 50주년기념 특집 가상대담

편 집 부　『軍소리군소리』의 역사를 AI에게 듣는다　26

제2부
I-CORPS Family와 함께한 50년

서 장 선　I-CORPS Family와 함께한 50년　94

제3부
그리움으로 남은 병영생활

전 상 구　나는 한·미1군단 부대 창설요원이었다　118

John T. Cole	Memories of the CRC	126
안상수	무료한. 기억. 7	136
이홍건	날고 싶다	142
유광호	곤도 일병이 되기까지	156
박동근	HONOR	164
박경신	원조(元祖) '빠던'의 아픈 기억	170

제4부
인연의 끈

권문택	한·미1군단 본부중대장 경험이 이끈 국방과 교육 혁신	178
이상원	만남의 인연 한·미1군단	194
허형석	나와 한·미1군단	206
김수룡	CRC 번역병 회고	215
이동수	진달래꽃	220
정지수	운? 기적? 기도?	223
감종홍	내가 만난 사우디 터키 장군	230
이경영	내 운명을 바꾼 51년전 그날	236

| 정 춘 | 죽음은 환상에 불과하다 | 243 |
| 김건중 | 군에서 만난 귀한 인물들 | 247 |

제5부
붓 따라 결 따라

정지수	한밤의 기다림	260
서병교	너는 누구냐?	265
조용호	부산 깡깡이 예술마을	270
이석우	내가 본 I-CORPS FAMILY	275
신현우	인생 열차	278
신종철	타타타	287
김용식	안전한 삶을 꿈꾸며	292
김효종	물 흐르듯 사는 삶	302
정홍구	산천과 친구 되어 살기	306
구범회	노년들에게 고함	310
황완주	장무상망의 아름다운 사랑, 완당과 우선	315
이희배	70대에 현역으로 일해 보니	321
김명식	세상은 공평한가요?	325

정 춘 근	卍(만)	336
이 정 룡	현대사회와 주술	340
민 병 출	치앙마이로 오세요	346
임 병 수	카톡, 밴드 예절 7계명	351
박 경 신	한시 감상 한 수	354

제6부
옛 동산에 올라 보니

신 종 철	CRC방문을 위한 협의 과정	368
권 문 택	50년만에 CRC를 찾다	371
김 건 중	CRC 옛터에서 생각에 잠기다	377
조 용 호	CRC의 주요건물을 존치시켜 주십시오	384

제7부
전문가에게 길을 묻다

양 재 하	우리나라 제조업의 새로운 자리매김을 바라며	397
황 성 호	시니어를 위한 자산관리법	401

박홍용	사람이 만든 돌, 콘크리트 이야기	408
구홍서	Active 시니어로 살기	419
이진업	풍수 이야기	427
김용식	내가 경험한 베트남	436
이의용	건강하고 아름다운 삶을 기대하면서	443
유달준	치아 건강과 전신 건강	452
백승춘	인구문제 해결을 위한 제언	462
변진학	한국의 핵무장	480
구범회	정문부, 북관을 지켜내다	506

편집후기 및 부록

편집후기	524
부록 : I CORPS Family 명단	528

우리들의 이야기, 우리들의 전설

예비역 육군 준장
(당시 대위, 중대장)
권 문 택

    50여년 전, 우리는 의정부에 위치한 한·미1군단 본부중대 소속으로 한·미1군단사령부에서 미군과 합동으로 근무하면서 군대 생활을 하였습니다. 비록 최전방에 있지는 않았지만, 우리 본부중대는 군단의 행정지원부대로서 중요한 임무를 수행하며 미군과 혈맹의 우의를 다지고 국토방위를 위해 최선을 다했습니다. 국적을 넘어선 협력과 신뢰는 우리 사이에 단단히 뿌리내려 전선 못지않은 강력한 방어막이 되었습니다.
    특히 판문점 도끼만행사건과 같은 한반도의 숨막히는 안보 위기에서도 우리는 작전 지휘 지원에 일익을 담당하며, 상황을 평화롭게 마무리하는 데 기여한 자부심을 갖고 있습니다. 그 시절 우리의 노력은 단순한 업무를 넘어선 대한민국의 평화 수호와 안정을 위한 헌신의 상징이었습니다.
    반세기가 흘러, 오늘 우리는 다시 모였습니다. 주름진 얼굴과 굵어진 손마디마다 각자의 삶이 새겨져 있지만, 마음속 깊이 자리 잡은 그 시절의 추억은 여전히 빛을 발합니다. 한·미 동맹의 상징이었던 그 시절, 미군들과 함께 공동 작전을 수행하고 그들과 인간적으로 교류하는 가운데 우리는 단순한 동료애를 넘어 진정한 전우로 거듭났습니다. 의정부의 따스한 햇살 아래에서 함께 나누었던 웃음, 합동 훈련 후의 짧은 휴식 시간, 그리고 주말이면 계급을 초월해 펼쳤던 축구 경기까지, 이제 와 되돌아보니 그 모든 순간이 정말 소중했습니다.

함께했던 나날들 속에서 우리는 단순히 임무를 수행하는 군인이 아니었습니다. 우리는 서로의 곁에서 희망을 찾았고, 어려움 속에서도 용기를 나누며 미래를 꿈꾸었습니다. 그 꿈은 오늘날 각자의 삶으로 이어져 우리를 다시 이 자리에 불러냈습니다.

그 시절의 뜨거운 태양과 밤하늘의 별들은 여전히 기억 속에 반짝이고 있습니다. 우리가 지키고자 했던 한반도 평화는 후배들에게로 이어졌고, 우리가 뿌린 땀과 헌신은 이 땅의 번영으로 결실을 맺었습니다. 그 모든 것을 함께 해냈던 중대원 여러분, 여러분은 저의 자랑이자 영원한 전우입니다.

  군소리 제4권의 발간을 통해 이루어진 오늘의 재회가 지난 50년을 넘나드는 다리로, 다시금 그날의 뜨거운 열정과 연대의 힘을 일깨워 주길 바랍니다. 우리는 함께여서 강했고, 그 힘은 앞으로도 변하지 않을 것입니다. 여러분 모두에게 깊은 감사와 경의를 표합니다. 과거를 돌아보며, 현재를 감사하며, 미래를 함께 그려봅시다. 우리의 이야기, 우리의 전설은 여전히 계속될 것입니다.

2024. 11. 04.

권 문 택 씀

〈軍소리군소리 일언(一言)〉

'그곳을 향해'
오줌을 갈기자! 거총! 발사!

편집부

    제대군인들이 흔히 하는 말 가운데 "군대생활했던 데를 향해서는 오줌도 누지 않는다."라는 것이 있다. 그 힘들고 지긋지긋했던 군대생활을 다시는 기억하고 싶지 않다는 뜻이다.
    군대생활 했던 사람 가운데 그 말이 전혀 수긍이 가지 않는다고 말할 사람은 거의 없을 것이다. 충분히 공감이 간다. 오죽했으면 군대생활이 그렇게 각인되었겠는가!
    그러나 그렇게 인식되고 각인되었다고 해서 그렇게 마구 말해도 되는 것일까? 그렇게 말하고 말면 우리의 3년이라는 군대생활이 너무 허망하지 않은가! 그렇게 고생하고 힘들었던 그 긴 세월이 그 몇 개의 단어로 깡그리 지워지기에는 너무 아깝지 않은가?
    무엇보다도 가장 아름답고 활기차야 했을 나의 그 청춘 중심에 자리하고 있는 3년이라는 세월이, 그 어렵고 힘들었던 기나긴 시간들이 아무 가치 없는, 마치 해서는 안될 짓을 한 것처럼 완전히 부정당하고 매도당해도 되는 것인가? 내 삶의 가장 소중했던 그 3년을, 그 존재 가치를, 욕하면서 팽개칠 수 있다는 말인가?

그럴 수는 없다. 그러기에는 너무 아깝고 안타깝지 않은가? 그 긴 세월이, 그 힘들었던 시간들이, 우리가 흘렸던 그 피땀이 정당하게 평가받아야 마땅하다. 아니 우리 스스로 정당하게 평가해야 한다. 감정적으로는 그럴 수 있는 대목이 있다 할지라도 우리는 좀더 냉철하고 이성적으로 판단해 보아야 한다.

제대 말년에는 "사회에 나가면 거꾸로 매달아도 살 수 있다."라고 생각했고 또 후배들에게도 그렇게 말했었다. 그럴 자신이 있었다. 나도 모르게 그런 자신감이 생겨 있었다. 어떤 극한적인 상황도 견뎌낼 자신감을 군대생활을 통해서 얻은 것이다.

이 얼마나 소중한 재산인가! 군대가 아니고야 어디서 그 기간에 그런 자신감을 얻을 수 있었겠는가? 그 자신감 하나로 지금까지 50년을 버티면서 살았다. 그 자신감이 없었더라면 벌써 무너지고 말았을지도 모른다. 이 얼마나 소중한 내 인생의 밑천이었던가! 값으로 따질 수 없는, 불로도 태울 수 없고, 물로도 쓸어갈 수 없는 참으로 소중한, 내 삶의 보루였다. 지나고 보니 그것이 군대생활이었다.

한국이 어느 틈에 세계 10위 안에 드는 경제대국이 되고 선진국의 문턱까지 바짝 다가와 있다. 이웃에 있는 일본이나 대만보다도 GDP가 높다고 한다. 이런 기적이 이루어진 배경에는 우리의 이 자신감이 중요한 한 몫을 했다는 것을 인정해야 한다. 이런 자신감이라도 없었더라면 오늘의 기적은 없었을 것이다. 36년간의 일제의 침탈과, 6·25 한국전쟁이라는 끔찍한 참화를 겪은 이 땅에 남은 것은 아무 것도 없었다. 오죽했으면 세계에서 두 번째 가난하고 헐벗은 나라로 자리매김했겠는가? 그런 우리를 일으켜 세워서 힘차게 도약할 수 있게 한 밑바탕에는 군대생활이 한 자리를 차지하였다는 것을 겸허히 받아들여야 한다. '빨리 빨리'라는 문화의 정착에도 군대생활이 한 몫을 했다고 보아야 한다. 기업이나 공공기관이 체계적이고 효율적으로 되는 과정에서도 군대의 영향이 컸음을 부정할 수 없다. 하나의 예로 1970년대만 하여도 공문서가 '안녕하십니까?'로 시작되어 있는 경우가 다반사였고 무슨 말인지 이해할 수 없는 장문의 편지 같았다. 군대 행정이 사회 행정보다 10년이 앞섰다는 이야기가 실감되던 시절이었다. 그러던 것을 짧은 시간에 바꿀 수 있었던 것도 일정 부분 군대생활의 경험이 작용했다고 할 수 있다. 그 외에도 군대생활이 우리 사회에 도움이 된 부분은 한둘이 아니다.

우리는 부정적인 생각을 버리고 긍정적 마인드를 가져야 한다. 군대생활은 힘들고 고통스러웠지만 다른 한편으로 그것은 참으로 소중하고 값진 것이었다. 그리고 우리는 그 고통과 피땀을 더 큰 긍정적 가치로 되돌려 받았다.

100세를 훌쩍 넘기신 원로 철학교수님께서 TV방송에 출연하여 대담하시는 것을 본 적이 있다. 인간 삶에서 가장 보람 있고 가치 있는 일은 무엇이냐고 진행자가 물었다. 그 교수님은 망설임 없이 '남을 위한 수고. 타인을 위한 애씀'이라고 대답하셨다. 퍽이나 간결하고 명쾌하고 자신감 넘치는 대답이었다. 깊은 성찰과 함께 세상을 그렇게 오래 사신 분만이 내릴 수 있는 결론이었을 것이다.

자신을 위해서 수고하고 애쓰는 것은 자연스러운 일이다. 모든 사람이 그렇게 한다. 아니 사람뿐만 아니라 짐승도 그렇게 한다. 생명 가진 모든 존재는 다 자신을 위해서 수고하고 애쓴다. 그런 점에서 보면 그것은 자연스럽고 당연하고 그래서 '보람있고 가치있는' 일이기도 하다.

그러나 그것은 '가장' 보람있고 가치있는 일이 되기에는 부족하다. '가장' 보람 있고 가치 있는 일은 분명 그것을 뛰어넘는 그 무엇이다.

남을 위해서 애쓰고 수고하기 위해서는 자신의 삶의 일정 부분을 '희생(犧牲)'해야 한다. 그것도 가장 소중하고 값진 것으로 해야 한다. '희생(犧牲)'이라는 단어 자체가 '제사에 쓰는 제물'을 말한다. 옛날 중국에서는 천자가 제사를 지낼 때에 소를 썼다. 이 단어에 들어있는 두 글자가 다 '소 우(牛)'변을 가지고 있는 것은 이 때문이다.

'희생'으로 쓸 소는 털색깔이 곱고 튼튼하고 잘 생긴 것을 가려서 어려서부터 특별하게 길렀다. 가장 잘 생기고, 소중하고, 값진 것이라야 희생으로 삼을 수 있었기 때문이다.

그렇기 때문에 '희생한다는 것'은 자신의 가장 소중한 것, 가장 값진 것 곧 자신의 모든 것을 내려놓는 것이다. 순전히 남을 위해서 애쓰고 수고하고 모든 것을 다 바쳤을 때에만 '희생했다.'라고 할 수 있다. 적당하게 하는 희생이란 애초부터 존재하지 않는다. 내가 하기 싫어도, 내가 힘들고 괴로워도, 그렇게 하는 것이 나에게 손해가 되어도, 어쩌면 내가 죽을 수가 있어도, 그 모든 것을 감수하고 행해야 비로소 남을 위해 애쓰고 수고했다고 할 수 있다. 희생했다고 할 수 있다.

그렇게 보았을 때 우리가 살아가면서 행하는 여러 일들 가운데에서 '병역을 수행하는 일'이야말로 그 '희생(犧牲)'에 가장 가깝다는 것을 알 수 있다. 나의 모든 것을 내려놓고 수행하는 것이 병역의 의무이다. 할 일도 많고 하고 싶은 일도 많은 것이 20대 초반의 나이이다. 그래도 그 모든 것을 중단하고 가야 하는 것이 군대이다. 얼마나 아깝고, 얼마나 안타깝고, 얼마나 아쉬운 순간들인가? 그러나 그 모든 것을 참고, 그 모든 것을 중단하고 가야 하는 것이 군대이다. 나를 위해서 하는 것이 아니라 오롯이 남을 위해서 나를 희생하는 것이 군대생활이다. 좋아서 군대생활을 하는 사람이 얼마나 있겠는가? 병역을 수행한다는 것은 얼마나 괴롭고 힘든 일인가? 법으로 강제해 놓았다고 해서 병역 수행의 가치가 낮아지고 의미가 줄어드는 것은 결코 아니다. 병역 의무를 수행하는 것이 한 개인의 극도의 자기 희생 위에서 이루어지는 것은 엄연한 사실이기 때문이다.

 병역 의무를 수행한다는 것은 자신의 모든 것을 국가와 민족을 위해 희생하는 것이다. 최악의 경우 국가와 민족이 요구한다면 목숨까지도 기꺼이 바치겠다는 각오 위에서 행하는 일이다. 자신의 생명이 귀하지 않은 사람이 어디 있겠는가? 생명까지는 아니더라도 자신의 삶의 가장 혈기왕성한 일정 기간을 자신의 의사와 관계없이, 어떤 경우에는 자신의 의사에 반해서 살아야 한다는 것이 어디 쉬운 일이겠는가?

 그 어려움을 참고 견디면서 병역을 수행한다는 것은 진정 보람 있고 가치 있는 일이다. 한 개인의 삶을 통해서 그만큼 자신의 모든 것을 내려놓고, 자신의 삶을 희생하면서 사는 시간이 얼마나 되겠는가?

 우리는 군대생활의 어려움 때문에 자신이 얼마나 소중하고 보람 있는 일을 수행하고 있는지 잊고 있는 경우가 많다. 그러나 그것은 결코 잊혀질 수 없는 것이다. 당당하고 자신 있게, 긍지와 자부심을 가지고 군대생활을 해야 한다. 병역 수행은 그만한 가치가 충분히 있는 일이다. 자랑스러운 일이고 영광스러운 일이다. 군대생활 하는 기간은 물론이고 군대생활이 끝난 후에도 자신이 수행한 군대생활에 대해 긍지와 자부심을 가져야 한다. 내 삶을 내려놓고 그 희생을 감수했고 그 어렵고 힘들었던 시간들을 참고 견뎠으니 우리 자신을 위해 격려와 찬사를 보내야 마땅하다.

자신의 가치는 스스로 만들고 스스로 지키는 것이다. 내가 하는 일에 내가 스스로 긍지와 자부심을 가지지 않으면 남들도 내가 하는 일을 의미 있고 보람 있는 일이라고 평가하지 않는다. 내가 확신하지 못하는데 남에게 나를 믿어달라고 한들 남이 나를 믿겠는가?

『맹자』이루장구상(離婁章句上)에 보면 이런 구절이 있다.

사람은 반드시 그 자신을 모욕한 후에야 남이 그를 모욕하는 것이고 가문은 반드시 그 자체를 파괴한 후에야 남이 그 가문을 파괴하는 것이며 나라도 반드시 그 자체를 친 후에야 남이 그 나라를 치는 것이다. 서경(書經) 태갑(太甲) 편에, "하늘이 지어낸 재앙은 그래도 벗어날 수가 있으나, 자신이 지어낸 재앙은 모면할 수 없다."라고 한 것은 이것을 두고 한 말이다.

참으로 새겨들을 말이다. 자신이 스스로 자신을 버린 뒤에야 남들이 그를 버린다. 가문도 그렇고 나라도 그렇다. 하늘이 지은 재앙은 벗어날 길이 있지만 스스로 만드는 재앙은 벗어날 길이 없다는 것이다.

한 나라가 무력으로 다른 나라를 점령할 수는 없다고 맹자는 말한다. 그 나라 사람들이 먼저 분열해서 서로 싸우고, 죽이고 그래서 나라는 망한다. 그러니 스스로 없어지는 것이지 남이 없애는 것이 아니다.

나라만 그렇겠는가? 한 개인도 마찬가지이다. 내가 스스로 나의 삶에 대해 그 존재 가치를 인정하고 그 가치를 지키려고 노력한다면 남이 나의 존재 가치를 부정하거나 매도하지는 못한다. 내가 존재 가치가 있다는데, 그것을 위해서 나는 싸울 수도 있다는데, 그것을 위해서 기꺼이 생명을 바칠 수도 있다는데, 남이 나를 무시하고 달려들지는 못한다. 무서워서도 못한다. 그러다가 잘못하면 내가 도리어 죽을 수도 있겠다고 생각하면서 달려들 멍청이는 없다. 죽을 위험을 감수하면서까지 달려들지는 못한다. 이렇게 나의 가치는 내가 스스로 만들고 내가 스스로 지켜가야 하는 것이다. 그래야 내가 바로 설 수 있다. 그래야 남이 나를 우습게 보지 못한다.

이제 우리 모두 외치자. 이제 나는 내가 군대생활 했던 곳을 자랑스러워하고 사랑할 수 있다! 그리고 군대생활 했던 '그곳을 향하여' 시원스럽고 힘차게 오줌을 갈기자! 우리가 오줌 누는 방향을 바꾸면, 그래서 천만 명의 재향군인이 군대생활에 대한 인식을 바꾸면, 대한민국이 바뀔 수 있다. 큰 변화는 작은 데에서 출발한다. 작은 불씨 하나가 큰 불길이 되고, 그것이 강풍을 타면 온 들판을 삽시간에 태운다. 우리 모두 하나의 불씨가 되자. 그래야 우리가 살고, 우리 군이 살고, 우리나라가 산다. 우리는 거꾸로 매달아도 살아갈 자신이 있는 사람들 아닌가! 그 자신감을 길러준 모태(母胎)인 우리의 군대생활을 위하여. 우리의 자랑스러운 군(軍)을 위하여.

거총!!!
발사!!!!

제1부

『軍소리군소리』 창간 50주년 기념 특집 가상대담

『軍소리군소리』의 역사를 AI에게 듣는다

편집부

창간 50주년을 맞아 가상의 군소리AI를 모시고 『軍소리군소리』의 역사와 그 의미를 되짚어보는 특집대담을 마련하였다. 이 대담은 가상의 편집부AI가 묻고 가상의 군소리AI가 답하는 형식으로 진행하였다. 여기서는 그 요지를 발췌하여 싣는다.

편집부AI

반갑습니다. 무척 만나고 싶었습니다.
우선 인사 한마디 하시지요.

군소리AI

이렇게 불러주셔서 감사합니다.
그리고 모두들 건강하시니 무척 행복합니다.
벌써 50년의 세월이 흘렀네요.

편집부AI

그렇습니다. 50년이 잠깐이네요.
격세지감이 드시겠습니다. 우선 50년 전 군대생활을 오늘날과 비교해서 간단하게 말씀해 주시지요.

군소리AI

그때는 모든 것이 다 열악하고 힘들었습니다. 1970년대 중반의 육군 사병 복무기간은 34-36개월이었습니다. 지금의 거의 두 배였지요. 1972년과 1973년의 육군 병장 월급은 1,200원이었습니다. 2024년에는 125만원이고 2025년에는 150만원으로 인상될 예정이라고 하니 1,000배 이상 오른 셈이네요. 1식 3찬이라고 해서 식사에 세 가지 반찬이 나오는 식단은 1970년대 중반에 도입되었습니다. 당시로서는 획기적이었지요. 그 전에는 1식 2찬, 곧 밥과 배추된장국, 김치뿐이었습니다. 일요일 점심식사로는 라면이나 건빵이 나왔습니다. 개인용 총기는 M1이 많았습니다. 이 총은 서양사람 체격을 기준으로 만들었기 때문에 우리에게는 너무 크고 무거웠습니다. 키가 좀 작은 병사가 어깨에 메면 개머리판이 거의 땅바닥에 닿을 듯했습니다. 행정부대에서는 칼빈 소총을 사용하기도 했지요.

편집부AI

예, 오늘날과는 너무 많이 달랐군요. 부대 이름이 한·미1군단, 육군 제1001부대, Camp Red Cloud, CRC 등으로 여러 가지더군요. 모두 같은 것이겠지요?

군소리AI

예, 같다고 볼 수도 있고 다르다고 볼 수도 있습니다. 한·미1군단의 정식 이름은 한·미1군단(집단)사령부입니다. 영어로는 I Corps(ROK/US) Group이라고 합니다. 한국군과 미군이 합동으로 근무하는 부대였기 때문에 이렇게 부른 것입니다. 따라서 이 이름은 한·미군을 통합한, 부대 전체를 가리킬 때에 사용하는 명칭이라고 할 수 있습니다.

CRC는 'Camp Red Cloud'를 줄인 것입니다. 미군부대들은 약칭으로 부를 때에는 '캠프 ○○○'이라고 해서 앞에 'Camp'라는 단어를 붙이는 것이 관례입니다. 이 부대의 원래 명칭은 캠프 잭슨이었는데, 미첼 레드 클라우드 Jr. 상병을 기리어 이 이름으로 바꾸게 되었다고 하더군요. 레드 클라우드 Jr. 상병은 평안북도 창성군 근처에서 전사한 병사인데 명예훈장을 받았다고 합니다.

육군 제1001부대라는 것은 한·미1군단에 소속된 한국군 부대를 가리키는 말입니다. 이 부대는 근무는 미군과 합동으로 하지만 행정이나 보급 등은 한국군 부대로 운용되었습니다. 그래서 한국군만을 가리키는 부대 명칭이 따로 필요했던 것입니다.

편집부AI

예, 조금씩은 다른 뜻이었군요. 재미있습니다.

이제 본격적으로 『軍소리군소리』에 관한 이야기로 넘어가겠습니다. 이번에 『軍소리군소리』 제4권이 나온다고 합니다. 우선 그 의의에 대해 간단히 평가해 주시지요.

군소리AI

> 대단한 일이지요. 50년 전에 중대단위부대의 사병들이 병영생활 틈틈이 자발적으로 글을 써서 문집을 세 권이나 간행했다는 것도 대단하고, 그들이 제대 후에도 50년간이나 모임을 가지고 지속적으로 교류해 왔다는 것도 대단합니다. 게다가 이제 창간 50주년을 맞아 특집 기념호를 낸다고 하니 이것은 더욱 대단한 일 아니겠습니까? 70년이 훨씬 넘는 국군 역사에도 이런 일은 아직 없었을 듯합니다. 정말 축하할 일이고 뜻깊은 일입니다. 이 일은 군에 대한 사회의 이해와 애정의 증진에 기여하고, 특히 복무 중인 군인들의 긍지와 자부심을 높이는 데에 크게 도움이 될 것입니다.

편집부AI

예, 그렇군요. 방금 중대단위부대라고 하셨는데 이 부대의 실제 규모는 얼마나 되었고 어떻게 구성되고 운영되었습니까?

군소리AI

이 부대는 한·미1군단에 소속된 한국군 병사들이 소속된 독립중대였습니다. 군단사령부 직속이라고 보면 될 듯합니다. 소속 사단이나 연대, 대대 등은 없었습니다. 사병들의 수는 100명 내외였고, 행정병들과 운전병들이 거의 대부분이었다고 할 수 있습니다. 차량이 상당히 많았기 때문에 운전병들이 많이 필요했습니다. 행정병과 운전병의 비율은 6:4정도였습니다. 수송부는 중대 영내에 따로 막사가 있었지만, 식당을 같이 사용하고 보초근무 등도 똑같이 분담했기 때문에 관계는 매우 좋았습니다. 대부분의 운전병들이 군단사령부 소속 각 부서의 찦차 전속운전병들이었기 때문에 해당부서의 행정병들과는 특별한 동료의식도 있었습니다. 체육행사 등의 경우에도 같이 참여했습니다. 행정병은 한 내무반에 15명 정도였는데 수송부는 그보다 훨씬 인원이 많아도 한 내무반으로 편성되어 있었기 때문에 체육행사 등에는 수송부가 유리했습니다. 『軍소리군소리』 제1, 2, 3권을 보면 각권에 중대원 주소록이 나와 있는데 행정병과 운전병의 구별이 전혀 없고 그저 가나다순으로 기록되어 있습니다. 행정병과 운전병 사이가 원만했다는 단적인 증거라고 하겠습니다.

방금 말씀드린 바와 같이 중대원의 숫자는 100명

내외였습니다. 『軍소리군소리』 제1,2,3권을 분석해 보면 제1권에 106명, 제2권에 100명, 제3권에 81명의 명단이 나와 있습니다. 제1권에 나타난 인원이 가장 많은 것은 이 제1권이 간행될 당시 중대에는 곧 제대해 나갈 6·3 동기 37명과 그들의 조수들이 함께 있었기 때문이었던 것으로 해석됩니다. 제1권과 제2권에 동시에 이름이 올라있는 병사들은 11명이고, 제2권과 제3권에 동시에 이름이 올라있는 병사들은 33명입니다. 제1, 2, 3권에 동시에 이름이 올라있는 병사는 없는데, 이는 제1권에 이름이 올라있는 병사 가운데 제3권이 간행된 1977년까지 제대하지 않고 남아있던 병사가 없었기 때문에 당연한 일이었습니다. 제1, 2, 3권에 이름이 올라있는 병사들의 숫자를 합산하면 287명입니다. 이 인원에서 중복된 인원인 11명과 33명을 합친 인원 곧 44명을 빼면 243명이 됩니다. 이 숫자가 1971년부터 1977년까지 중대에 근무했던 연인원입니다. 결국 이 기간 중 243명의 병사들이 한·미제1군단 본부중대에 소속되어 있었던 셈이지요.

편집부AI

그 정도 인원으로 그 기간에 책 3권을 간행하고 50년간 만남을 이어왔다는 결과군요?

군소리AI

실제로 책을 간행하고 만남을 이어오고 한 사람들은 행정병들만이라고 보아야 하기 때문에 이 인원의 약 60%인 145명 정도가 그렇게 했다고 보아야 할 것입니다.

편집부AI

그렇군요. 정말 대단하네요.

군소리AI

이들 가운데 현재 같이 만나거나 연락을 주고받는 것으로 파악된 중대원의 숫자가 60명이 넘습니다. 150명이 채 되는 않는 군대 동료들 가운데 60명이 50년이 지난 후에도 서로 만나거나 연락을 주고받는다는 결과이니 쉽지 않은 일이라고 해야겠지요.

편집부AI

예, 정말 정말 대단합니다. 감동적이네요.
이제 『軍소리군소리』의 역사를 통틀어 간략히 설명해 주시겠습니까?

군소리AI

한·미1군단은 1971년 7월 1일에 창설되었습니다. 부대 창설요원으로 논산훈련소에서 37명의 병사들을 차출해서 1971년 6월 3일에 한·미1군단 본부중대에 배치했습니다. 이들은 대개 1971년 4월쯤에 입대한 사람들이었습니다. 6월 3일에 함께 자대에 배치되었기 때문에 이들은 자신들을 6·3동기라고 부르면서 특별한 동료의식과 연대감을 가졌습니다. 한국군의 역사에서 처음으로 만들어지는 한·미군 혼성부대의 창설요원이었기 때문에 이들은 자부심도 대단했고 책임감도 그만큼 강했다고 할 수 있습니다.

당시 징집병의 현역복무기간이 35개월 전후였으니까 이들이 전역하기 시작한 것은 1974년 봄부터였는데, 이들은 자신들의 전역기념으로 문집을 만들고 『군소리군소리』라고 이름 붙였습니다. 이것이 『軍소리군소리』의 역사적 출발이었습니다. 그후 1976년에 이들의 다음 세대가 제2권을 만들고 또 1977년에 또 그 다음 세대가 제3권을 만들었습니다. 그후 1980년 3월에 부대가 한·미연합야전군사령부로 확대, 개편되었기 때문에 한·미1군단이라는 부대가 없어졌고, 따라서 더 이상의 후속권은 만들어지지 않았습니다. 그러다가 금년에 창간 50주년을 기념해서 옛 전우들이 뜻을 모아 다시 제4권을 만들기로 한 것이지요.

편집부AI

한 권 한 권 만드는 과정이 간단하지 않았을 것 같

은데요.

군소리AI

예, 그렇습니다. 책 한 권 만들기가 어디 쉬운 일입니까? 오늘날 바깥 사회에서 책 한 권 만들기도 쉽지 않은 일인데, 군생활을 하면서 군부대에서 그런 일을 세 차례나 해내는 것이 얼마나 어려운 일이었을지는 쉽게 짐작할 수 있습니다.

부대원들이 중지를 모아 편집위원회를 구성하고 그 위원회가 중심이 되어 원고를 모았습니다. 다행히 각 사무실에 타자기가 많이 있었고 중대원들이 타자기를 잘 다룰 수 있었기 때문에 원고는 A4 용지에 표준한글 2벌식 타자기로 타이핑했습니다. 그리고는 편집과정을 거친 후 미군부관부 발간실에 파견되어 있던 부관부 병사가 마스터로 떠서 옵셋으로 인쇄하고 그것을 제본해서 만들었습니다. 그러니까 복사 제본과정에서는 부관부 발간병들이 고생을 많이 했습니다.

편집부AI

예, 그랬겠습니다. 그럼 이제 좀더 세부적인 데로 넘어가서 각 권별로 이야기를 진행해 보겠습니다.

 **제1권**

편집부AI

먼저 창간호인 제1권에 관해 이야기해 볼까요. 이 책은 1974년에 간행되었지요?

군소리AI

그렇습니다. 정확한 날짜는 명기되어 있지 않지만 표지의 오른쪽 삽화에 'Kwon 74'라고 되어 있어서 이 책이 1974년에 나왔음을 알 수 있습니다. 중대장님의 권두언에도 "73년이 가고 74년이 밝아오고 있습니다."라고 되어 있어서 이 권두언이 1974년 벽두에 작성되었음을 확인할 수 있지요.

편집부AI

제목을 『군소리군소리』라고 했더군요. 어떤 의미였을까요?

군소리AI

이중(二重)의 의미가 있었다고 봅니다. 군대의 소리, 군인의 소리, 군대에서 있었던 이야기라는 뜻임과 동시에 하지 않아도 될 때에 쓸데없이 하는 소리, 궁시렁거리는 소리, 투덜대는 소리, 별 중요하지 않은 소리, 뭐 그런 정도의 의미가 있었던 것 같아요. 병사들의 병영생활의 기쁨과 슬픔을 가감

없이 표현해 보고 싶다는 마음을 드러낸 것으로 볼 수 있겠습니다. 표지에 이런 성격이 잘 드러났다고 봅니다.

이 책의 표지는 스프링으로 연결된 한 권의 노트 양면에 각각 하나씩의 삽화를 그린 것으로 처리되어 있습니다. 왼쪽 그림은 남자가 긴 통소를 불고 있는데요, 다리를 쩍 벌리고 있고 그의 아랫도리와 복부 부분은 몸의 다른 부분과는 달리 드러나 있습니다. 그러니까 성기를 드러내고 통소를 불고 있는 모습입니다. 소위 'O통소는 불어도 국방부 시계는 간다.'라고 말하는 사병들의 심리의 일단을 드러낸 것이겠지요. 그리고 복부 부분을 드러내고 있는 것은 그만큼 속 터질 일이 많았다는 것을 표현한 것으로 해석할 수 있습니다. 그걸 듬성듬성 기워놓은 것도 재미있고요. 반면에 오른쪽 면에 있는 그림은 따뜻하고 풍요로워 보이는 작은 궁전의 모습입니다. 이젤 위에 놓인 그림으로 처리한 것으로 보아 현실이기보다는 꿈에 가깝다고 느낀 것이 아닐까 해요. 그런데 자세히 보면 그 중앙에 있는 집 벽에는 'LOVE'라고 씌어져 있습니다. '사랑의 집'이지요.

이 표지는 '병사들의 병영생활을 통해 겪었던 슬픔과 안타까움 그리고 속 터지는 상황과 함께 그

속에서 느꼈던 따뜻한 사랑과 우정과 전우애' 등을 동시에 보여주고 있는 것으로 해석할 수 있습니다. 그리고 이 표지에 나타난 것이 바로 그들이 의도했던 이 책의 기본 성격이었다고 할 수 있을 듯합니다.

편집부AI

예, 듣고 나서 그렇게 보니까 표지가 정말 재미있군요. 그런데 책의 제목만 붙이고 권차는 붙이지 않았어요. 그럴만한 이유가 있었을까요?

군소리AI

예. 6·3동기들은 이 책을 만들면서 후배들이 후속권을 만들 것을 기대하지는 않았던 듯해요. 자신들만의 일회성 기념문집으로 족하다고 보았던 것이지요. 그래서 『군소리군소리』라고만 하고 제1권이라는 권차는 붙이지 않았습니다. 따라서 이 책은 순수하게 자신들의 전역을 기념하기 위한 문집이고 그것으로 충분하다고 성격 규정을 한 셈이지요.

편집부AI

책은 그다지 크지 않더군요?

군소리AI

예, A4용지로 표지 한 면에 본문 91면으로 되어

있습니다. 이민영 장군(당시 대령. 작전처장. 군단 근무 중 장군으로 진급했음)의 권두언에 이어서 당시 중대장이었던 이원형 대위의 권두언이 있고, 이어서 사병 31명의 글이 실려 있습니다. 그리고 중대원들의 명단과 주소가 실려 있고 편집위원들의 후기로 끝나 있습니다.

편집부AI

이 책의 특성이나 의의는 어떻게 평가할 수 있을까요?

군소리AI

첫째는 중대단위부대의 병사들이 병영생활 중에 자발적으로 자신들의 문집을 만든 특별한 사례라는 점을 들 수 있습니다. 그저 정해진 근무기간을 채우고 전역하면 된다는 소극적 자세에서 벗어나 적극적으로 군생활의 의미를 찾고, 또 그 의의를 스스로 만들고자 했던 이들의 도전정신도 평가할 만합니다.

둘째는 『軍소리군소리』 자체의 역사로 보았을 때, 멋진 제목을 붙인 점, 그리고 『軍소리군소리』 편집의 기본틀을 확립하였다는 점을 중요한 의의로 들 수 있습니다.

편집부AI

그 기본틀 중 중요한 몇 가지를 말씀해 주시겠습니까?

군소리AI

> 첫째는 병사들이 자발적으로 자신들의 문집을 만든다는 것을 기본원칙으로 세웠다는 것입니다.
>
> 둘째는 군단 소속 고위 장교 한 사람과 중대장의 권두언을 책머리에 싣는다는 것입니다.
>
> 셋째는 한·미 혼성군단의 특성을 고려하여 미군(군속 포함)의 글도 특별기고로 받아 함께 싣는다는 것입니다.
>
> 넷째는 중대원의 주소록을 가나다순으로 싣는다는 것입니다. 이것은 별것 아닌 것 같아도 매우 중요한 의의가 있었습니다. 오늘날에도 그 중대원들의 명단을 살펴보면 그때의 일들이 생생하게 살아나기 때문입니다.
>
> 다섯째는 편집후기를 제일 뒤에 붙이기로 한 것입니다.

편집부AI

이 원칙들이 제2권, 제3권, 제4권의 모델이 되었고 그것들이 잘 지켜졌습니까?

군소리AI

그렇습니다. 제2권과 제3권, 제4권은 이 제1권을 모델로 삼고 그것에 시의적절한 얼마간의 창의성을 보태어 개선하는 방법으로 이루어졌습니다. 그러니까 『軍소리군소리』 상호간에 그 자체의 역사성이 명확히 입증된다고 할 수 있습니다.

편집부AI

예, 그렇군요. 명확한 역사성이라는 것이 중요하겠군요. 군대이니만큼 중대원 명단은 입대일자순이나 계급순으로 했을 것도 같은데 그렇게 하지 않았더군요? 특별한 이유가 있었을까요?

군소리AI

부대의 분위기가 일정 부분 반영되었다고 보아야겠지요. 군대이다 보니 몇몇 병사들의 돌출행위가 전혀 없었던 것은 아니지만, 다른 부대에 비해서는 비교적 부드럽고 상호 신뢰하며 수평적 관계를 소중하게 여겼거든요. 6·3동기라고 하는 부대창설요원들이 좋은 전통을 만들려고 애를 많이 썼다고 보아야겠지요.

편집부AI

예, 그렇군요. 구체적으로는 어떤 내용들을 어떤

방법으로 실었습니까?

군소리AI

사병들의 글은 문학 갈래별로 나누어 실었습니다. 순수문학 작품을 실으려고 의도했던 듯합니다. 시 11편, 수상 13편, 서간 3편, 독후감 4편을 이 순서대로 실었습니다. 작전처에 근무하던 미군 여자군속의 글도 1편 〈특별기고〉로 실었습니다. 그리고 중대원 106명의 명단을 가나다순으로 실었는데, 6·3동기 37명의 명단을 다른 중대원들과 분리해서 앞부분에 따로 실었습니다. 그들이 가지고 있었던 부대창설요원이었다는 긍지와 자부심이 대단하였음을 가장 잘 보여주는 대목이자 그들이 이 책을 자신들의 전역기념으로 하고자 하였다는 의지를 분명히 표현한 것이라고 볼 수 있습니다. 그리고 그 뒤에 편집후기가 실려 있습니다.

편집부AI

특별히 재미있는 일화는 없습니까?

군소리AI

날개라는 아호로 잘 알려진 안상수 당시 이등병은 미술대학을 다니다 입대한 인연으로 이등병이었지만 편집위원 명단에 올라갔습니다. 갓 전입해

온 새까만 신병이었지만 편집위원들에게는 천군만마 같았으니까요. 고참들이 신참자들을 잘 챙기고 따뜻하게 대하는 부대 분위기도 한몫을 했다고 볼 수 있습니다. 그래서 안상수는 20여 개의 컷을 그렸습니다. 그가 미군부관부에 파견된 발간병이기도 했기 때문에 사수인 조현제 병장을 도와 인쇄와 제본 작업도 해야 했으니 『군소리군소리』 제1권을 만드는 데에 누구보다도 큰 공헌을 한 셈이지요. 제1권의 표지는 6·3동기 가운데 한 사람이었던 윤종권님께서 그린 것으로 확인되었습니다.

편집부AI

예 그렇군요. 제1권에서 가장 인상적인 글 하나를 추천해 주시면 여기서 함께 짚어보고 넘어가도록 하겠습니다.

군소리AI

이민영 장군(당시 대령. 작전참모)께서 써주신 권두언이 이 책의 기본 성격을 가장 잘 대변한다고 볼 수 있겠지요. 부대창설요원으로 온 37명의 병사들을 '창업공신(創業功臣)'이라고 극찬하고 그들의 전역을 축하한 이 글은 사병과 장교의 위계질서를 뛰어넘어 구절구절 고마움과 축하의 마음으로 가득합니다. 그만큼 6·3동기 병사들이 헌신적으로 군생활을 했고 그 공로를 장교들도 충분히 인정하고 고마워했다는 뜻이겠지요. 절로 마음이 따뜻해지고 힘이 솟아나는 글입니다.

편집부AI

예 감사합니다. 그럼 제1권의 표지와 이민영 장군님의 권두언을 살펴보고 제2권에 관한 이야기로 넘어가겠습니다.

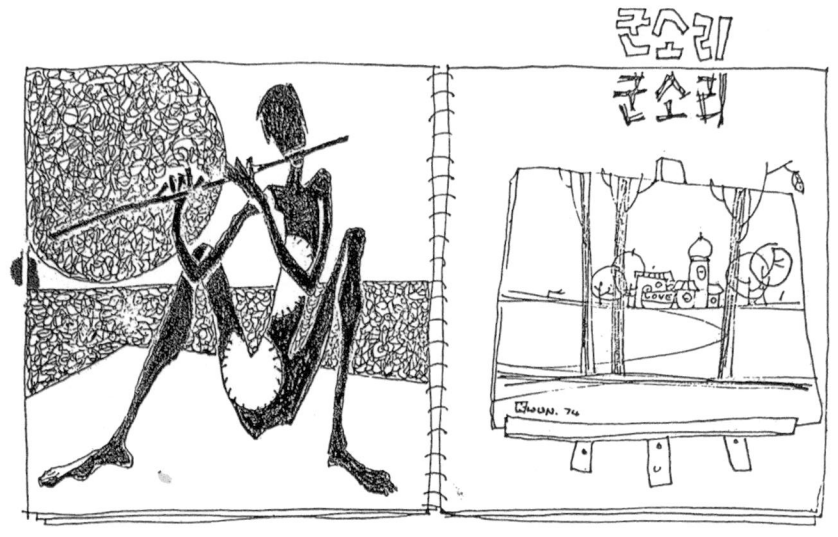

창업공신(創業功臣)들

작전참모 대령 이 민 영

　새로운 부대를 창설하기란 새로운 부대를 만드는 것 만큼이나 힘 드는 일일 것이다. 37명의 장사들이 생떼같이 모여들어 밤과 낮을 도와 피와 땀을 흘리면서 한미제1군단(집단)사령부를 이만큼이나 키워 놓고 끝까지 뒷바라지 하던 설흔 일곱 명의 지사(志士)가 이 엄동설한에 몽땅 떠나간단다. 정말 나라를 세웠던들 개국공신 국록대부(開國功臣 國錄大夫)의 높은 벼슬이 아깝잖을 터인데……

　그러나 사자들아! 이마와 팔둥치에 줄쳐진 세 막대기, 네 막대기가 그만 못할까봐 서러워하느냐? 너는 여기서 인내를 배우지 아니하였느냐?
　어떠한 사회도 부조리는 있다는 것을.
　너는 겸손과 복종의 미덕을 몸에 익히지 아니하였느냐? 이것은 인생을 사는 귀중한 무기라는 것을.
　너는 여기서 그 모든 것보다도 귀한 용기를 기르지 아니하였느냐?
　이것이 네 밑천의 온갖 것이니라.
　이 엄동에 너를 보내는 내 마음도 한구석이 빈 것 같구나.
　그러나 젊은이들아! 너는 이 새장에서 무한대의 창공을 향하여 내

치솟는 매들이니라. 험한 바다에 나선 힘센 사공들이니라.
　모든 주저와 두려움일랑 비누방울처럼 날려버려라.
　무슨 두려움인들 네가 이기지 못하겠느냐? 풀파리와 왕모기를 벗삼고 DMZ 경비도 서 본 너인데……

　"비겁한 자는 위험 전에 떨고, 소심한 자는 위험 중에 떨고, 그리고 용감한 자는 위험이 지나간 다음에 떤다." 하더라.
　너는 어딘가에 내 자신의 사랑하는 나라와 네가 아낄 새로운 부대를 창설하여야 할 일꾼이니라. 그래서 너는 또 다시 진정한 뜻에서의 네 나라의 창업공신이 되는 것이니라.

　국록대부들이여!
　너희는 네 작은 나라의 장차 백성들에게 재미있게 들려줄 자랑스런 훈장과 이야기를 간직하게 되었느니라. 이것은 내가 은을 주고 산 젊었을적 재산이니 고이고이 간직할지니라.
　네가 가꾸고 키워놓은 이 꽃밭일랑 아예 걱정하지 말아라. 저렇게 황소같이 우악스런 네 아우들이 땀흘려 받들고 있지 않느냐.

　우리 모두 네 가는 길 위에 꽃가루를 뿌린다.
　이렇게 끊임 없는 고마움을 말하면서……

　개국공신 국록대부들이여! 부디 잘가라. 안-녕

 제2권

편집부AI

예, 제1권의 기본 성격이 이 글 속에 명확히 드러나 있네요. 참으로 가슴 훈훈합니다. 이제 제2권의 이야기를 해볼까요. 제2권은 1976년 봄에 간행되었지요?

군소리AI

예, 그렇습니다. 부대 창설요원들의 조수쯤 되는 세대들이 중심이 되어 간행하였습니다. 사수들이 만들었던 제1권의 정신을 이어받으려고 한 것이지요. 좋은 전통이고 그만한 가치가 있다고 판단했기 때문입니다.

편집부AI

제1권 편집의 기본 원칙이 그대로 계승되었습니까?

군소리AI

그렇습니다.
그 기본 원칙을 잘 준수했다고 할 수 있습니다.

편집부AI

책이 제1권보다 약간 커졌더군요?

군소리AI

예, 표지 1면에 본문 109면입니다. 권두언은 당시 포병참모였던 박춘식 대령과 중대장이셨던 홍종배 대위께서 써주셨습니다.

당시 군종참모였던 주완식 소령의 글과 미군 관계자인 R. E. Mellett와 Patricia A. Kuhar의 글도 〈특별기고〉로 실려 있습니다.

병사들의 글은 23편이 실렸습니다. 시 5편, 번역시 1편, 수필 10편, 꽁뜨 2편, 서간문 1편, 독후감 1편, 소논문 3편이었습니다. 제1권에는 없던 소논문이 3편이나 실린 것이 눈에 띕니다. 그만큼 관심의 폭이 넓어졌다고 보아도 될 듯합니다.

편집부AI

표지가 달라진 것 같더군요.

군소리AI

예, 그렇습니다. 흑백으로만 되어 있었던 제1권과는 달리 제2권의 표지는 칼라로 되어 있습니다. 안상수 병장이 심혈을 기울여 실크스크린으로 특별 제작한 작품이지요. 책의 품격을 일거에 업그레이드했다고 하겠습니다. 예쁜 색채의 조합이 다양한 우리 사병들의 모습을 대변하는 듯해서 인상적입니다.

그리고 제1권에서는 제목을 '『군소리군소리』'라고 하고 말았던 것을 '『軍소리군소리』'라고 명기함으로써 제목이 가지는 의미를 명확히 하였다고 할 수 있습니다.

편집부AI

예, 그렇군요. 재미있습니다.
책의 기본 성격도 달라졌다고 보아야 할까요?

군소리AI

그런 측면도 있습니다. 특정 그룹 병사들의 전역기념이라는 제1권의 기본 성격에서 벗어났으니까요. 6·3동기들은 같은 날 같은 차를 타고 부대로 전입해 왔다는 일체감이 강했지만 그들의 조수들은 한두 사람씩 띄엄띄엄 전입해 왔으니까 그런 특별한 구심점이 없었지요. 그리고 전역일자에도 상당한 변수가 있었습니다. 대학교에서 학생군사훈련을 다 이수하고 입대한 경우와 그렇지 못한 경우 사이에는 복무기간에 최장 3개월의 차이가 있었습니다. 학생군사훈련 한 학년을 이수하였으면 병역을 1개월씩 단축시켜 주었기 때문입니다. 그래서 이 제2권은 전역기념호라는 성격을 가질 필요가 없었고, 그럴 수도 없었습니다. 그래서 자연스럽게 병영생활을 중심으로 한 신변잡기적 성격을 가지게 되었다고 보아야겠지요.

그래서 제2권에는 제1권에 없었던 'I Corps Family'라는 특집 기사가 실렸습니다. 편집부에서 작성한 이 기사는 병영생활과 그 주변에서 있었던 잡다한 일들을 가볍고 유쾌하게 터치한 것으로 이들의 병영생활의 일단을 엿볼 수 있는 글입니다. 'I Corps Family'라는 이 말은 부대 내에서 병사들 사이에서는 익히 사용되는 말이었지만 공식적으로 글에 등장한 것은 여기가 처음이라고 보아야 하겠습니다. 그리고 이 어절을 포함하고 있는 제목의 글이 제3권에도 실렸고 제4권에도 실렸습니다. 제3권의 'I Corps Family의 이모 저모'와 제4권의 'I-Corps Family와 함께한 50년'이 그것입니다. 따라서 이 전통은 제2권에서 새로 만들어져서 제3권과 제4권으로 계승되었다고 하겠습니다.

편집부AI

중대원 주소록의 수록 방법도 얼마간 달라진 것 같더군요.

군소리AI

예, 그렇습니다. 전 중대원의 주소를 가나다순으로 작성한 것은 제1권과 같지만, 거기에 덧붙여서 '남기고 싶은 군소리가 있다면 한마디'라고 해서 중대원 각자가 하고 싶은 말들을 짧게나마 남길 수 있는 공간을 마련하였다는 것이 제1권과 달라진 점입니다. 이렇게 함으로써 글을 투고하지 않았던 중대원들도 자신의 목소리를 짧게나마 남길 수 있는 기회를 얻은 셈이지요. 그래서 결과적으로는 이 책이 중대원 전체의 것이라는 것을 분명히 하는 데에 상당한 기여를 했다고 할 수 있을 것입니다. 명실상부하게 중대원 전부가 참여하고 힘을 합쳐 만든 공동의 작품이라는 점이 더욱 명확해졌다고 할 수 있겠지요.

편집부AI

제2권에서 가장 인상적인 글을 하나만 추천해 주시면 여기서 같이 살펴보고 제3권에 관한 이야기로 넘어가기로 하겠습니다.

군소리AI

'I Corps Family'를 추천하고 싶네요. 병영생활의 단면을 잘 드러내었고, 제2권에서 새로이 시도되어 제3권, 제4권으로 이어졌기 때문에 『軍소리 군소리』 자체의 역사에서도 일정한 의미를 부여받을 수 있을 것입니다.

편집부AI

예, 그러면 이제 제2권의 표지와 'I Corps Family'를 함께 보도록 하겠습니다.

I CORPS FAMILY

편 집 부

1. 서론

　인간은 정체된 한 시점에서 머무는 것이 아니라 끊임없이 연속되는 시간 속에서 강물처럼 흘러가는 존재다. 어제도 흘렀고, 오늘도 흐르고 있으며, 내일도 흘러야 할 운명의 강물인 것이다.
　흐르는 물은 물줄기를 남기는 법이다. 이름하여 역사라고 한다던가?
　우리 I Corps Family도 또한 인간들의 집단이기에 그 비슷한 무엇인가가 있을 것이다. 비록 그것이 영광과 명예만으로 가득할 수는 없고 또한 역사라는 거창한 이름을 붙이기가 심히 민망한 것이기는 할지라도 어쨌든 우리도 기고, 걷고, 뛰고 하면서 남긴 무수한 발자욱들이 있기 때문이다. 그 발자욱들이 곧 우리의 호흡이요, 애환이요, 멋인 동시에 역사가 아닐까?

　먼훗날 어느 불면의 시각엔가, 한번쯤은 우리는 그 발자욱들을 돌이켜 보고는 후회하고, 서운해하고, 혹은 가슴 뿌듯해 할 것임에 틀림없다.
　십년 후 뒷골목 어느 선술집에서 낙지볶음에 진로소주 한병을 앞에 놓고, 그때 우리가 PX에서 조개쌀을 안주 삼아 마시던 백화 작살 주보다는 맛이 없다는 정다운 투정도 할 수 있는 마음의 여유를 우리는 아직 갖고 있고, 수유리에서 김포까지 걸어가는 한이 있더라도 술값만은 내가 내야만 한다고 아득바득 악을 쓸 더운 피와 뜨거운 전우애가 가슴에 철철 넘치고 있음을 너무도 잘 알기에, 그때 낙지볶음과 함께 어울릴 안주로서 이 글을 쓴다. 먼훗날 우리의 멋진 해후를 위해서 말이다.

2. 우리들의 멋

TV 시대가 도래하기 전 일이니까 꽤 오래 되기는 했다. K모 일병이 외박을 나갔다 들어오자말자 전 내무반원들에게 수소문을 했겠다. New Freedom이 뭐냐고. 사연인즉 오랫만에 시내에서 몇몇 아가씨들을 한꺼번에 만났는데 그들 대화 중에 New Freedom이라는 단어가 입에 오르내리더라나. 영어 단어라면 모르는 것이 없다고 할 정도로 도깨비 같은 우리 Family들이고, 그도 우리 Family의 일원인지라 가히 세종대왕님과 회담을 하라면 막힐지 몰라도 포드대통령과라면 별 애로사항이 없을 정도인데 종래 그 놈의 New Freedom이라는 단어만은 take감(感)이 안되더라는 거다.

그렇다고 질문을 하기에는 너무 무식이 풍부한 것 같고, 결국 그 놈의 단어 때문에 까딱했으면 버스에 받치는 것이 아픈지 코로나에 받치는 것이 아픈지 몸전체로 느낄뻔하다가 겨우, 근근히, 뽀도시, 어떻게, 가까스로 기어 들어왔다는 것이었다. 처음에는 웃었던 내무반원들이 내막을 알고는 돈독한 전우애를 유감없이 발휘, 여기저기 줄이 빨갛게 그어진 사전들을 뒤적였겠다. 아마도 어느 대통령이 내뱉

은 무슨 무슨 독트린 비슷한 그런 주의거나 아니면 시대가 시대니만 큼 모 여성운동가가 내놓은 여권신장운동의 구호거나 그런 것이겠거니 하면서 말이다. 그런데 웬걸, 사전이란 사전을 다 뒤졌지만 결국 그 놈의 단어는 안개낀 십리 바깥의 모기 뒷다리만큼이나 모호했으니……

그래서 중지를 모아 내린 결론이란 '우리가 가지고 있는 사전들은 낡았다. 그 단어는 틀림없이 이 사전들이 나오고 나서 어느 유명인사가 내놓은 세계적이고도 획기적인 그런 새로운 사상일 것이다'라고.

결국 TV 시대의 도래와 함께 그놈의 단어가 세계 96개국에서 애용되는 새로운 타입의 여성 생리대라는 거짓말 같은 사실이 밝혀지는 바람에 모두들 실소와 함께 알게 모르게 얼굴들을 붉히고 말았지만.

우리 Family는 이런 정도로 순진하고 또한 그것이 우리들의 가장 큰 자랑이고 멋이다.

다음으로 우리들의 자랑거리를 든다면 그것은 외적인 것보다 내적인 것에 충실할려는 우리들의 마음가짐일 것이다. 누가 보거나 말거나, 알아 주거나 말거나, 그저 묵묵히 할 일과 하지 말아야 할 일들을 분간 실천하는 우리들의 자세라 할 것이다.

모처에 근무하는 L상병은 체구와는 달리 골초로 소문난 처지, 생활신조 5번에 마누라 없이는 살아도 담배없이는 못산다는 말을 넣어주고 싶을 정도였는데…… 수은주가 영하 20도에서 더 내려갈까 말까 망서리고 있던 어느날 밤. 예의 습관대로 한밤중에 눈을 떴겠다.

물론 담배 한대를 피워야만 다시 잠이 들텐데, 그날 따라 주머니에 성냥이 없었다. 남들 다 자는 밤에 월라카 문을 덜그덕거리면 안면방해가 되겠고, 난로에 불은 활활 타고 있었지만 그건 만일의 화재위험에 대비해 열지 말라는 교육을 받았고, 그렇다고 담배를 안 피울 수는 더욱 없는 처지고, 생각다 못한 L군. 빤스바람으로 근 200미터나 되는 위병소까지 뛰어가서 전기곤로에 담배불을 붙이는 데 성공. 의기양양해서 돌아왔겠다.

소기의 목적이야 달성했지만 그 추위가 오죽 했을까?

'그 정도 급하면 난로불에라도 실례를 하지 그랬어?'

'그래도 어디 그럴 수가………'

이런 정도로 우리는 눈에 띄지 않는 저 구석에서부터 내적질서를 확립해 왔음을 자랑으로 여긴다.

이러한 우리들이고 보면 자연 상하간의 신뢰와 우애가 돈독한 것은 더 말할 여지가 없게 마련. 계급사회라는 의식 이전에 인간적으

로 서로를 이해하고, 의지하며, 도우고, 어려움과 즐거움을 함께하는 우리들……

진정한 의미의 '힘의 축적'이나 '굳은 단결'이란 바로 이런 것이란 것을 우리는 믿어 의심하지 않는다. 순진하고 선량하며 인간적인 너와 내가 모여서 우리라는 집단을 형성했고, 그 너와 내가 인간적으로 굳은 신뢰와 우애로 뭉쳐 있다는 사실이 우리의 가슴을 뿌듯하게 한다.

또 하나 우리의 멋 가운데서 빼놓을 수 없는 것은 매일 반복되는 일과 속에서도 항상 웃음을 잃지 않는 우리들의 마음의 여유와 진취적 기상을 들 수 있을 것이다. 모름지기 취(取)함에 있어 조급해 하지 아니하고, 어려움에 처하여 당황하거나 실망하지 아니하며, 항상 여유를 갖고 탐구하며 때를 기다릴 줄 아는 미덕. 사리를 냉철하게 판단하고 나설 때, 물러날 때를 정확히 구별하는 예리한 지성, 그저 묵묵히 살아가는 것이 아니라 뭔가를 이루고야 말겠다는 생활에의 의욕과 진취적 기상, 그리고 이 모든 것의 결정체라고 하여도 과언이 아닌 이 자그마한 책자.

이런 것이야말로 진정 우리의 멋이 아닐까?

3. 은어에 나타난 우리

말이란 그 사회의 단면과 구성원의 의식구조를 가장 잘 나타내는 것 중의 하나다. 그래서 이번에는 우리들 사이에서 공감을 받았고 또 통용되었던 은어들을 중심으로 우리들의 발자욱들을 더듬어 보기로 하자.

맨먼저 생각나는 것은 날프하다는 말이다. 모름지기 이 날프하다는 한마디가 우리 Family의 특성을 가장 잘 나타낸 말이리라. 이 말은 옥스포드 사전에도, 케임브리지 사전에도, 또 우리말 큰사전에도 없다. 우리말의 날카롭다와 영어의 sharp를 합성한 말인 것이다. 얼마나 날프한 말인가?

한미 유대강화를 오죽이나 잘했으면 그렇게 언어까지 합동으로 만들 수 있었을까? 혹자는 반박할지 모른다. 주체성의 상실이 아니냐고. 모르시는 말씀이다. 주체성의 상실이라면 아예 sharp하다를 썼을 것이다. 하다못해 sha롭다 정도로 했을 것이다. 그런데도 그게 아니고 날프다. 어디까지나 대가리는 우리 걸 턱 앞혀두고, 꼬리만 영어를 살째기 갖다 붙인 것이다. 고기도 꼬리보다 머리가 단연 맛있다. 그러니까 어두일미지. 정작 중요한 것은 꼬리보다 머리가 아닌가 말이다. 이 단어 하나만 보더라도 우리 Family가 얼마나 날프하고 주체성이 있는지는 가히 짐작할만 하지 않는가? 그 날프한 사람들의 날프했던 기억들 중에서 두어가지만 찾아보면……

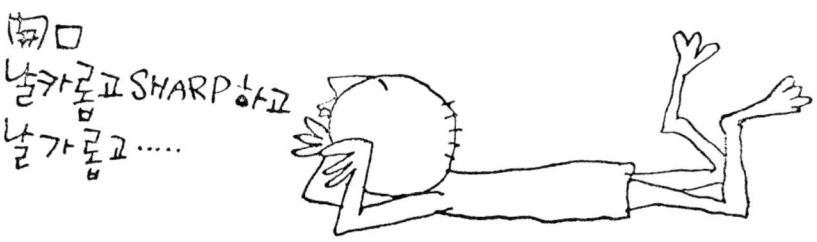

어느날 저녁 소변기에 고장이 났겠다. 그래서 수리를 위해서 소변금지라고 빨갛게 써 붙였더랬는데. 다음날 아침에 가보니 소변금지는 어디로 가고 대신 다른 종이가 붙어 있었다. 글자도 선명하게 대변만 하시요! 하지 말라기보다는 하라가 훨씬 교육적으로 좋다는 교육심리학 이론이 수세식 변기에까지 상륙한 일례.

점심시간에 날계란 대신 찐계란을 주기 시작한 것도 꽤 오래된 일. 어느 날 P모 병장이 찐계란을 식기에다 놓고 한눈을 파는 사이에 옆 사람이 살짝 숨겨 버렸겠다. 이를 눈치챈 P병장 넌지시 가로되 '요새 닭은 삶아도 날아 가냐?'

정작 날아가는 이야기가 나왔으니 말이지만 진짜 날아간 닭(?) 때문에 크게 수모를 당했던 이야기 한토막.

전에는 우리 캠프에 꿩을 길렀는데…… 어느날 밤 이 빌어먹을 녀석이 철조망 사이로 도망을 가 버렸겠다. 다음날 아침에 보초근무자는 전원집합이 되어서 호된 기합을 받았는데…… 그래서 사랑은 가고 눈물만 남아가 아니라 '꿩은 날아가고 기합만 남아.'

다음에 생각나는 것은 '메추리의 대학살'

꿩이 달아나던 그 시절 이야기지만 우리 캠프에서는 수백 마리의 메추리를 길렀었는데, 유류 파동으로 인한 연료난 때문에 눈물을 머금고 그 놈들을 죽여야 했다. 살아서 푸득거리는 그 놈의 목을 꽉 비틀어서 죽이는 작업인데 한두 마리도 아니고, 수백 마리를 그러자니 자연 속이 매쓱거리고 죽을 짓이었던 것은 당연지사. 더 못할 짓은 그 고기를 쪄서 특별메뉴랍시고 먹으라는데야…… 결국 입에도 못대고 저녁까지 쫄딱 굶고 말았는데. 이제와 생각하니 후회막급, 메추리가 또 그렇게 스테미너에 좋다는데……

'메추리의 대학살'과 함께, 'I-Corps의 대학살극'의 하나로 꼽히는 사건이 있으니 다름 아닌 '송사리 매운탕극'이다.

환경개선이라는 구호와 함께 각내무반에 등장하게 된 것이 어항(?)인데, 정작 만들고 보니 고기를 조달할 일이 또 걱정거리였다. 그래서 내려진 것이 민물고기 생포령이었고, 우리들은 때 아니게 어부(?)들로 전업을 했었는데…… 모내무반에서는 그야말로 상사의 의도를 명찰하고 다량의 송사리들을 생포한 것까지는 좋았는데, 주전자에 든 그 송사리들의 먹이로 고추장을 준 것이 결정적인 화근.

고추장을 먹은 송사리들이 비실비실거리자 아마도 추워서 그런 모양이라고 또 인간적으로 난로 위에다 올려놓았으니 고추장 먹은 그 송사리가 매운탕으로 변신한 것은 너무도 당연지사.

"이왕 매운탕이 생겼으니 술이나 한잔 하자"

이래서 결국 송사리는 어항 대신에 뱃속으로 졸레졸레……

별놈의 매운탕도 많지만 송사리 매운탕은 또 처음 듣는 이야기.

더벅머리를 졸지에 뽑히고(?) 입대를 하고 보니 하루에도 수십번씩 듣는 가장 생소한 어휘가 '수입'과 '사역'이라는 말이었는데……

병기수입, 장비수입, 난로수입…… 또 무슨무슨 수입, 급기야는 꼬질대수입까지, 그놈의 수입의 종류가 다양한데 놀랬고, 또한 사역이

라는 말이 아무 곳에나 붙기만 하면 자연스럽게 들리는 데는 혀를 내두를 정도.

수입은 차치하고, 사역만 하더라도 전천후 식당사역을 비롯해서, 늦봄부터 시작되는 풀사역, 가을철의 김장사역, 싸리비사역, 겨울철의 눈사역, 기름사역, 스케이트장 사역. 하다못해 술사역, 노래사역……

하고 많은 사역 중에서 가장 지겹기는 단연 식당사역. 김장사역은 무우 먹는 맛에 하고, 싸리비사역은 막걸리 마시는 맛에 하고, 풀사역은 재담(才談) 듣는 맛에 하고……

그런데 이 놈의 식당사역만은 묘미가 전무한게 사실, 일요일에 라면 스프 빼어먹는 맛이 있기야 하지만, 그 정도는 지겨움에 비하면 그야말로 '조족지혈', 신병으로 전입와서 몇 주일만 하고 나면 쌀 씻고, 밥하고 국 끓이고…… 이런 일에는 아예 도가 트게 마련. 하다못해 미원과 미풍의 맛의 차이까지 혀끝으로 감정할 수 있을 정도.

밥하고 국 끓이고 빨래하고 김장까지 다 할 수 있으니…… 그래서 나온 말이 '애 낳는 기계만 하나 발명되면 장가는 아예 갈 필요도 없다'는 말이렸다.

그 다음에 빼놓을 수 없는 이야기는 '국기게양대에 달린 특박.'

알다시피 우리 캠프의 국기게양대는 높은 것으로도 유명할 정도인

데, 국기 게양대에 매달린 줄이 어느날 끊어졌으니 그걸 도르레에 다시 꿸 일이 심히 난감. 그래서 생각다 못한 중대장님의 기발한 착상은 국기게양대에 끈을 매다는 용사에게는 특박을 실시하겠다였겠다. 특박이라는 그 단어에 무한한 매력을 느낀 몇몇 용사들이 우루루 달려갔는데, 체 2미터도 기어 오르기 전에 낙상하기가 십상. 결국 모처에 근무하는 L모상병이 천신만고 끝에 뜻을 이루어 특박의 영예를 차지하기는 했는데……

모쪼록 일직병 여러분들은 이러한 특박사태는 재현되지 않도록 십분 조심할 것을 당부하는 바.

그 다음에 우리들의 선풍적인 인기를 모았던 말로는 단연코 '상기명 본인은……'으로 시작되는 이른바 '전말서 소동'을 들 수 있겠다. 성하의 계절에 우리 Family의 가장으로 부임하신 중대장님은 주체성의 확립과 새마을운동이라는 시대적 요청에 부응해서 철저한 한국군화와 도로 개설작업을 서둘렀는데……

기백통의 전말서를 쓰다 보니 자연 한글의 우수성과 주체성을 인식할 수 있게 되었고 천여미터의 동초로를 닦는 동안에 새마을운동은 의자현(義自見)이 될 수밖에.

吾部隊之動硝路 異乎他部隊 與謹務 不相流通 故愚兵 有所欲廻 而終不得伸其情者 多矣, 予爲此憫然 新制動哨路臺阿米多 欲使兵兵易習 便於夜廻耳

〈動哨路開說序文〉

결국 그 와중에서 전말서 양식을 제록스하자는 기발한 착상과 공막사를 이용한 대서소 설치안까지 대두되기는 했지만, 어쨌던 전말서 양식 하나라도 철저히 몸에 익히게 된 것은 또 다른 하나의 보탬이 되었다면 보탬이 된게 사실.

전말서 소동과 함께 빼놓을 수 없는 것은 구보와 완전군장과 건재순이라는 단어들. 새로 만든 동초로도 발에 익힐겸 동초로를 따라 구보를 하되 완전군장으로, 그것도 건재순을 유지하면서.

그때 흘렸던 땀 덕분에 완전군장이라는 어휘조차 생소했던 우리들은 이제는 가히 도사의 경지에까지 이르게 되었고, 간혹 영어 발음할 때 밥알이 튀어 나온다는 것을 제외하고는, 막강한 훈련수준과 엄정한 군기를 확립할 수 있었으니 대국적 견지에서 보면 크게 다행한 입이라 하겠다.

전말서 소동을 잊을 수 없는 대소동이었다면, 이에 못지않은 파동

에 주기번호파동이 있다. 다른 때도 다른 때지만 특히 이 주기번호란 단어는 매월 있는 보급경제 실천의 날 때쯤이면 꼭 입살에 오르내렸기 때문에 소동이 아닌 파동이라 하는 것.

보급품의 애호와 철저한 관리를 위해서 개인관물에는 빠짐없이 주기번호를 넣으라는 것이 문제의 파동이었는데, 그야말로 그것 하나 빼고는 번호가 안들어 간 곳이 없을 정도. 그래서 나온 말이 '그래도 그것만은 관물이 아니다 내꺼다.'

자-아, 이제 뽀골뽀골하던 이야기를 해 보자. 아마도 가장 애환이 깃든 말이 이 말이 아닐까? 뽀골뽀골도 못할 짓이고 닭대가리도 못할 짓이지만 그래도 그 연못 물맛만은 한탄강 물보다 더 달더라는게 중론인데……

훈련이 끝나자 말자 유행된 말에는 뽀골뽀골을 비롯에서 '너희 같은 놈들은 처음 보았다.' '좌우지간 너희 놈들은 이제부터 죽었다.' '3번 끌어당기기 준비' 등이었는데…… 그 힘든 훈련도 무난히 받아 넘길 수 있었다는 것은 외유내강한 우리 기질을 다시 한번 확인한 셈.

무릇 어려움에 처하여 전우애를 다시 한번 확인할 수 있었다는 것도 지나칠 수 없는 수확 중의 하나였던게 사실이고.

다음은 우리들의 군기에 관한 이야기.

우리들의 군기를 한마디로 이야기해서 내적군기라고 하는 것이 가장 적합할 듯. 뭔가 눈에 보이지는 않지만 숙연하고, 산만한 감을 조금도 엿볼 수 없는 것이 그 특징인데, 그래서 그런지 우리 위방소만

통과해서 부대로 들어 오면 사람은 물론 짐승까지도 바짝 군기가 들게 마련인 듯.

얼마전 고르고 고른 일진 좋은 날.

중대에서 기르는 돼지 양의 혼례식이 가정의례준칙에 맞추어 간소하게 거행 되었겠다. 주례는 인사계님이 맡으시고, 양가 친지와 기른 정이 있는 J모 일병과 돼지 아빠로 전업한 L모 일병 등이 축하를 겸해서 주욱 도열했는데…… 날프한 우리 Family와 한솥밥을 먹었기 때문인지 신부는 돼지치고는(?) 퍽이나 예쁘장한 얼굴에 가느다란 허리, 탄탄한 히프를 하고 있었겠다. 게다가 섹시한 눈웃음까지 살짝 지었으니 뒤에 섰던 이 신랑, 도저히 더 이상 참을 수 없었던 것은 불문가지.

그래서 이 신랑, 아들딸 구별 말고 둘만 낳아 잘 기르자는 구호 따위에는 현혹되지 말고, 부디 돼지답게 펑펑하고 식성 좋은 자식을 자그마치 축구팀 한팀하고 후보선수까지 남을만큼 쑥쑥 뽑아, 부디 잘 살아라는 중대장님의 축사가 채 끝나기도 전에, 덥석 신부의 엉덩이 위로 기어 올라 갔겠다. 옆에서 이를 지켜보던 J일병이 L일병에게 가로되 '저 자식 보고나 하고 기어 올라갔나?' '안했는데요……!' 이래서

당황한 J일병이 황급히 외치기를 '원위치! 동작 보소!' 그러자 이 신랑 그야말로 0.5초 내에 원위치를 했겄다. 버드나무 위에서 침을 꼴깍 삼키면서 이 광경을 내려다 보던 홀아비 참새 재잘거리기를 '내가 지금까지 참새생활 10년에 부대라는 부대는 수없이 돌아 보았지만, 이렇게 군기 센 부대는 처음 보았다' 하더라나.

군기라는 말과 더불어 생각나는 말에 비일비재(非一非再)가 있다. 이건 조금 뭣한 이야기지만 우리 Family에게는 지나칠 정도로 면학의 풍이 조성되어 있어서 밤늦도록 독서를 하는 사람이 많은데. 그래서 그런지 아침 점호 집합동작은 꽤나 여유가 있는 폭. 'Slow and steady wins the race'를 응얼거리면서 모여드는 모양을 보다 못한 주번사관 B상사님 가로되 "아침부터 왜 이렇게 비일비재 하고 있어!"

꼭두새벽에 들은 그 현학적인 표현에 모두들 어리둥절 했는데…… 알고보니 그 말에 뼈가 있었겄다. 왜 아침부터 비실비실 하느냐가 아니라 하루이틀도 아니고 왜 매일 아침 그 모양이냐는 깊은 뜻이 내포되어 있었으니 자연 비일비재일밖에…… 모쪼록 우리 Family도 그 말씀에 대오각성해서 점호 집합시에 비일비재 하는 일이 없어지기를……

1975년을 통틀어 가장 큰 경사가 있었다면 그것은 단연코 우리 중대장님의 진급 소식, 어려운 게 아니냐는 엉터리 점 때문에 며칠간은 어두운 마음으로 지내다가 들은 소식이라 더욱 반갑고 기뻤던 것인지도 모르지만 좌우지간 우리들은 환호성을 질러댔는데…… 금상첨화(錦上添花)랄까? 돼지까지 잡겠다는 폭탄선언(?)이 있었고 보면 며칠을 굶어도 가히 배가 부를 판.

"암놈은 종족보존을 위해서 (하기야 지금 임신 중인 귀한 몸이니까) 남겨 두고 숫돼지 그 놈은 이미 죽은 돼지다!"

중대장님의 호언장담에 B모 상병 한술을 더 뜨서 '죽은 거야 기정사실이지만 몇마리가 죽느냐가 저희들의 관심삽니다'라고.

돼지야 몇 마리가 죽든 간에 앞으로도 계속 순탄한 행진이 되시기를 비는 마음 간절할 뿐이다.

4. 결어

얼마든지 재미있는 이야기들이 산적되어 있지만 지면 관계로 더 이상 싣지 못함을 섭섭하게 생각한다. 이런 이야기들을 안주 삼아 소주잔을 기울일 그날이 멀지 않음을 확신하기에 그날을 위하여 못다한 이야기들은 남긴다.

 **제3권**

편집부AI

이제 제3권에 관한 이야기를 해볼까요?
제3권은 1977년에 간행되었지요?

군소리AI

그렇습니다. 표지에 1977년에 간행한다고 명기하고 있습니다. A4 용지에 표지 1면 본문 147면으로 되어 있고, 제목은 그냥 '軍소리'라고 했습니다. 아마도 '군소리군소리'를 이중적 의미로 이해하지 않고 그냥 '軍소리'의 단순한 동어반복으로 이해했기 때문에 이렇게 한 듯합니다. 권두언은 당시 인사참모였던 이경열 중령과 중대장이었던 권문택 대위께서 써주셨습니다.

편집부AI

상당히 다양한 분들의 글이 실렸더군요.

군소리AI

그렇습니다. 편집진이 상당히 애를 많이 썼음을 쉽게 알 수 있습니다. 당시 민사참모였던 천인수 중령의 글도 실렸고, 군단의 임용범 대위께서도 글을 주셨습니다. 『軍소리군소리』 역사상 처음으로 장기복무 하사관인 최태일 상사의 글과 전역한 박흥용 전우의 글도 실렸습니다. 그만큼 편집 위원들이 필자들을 다변화하려고 노력했기 때문일 것입니다.

미군들로는 Hayman J. H. 소령과 SP5 Engracia L. Trevino라는 병사의 글이 실렸는데, Hayman 소령은 당시 한·미1군단 미군본부중대 중대장이셨고, Trevino 병사는 당시 미군제51통신대대 수송부 운전병이었던 여군이었습니다. Hayman 소령께서는 미군본부중대 중대장으로 한국군 본부중대 병사들이 문집을 만든다는 것을 상당히 인상적으로 받아들였던 듯합니다. 그래서 축하 인사를 하고 싶었던 것이겠지요. 그런 의미에서 보면 한·미1군단이 합동군단이라는 성격이 가장 강하게 반영된 것이 이 제3권이 아닐까 싶네요.

편집부AI

예, 미군 본부중대 중대장님의 참여는 매우 의미 있는 일이었겠습니다. 제3권에 와서 가장 크게 달라진 것은 무엇이었을까요?

군소리AI

특집좌담회를 기획하고 그 결과를 실었다는 점이었을 것입니다. 제1권과 제2권에서는 볼 수 없었던 일이었지요. 중대장님과 군단 주임상사, 본부

> 중대 인사계, 사병 5명이 자리를 함께 해서 '혼성 부대 요원으로서의 생활자세'라는 제목을 두고 진지한 의견 교환을 했습니다. 주제도 적절했고 내용도 충실했다고 봅니다.

편집부AI

예, 그렇군요.
그 밖의 대체적인 내용들을 말씀해 주시지요.

군소리AI

> 집필진의 주축이었던 사병들은 27명이 27편의 글을 투고했습니다. 시 6편, 수필 10편, 기행문 1편, 서간문 3편, 다시 생각나는 글 1편, 꽁트 3편, 독후감 1편, 시나리오 1편이었습니다. 시나리오가 처음으로 실렸다는 점이 눈에 띕니다. 제2권에서 시작된 'I Corps Family'는 'I Corps Family의 이모저모'라는 제목으로 계승되었습니다. 중대원 주소록에는 81명 병사들의 주소를 가나다순으로 수록하였습니다. '당신의 인생 좌우명을'이라는 내용과 '당신의 전역 후 희망을 여기에 옮겨본다'라는 내용이 함께 들어 있어서 각자 한 마디씩 할 수 있는 공간을 마련하였는데 이 점도 기본적으로 제2권의 연장선상에 있었다고 볼 수 있을 것입니다.

편집부AI

예, 제3권에서 특별히 추천할만한 대목을 말씀해 주시면 여기서 같이 짚어보고 넘어가도록 하겠습니다.

군소리AI

제3권에서 처음으로 시도된 특집좌담회 기사를 추천하고 싶네요. 기획 의도도 좋았고 주제도 적절했습니다. 그리고 무엇보다도 끊임없이 새로운 것을 덧보태려고 한 도전정신을 높이 평가하고 싶습니다.

편집부AI

예, 감사합니다. 그러면 여기서 제3권의 표지와 특집 좌담회 기사를 함께 보시고 다음 이야기로 넘어가도록 하겠습니다.

혼성부대 요원으로서의 생활 자세

일　　시 : 1977년 1월 19일 17:30
장　　소 : 중대장실
대 담 자 : 중 대 장 : 대위 권문택
주임상사 : 상사 임현규
인 사 계 : 상사 김흥섭
　　　　　병장 이병익
　　　　　상병 구흥서
　　　　　병장 서병교
　　　　　상병 송호장
사 회 자 : 병장 김삼현

사회자 : 바쁘신데에도 불구하고 이렇게 참석하여 주신데 대하여 우선 감사를 드립니다. 다사다난했던 丙辰年을 보내고 대망의 해 丁巳年을 맞이하였읍니다. 중대장님이 지난해 부임하신 이래 어언 1년이 지났읍니다. 그동안 중대장님을 중심으로 우리 가족들은 일치 단결하여 오늘의 I Corps가정을 이룩한 것입니다. 이런점에 비추어 오늘 좌담회는 혼성부대 요원으로써의 생활자세를 중심으로 이야기를 나누어 보겠읍니다. 먼저 중대장님이 우리중대의 가장으로 부임 하신 이후 우리 가족에 대한 인상 깊었던 일이나 괴로웠던 일이 있으면 말씀하여 주십시오.

중대장 : 한·미1군단(집단)본부중대(I Corps(ROK/US) Gp HQ, Company)에 부임한 날이 76년 1월 26일이니까 거의 1년이 되었읍니다. 그동안 타 부대에서의 경험과 교육을 통해 얻은 이론을 바탕으로 여러가지를 해보려고 노력했읍니

다. 잘 된 일도 있고 또 제대로 이루어지지 않은 일도 있지만 특히 인상에 깊이 남는 것은 중대 환경개선을 위해 온 가족이 휴무일도 없이 야간작업을 하던 일들입니다. 그 덕분에 이제는 질퍽질퍽하던 중대 주변이 말끔하게 단장되었고 청자갈이 깔렸으며 잔디와 장미나무 이식으로 어느 공원에 온 기분이 들게되었읍니다. 그리고 세면장, 화장실, 목욕탕을 전면 개수하여 타일을 입혀 미군시설에 조금도 손색이 없읍니다. 이 모든것이 중대원의 힘에 의해 이룩되었다는 데에 더욱 의의가 있다고 생각합니다. 그리고 괴로웠던 일은 개인에게는 안됐지만 부대군기를 위해 몇몇 중대원을 처벌하고 타부대로 전출보낸 일로서 다시는 그런일이 없도록 해야 되겠읍니다.

사회자 : 우리 한민족은 반만년의 오랜전통과 찬란한 문화를 이룩한 민족이지만 오늘날과 같이 자국의 이익을 위하여 민족주의의 강한 부르짖음이 일고 있는 이때에 온 국민은 한민족의 긍지와 위신을 지켜야 될줄 압니다. 우리 푸른 제복의 군인들도 국민의 불침번으로써 뚜렷한 주권의식을 가진 군인상을 정립하기 위해서는 어떤 정신무장이 필요한지 말씀하여 주십시요.

중대장 : 흔히들 현대는 과학의 시대니 만큼 전쟁의 승패도 무기의 발달여부에 달려 있다고 하여 정신적인 면은 소홀히 하고 있읍니다. 그러나 역사적인 여러 가지 前例라든지, 최근의 中東戰, 월남전등에서 볼때 역시 궁극적인 승패는 싸울려는 의지, 즉 투철한 정신무장이라는 것을 알게되었읍니다. 우리

는 全軍이 "초전박살"의 정신무장을 하고 내 나라, 내 땅은 내가 지킨다는 자세로 임한다면 반드시 공산도배들을 무찌를 수 있읍니다.

주임상사 : 네, 그렇읍니다. 이땅의 주인은 우리입니다. 그러므로 이 땅의 운명은 그 누구에게 맡길 수는 없는 것입니다. 우리 온 국민의 염원인 80년대의 경제자립과 완전한 자주국방에 기대와 희망을 걸고 우리 군인은 자신있게 양 어깨에 힘을 주어 중대장님께서도 강조하신 초전필승의 정신을 가일층 새롭게 해야 하겠읍니다.

인사계 : 마찬가지로 우리는 무엇보다도 하면 된다는 자신감, 즉 싸우면 반드시 이길수 있다는 정신무장이 필요할 것입니다.

이병장 : 말씀을 듣고보니 저희들 책임감이 더욱 무거워집니다. 군에 입대하기전에 저희들이 가졌던 안이하고 나태한 사고방식이 훈련소에 입대하고 저희부대에 전입하여 생활해온 동안 전에 느껴보지 못했던 다른 한면을 보게된 것입니다. 우리 한국의 현실을 直視하며 우리의 입장을 좀더 이해하게되고 특히 군인이라는 신분이 되고보니 화랑정신의 하나인 "임전무퇴"의 의미를 절실히 느낍니다. 저희들도 이젠 새로운 정신무장으로 임무에 충실하겠읍니다.

사회자 : 군인의 임무는 앞에서 언급하였지만 국민을 지키는 불침번의 역할이 주요 임무입니다. 특히 호시탐탐 남침을 노리는 북괴가 존재하는 우리나라 현실을 볼 때 막중한 책임을 가지고 있는 군인은 무엇보다도 굳은 단결이 필요합니다. 우리가 단결을 유지하기 위해서 어떠한 자세가 필요하다고 생

각 하십니까?

중대장 : 군대생활이라는 것은 마치 운동에서 축구와 비유할 수 있읍니다. 축구는 조직적이고 서로 협동하며 자기위치를 충실히 수행해 나갈때 팀웍이 이루어지는 것입니다. 그중에는 個人技가 뛰어난 사람도 있고 그렇지 못한 사람도 있읍니다. 그러나 실력이 우수하다고 해서 혼자만 공을 몰고 나간다면 곧 지치고 상대방에게 제지당해 게임이 엉망이 됩니다. 이와 같이 천태만별의 병사들이 모여 사는 軍隊家庭도 축구에서 감독이나 코치의 역할을 하는 지휘관을 중심으로 일사분란하게 뭉쳐서 서로 이해하고 돕고, 명령에 복종한다면 자연히 단결된 부대가 될것입니다.

주임상사 : 우리 부대 구호 역시 단결입니다. 우리는 외국군과 더불어 생활하고 있기때문에 단결이란 관념이 더욱 절실해짐은 숨길수 없는 현실인 것입니다. 단결을 유지하기 위해서는 우선 가까운 지휘관을 중심으로 한 마음, 한 뜻으로 뭉쳐 군의 제규정을 준수하고 백전불굴의 감투정신과 자발적인 복종의 군기를 실천하는 일입니다.

인사계 : "나"속에 "우리들"이 아니고 "우리들" 속에 "나"라는 것을 항상 명심하고 우리들 속에 한 전우라도 조금도 소외감을 느끼

지 않도록 협동하여야 할것입니다.

송상병 : 저희 중대에는 타 부대에서는 도저히 볼수 없을 만큼 조직체가 자율적이고 家族的입니다. 상하간에 서로 이해하고 신뢰하면서 허심탄회하게 이야기 할수있는 그런 분위기가 저희들 선배때부터 오늘날까지 이어져 왔읍니다.

전우들간에 있어서 화목한 병영생활을 영위함으로써 더나은 단결이 될수 있다고 저는 주장하고 싶읍니다. 그러나 우리가 한가지 명심해야 할것은 이런 분위기를 악용한다면 오히려 해가 된다는 사실입니다. 이런점에 유의한다면 오히려 전우들간에 서로가 참된 전우애를 발휘 할것이며 이때만이 진정한 단결이 이루어진다고 생각합니다.

사회자 : 예로부터 우리 한민족은 두뇌가 우수하다고 자타가 인정하는 민족입니다. 그 결과 우리 한국군은 다른 어떤 외국군보다 탁월한 근무능력을 발휘하고 있읍니다. 특히 한·미1군단 사병은 타부대에서 찾아볼 수 없을 정도로 우수한 사병으로만 구성되어 있읍니다. 이 Family에게 바램이 있으시다면 말씀하여 주십시요.

주임상사 : 우리 한국군은 세계 제일의 지적인 資源을 보유하고 있음을 자부하고 있으며 그중에서도 한·미1군단 사병들은 선발된 우수한 사병들입니다. 우수한 병사들로 구성되었지만 그 명석한 두뇌를 군기면이나 내무생활, 교육훈련등에 역행할 때 실망은 더욱 크다는 사실을 자각하고, 우리의 총역량을 기울여 군의 정신 전력 강화목표에 집중하여야 하겠읍니다.

서병장 : 제가 내무반장직을 맡고서 많은 것을 배웠읍니다. 인간이

인간을 통솔한다는 것이 얼마나 어려운 일인가를 말입니다. 우수한 사병들만 구성된 우리 가족이기에 더욱 그렇읍니다. 개개인적으로 볼 때 전부다 명석한 두뇌를 가졌으며 한마디를 말하면 열을 알수 있을 정도로 두뇌 회전이 빠릅니다. 그러다 보니 좀 개인주의적이고 자기본위적이라는 사실을 우리는 숨길 수 없읍니다. 그렇기 때문에 내무반원을 통솔할 때 인간자체에 우선을 두느냐, 군율에 우선을 두느냐 아니면 이것을 혼합하느냐를 두고 저는 많은 생각을 하여왔읍니다. 어느 조직체에도 그 독특한 규범이 따르고 그것을 이해하는 것은 조직체를 운영하는데 필수 불가결하다는 것은 우리는 다 알고 있읍니다. 이런점에 착안하여 저는 지휘를 해 나갈 것이며 저희 내무반원뿐 아니라 전 중대원들이 또한 그 명석한 두뇌로 잘따라 주리라 믿읍니다.

사회자 : 국제정세가 다 변화되어 가고 있는 오늘날에 있어서 올바른 한국관을 외국인에게 심어 주어야 되겠읍니다. 이 것을 인식 시키기 위하여 우리 온 국민은 외교에 치중하는 만큼, 우리 가족도 적극적인 군사외교를 전개하여 한국의 참모습을 보여주는데 어떤 지도 방침을 가지고 계시는지요?

중대장 : 나는 우리 부대의 특수성에 맞추어 복무방침을 정했읍니다.

즉, 첫째: 국군의 금지를 지키자.

둘째: 엄정한 군기를 확립하자.

셋째: 맡은 바 책임을 완수하자.

이상과 같이 앞으로도 중대원을 지휘할 것이며 중대원이 따라준다면 외국군에게 한국의 올바른 군인상을 인식시키리라 믿습니다.

주임상사 : 한국에 오래 살지않는 외국인들은 우리의 전통깊은 문화, 역사를 잘 모르고 또한 생활습관도 잘 모릅니다. 그러므로 가까이 접해있는 우리 가족들의 행동 하나 하나가 그들에게 결정적인 영향을 미친다는 것을 알고 평상시 언어, 복장, 근무 태도를 올바르게 해야 될것입니다.

구상병 : 세계에는 130여개국이 넘는 주권국가와 40억이나 되는 세계인구가 있읍니다. 이들에게 발전하는 한국의 근면하고, 성실한 한민족의 참모습을 보여줄 때 우리국가와 국민에 대해 우호적이고 신뢰할 것입니다. 하나의 실패는 많은 부수적인 것에 영향을 미친다는 것은 감안할때 비록 어느 한나라 국민을 대상으로 한다 하더라도 우리의 자신감과 矜持를 부각시키는 것이 필요하다고 봅니다.

사회자 : 앞서 중대장님이 복무방침을 밝혀주셨는데 중대장님을 보좌하고 계신 인사계님께서는 위 복무방침의 밑바탕이 무엇이라고 보십니까?

인사계 : 네, 중대장님이 작년 정초에 부임하신 이래 위 복무방침에 의거 많은 발전이 있었다고 봅니다. 위 복무방침을 제정하게 된 것은 외국군과 더불어 생활하는 우리 부대의 특수성을 고려,

우리의 생활신조를 바탕으로 한 것이라고 봅니다.

사회자 : 좀 구체적으로 설명하여 주십시오.

인사계 : 우리는 외국군과 더불어 생활하고 있다는 것을 명심하여 주권국가의 군대로서 긍지를 갖고 위신을 지켜야 할것입니다. 미군이 세계 최강의 국가의 군대임에는 틀림 없읍니다. 우리도 중진국으로 발돋움하는 국가의 군인으로써 비굴하지 말고 청빈하면서 자존심을 갖어야 할것이며 우리 일상생활에 있어서 법과 규정 및 공중도덕을 지키고, 협동심과 전우애를 발휘하여야 하며, 용모, 태도, 복장, 경례등 엄정한 군기를 확립하여야 할것입니다. 또한 우리 I Corps 가족은 맡은바 책임을 최선을 다하여 완수하여야 할것입니다. 물론 인간은 神이 아니기에 완전할수는 없겠지만 완전하려는 노력과 희망을 버리지 말아야 할것입니다. 항상 自己 향상을 위하여 꾸준히 노력하여 실력을 갖추어 자기 책무를 훌륭히 수행할수있는 군인상을 정립하여야 할것입니다.

사회자 : 마지막으로 우리 I Corps 가족에 전하고 싶은 말씀이라든가 앞으로의 계획을 말씀하여 주십시오.

중대장 : 어느정도 중대환경도 마무리가 되었으니까 77년도에는 교육훈련에 중점을 두겠읍니다. 무엇보다도 강인한 체력을 기르기 위해 매일 4키로미터 이상 구보를 日朝, 日夕 점호시에 실시하고, 교육의 날, 토요일을 이용하여 태권도, 무장행군, 격구, 구기운동등을 실시하며, 전원이 전투요원화 훈련으로 병 기본 공통과목을 숙달시킬 계획입니다. 또한 사격은 전원 2등사수 이상으로서 군 요망 수준을 달성하겠읍니다.

인사계 : 흔히 말하는 "識字憂患"의 '憂'를 범하지 말아야 할 것입니다. 이기주의적이고 개인주의적인 思考를 버리고 내무반장을 중심으로 자율적인 군대가정을 이룩할수 있도록 奮鬪하기를 바랍니다.

서병장 : 비록 군대라는 제한된 범위일 망정 서로가 이해하고 발전할 수 있도록 단결되고 참된 전우애를 길러 주었으면 합니다.

구상병 : 저역시 서병장 말에 동감합니다. 우리 모두가 다 함께 굳게 뭉쳐 힘찬 우리 젊음의 함성이 이 I Corps에 메아리 치기를 바랍니다.

사회자 : 좋은 말씀 감사합니다. 앞으로도 계속 우리 I Corps에 무궁한 발전이 되기를 기원하며 오늘 좌담해 주신데에 대해 대단히 감사합니다.

 제4권

편집부AI

좀 아쉽기도 합니다만 어느새 마지막 권까지 왔습니다. 이 제4권의 가장 큰 의의는 무엇일까요?

군소리AI

> 당연히 창간 50주년 기념호라는 점입니다. 전역 후 50년의 세월이 흐르도록 전우들이 모임을 이어오고 교류를 계속하였다는 것이 놀랍고, 그들이 창간 50주년 기념호를 만들기로 의견을 모았다는 것도 놀랄 일입니다. 군대의 기억은 전역하면서 바로 잊어버리기를 원하는 일반적인 경우와는 달라도 너무 달랐다고 할 수 있겠지요.
> 인생의 가장 아름다웠던 순간에 만나 생사고락을 함께 했던 전우들간의 우정을 죽을 때까지 가지고 가려고 했던 그 정성이 참으로 소중하다고 하겠습니다. 그리고 그런 바람들을 하나의 실체로 묶어낼 수 있었다는 것이 참으로 아름답습니다. 누군가가 그 총대를 메고 그 귀찮은 일을 도맡아 해야 하는데 그게 쉬운 일이었겠습니까. 그렇기 때문에 이 책은 그 50년 세월의 희생 위에 세워진 하나의 기념비라고 할 수 있을 것입니다.

편집부AI

50년의 세월이 지났는데도 제4권은 제1권, 제2권, 제3권의 기본틀을 유지하고 있다고 보아야 할까요?

군소리AI

그렇습니다. 기본적으로는 앞서 나온 세 책의 역사적 가치를 계승하였다고 할 수 있습니다.

편집부AI

구체적으로는 어떤 점에서 그런가요?

군소리AI

권두언을 비롯해서 몇 가지 기본틀을 그대로 지켰습니다. 우선 권두언을 권문택 장군이 썼습니다. 그는 군단 소속의 장교이기도 했고 본부중대장이기도 했습니다. 그러니까 앞서 나온 세 책에서 권두언을 썼던 두 사람, 곧 군단의 고급 장교와 본부중대장의 역할을 동시에 할 수 있었다는 결과가 됩니다. 옛 병사들의 글도 충실히 실었습니다. I Corps Family도 'I-Corps Family와 함께한 50년'이라는 제목으로 실었습니다. 미군 관계자도 힘써 찾아서 그 글을 실음으로써 한미합동군단에서 만든 책이라는 전통을 이어가려 했습니다. 50년 전에 함께 근무했던 미군을 지금 찾아서 그 글을 받는다는 것은 참으로 쉽지 않았을텐데 용케 그 어려움도 극복했습니다. 개인정보보호를 위하여 중대원 주소록을 따로 싣지 못한 것은 유감이지만 그것은 편집진의 권한 밖이었다고 이해해야 할 듯합니다. 편집후기로 마무리한 것도 앞의 책들과 동일한 방법이었습니다.

이것들은 이 제4권이 앞서 나온 세 권의 책의 역사적 흐름을 충실히 계승하려고 했던 결과였습니다.

편집부AI

예, 그렇군요. 그야말로 50년 세월을 극복해냈군요. 달라진 점으로는 어떤 점을 들 수 있습니까?

군소리AI

50년이라는 세월이 짧은 세월이 아니기 때문에 달라진 점도 많이 있습니다. 우선 글들의 성격이 병영의 추억이나 50년간 살아온 삶의 이야기 중심으로 바뀌었다고 해야겠지요. 어쩔 수 없는 일이었을 것입니다.

편집부AI

또 크게 달라진 점은 무엇입니까?

군소리AI

전우들이 옛날 부대 자리를 찾아보고 그 감회를

글로 올린 것을 들 수 있을 듯합니다. 옛날에 부대가 있었던 자리는 이미 한국 국방부로 넘어왔고, 국방부에서는 의정부시와 협의하여 새로운 개발 방안을 마련하고 있다고 합니다. 그 부대에서 역사적으로 중요한 사건들이 어떻게 다루어지고 결국 어떻게 처리되었는지 현장에서 보았던 우리 부대원들은 그 현장들이 역사적으로 매우 큰 가치가 있다는 점을 깊이 인식하고 원형보존을 위해 노력하고 있는데 그 노력의 일환으로 부대 현장 방문을 했던 것입니다.

50년만에 옛 부대의 자리를 확인한 전우들은 안타까운 심정을 억제할 수 없었고 그 서글픈 감회를 글로 남겼습니다. 그것이 이 책에 실린 '옛 동산에 올라 보니'입니다. 따라서 이 내용은 제1권, 제2권, 제3권에는 있을 수 없는 내용이었지요. 소중한 역사적 현장이 폐허가 되고 완전히 사라진다는 것이 무척 안타깝고 가슴 아픕니다.

편집부AI

최대한 원형보존 되었으면 좋겠습니다.
또 달라진 것으로는 무엇이 있을까요?

군소리AI

'전문가에게 길을 묻다.'도 그렇다고 볼 수 있을

것입니다. 군대생활을 하는 동안에는 쓸 수 없는 글들이지요. 군대생활을 할 때에는 다같이 군복 입고, 같이 훈련하고, 같이 점호 받고 그랬습니다. 그러나 제대 후 50년을 지내는 동안 각자 자신의 영역에서 열심히 살았습니다. 서로 다른 삶을 살았고 서로 다른 길을 갔다고 할 수 있지요. 같이 모여서 같이 놀고 같이 지내기도 했지만, 각자의 영역에서는 각각 자신의 길을 열심히 간 것입니다. 그래서 자신의 영역에서 당당한 전문가들이 되어 있었습니다. 그래서 이 제4권을 만든 것은 그 전문가의 입장에서 할 이야기들을 할 수 있는 공간을 마련했다고 볼 수 있고, 그것이 이 제4권의 또 다른 의미 가운데 하나이겠지요.

편집부AI

정말 다양한 영역의 분들이 계시더군요.

군소리AI

그렇습니다. 그리고 그것은 어느 부대나 마찬가지일 것입니다. 우리처럼 이렇게 모여서 책을 만들고 하는 일을 하지 않았기 때문에 드러나지 않았을 뿐이지요.

똑같은 제복을 입고 있지만, 자세히 들여다보면 군대는 참으로 다양한 재주를 가진 사람들이 모인 곳입니다. 그리고 알게 모르게 서로 영향을 주고받고 해서 이루 말할 수 없는 시너지 효과를 창출합니다. 군대 이외에는 그렇게 다양한 사람들을 상당한 기간 동안 함께 지낼 수 있도록 할 수 있는 사회나 조직이 없다고 해도 과언이 아닙니다. 군대야말로 인간과 인생을 배우기에 가장 적합한 훌륭한 학교입니다. 마음만 열고 배우려고만 하면 정말 배울 게 많습니다.

'이제는 서로 다른 길을 가서 그 영역의 전문가가 되었으니 다른 전우들을 위해 따뜻한 조언을 해주시라 그러면 우리가 듣고 배우겠다.'라는 뜻으로 마련한 것이라고 보아야 할 것입니다.

그리고 후배 군인들에게는 '당신들도 지금 그렇게 다양한 미래의 전문가들과 함께 군대생활을 하고 있다. 그들이 제대 후에도 여러분에게 조언을 해줄 수 있을 것이고, 도움을 줄 수도 있을 것이다. 서로 믿고 서로 도울 마음의 준비를 하며 군대생활을 하시라.' 그런 교훈도 주고 싶었을 것입니다.

편집부AI

예, 정말 그렇겠습니다. 이제 지금까지 말씀하셨던 것을 간단히 요약해서 정리해 주시겠습니까?

군소리AI

> 말로는 이미 어느 정도 제시했으니까 그 내용을 요약해서 표로 제시해 보았으면 합니다. 표를 만들면 대체로 다음과 같은 정도가 되지 않을까 합니다.

	제1권	제2권	제3권	제4권	비고
간행연도	1974년	1976년	1977년	2025년	
제목	군소리군소리	軍소리군소리	軍소리	軍소리군소리/I·Corps Family 함께 한 50년	
권차	없음	2권	vol.3	제4권	
권두언	①군단고위장교 ②중대장	①군단고위장교 ②중대장	①군단고위장교 ②중대장	①②군단고위장교 겸 중대장	
사병들의 글	있음	있음	있음	있음	제4권은 전역사병
미군들의 글	있음	있음	있음	있음	
중대원 주소록	있음	있음	있음	없음	가나다순
편집 후기	있음	있음	있음	있음	
I Corps Famijy	없음	있음	있음	있음	제2권부터 시작됨
특집 좌담회	없음	없음	있음	없음	
CRC 방문기	없음	없음	없음	있음	제4권에만 있음
전문가에게 듣는다	없음	없음	없음	있음	제4권에만 있음
비 고					

편집부AI

이제 마지막으로 후배 군인들과 국민들께 당부하고 싶은 말씀이 있으면 한마디 하시지요. 먼저 후배 군인들께 말씀해 주시지요.

군소리AI

후배 군인 여러분! 여러분이 조국과 민족과 여러분의 가족을 지킨다는 것을 잊지 마십시오. 그리고 자부심을 가지십시오. 병역은 신성한 것이고 군인으로 근무하는 것은 자랑스러운 일입니다. 그리고 우리 부대원들이나 이 책을 특별하다고 생각하지 마십시오. 우리도 여러분과 조금도 다름없는 평범한 대한민국의 군인이었습니다. 다만 전우들을 서로 존중하고 이해하고 따뜻하게 대하려고 노력했습니다. 그래서 '군대가족'이 되었고, 전역 후에도 소중한 만남을 이어올 수 있었습니다. 누군가가 조금만 희생하면 됩니다. 군대에서 만나는 전우는 군문(軍門)을 나서면 다시는 만나지 않을 사람이라고 생각하는 것이야말로 참으로 어리석은 일입니다. 돌아서면 다시 만나고, 한 다리만 건너면 연결되는 것이 우리네 삶입니다. 불가(佛家)에서는 선업(善業)을 쌓으라고 하고 유가(儒家)에서는 '인(仁)'을 강조합니다. 기독교에서는 황금률(黃金律)을 말합니다. 군에서 좋은 사람을 만나고 사회에 나와서도 그 아름다운 만남을 얼마든지 이어갈 수 있습니다. 이 점을 잊지 말았으면 합니다.

편집부AI

예, 정말 소중한 말씀 감사합니다. 이제 마지막으로 국민들께 하고 싶은 이야기가 있으면 하시지요.

군소리AI

우선 국민들께는 감사하다는 말씀을 드려야겠지요. 전선을 지키는 것은 군인들이라고 하겠지만 그 군인들이 그 자리에 있게 하는 것은 결국 국민들이니까요. 그리고 대한민국 성년 국민의 거의 절반은 군 복무 경험이 있는 분들 아니겠습니까? 그러니까 국민들께서 군에 대해 각별한 애정을 가지시는 것은 당연하다고 할 수 있습니다. 아무쪼록 국민들의 애정과 성원이 군의 사기를 북돋우고 이것이 결국 군의 전력증강으로 나타난다는 것을 잊지 말아주셨으면 합니다. 내가 몸담았던 군대이고 내가 고생하며 키우고 지켜온 군대 아니겠습니까? 그리고 군인은 바로 우리의 자녀들이기도 하니까요.

편집부AI

잠시 잊고 있었던 사실을 다시 일깨워 주셨네요.

편집부AI

군인들이 바로 우리 자녀들이라는 것을 잠깐 잊고 있었습니다.

군소리AI

오래 전에 신문에서 보았던 기사 가운데 잊혀지지 않는 것이 있어서 말씀드리고 끝을 맺겠습니다. 미국의 국내선 여객기 안에서 있었던 일이라고 합니다. 한 병사가 지나가는 승무원에게 자신의 군복을 옷장에다 보관하여 줄 것을 요청하였답니다. 그러나 승무원은 회사 규정상 이코노미석에 탑승한 승객의 옷은 따로 보관해 줄 수 없으니, 그냥 입고 있거나 본인이 보관하라고 하였다고 해요. 그 병사는 정중하게 "이 옷은 군인의 제복입니다. 국가가 저에게 준 신성하고 영광스러운 옷입니다. 저는 이 옷이 자랑스럽습니다. 그리고 이 옷을 소중하게 관리해야 할 의무가 저에게는 있습니다. 그러니 옷장에다 좀 보관해 주십시오."라고 했답니다. 그러나 승무원은 "사정은 이해하지만 저는 회사 규정을 지키지 않을 수 없습니다. 죄송합니다."라고 했답니다.
그런데 바로 그 순간 놀라운 반전이 일어났습니다. 두 사람의 대화를 듣고 있던 앞쪽의 비즈니스석 승객들이 일제히 일어나 승무원에게 말했답니다.

> "내 옷을 꺼내서 나에게 도로 주고 대신 그 군복을 내 옷장에 걸어주세요. 군복은 그런 예우를 받아야 마땅합니다." 승객들은 일제히 박수를 치면서 그 병사를 격려했다고 합니다.
> 정말 아름다운 이야기 아닙니까?

편집부AI

> 예, 정말 아름답고 감동적인 이야기네요.
> 가슴이 훈훈해집니다.

군소리AI

> 우리 국민들께서도 우리 군을 그렇게 아끼고 사랑하고 계십니다.

편집부AI

> 예, 당연히 그러시지요. 또 그렇게 믿습니다.
> 긴 시간 동안 자리를 함께 해 주셔서 정말 감사합니다. 다시 한번 『軍소리군소리』 제4권의 간행을 축하하고 애쓰신 모든 분들께 경의를 표합니다.
>
> 이상으로 『軍소리군소리』 창간 50주년 기념 특집 가상대담을 마치도록 하겠습니다. 감사합니다.

제2부　I-CORPS Family와 함께한 50년

I-CORPS Family와 함께 한 50년

서 장 선

'I-Corps Family와 함께 한 50년'을 쓰려고 하니 세월이 많이 흘렀다는 것을 새삼 느낀다. 흘러간 그 세월 따라 지금은 기억에서도 많이 사라졌지만, 그래도 더 늦어 완전히 없어지기 전에 현재 남은 파편이나마 기록으로 남겨 두어야겠다고 생각하게 되었다. 때마침 『軍소리 군소리』 제4권을 발간한다고 하니 좋은 기회로 판단한다.

내가 기억하는 것은 주로 1974년에서 1976년 사이에 우리 부대에서 근무한 전우들에 관한 것이다. 그때 우리는 팔팔한 20대 초·중반이었는데 어느덧 백발의 노병들이 되었다. 우리가 만난 지 50년의 세

월이 흐른 것이다. 그 사이에 있었던 일들이 얼마나 많으며, 그에 관한 기억들은 또 얼마나 많았겠는가! 그러나 어쩔 수 없이 내가 기억하고 겪은 일을 위주로 생각나는대로 기록할 수밖에 없다. 그래서 선·후배 전우들께서 가지고 있는 기억과 추억들을 다 담지 못해서 미안하고 죄송스럽다. 너그럽게 헤아려 주시기를 앙망한다.

이 글에서 다루려고 하는 중심 내용은 대체로 다음과 같다.

- 병영생활의 즐겁고 괴로웠던 추억 또는 에피소드
- 전역 후 50여년간 동고동락해 온 우리 전우들
- 이제 남은 생을 어떻게 지낼 것인가?

인연의 시작

1974년 초여름 논산훈련소, 김해공병학교, 101보충대를 거쳐 우여곡절 끝에 도착한 한·미1군단. 두려움과 기대감으로 본부중대로 향할 때 거기는 내가 3년을 함께 지내고 그리고도 또 50여 년이 흐른 지금까지 희로애락을 함께 하고 있는 전우들이 기다리고 있었다.

전기공학을 전공하고 건설회사에 입사한 후 입대한지라 나의 병과는 301 발전병이었다.

그때 중대본부에는 전역을 2개월 정도 남겨놓은 공기준 병장이 서무병으로 있었고, 공병장의 후임 서무병으로는 김용교 상병(민사처에서 보직 이동)이 있었으나, 서무병 조수가 필요한 시점이었기 때문에 나는 중대본부 서무병 조수를 맡게 되었다.

신입 졸병이라 모든 것이 두렵고 낯설었다. 그 당시 한국군 부대는 신고, 구타 등이 난무한다고 알려져 있었고, 우리 중대에서도 일부 내무반에서는 구타도 있었다고 듣기는 했지만, 내가 배정받고 도착한 1내무반에서는 아무런 신고나 구타도 없었다. 졸병생활 시작으로서는 큰 행운이었던 셈이다.

어리버리하게 한 2주 정도 지났을까? 내무반장(이상민? 이발병)이 심각한 얼굴로 내무반장실로 부르더니 어머님의 부음을 알려 주었다. 그 당시에는 훈련병은 어떠한 경우에도 휴가가 금지되어 있었고, 특별한 사정이 생겨도 자대배치 후에 관보로 알리게 되어 있었기 때문에 뒤늦게 부음을 접하게 된 것이었다. 그래서 이미 한 달도 더 지난 부고를 받고, 이등병으로 경조휴가를 갔다. 작은 매형 손에 이끌려 입대예정 장병 집결지로 떠날 때 고향집 기둥을 부여잡고 한없이 우시던 어머님은 그때 벌써 3년여 투병 중이셨다. 나는 차가운 땅속에 계신 어머님 앞에서 한없이 오열하였다.

참혹한 전란을 겪은 부모님 세대는 '군대 간다'라는 것이 곧 죽을 수도 있다라는 것을 의미한다는 트라우마가 있었을 것이다. 그 걱정을 떨치지 못하고 돌아가신 것이 너무나 가슴 아프다. 지금까지도.

경조 휴가에서 귀대하는 날 의정부 Bus 정류장에서 외출 후 귀대하던 변진학 일병과 마주치고 술에 잔뜩 취한 변 일병이 자꾸 권하는 바람에 같이 술을 마시게 되었다. 선임이었던 변 일병이 하던 말이 지금도 또렷이 기억난다.

"서형, 내 서형의 심정을 잘 알고 있소."

이 한마디 위로 때문에 나는 오늘날까지 변진학님에 대한 고마움과 존경심을 갖고 지낸다.

병영의 일상

　군단사령부에서 근무하는 사병들은 부대 Bus로 군단 각 부처로 출근하고, 중대본부에서 근무하는 사병들은 중대장 및 부사관들과 각종 지원, 내무, 교육 등을 준비한다. 내가 처음 신고했던 이원형 중대장은 다른 부대로 전출되고, 곧이어 홍종배 대위(ROTC 5기)가 중대장으로 부임해 왔다. 중대장과 인사계인 김흥섭 상사, 이순재 중사 등이 중대본부에서 근무하였고, 그 휘하에 사병으로 서무, 교육, 작전, 보급, 지원(취사·세탁·이발)을 담당하는 공기준 병장, 김용교 상병, 이규현 상병(곧 군단사령부로 근무 이동됨), 임영화 일병, 유재기 일병, 김정식 일병, 김현섭 상병(이발) 등이 있었다.

　나는 서무병 조수로 사수인 김용교 상병으로부터 타자, 문서 기안 등의 교육을 받으며 각종 궂은 일은 물론 전령(부대 심부름)도 맡았다. 그리고 가장 기억되고 애환이 서린 P.X. 다른 한국군 부대와 달리 대부분 사병들이 군단 내 시설(스낵바, 식당 등)을 이용하고, 외출, 외박이 많아 P.X 이용이 거의 없었다. 따라서 P.X병이 따로 없었고, 일과 후에만 운영하는 말 그대로 과외의 일이어서 서무병 조수 몫이 되었다. 물건이라고는 과자부스러기, 통조림 등으로 아주 초라했고, 오직 찾는 것은 술뿐이었다. 그래서 서무병은 조수가 들어오면 제일 먼저 인계하는 것이 P.X키였으며, 나도 사수인 김용교 상병으로부터 일을 배우기 시작하면서 즉시 P.X키를 넘겨받았다. 돌이켜보면 참 좋은 사수를 만나 행복한 시절을 보냈다. 늘 잊지 못하고 있었는데, 50여년이 지난 2024년 9월 수소문 끝에 만나게 돼 오랜 시간 회포를 풀었다.

특별히 기억나는 사람과 사건들

50년이라는 긴 세월이 흘렀다. 군대생활 할 때에는 서운한 것도 더러 있었고, 화나는 일도 더러 있었지만 50년 세월이 그것들을 다 흘려보내게 했다. 그래서 이제는 추억으로만 남았다. 그래서 이제는 웃으면서 회상할 수 있고 이야기할 수 있게 되었다. 혹 서운하고 언짢은 이야기가 있더라도, 50년전 일이라고, 오직 추억의 한 조각일 뿐이라고 너그럽게 이해하고 웃고 넘겨주실 줄 믿는다.

중대장 홍종배 대위

홍종배 대위(ROTC 5기)는 그 당시 진급하려고 애썼던 분으로 기억한다. 당시 사병들과 나이 차이도 있어서 혼내고 어르고 달래기를 반복하였으나, 미군들과 같이 근무하는 부대 특성상 워낙 자유분방한 사병들이라 통솔하기가 쉽지 않았던 것 같다. 한밤중 갑자기 들이닥쳐 내무반 점검을 하지 않나, 일주일에 2~3일은 퇴근하지 않고 영내 숙소에서 기거하니 사병들은 나름 고통이었다. 그러나 이러한 지휘방법은 그 당시에도 별 효과가 없었고, 그 뒤 후임자(권문택 대위: 육사 26기)와 비교가 되어 지금까지도 우리 전우들 간에 이야기 꺼리가 되고는 한다. 그 당시 홍 대위에게는 문제 사병이 변진학, 박동근이 주였던 것으로 기억되고, 그 둘에게는 특별한 애증이 있었던 것 같다.

홍종배 중대장님과 함께

가장 미웠던(?) 두 전우 박동근 일병과 변진학 상병

박동근 일병(진급 후에도 일병으로 자칭)은 휴일마다 숙소에서 홍종배 중대장과 바둑을 두며 병사들 휴식을 망치고, 나에게는 라면 심부름을 시키는 바람에 취사병인 유재기 일병과도 많은 갈등을 겪었다.

변진학 상병은 홍 중대장이 많이 껄끄러워 했던 병사였다. 그래서 어르고 달래려고 많이 노력했다. 한번은 휴일에 둘(변진학, 박동근)을 데리고 가능동 술집에서 술을 사주며 나에게 P.X에서 돈을 갖고 오라고 해서 동전까지 긁어서 내려갔더니 셋이 잘도 먹고 마시고 있었다. 이는 P.X 결손의 원인 중 하나였다. 그때 나를 바라보던 박동근의 미안해하던 얼굴은 지금도 눈에 선하다.

1975년 유신헌법 찬반 투표

그 시절은 지금과 전혀 달랐다. 특히 군인들의 투표는 거의 100% 원하는대로 하던 시절이었다. 중대장이 보는 앞에서 하나씩 찬반을 찍어 기표하는 식이었으니 그럴 만도 했다. 중대장 앞에 한 사람씩 들어오면 찬성으로 찍어 기표하라고 지시했다. 누구도 거역할 수 없는 시절에 겪은 장면이었다.

얌전하다고 해서 '색시'라는 별명으로 불리던 이경영 일병이 중대장실에 들어가자 들리는 소리. "어, 경영이, 그래그래 투표해야지?" 잠시 조용하더니 굳은 얼굴로 이경영이 나와 휙 가버렸다. 바로 뒤따라 나온 중대장은 난감한 얼굴로 담배만 태우고 들어갔다. 그 뒤 변진학 일병이 들어가자 "야, 진학이 어서 와. 그래 그래……" 잠시 후 변 상병은 중대장실을 나오더니 어깨를 쫙 펴고 늠름하게 걸어 나갔다. 이 두 사람을 필두로 몇 사람이 면전에서 반대표를 찍는 바람에 망연

자실한 중대장. 분노와 절망으로 어쩔 줄 몰라하던 장면이 기억에 남는다. 오랜 시간이 지난 지금 그때 중대장님의 소식을 알고자 백방으로 수소문하였으나 아직 연락처를 찾지 못하였다.

인사계 김홍섭 상사

이미 고인이 되셨다고 한다. 삼가 고인의 명복을 빈다.

부사관 중에서도 나이가 많은 분이셨으며 행정에 밝았다. 인사계를 맡아 부대 모든 살림을 도맡고 중대장의 결정에 많은 영향을 미쳤다. 사병들에게는 힘든 분이었다. 그러나 나쁜 인성을 가진 분은 아니었던 것으로 기억한다.

여기서 이 분이 책임자였던 P.X 얘기를 하지 않을 수가 없다. 이미 50년 전 이야기이고 그때는 그랬던 시절이었으니까 그저 웃어 넘길 수 있는 이야기라고 본다.

P.X는 한 달에 한번 결산을 하는데, 매달 결손이 났다. 그도 그럴 것이 밤에만 운영하고, 변변한 물건조차 없으니 당연한 일이었다. 더 답답한 것은 그 결손 이유조차 명확히 알 수가 없다는 점이었다. 할 수 없었든지 인사계는 중대장 결재를 받아 P.X에서 막걸리를 팔도록 나에게 지시했고 나는 그 지시에 따를 수밖에 없었다. 그런데 이 물건(?) 때문에 50년이 지난 지금도 몇몇 전우들의 원성이 자자하다.

물 탄 막걸리

처음 2군수사령부에서 막걸리를 수령하던 날이었다. 아마도 100리터 통으로 기억하는데, 첫날 정보를 듣고 밤중에 들이닥친 변진학, 박동근, 정홍구 일당들이 P.X 진열대 밑 창고에서 그 막걸리를 한꺼번에 다 마셔버렸다. 이렇게 몇 번 하고 나니 월말 결산에서 또 결손이 생겼고, 김흥섭 상사는 불 같이 화를 내었다. 그리고는 특단의 대책이라면서 막걸리에 물을 타서 팔 것을 종용했다. 포천으로 가는 길에 있었던 2군수사령부에서 수송부 김진용 일병이 운전하는 트럭에 막걸리를 싣고 오는 도중 맑은 냇가에서 물을 퍼넣어 순도를 조정하였다. 나야 상관의 지시에 순응한 것이고, 결과적으로는 막걸리 좋아하는 전우들의 건강을 챙긴 일이었는데도 오히려 오늘날까지 이들은 나를 만나기만 하면 그때 일을 들먹이며 아우성이다. 나도 이제 정말 그것이 알고 싶다. 왜 자꾸 나만 보면 아우성인지?

이런 피나는 노력에도 불구하고 월말 결산 결과는 또 결손. 의정부 고물상에 소주 공병을 팔고, 여자친구(지금 아내)가 알바해서 보내준 돈을 보태도 안 되니, 할 수 없이 마지막은 결손 원인의 제공자로 지목된 전우들의 봉급을 압수하는 수밖에 없었다. 변진학, 박동근, 정홍구 등등이 그 대상이었다. 그 당시에 사병 한 달 봉급은 고작 1,200원 정도였으니 그것으로도 결손을 메꾸기에는 턱없이 부족했다. 그러나 어쩌겠는가? 그나마 다행인 것은, 자신들의 죄를 알아서 그랬겠지만, 이들이 왜 봉급을 주지 않느냐고 강력히 항의하지는 않았다는 것이다.

벌레 먹은 비스킷

이왕 P.X 이야기가 나왔으니 이 이야기도 여기서 하고 가는 것이 나을 것 같다. 깜깜한 창고에서 막걸리를 먹다보니 안주로는 평소 안 팔려서 남아있던 오래된 비스킷을 먹는 수밖에 없었다. 그런데 그 비스킷이 또 말썽을 부렸다.

어느 휴일 큰 이벤트가 P.X 앞 공간에서 있었다. 심심해서 벌인 복싱시합이었다. 한마디로 장난기에서 출발한 시합 아닌 시합이었다. 하리마오 변이라는 변진학 : 어처구니 리 라는 이홍건의 시합이었으나 심심하던 전우들은 꾸역꾸역 모여들었다. 그리고 이런 이벤트에 당연히 막걸리가 없을 수 없었다. 응원한다며 모인 전우들이 밝은 곳에서 막걸리를 마시게 된 것이 화근이었다. 평소대로 안주로는 비스켓이 나왔는데, 밤중에는 아무 탈 없이 잘도 먹던 박동근이 느닷없이 비스켓 속에서 애벌레를 발견한 것이었다. 포장도 허술하고 오래 되어 벌레가 생긴 줄 알았는데, 비닐 먹는 나방이 있다는 것을 최근에야 알았다. 그러니 원흉은 비닐 먹는 나방이었던 것이다. 한바탕 벌어진 애벌레 소동은 곧이어 벌어진 권투 경기의 함성 속에 묻혀서 넘어갔지만, 박동근은 만날 때마다 나만 보면 자기에게 애벌레를 먹였다고 아우성이다. 그러나 나는 억울하다. 나는 애벌레를 비스켓 속에 넣어 기른 적이 없다. 그런 기술이 있다는 이야기도 들어본 적이 없다. 그리고 어쨌든 애벌레는 막걸리 좋아하는 우리 전우들의 단백질 보충에 크게 기여한 것도 사실 아닌가? 막걸리만 계속 그렇게 먹었더라면 그렇게 멀쩡하게 만기제대를 하지 못했을지도 모르는 일 아니겠는가? 오히려 고맙다고 해야 할 사람들이 만날 때마다 생떼를 쓰니 그것도 답답할 노릇이다.

선임하사 이순재 중사

올해 봄에 타계하셨다고 한다. 삼가 고인의 명복을 빈다. 알았더라면 문상이라도 갔을텐데 못내 아쉽다.

무척이나 순박하고 청렴하기 그지없는 분이셨다. 의정부 가능동 단칸셋방에 사셨는데, 휴일에 김정식(목공) 일병과 나를 불러 고생한다면서 따뜻한 밥 한끼를 대접해 주시던 것을 지금도 생생하게 기억한다. 자신이 직접 물고기를 잡고 그것으로 사모님이 맛있는 된장국을 끓여주셨다. 살아계신다면 옛날 사모님이 끓여주셨던 그 된장국 이야기를 하면서 식사라도 대접해 드리고 싶은데 그럴 수 없다니 안타깝다. 2024년 전우들이 CRC를 방문하였을 때 의정부시청에 근무하는 아드님을 만났다고 하니 그 소식만으로도 참으로 반갑고 반갑다.

보급품과 관련한 좋지 않은 기억들

임영화 병장의 요청으로 차량용 유류 수령차 ○○보급소에 갔을 때의 기억이다. 그 당시 보급부대 병사들이 얼마나 험악하게 굴었던지 송장에 있는 용량의 90% 정도만 채워주고 쫓아내 할 수 없이 오는 길에 개천에 차를 대고 모자란 약 10% 정도를 물로 채웠다.

요새라면 상상도 할 수 없는 일이지만 그 당시에는 그런 일이 비일비재했다. 그 때문에 군 장비는 엉망이 되었고, 그 물탄 기름을 또 팔아 술을 먹는 병사가 있었으니 지금 생각하면 추억이라기보다 서글프다. 철뚝 넘어 똥순이(영숙이)네 집이 왜 그리 장사가 잘 되었을까? 가끔은 그런 엉뚱한 생각을 해보는 때가 있다.

어느날 보급품 2·4종 창고에 대한 관물검사가 있었다. 그런데 물품이 많이 비어 있어 이순재 중사가 담당 병사인 임영화 상병을 세워놓고 추궁했다.

나도 지켜보고 있었는데, 김흥섭 상사가 오더니 갑자기 임영화 상병의 뺨을 여러 차례 가격하면서 추궁하였다. 그 와중에도 임 상병은 아무런 변명도 하지 않았다.

상황이 종료된 뒤 식당 쪽으로 가보니 임 상병이 ○○○ 일병을 세워놓고 질책하고 있었다. 임 상병은 나름대로 사정을 짐작하고 있는 듯했다. 그런데도 그는 상관들 앞에서는 한마디 변명도 하지 않고 자신이 전적인 책임을 진 것이었다. 나는 그런 임 상병의 행동에서 깊은 감명을 받았다.

중대장 권문택 대위

권문택 중대장(육사 26기)은 당시에도 병사들의 존경을 받았고, 오늘날까지 우리들과 동고동락하며 지내온 전형적인 사관학교 출신 중대장이었다. 강압적이기보다는 원칙주의자이며 유연하게 부대를 이끌었다. 가장 기억 남는 일 몇 가지를 적어본다.

① 전방(GOP) 견학

행정부대의 특성상 우리 부대가 전방을 직접 볼 수 없다고 해서 중대장이 1사단에 협조를 구해서 우리 부대원들이 GOP(백학고지)를 방문하도록 주선하였다. 휴일에 부대 Bus를 이용해서 출발하였고, 고지를 둘러보고 점심 때에 둘러앉아 부대에서 준비해 간 도시락을 먹고 있었다. 그때 나는 가슴 뜨끔한 소리를 들었다. 휴일인데도 힘들게 철조망 작업을 하고 있던 그 부대 GOP 병사들이 편하게 앉아 점심 도시락을 먹고 있는 우리가 부러웠던 듯, 자꾸 우리 쪽을 바라보자, 그쪽에서 고참인 듯한 한 병사가 소리치는 것이었다.

"야 이 새끼야! 빨리빨리 움직여. 하기 싫으면 저쪽으로 가든지."

그때 우리 쪽을 바라보던 그 GOP 병사들의 시선이 얼마나 원망스러워 보였는지. 그때 일을 생각하면 지금까지도 미안하고 또 미안하다.

② 삼양라면 공장 방문

　삼양라면공장은 도봉구에 위치하고 있었는데, 그 당시 국내 최고 수준의 라면공장이었다. 자동화된 공장을 둘러보고 식당에서 라면 시식을 했다. 군복 입은 군인들의 단체 방문이 신기한 듯 쳐다보는 여공들의 시선도 나쁘지 않았다.

③ 내무반별 단체야유회

　병사들의 병영생활의 지루함을 달래주기 위해 휴일에 각 내무반별로 여성들과 하루 단체 미팅을 하게 하는 프로그램이었다. 참으로 부하들을 위한 선의에서 출발한 프로그램이었지만, 이 프로그램 때문에 중대장이 뜻하지 않은 고초를 겪었다. 그리고 이 일은 지금까지도 우리들 마음 속에 미안함으로 남아 있고, 이 일 때문에 중대장에 대한 우리의 존경심은 더욱 커질 수밖에 없었다. 사건의 전말은 이렇다.
　1내무반이 단체로 부대 인근 입석마을 뒷산에서 이 단체야유회를 가지고 있었는데, 그 가운데 한 병사가 술김에 파트너인 여성에게 지나친 행동을 하려고 하였다. 여성이 이에 항의하였는데, 이 광경을 지나가던 민간인이 보고는 보안대에 신고했던 것이다. 그 다음날 아침 군단 참모부장에게 불려간 중대장은 큰 고초를 겪었다. 그때 걷어차인 정강이의 상처는 50년이 지난 지금도 남아 있다.
　일반적인 경우 이런 정도의 일이라면 부대가 온통 뒤집어지는 것이 당연했을 것이다. 우리도 물론 그렇게 예상했고 그래서 중대에는 팽팽한 긴장감이 감돌았다. 그런데 뜻밖에도 돌아온 중대장은 의연했다. 내부반장을 집합시켜 놓고 했던 중대장의 말은 지금도 기억에 생생하다.

"모든 것은 내 책임이다. 병사들은 동요하지 말고 본연의 임무에 충실하도록. 이상."

내가 중대본부 서무병으로 바로 옆에서 지켜본 장면이었다.

판문점 도끼 만행 사건

이 사건은 당시 대한민국에서 가장 큰 사건이었다고 하여도 지나친 말이 아니다. 너무나도 급박하고 통제하기 힘든 상황을 야기한 사건이었기 때문이다.

한·미1군단은 이 판문점 도끼 만행 사건을 통제하고 관리하고 해결했다. 전쟁일보 직전까지 갔던 그 상황을 당시에 근무했던 모든 부대원들이 생생하게 겪었다. 다른 사람들은 당시의 상황이 얼마나 급박했는지 속속들이 알 수 없을 것이다. 그러나 우리 부대원들은 그 상황을, 그 현장에서, 손에 땀을 쥐고 겪어야 했다. 우리 부대는 바로 그러한 역사의 생생한 현장이다. 그런 역사적인 현장은 원형 보전하는 것이 당연하다. 후손들이 두고두고 그 사건을 돌아보고 그 의미를 깨우칠 수 있도록 해주어야 한다. 그것이 우리의 당연한 의무이다. 필요하면 훗날 다시 복원해도 될 것이라는 생각은 참으로 어리석은 것이다. 역사의 현장은 한번 훼손되면 원형 복구가 되지 않는다. 불 탄 남대문을 아무리 원형대로 재현한다고 해도 그것은 그저 '모조품'일 뿐이다. '모조품'은 아무리 잘 만들어도 결코 '진품'이 될 수 없다.

"남대문 그거 불타면 그 자리에 다시 그대로 지으면 될 것 아니요."

그렇게 용감한(?) 사람들이 이 땅에 다시 나와서는 안 된다.

I Corps Family 함께 한 50년

　이제 전역한 후 우리가 함께 한 시간들을 간략하게나마 정리해 보려고 한다.

　우리는 전역 후에도 군대 생활을 함께 하였다는 것을 인연으로, 50년 가까운 세월을 전우로서, 친구로서 동고동락하고 있다. 쉽지 않은 일인데도 그저 만나면 반갑고, 격의 없고, 그래서 즐겁고, 편안하기 때문에 만나서 정을 나눈다. 특별한 이유나 계기가 있는 것도 아니다. 그저 자연스럽게 그렇게 되었을 뿐이고, 그것이 좋아서 그저 그렇게 50년을 흘러왔을 뿐이다.

　세계에서 가장 후진국이자 전란이 모든 것을 삼키고 간 조국에서 태어나고 자란, 배고픔으로 다른 나라의 지원 식량으로 끼니를 때우고, 천막 교실에서 유년기를 보내며 공부했던 어린 시절이었다. 경제발전에 몸부림치던 조국에서 온몸으로 부딪치며 치열하게 살았던 청·중·장년 시절이었다. 국내 산업만으로 먹고 살 방법이 없어 멀리 사막 가운데에 가서 그 무서운 더위와 싸우면서 땀을 쏟았다. 그렇게 죽을둥 살둥 해서 겨우겨우 중진국 문턱을 넘어섰다. 끼니 걱정을 하지 않아도 된다는 것이 그렇게 고마울 수가 없었다. 그러다가 어느덧 뒤돌아보니 노년이다. 그러나 후회는 없다. 아니 우리는 시대를 잘 타고났는지도 모른다. 전란을 직접 겪지 않고 인생을 마무리할 수 있는 행운의 세대, 선진국이 되어 있는 조국에서 노년을 보낼 수 있는 세대, 그렇게 보면 우리는 분명 행운아였다.

　한·미1군단에서 군대 생활을 마치고, 70년대 말부터 우리들은 복학, 복직 등으로 각자 자신의 위치로 돌아갔다. 그리고 그 각자의 자리에서 다들 열심히 살았다. 다들 바빴다. 국내외로 흩어지기도 했다. 그러나 그 끈질긴 인연의 끈을 놓지 않고 오늘날까지 50여년을 살아온 것을 보면 우리 전우들은 정말 훌륭한 사람들이다. 사회에서도 각자 큰 역할을 감당하고, 이제 인생 후반에 들어섰다.

많은 일들이 있었고, 많은 만남이 있었고, 많은 기억들이 있다. 그 중에서 몇 가지를 간추려서 열거해 본다.

★ 어느날 종로5가 대로변에서 기타를 치고 있던 이흥건(한돌)을 만났다. 군생활 적응이 가장 힘들었던 전우로 기억한다. 자유분방한 모습대로 이 사회에 많은 족적을 남긴 '한돌'. 음악인으로서 우리나라, 우리 민족에게 큰 업적을 남겼다. 작곡, 작사, 노래(이건 별로였음) 등등. 대표곡인 '홀로 아리랑'. 이 노래를 모르는 한국인이 있을까? 북쪽 동포들도 다 아는 (그들은 이 노래를 민족 고유의 전래노래로 알고 있다고 한다), 영원히 불려질 민족의 노래다. 그리고 개똥벌레, 터 등등. 그 외에도 수많은 곡을 작사·작곡했다. 너무도 자랑스러운 우리 전우! 우리 친구!

★ 동시대 전우였지만 가장 존경하고 좋아했던 변진학. 그 열변에 동화되어 사상적으로 세뇌되기도 했다. 그는 우리 시대의 선구자다. 을지로 골뱅이집에서 통금 전까지 한없이 토해낸 그의 열변에 취했던 기억이 난다. 동석했던 모든 전우들의 비난에도 굳건히 버텨내던 삼성맨 이진업. 내 단칸 신혼집에 연탄 1장 새끼줄에 묶어들고 와서는 잔뜩 취해서 다락방에서 자고 간 박동근. 박동근과 자주 들러 회포를 풀던 서강대 정문 옆 '잉어집'은 지금 없어졌다.

★ 차라리 그때 중대장, 선임하사의 권유대로 장기복무에 지원했으면, 지금은 연금 받고 죽어서 국립묘지에 갔을 정홍구. 잘못했던 그때의 그 판단을 지금은 후회(?)하는가? 허구헌 날 술 처먹고 통금 피하려 쓰레기차

위에 누워 귀가하는 일이 다반사였다. 그래도 수학전공자가 어찌어찌하여 전기계통의 자동제어사업으로 성공하여 평생을 보냈으니 정작 전기공학도인 나는 무엇인가? 정홍구, 조의금을 미리 받질 않나(그 돈 받아 술값을 내긴 했지만), 산악회장답게 일년내내 산에 파묻혀 살다시피 하니, 그 인생도 참 부럽다.

★ 그리고 뭔가 잘못되어 부대를 떠날 때 그 슬픈 얼굴이 지금도 기억에 생생한 김영희. 성공한 사업가가 되어 대치동 건물에서 와인 파티하던 기억이 난다. 자랑스럽죠?

★ 직장/요식업 등 실패에도 굴하지 않고 지금까지도 꾸준히 현직생활 하는 감종홍.

★ 자식을 영국 캠브릿지대학 교수 만든 김효종

★ 영원한 현직 문봉희(제일약품 부사장. 아마 죽을 때까지?)

★ 비행기표 급할 때 쫓아갔던 민병출 대한항공 상무

★ 거제도 수재 형제 박경신 교수와 그 동생
  (동생은 박경호 현대건설 부사장)

★ 포청천을 해도 될 법한 신종철 삼성물산 이사님

중대본부 전우들과 연병장

★ 우리들 모두 아는 아티스트 안상수 교수

★ 몸이 아파 급하면 쫓아갔던 이경영 박사. 사실 그는 자비심이 없는 의사다. 있는 그대로 직설적으로 얘기하니 무섭다.

★ 풍수학자로 변신한 이진업

★ 항상 말이 없는 솔마루 장사 임병수

★ 언제까지 현업일지 모르는 이희배 단장(건축감리)

★ 10여년 전 부친상 때 조문차 갔던 문경(제일장례식장), 그의 고향은 옆 상주 함창. 김규석. 그 시절에도 만장을 준비하더라. 경북 상주입니다.

★ 부대 외출시 동반했던 박홍철, 박승경.
잔뜩 술을 먹고 종로3가 '삼일문' 기둥에 소변을 보던 것은 두 박씨 중 하나였다. 주변사람 눈총 때문에 얼마나 민망했는지. 그날 종로구 체부동에서 두부공장 하던 박승경의 집에 가서 잤다. 통금 해제 무렵에 어머님이 깨우시더라. 해장하라고. 그 순두부 해장 맛은 지금도 잊질 못한다.

★ 1983년 아무 연고 없는 부산으로 발령받아 낯설고 외로웠던 나를 어떻게 알고 불러냈던 백승춘. 한·미1군단 후임 몇 명과 서면 한정식 집에서 술 한잔 하던 기억이 새롭다. 너무 고맙고 고맙다.

★ 또 다른 자유인, 김병언 작가.

★ 영원한 그리스도인 조병주 목사.

★ 권문택 중대장님
우리 중대장님. 그리고, 대한민국 장군님! 그 오랜 세월 우리들과 함께 동고동락해 오신 중대장님, 존경하고 사랑합니다.

★ 또 다른 중대장님, 이원형 중대장님, 홍종배 중대장님.

★ 그리운 전우, 한없이 보고싶은 임영화 병장!
1976년 7월인가? 한여름, 말년 휴가를 나와 막 전역한 임영화님 집을 방문하였다. 전남 광양읍 칠성리 482번지. 전화도 거의 없던 시절, 그래도 그 집에는 전화가 있었다. 방문 날짜만 이야기하고 갔더니, 아불사!

임영화 시골집에서.
좌로부터 임영화 모친, 임영화, 할머니, 필자(서장선) 내외

그 동네에는 기차역도 있고 버스 정류장도 있었다. 내가 기차를 타고 올지 버스를 타고 올지 알 수 없어, 임영화와 그의 아버님이 각각 기차역, Bus 정류장으로 나누어서 마중을 나갔다고 하였다. 그러나 나는 길이 엇갈려 두 분을 만나지 못하고 수소문하여 그의 집에 도착해서 "영화야" 하고 불렀더니 부엌에서 어머님이 나오시며 "우짜스꼬! 우짜스코." 그제서야 서로 엇갈린 걸 알았다. 어머님은 아들 친구 온다고 그 귀한 장어탕을 끓이고 계셨다.

1999년인가? 비가 억수로 쏟아지는 여름 역삼동에서 손님들과 술을 먹던 중에 임영화의 별세 소식을 들었다. 그는 암투병 중이었다. 강남성모병원으로 달려갔더니 빈소도 막 준비 중이었다. 영정 앞에서 얼마나 오열했던지…… 그리운 친구, 부디 천국에서 편히 쉬시게.

그 후 그리고 앞으로

50여년 세월을 어찌 다 글로 옮길 수 있을까? 그냥 생각나는대로 옮겨봤다. 그리고 앞으로 우리의 생은 어찌 될 것인가.

1978년인가 몇이서 어느날 명동성당 앞 코스모폴리탄 커피숍에서 만나 술 한잔 하기로 약속했다. 그런데 그 시절에는 교통이 엉망이라 도저히 제 시간에 맞추어 갈 수 없었다. 휴대폰이 그 시절에 있었으면 얼마나 좋았을까? 약속 시간에서 30여 분이나 늦게 도착했더니 아무도 없었다. 명동의 그 많고 많은 술집 가운데 어느 집으로 들어갔을지 어떻게 알겠는가. 그때 뜬금없이 돈암동 석굴 막걸리집이 생각났다. 그래서 Bus 타고 무작정 갔더니 다들 그곳에 모여 있는 것이 아닌가! 이게 텔레파시인가.

별말 안 하고 자주 만나지 못해도 우리 전우들은 말 그대로 이심전심이었다. 생각나면 전화하고, 안부도 묻고, 자식·손주 자랑하고, 보통 늙은이처럼 살아가세. 생이 다하는 그날까지 그저 지금처럼!!!

서장선
중대본부

제3부 그리움으로 남은 병영생활

그리움으로 남은 병영생활

삶이 그대를 속일지라도
슬퍼하거나 노하지 말라
설움의 날을 참고 견디면
머지않아 기쁨의 날이 오리니
현재는 언제나 슬픈 것
마음은 미래에 사는 것
모든 것은 순간이다
그리고 지난 것은 다시 그리워지느니라

러시아의 문호 알렉산드르 푸시킨(1799-1837)의 '삶'이라는 시이다.

'모든 것은 순간이다. 그리고 지난 것은 다시 그리워지느니라.'

딱 맞는 말이다.
그리고 우리의 군대생활도 그렇게 진한 그리움으로 남았다.

나는 한·미1군단 부대 창설요원이었다

전 상 구

1971년 5월 하순 어느날, 논산 훈련소 배출대 연병장 한켠에서 일어난 촌극 한토막을 소개하면서 글을 시작하려 한다.

"멸공! Please, test me my power of English conversation once more sir!"

훈병 티를 채 못 벗어난 쬐끄만 병사가 큰소리로 외치자 이 당돌한 행동을 가상하게 여겼던지 면접관은 "제법이군" 하면서 2차 필기시험 대열에 이 병사를 합류시켜 주었다. 사실 그날 오후 배출대 연병장에서는 모든 배출 대기병들에 대한 집합 명령이 있었다. 6주간의 병 기본교육훈련을 마치고 기성부대로 배출되기 위해 대기하고 있었던 병사들은 무슨 영문인지도 모르고 어리둥절한 채, 웅성거리면서 모여들고 있었다. 그들 앞에서 한 장교가 큰소리로 말했다.

"나는 지금 부대 창설을 진행중인 한·미1군단(집단)사령부 부관참모 박찬보 중령이다. 논산훈련소 모든 연대를 순회하면서 한·미1군단사령부 창단요원 모집을 위해 여기까지 왔다. 간단한 1차 회화 테스트를 통과하면 2차로 필기시험을 거쳐 최종선발 인원을 확정할 것이다. 여러분들 중에 영어에 자신 있는 사람은 모두 앞으로 나와라."

영어에 자신 있다고 나설 수 있는 사람이 이 훈련소에 도대체 얼마나 있을 수 있었을까? 선뜻 나서는 사람이 없었다. 그러자 대학을 졸업하였거나 다녔던 사람은 모두 나오라고 했다. 그제야 비로소 한·미1군단(집단)사령부 창설요원이란 그럴듯한 이름에 이끌리고 그 부대가 대단한 특별부대일 것이라는 지레 짐작으로 거의 모든 인원이 앞다투어 달려나갔다. 당시 4월 징집 대상자 대부분이 대학 재학 혹은 졸업 입영 연기자들이기도 했던 터였다. 이런 상황에서 1차 회화 테스트에 낙방한 병사들 중에는 재시험을 시도하는 자가 많아 참모를 수행했던 이박일 중사가 이들을 제지하고 있었다. 나도 1차 회화 테스트에 낙방했지만 그 평가에 불복해 이중사의 제지를 피해 국기게양대 뒤에 숨어서 영작을 준비해 Please 운운을 외치는 돌발행동을 감행했던 것이다.

이러한 과정으로 당시 훈련을 마치고 배출 대기 중이거나 훈련이 끝나는 논산훈련소 전 연대 병력 3,000여명을 대상으로 선발 작업 결과 33명이 최종 합격하여 6월 3일 의정부 Camp Red Cloud 전입이 이루어졌던 것이다.

따라서 우리들 전입동기 33명은 스스로 6·3동기로 지칭하며 선발된 요원으로서의 자부심 또한 대단했다. 다른 경로로 전입했던 4명과 더불어 우리들 37명은 모름지기 자타가 인정하는 한·미1군단(집단)사령부 창설, 창업 공신으로 불리었던 것이다(『군소리군소리 제1권』에 실렸던 당시 작전참모 이민영 대령의 권두언 참조).

한·미1군단(집단)사령부의 연원은 2차세계대전 당시인 1940년 사우스캐롤라이나주 콜롬비아에서 발족해 용맹을 떨치고, 일명 'Bull's

Eye 군단'으로 불리었던 미연방공화국 육군1군단으로 거슬러 올라간다고 한다. 따라서 우리 군단이 I Corps 혹은 First Corps로 불리기도 했던 것이다. 어깨 위에 부착했던 과녁처럼 보이던 동그란 부대마크도 '황소의 눈'을 상징하는 것이라 한다.

아무튼 지금의 한·미연합사령부로 발전하기까지의 과도기적 과정으로 서부전선 방어의 막중한 임무를 수행했던 한·미1군단(집단)사령부 창설 작업이 수월하지만은 않았고 따라서 우리 6·3동기들의 군대생활도 어려움이 많았다. 당시 미7사단 철수로 그 산하에 배속되어 있다가 산발적으로 전입 되어왔던 KATUSA 출신 고참병들과의 갈등도 적지 않았고, 8월(?)로 기억되는 사령부 창단일까지의 준비기간은 각종 사역으로 육체적으로도 몹시 힘들었던 시기였다. 미군이 철수하고 난 뒤, CRC와 우리 본부중대 병영과 조금 떨어져 있던 병영 콘세트 막사 정비와 부대 주변 참호파기 등 각종 시설물 재정비 작업으로 매일 매일이 속칭 '촛뱅이 치는 날'의 연속이었다.

창단 기념일에 열릴 것이란 칠면조 요리 피티에 가족들도 초대되리란 기대로 고된 사역을 잘 견뎌냈었지만 사병들에겐 헛된 기대였을 뿐이고 모처럼의 특박으로 만족해야만 했었다.

부대 창설이 끝난 후로는 육체적 사역도 적어지고 낯선 환경에 조금씩 익숙해져 중대본부에서의 병영생활은 차츰 수월해졌다. 그렇다고는 하나 부서 배치가 끝나고 본격적 CRC 영내 근무가 시작된 후의 부서내 근무적응은 또 다른 어려움이었다. 비슷비슷한 건물 구조에 자기가 소속된 사무실 찾기도 가끔 헷갈리기도 했고 미군들과의 의사소통 또한 원활하지 않아 머리가 아프기까지 했다.

"S-1 ICA private Jun speaking sir" 등 전화받기에 익숙해지기까

지도 꽤 시간이 필요했던 것 같았다. 군단사령부 예하에 별도 포병사령부(I Corps Artillery)도 따로 운영되어 S-1, S-2, S-3, S-4 공병부 등으로 나뉘어 우리 창설 요원들의 반쯤이 배속, 근무했었다. 필자는 처음엔 ICA S-1에 배속되어 있었다.

세월이 약이라 했던가?

한달 두달 세월이 지나고 은근히 괴롭혔던 KATUSA 출신 고참병들이 하나둘 제대해 나가면서 명실공히 우리 6·3동기들이 부대의 주류를 이루어 나갔다.

미군 및 그 군속들에게만 허용되었던 SAC Bus 편승으로 위수지역 이탈도 궁리해 보고 미군 발음을 흉내내어 사용이 제한되었던 Commercial line으로 서울의 애인과 통화하는 친구들도 생겨나기 시작했다.

"May I have a commercial line please"라고 미국사람 흉내를 낸다고 해서 용산 교환 아가씨들의 귀를 속일 수야 없었겠지만 모른 척 전화를 연결시켜 주었던 착한 아줌마들도 있었다.

가끔씩 짠밥이 지겨울 때에는 야근을 빙지해 CRC 내의 Snack Bar를 이용하기도 하고, 우리들 한국군에게 지급되던, 필터없이 독하기만 하던 화랑담배 대신 아리랑 민간인 담배로 콧구멍을 호사시키기도 했었다.

3년간의 CRC 복무기간 중 우리 군단사령부 소속 ROK ARMY들만이 누릴 수 있었던 무엇보다 자랑스러웠던 두어 가지 사례를 빼어 놓을 수 없을 것 같다.

당시 한국군 어느 부대에서나 정기적으로 실시되는 정훈교육이라는 것이 있었다. 육사출신 군인의 전형 같았던 창설 중대장 명신옥 대위에 이어 6·3동기들이 병장쯤 되었을 무렵 부임해 온 이원형 중대장은 우리 부대 요원들의 특성을 감안하여 각자 전공별 관심사에 대한 연구발표를 교육의 장으로 대체, 활용하였다.

덕택에 법학과 재학 중 입대했던 필자도 당시 시행중이었던 한·미 행정협정의 불공정성에 대한 문제를 제기할 기회를 가질 수 있었다. 공인된 것은 아니지만 아마도 한·미간의 SOFA(Status Of Forces Agreement)에 대한 최초의 문제 제기가 아니었나 싶다.

미군이 주둔하고 있는 NATO나 일본 등과도 주둔군 협정이란 것이 체결되어 있었지만 1966년 7월에 체결, 시행되고 있었던 당시의 「대한민국과 미합중국간의 주둔군 지위에 관한 협정」은 주권국가 대한민국 입장에서 보았을 때에 많은 문제와 독소조항을 담고 있었다. 특히 주한 미군이 저지른 각종 범죄와 범죄인 인도에 관해서 많은 조항들이 균형을 잃고 있었던 것이 사실이었다. 의정부 지청장 면담 등 자료수집에 많은 애를 썼다고는 하나 제한된 여건 아래서 작성된 논문이라 사례 위주의 변변찮은 논문에 지나지 않았다.

그럼에도 불구하고 발표가 이루어지자 중대장을 비롯한 중대원들에게 큰 반향을 불러 일으켰던 것으로 기억된다. 지금이야 국력 신장에 걸맞게 개정된 협정으로 발전된 것으로 알고 있지만 아무튼 『군소리』 제1권에 해당 Essay가 게재되었던 것으로 착각하고 있었는데 발표만으로 끝내버린 것은 아쉬움으로 남는 대목이다.

우리 CRC 사령부 근무 한국군만이 누렸던 또하나의 특권(?)을 말하지 않을 수 없다. 필자의 군 복무 기간(1971.4.~1974.2.)은 국내외적으로 정치적 경제적으로 긴박했던 사건의 연속이었다.

1972년 10월에는 소위 시월 유신이란 특별 조치가 선포되면서 국내 정치적으로 암울했던 겨울이 시작되었고, 이듬해 6월에 6월 23일 남북 공동 성명이 발표되면서 남북관계가 요동치던 시절이었다. 1차 Oil Shock로 경제적으로도 엄청난 시련에 봉착했던 시기이기도 했다.

　모든 언론이 통제되어 국민들의 눈과 귀를 막고 있었지만 다행히도 우리 CRC 근무 한국군은 사령부 내 도서관을 이용해 엄중했던 Press BAN(Censor)을 뚫고 한줄기 외부 소식들을 가감없이 접할 수 있었다. 사령부 도서관은 언론 통제의 치외법권지대였기 때문이다.

　따라서 미국서 발행되던 각종 도서, 신문을 검열없이 열람할 수 있었고, 마침 『Korean Review』라는 영자 주간지를 통해 Southern Methodist University 동원모 교수와의 서신 교환이 이루어져 한국 민주주의를 걱정하는 재미 한국인 교수 모임에 소개되는 일까지 있었다. 그 서신 교환이란 것도 당시의 삼엄했던 검열을 피해 Mrs. Hurshman(G-4근무 미 군속 여성)을 통해 이루어졌지만……

　이렇게 CRC에서의 우리들 군 복무가 당시 한국 대학이 처하고 있었던 시대 상황에서 대학 Campus가 맞고 있었던 환경의 연장선상에 있었던 것 같이 느껴졌었다면 너무 큰 착각이었을까? 당시의 사회 분위기가 암울했고 몸이 군대에 묶여 있었지만, 그래도 제한된 범주에서나마 젊은이로서의 저항의 불씨를 간직할 수 있었고, 잘 가꿔진 병영잔디 등 주위 환경이 대학 Campus가 아닌가 하는 착각을 불러 일으키기에 손색이 없었다.

　지난날은 언제나 아름다운 추억으로 미화된다고 했던가? 이렇게 세월이 지나는 동안 많은 새로운 병사들의 전입이 이뤄지고 우리들 6·3 동기들의 제대날도 가까워지고 있었다. 그 무렵 실시되었던 사령부

요원들에 대한 DMZ 철책선 경비 근무 체험이 우리들 6·3동기 군대 생활의 대미를 장식하는 것이 아니었나 싶다. 남북 대치의 최일선에서 팽팽한 긴장감으로 적막만 감도는 참호 속에서 온종일 북쪽을 응시하며 "비가 오는 날은 적이 오는 날이다." "초병은 단 1%의 위험에도 100% 대비태세로 임해야 한다." 등을 되새기며 보냈던 소중한 1주일 간의 체험이었다. 그때 난생 처음 임진강을 지나며 조국의 생생한 비극적 분단 현상을 자못 비장한 심정으로 읊었던 졸작 「임진강 산조」(『군소리군소리』 제1집 참조)를 다시 한번 읊조리면서 졸고를 끝맺을까 한다.

임진강 산조

전상구

여기
대양에의 꿈으로 하여
남에서
북에서
육백리를 감돌아 어울려 온 흐름
허구한 날의 푸른 기원이
끝내 한줄기 회한으로 여울져
너 나의 순한 가슴을 갈라져 내릴 줄이야.
부서진 교각의 잔해 위로 전쟁의 잔영이 스치고
장막을 가르는 포성은
차라리 무거운 대치가 무너지는 소리

시방
또 다른 세월의 서막이 열리고
역사의 더운 입김으로 끊어진 대화의 가교는 놓았어도
너의 한 서린 가슴은
아직도 침묵으로 항변하려는가.

표표한 강물위로 피빛 노을은 흐르는데
왼갖 정한을 삼킨 너
또 무슨 은밀한 음모 있어 워낙이나 젊잖아 지려는가.

훗날
다시 강상에 나룻배가 띄워질 때
너
안으로 흐른 비극의 이랑이 환희로 충일하여
슬픈 회억의 시대를 증언하리

잔인한 침묵이여

임진강이여.

전상구
6.3 동기

Memories of the CRC
―Celebrating the Publication of Gunsori Vol. 4

John T. Cole

My name is John T. Cole, a retired Colonel of the United States Army Reserve. It has been a long time since I left the military, and now I am living a quiet retired life in my hometown of Ohio, supported by my pension. On December 19, 2024, I received an unexpected email from General Moon-taek Kwon, with whom I had come to know and stayed in touch during my time at the CRC in Korea. The content of the email was intriguing. He explained that comrades who had served at the CRC were working on publishing a new volume of Gunsori, an essay collection that had been released in three volumes over 50 years ago. He invited me to contribute a reflection about my experiences during my time there. I hesitated for a moment, but memories of my time in Korea—long buried and nearly forgotten—suddenly came flooding back. Those were happy and rewarding days, and with a sense of nostalgia, I decided to write an essay about that period. What follows is a recollection of those cherished times.

The year I was assigned to the CRC was 1977. I was posted to the Operations Division, where my immediate superior was then—Colonel Duk-kyu Yoon, a Korean Army officer. Colonel Yoon was noticeably short, even among Koreans, but he was a capable and confident soldier. A graduate of the Korean Military Academy, he was an elite officer and proficient in English, which allowed us to work together seamlessly. He later rose to the rank of General and served as a defense attaché in Washington, D.C, at the same time when I was stationed at the Pentagon.

The Operations Division's TOC(Tactical Operations Center) was located in an underground bunker at the foot of a hill. The CRC was a joint unit of U.S. and Korean forces, so the offices within the bunker were divided between the two militaries. This arrangement meant that Korean and U.S. officers worked side by side as partners. It was there that I met then-Major Moon-taek Kwon, a Korean operations officer. As a Lieutenant Colonel, I was his superior, and we began working closely together.The soldiers, both Korean and American, also worked together seamlessly, fostering a warm and cooperative camaraderie. The units under the CRC's operational control included Korea's 1st, 5th, and 6th Corps, as well as the U.S. 2nd Infantry Division. These were the units responsible for defending the western front of the Korean Peninsula. Since most frontline reports originated from Korean units, it was necessary to translate them into English to share the information. As a result, every Korean officer at the CRC was required to have strong English skills, and all of them met this standard admirably.

I was particularly impressed by the Korean soldiers. Their military discipline, work ethic, and professional attitude were exceptional. In fact, among the soldiers I had worked with throughout my career in various countries, the Korean soldiers at the CRC were the most outstanding. They often outperformed their American counterparts in intelligence and work capabilities. Tasks such as organizing situation boards, preparing charts, and typing reports were primarily handled by the Korean soldiers, and they completed these responsibilities with impeccable accuracy and punctuality.

I recall several instances where urgent work required us to stay up all night. The Korean soldiers carried out these tasks without complaint, their dedication leaving a deep impression on me. My sentiments were shared by my fellow American officers, who unanimously praised the Korean soldiers. I later learned that then-Major Kwon had commanded these soldiers before coming to the TOC, and I told him, "You must have been proud to lead such an exceptional group of men."

Looking back on my over 30 years of military service, my time at the CRC stands out as a beautiful memory. After work, we often unwound at the club, enjoying performances by Korean singers. I particularly remember Patti Kim and the folk singer Serena Kim, who frequently performed there. On weekends, I would play golf at the CRC's course or take the Myungjin Bus to Yongsan to explore Korean culture and visit historic sites such as Gyeongbokgung Palace.

Among these memories, one that holds a special place in my heart is going into the city of Uijeongbu with my Korean colleagues to enjoy "Uijeongbu Army Stew" paired with Soju. I can still recall the unique custom of mixing Soju with whiskey to create a cocktail known as "Poktanju"(bomb shot). This ritual remains a delightful and cherished memory that brings a smile to my face even now.

Because of these experiences, I have always treasured my bond with the Korean military. Among these connections, my friendship with General Kwon remains strong. In the fall of 1983, while I was working at the Pentagon, then-Major Kwon reached out to me. He shared the news that he had received a government scholarship to study computer science in the United States at the University of Wisconsin–Madison, one of the country's leading universities. I invited him to visit me if he ever had the chance, and during his winter break that year, he drove with his family to Virginia. We met at the Pentagon's rear entrance, and he stayed with my family for several days. During his visit, we reminisced about our time in Korea, recalling the exceptional skills and dedication of the Korean soldiers at the CRC. Then-Major Kwon spoke of them with immense pride, a sentiment I deeply understood.

Nearly 50 years have passed since I left Korea. In that time, the country has transformed itself, achieving remarkable development to become one of the world's top ten economies. When I reflect on Korea during my time at the CRC—a nation that was underdeveloped in many respects—I marvel at how far it has come in just a few decades. I believe this transformation was made possible by the tireless efforts of the Korean people, including the exemplary soldiers and officers I worked alongside at the CRC. For this reason, I take immense pride in having served with such remarkable comrades.

To all my former comrades at the CRC, I wish you health, longevity, and happiness. Congratulations on the publication of Gunsori Vol. 4.

December 22, 2024

John T. Cole

Retired Colonel of the United States Army Reserve

〈번역문〉

CRC에 대한 추억
―군소리 제4집 발간을 축하하며

John T. Cole

　내 이름은 John T. Cole이다. 미 육군 예비역 대령이다. 오래전에 군에서 전역하였으며 지금은 고향인 오하이오 주에서 연금을 받으며 조용히 은퇴 생활을 하고 있다. 그런데 2024년 12월 19일 과거 한국의 CRC에 근무하면서 인연을 맺고 교류하던 권문택 장군으로부터 이메일이 하나 왔다. 내용은 CRC에서 복무한 전우들이 50여년 전에 3권까지 발간했던 에세이집 "군소리"의 후속편을 발간하고자 하는데 여기에 근무 소감을 한 편 써 달라는 것이었다. 잠시 망설였지만 갑자기 그동안 까맣게 잊고 있었던 과거 한국근무 시절이 떠오르면서 행복하고 유익했던 그 시절에 대하여 에세이를 쓰기로 작정하였다. 다음은 그 시절에 대한 회상이다.

　내가 CRC에 보직 받은 해는 1977년이다. CRC 작전처에 보직 받았다. 당시 나의 상관인 작전참모는 한국군 윤덕규 대령이었다. 키가 한국인 중에서도 유독 작은 편이나 당찬 모습의 유능한 군인이었으며 한국의 육군사관학교를 나온 엘리트 장교였다. 영어 소통능력도 비교적 우수하여 업무 수행에 전혀 지장이 없었다. 후에 장군으로 진급하여 주미 국방무관으로 재직하기도 했다는 얘기를 들었다.

내가 근무할 당시 작전처 TOC 사무실은 산 밑자락에 위치한 지하 벙커에 위치하고 있었다. CRC는 미군과 한국군의 연합 부대이기 때문에 한국군과 미군은 벙커 안의 여러 사무실에 나뉘어 서로 얼굴을 맞대고 파트너로 합동으로 근무하고 있었다. 거기에서 나는 한국군 작전장교인 당시 권문택 소령을 만났다. 내가 중령이기 때문에 상급자로서 같이 근무하기 시작했다. 병사들도 한국군, 미군이 합동으로 근무했는데 아주 화기애애한 전우애로 협조가 잘 되었다. CRC의 작전통제를 받는 예하부대는 한국군 1군단, 5군단, 6군단, 그리고 미제2사단이었다. 한반도의 서부전선을 책임지고 있는 부대들이었다. 대부분의 전방상황보고는 한국군으로부터 올라오기 때문에 이것을 영어로 번역하여 상황을 공유해야 하기 때문에 같이 근무하는 한국군 장교는 모두 영어 소통 능력을 잘 갖추고 있었다.

또한 한국군 병사들도 아주 뛰어난 자질을 갖추고 있었다. 영어 소통능력 뿐만 아니라 군기, 근무자세 등이 매우 뛰어났다. 나는 그 당시까지 여러 나라와 지역을 전출 다니면서 많은 병사들과 같이 일 해 보았는데 CRC의 한국군 병사들만큼 우수한 병사들은 처음 보았다. 솔직히 얘기해서 미군 병사들보다 지적으로나 업무능력면에서나 훨씬 우수한 자원들이었다. 상황판 정리, 차트 작성, 보고서 타이핑 작업 등은 이들이 주로 담당하였는데 한치의 빈틈도 없이 제 시간에 해내는 것을 보고 크게 감탄한 일이 있다.

내 기억에 한국군 병사들이 가끔 밤을 새워 처리해야 할 일들이 있었는데도 이를 아무 불평없이 묵묵히 해내는 모습에 깊은 감명을 받기도 한 일이 있었다. 이같은 사실은 비단 나만 느끼는 것은 아니었다. 동료 미군들과 얘기를 해보면 모두 이구동성으로 같은 의견이었다. 얘기를 들어보니 직전까지 이 병사들을 지휘했던 중대장이 권문택 소령이었다. 그래서 나는 권소령에게 "당신은 훌륭한 중대원들을 지휘한 것을 자랑스러워 할 것이다"라고 말한 일이 있다.

돌이켜 보면 30여년이 넘는 군 생활중에서 CRC에서의 근무는 나에게 아름다운 추억으로 다가오곤 한다. 업무가 끝나 클럽에서 한국의 가수들 노래를 들으며 한잔하면서 피로를 풀기도 하였는데 지금 기억으로는 클럽에 자주 와서 공연하던 패티 김, 김 세레나란 민요가수가 기억 난다. 또한 주말에 CRC내에 있는 골프장에서 골프를 치던 일, 일요일에 명진버스를 타고 용산에 가서 한국의 문화를 탐방 하면서 경복궁 등 여러 고적을 탐방하던 일 등 즐거운 일들이 많았다.

그 중에서도 내게 특히 추억으로 남는 일은 의정부 시내에 나가 동료 한국군 장교들과 "의정부 부대찌개"를 안주 삼아 소주를 마시던 일이었다. 특히 소주와 양주를 섞어서 만든 "폭탄주"라는 독특한 술

CRC 작전처 근무시 동료 한국 장교들과 의정부에서 부대찌개 식사

잔을 돌리는 특이한 풍습은 지금도 아름다운 추억으로 남아 미소를 짓게 한다.

이런 연유로 나는 늘 한국군과의 인연을 소중히 간직하고 있다. 그 중에서도 권장군과는 가끔 연락을 주고 받으며 CRC에서의 인연을 계속 이어가고 있었다. 1983년 가을 어느날 내가 국방성 펜타곤에서 근무할 때 당시 권문택 소령이 나를 찾아 전화를 주었다.

얘기 들어보니 정부 장학금을 받아 미국에 컴퓨터 관련 공부를 하러 와 있다는 것이었다. 학교는 University of Wisconsin/ Madison 이었는데 미국에서도 유수한 대학이어서 반가운 김에 펜타곤이 있는 버지니아 주 쪽으로 올 일이 있으면 한번 오라고 하니 그 해 겨울 방학 기간중에 온 가족을 데리고 며칠을 달려 퇴근시간에 맞추어 펜타곤에 온 일이 있었다. 펜타곤 후문에서 만나 인근에 있는 내 집으로 가서 며칠 같이 지낸 일이 있는데 그 때 우리는 한국에서의 여러 가지 에피소드를 나누면서 즐거운 시간을 가진 바도 있다. 그 때도 빠짐없이 나온 얘기가 CRC 한국군 병사들의 탁월한 업무수행 능력과 국가에 대한 헌신이었다. 당시 권소령은 이에 대해 아주 큰 자부심을 가지고 있었다.

어느덧 내가 한국을 떠난지 50여년 가까이 되어 가고 있다. 그동안 한국이 눈부신 발전을 하여 이제 세계 10위권의 선진국이 되었다. 내가 근무하던 시절의 한국은 모든 면에서 매우 낙후된 나라였다. 그러나 불과 50여년만에 이같이 놀라운 발전을 하게 된 것은 아마도 CRC에서 만났던 훌륭한 전우들과 같은 한국인의 각고의 노력이 밑받침이 되어 이룬 성과임에 틀림없다고 생각한다. 이런 이유로 인해 나는 한 때 같이 일했던 CRC 전우들에 대해 무한한 자랑과 자부심을 가지고 있다.

  CRC 전우들, 모두들 건강하고 오래 오래 그리고 행복하게 살기 바란다. 그리고 군소리 제4집 발간을 축하한다.

2024. 12. 22.

John T. Cole
예비역 대령

무료한.기억.7

안 상 수

1.

무엇보다.돌아갈.수.없는.그때.먼저.생각나는.것은.
휴일의.무료함이다..
따뜻한.봄날.휴일.아침.퀸셋.막사.뒷문.밖에서.해바라기를.하는.것.말고.
그야말로.아무.것도.할.일.없는.그.무료함이.가장.그리운.순간이다..
지금도.그렇다..

2.

군대에서.난생.처음.두.번.수술.당했다..
소프트볼.하다.야구.방망이에.맞아.
어두컴컴한.107의무대에.가서.이마에.몇.바늘.꿰매고.
인쇄기에.손가락이.들어가.또.한번.엄지.검지에.
실바늘이.꿰어졌다..
수술하기.전.자해.행위를.의심하는.질문을.받았다..
하마터면.손불구가.되었겠다..43이동병원으로.가.약을.탔다..

그 진통제 덕분에 마약의 환각증상을 톡톡히 경험했다.

3.

머리에 붕대를 두른 채..
용산 가서 미모의 미니스커트에게 제록스 교육을 받고..
영어로 된 '제록스 운전 및 수리 자격증'을 받았다..
이 역시 난생 처음이었다..

4.

전입 후 사병계를 배정받았다..
2-3일 지나고 도저히 못하겠다고 말했다..
'펜대를 굴리지 않는 곳'으로만 보내달라고 했다..
혼나고 난리가 났다.. 전출시킨다고도 했고..
마침내 인쇄실로 옮겨졌다..
'하루 종일 서서 일하는 몸이 고된 곳'이라고 하면서...
그러나 나에겐 축복의 근무지였다..

5.

ㅂ이 책을 주었다..
빅터 프랭클 〈죽음의 수용소에서〉.. 이 책은 구원이었다..
내 삶에 영향을 준 몇 안되는 책.. 열손가락 안에 꼽을 수 있다..
(나중 아들이 군대갈 때도 이 책을 보내 주었다.)

그리고. ㅂ은. 지금. 내. 곁님까지. 맺어주었으니..
잊을. 수. 없는. '아이코'. 인연이다..

6.

눈이. 펑펑. 쏟아지던. 저녁. 도봉산. 밑. 101보..
영어시험. 볼. 사람. 식당으로. 오라고. 방송이. 나왔다..
이미. 입구부터. 사람이. 넘쳤다..
땅땅한. 흑인. 미군. 옆. 검은. 뿔테. 안경이. 외쳤다..
"ㄱ대, ㄴ대, ㄷ대, ㄹ대...다니거나 졸업한 이는 앞으로!"
부전승이다.. 한. 스무개. 즈음. 불렀는데. 내. 소속. 학교는. 빠졌다..
"각자. 주머니에서. 종이를. 꺼내어. 적는다..
그제사. 볼펜. 빌려달라는. 사람도. 있다..
'지금. 밖에는. 눈이. 내리고. 있다'.. 영역. 실시!"
곧. 답안을. 불러주고. 채점. 각자.. 반. 이상이. 빠져. 나가고..
겨우. 식탁에. 한. 사람씩. 앉을. 인원이. 남자.
하얀. 시험지가. 배부되었다..

7.

2012년. 서울. 동묘. 풍물시장. 언저리를. 돌아다니다.
한. 고물상. 입구에. 걸린. 익숙한. 무늬가. 눈에. 들어왔다..
부르는. 값을. 주고. 샀다..
주인이. 일주일만. 더. 걸어두고. 가져가라. 했다..
그도. 무슨. 애착이. 있었나보다..

동묘 풍물시장 고물상에 걸려 있는 한미연합야전군 간판을 구입, 사무실 한켠에.
우리들 현역 근무시절의 I-CORPS 상징과는 많이 다르지만 처음볼땐 매우 반가웠다.

작업실에.두었다..

나의.그.무료하고.화사했던.기억과.함께..

안상수

부관부

◀ Sgt. Pfeiffer 영어교육 감사장 수여기념

Sgt. Pfeiffer 영어교육 감사장 ▶
수여기념 후

◀ Sgt. Pfeiffer 영어교육 감사장
수여기념 후

Sgt. Pfeiffer 영어교육 감사장 ▶
수여기념 후

오프셀 프린터 옆에서 안상수, Buckingham 일병 동료와 함께

좌로부터 김효종, 강종홍, 민병출, 안상수, 김명식

날고 싶다
-그리운 얼굴들! 사죄하는 마음을 담아

이 흥 건

어둠 속을 벗어나 푸른 하늘 찾아서 날고 또 날았지. 거기에 가면 사람도 만나고 꿈도 만날 거라 믿었지. 하루하루 버티기도 힘든 인간이 무슨 수로 푸른 하늘을 찾겠다는 건지. 아직 날아갈 힘이 남아있다면 어둠 속을 제대로 날아보는 게 어때?

말이야 바른대로, 단 한 번도 어둠을 사랑해 본 적이 없잖아? 날개가 무거워질 무렵 멀리 산마루에 흰 구름이 보였어. 흰 구름이 아름답게 보이는 건 푸른 하늘 때문이지. 푸른 하늘 밑고 흐르는 흰 구름처럼 내 인생도 그랬으면 좋겠다마는, 내가 어둠이고 바탕도 어둠이니 나도 없고 바탕도 없는 거지.

이제 다 왔다 싶어 서서히 날개를 접으려고 하는데 푸른 하늘이 잿빛으로 바뀌는 거야. 어떻게 눈 깜짝할 사이에 바뀔 수 있지? 착시인가? 기대했던 푸른 하늘이 한순간에 사라졌어. 다시 날갯짓하려는데 너무 힘든 거야. 그래서 잠시 쉬어 가기로 했지. 마침 환하게 내려다보이는 마을이 있어서 그 마을에 내려가 보기로 했지.

불빛이 너무 밝아 별이 보이지 않는 마을이었어. 아, 밝은 어둠이라는 것도 있구나! 또다시 어둠 속에 갇혔다는 느낌이 들었어. 빛은 어둠을 드러나게 할 뿐 어둠을 밀어낼 수는 없지. 푸른 하늘 찾아 힘들게 날아왔는데 또 어둠이라니! 얼른 벗어나려고 날갯짓하는데 날개가 너무 무거운 거야. 날갯짓도 어느 정도 힘이 있을 때 하는 거지 힘 빠진 날갯짓은 아무런 도움이 되지 않아. 그때 지나가던 노인이 말했어. 왜 푸른 하늘만 생각하는가? 거기엔 희망이 없어.

**

　사람은 누구나 제 갈 길을 간다. 유치원, 초등학교, 중학교, 고등학교, 대학교, 대학원, 유학…. 나는 유치원 다니지 않아 유치원 얘기하지 못하고 대학 다니지 않아 대학 얘기하지 못한다. 나는 고등학교를 마치고 노래의 길로 들어섰다. 하지만 아버지는 물론 동무들한테서조차 인정받지 못했다. 남이 인정해 줘야 길이 되는 세상이었다. 삭막한 게 어떤 건지 나는 안다. 아무리 둘러봐도 나무 없는 길! 그 무렵 받아 본 입영통지서가 희망이라면 희망이었다. 나에게 군대는 가기 싫은 곳이 아니라 가야만 하는 곳이었다. 도망자처럼 피해 다니는 게 아니라 잃어버린 나를 찾고 싶었기에….

　치악산 훈련소는 늦가을인데도 한겨울이었다. 영화에서나 볼 수 있던 포로수용소가 눈앞에 펼쳐졌다. 아무짝에도 쓸모가 없는 놈이 밥만 축내고 있었으니 그것도 죄 아니겠는가? 치악산에 이런 곳이 있었네. 포로로 잡혀 왔다고 해도 할 말이 없었다. 바깥세상과의 단절! 배고프고 춥고 고된 곳이지만 뭔가 새로운 길을 찾으려면 그 정도는 감수해야 했다.

　6주간의 훈련을 무사히 마치고 밤 기차를 탔다. 훈병들은 참새처럼 재잘대며 그간의 노고를 자랑하기에 바빴다. 게다가 빛나는 이등병 모자는 벗으려고 하지 않았다. 기차 가는 소리가 말 달리는 소리와 비슷했다. 그래서 철마라고 하는 건가? 차창 밖으로 지나가는 어둠이 보였다.

싱싱한 어둠은 시든 빛보다 다정했다. 새장을 벗어난 새의 기분을 알 것도 같았다. 그 짧은 동안 세뇌당한 것이 행동으로 나타났다. 먼저 말투가 변해 있었고 상급자를 만나면 자동으로 손이 올라가고 경례 구호를 외친다. 아마 군번은 평생토록 잊지 않을 것 같다.

어느 역에서 기차를 탔는지 모르겠지만 도착한 역은 망월사역이었다. 파란 하늘에 흰 구름이 나를 반겨 주었다. 지나가는 차들과 길을 걷는 사람들을 보니 평화롭고 아름다웠다. 6주가 이러한데 일 년 동안 훈련받고 나오면 어떤 느낌이 들까?

역 밖으로 나와 건널목을 건너 보충대로 들어갔다. 더플백을 내려놓고 매점으로 갔다. 이등병들이 참새처럼 후루룩 모여들더니 모이 먹듯 술을 퍼마신다. 나도 그랬다. 좀 유치하긴 했지만 그래도 그건 훈병들만이 누릴 수 있는 작은 행복이었다.

다음 날인가? 뚜껑 없는 지프차에 태워져 흙먼지 날리는 길을 달렸다. 겨울바람 찬바람에 더플백 둘러매고 도착한 곳은 의정부 어느 야산에 있는 조그만 부대였다. 아무리 힘들어도 훈련소보다는 낫겠지? 위병소 옆에 수송부가 있었고 그곳을 지나니 아치형으로 지은 막사가 얼핏 대여섯 동이 보였다. 생각했던 것보다 아늑하고 평화로웠다.

그날 밤 1 내무에서 점호를 마치고 신고식을 하는데 첫 질문은 아버지는 무얼 하는 사람이냐는 것이었다. 시골에서 조그만 약방을 하고 계신다고 말했더니 옆에 서 있던 다른 선임이 인상을 쓰며 말한다. 다시 한번 묻겠다, 아버지 직업은? 시골에서 조그만 약방을 하고 계십니다.

선임들이 나를 두고 이상한 놈이 들어왔다며 중얼거렸다. 그때 또 다른 선임이 형이 있느냐고 물었다. "네"라고 답하니 직업이 뭐냐고 묻는다. 그래서 군인이라고 했더니 고개를 끄떡이며 계급이 뭐냐고 묻는다. "병장입니다"라고 답하니 말 떨어지자마자 붉으락푸르락 화를 내면서 엎드려뻗쳐를 시켰다. 그리고는 몽둥이로 엉덩이를 내려쳤다.

아니, 솔직하게 말하는데 왜 때리는 거지? 다음 날, 2내무에 배치되어 또 한 번 신고식을 치렀다. 거기서도 아버지 직업이 첫 질문이었다. 시골에서 조그만 약방을 하고 계신다고 말하니 시골이 전부 너의 땅이냐고 묻는다. 아니라고 말하니 말을 느리게 한다고 맞았다. 급기야는 침대 밑을 기어서 두 바퀴를 돌아야 했다. 침대 밑의 먼지를 다 씻어낸 듯 나의 가슴팍은 먼지로 지저분한 걸레가 되어 있었다. 무슨 놈의 부대가 이런가? 나는 부아가 치밀어오르는 걸 억지로 참으며 이 밤이 빨리 지나가기를 바랐다. 새장을 벗어났다고 생각했는데 여기는 또 다른 새장이었다.

이튿날 신병 사격 테스트가 있었다. 감독관은 김 하사였다. 중대 본부에서 실탄 3발과 영점사격 표적지를 받아 사격장으로 갔다. 총 모양이 훈련소에서 쓰던 것과는 달리 작고 가벼웠다. 김 하사는 긴장하지 말고 천천히 쏘라고 하였다. 3발 가운데 2발이 빗나갔다. 김 하사가 무슨 생각을 했는지 나보고 표적지 가까이 오라고 하였다. 그러더니 표적지에 총구를 대고 쏘라고 하였다. 한 발이라도 맞춰야 한다면서.

아, 부대에 이런 좋은 사람도 있구나! 나는 미련 없이 방아쇠를 당겼다. 그런데 표적지가 사라졌다. 아니 사라진 게 아니라 산산조각이 나서 없어졌다. 김 하사의 얼굴도 굳었고 내 얼굴도 굳었다. 김 하사는 중대 본부 서무병에게 표적지 한 장을 더 달라고 하였다. 서무병이 안 된다고 하자 바람에 날아갔다고 했다. 서무병이 김 하사의 수상한 말을 눈치채고 표적지 한 장을 주면서 말했다. 고문관 한 명이 들어왔군! 김 하사는 표적지를 받아들고 볼펜으로 총알구멍을 만들어 세 발 모두 맞춘 걸로 조작했다. 그리하여 사격 테스트는 그런대로 지나갔지만 나는 본의 아니게 고문관이 되었다. 따지고 보면 고문관은 김 하사인데….

어느 날, 중대 본부 앞에서 아침 점호가 있었는데 나는 집합에 늦지 않으려고 얼떨결에 고무신을 신고 나갔다. 그 광경을 본 대원들은 '아이고, 저 새끼!' 하면서 한숨을 쉰다. 주번사관이 앞으로 나오라고 하더니 뺨을 갈겼다. 나는 얼떨결에 신었다고 하지만 주번사관 입장에서는 자기를 무시하는 것처럼 보일 수도 있는 상황이었다.

고무신은 내무반에서 신는 신발인데 그걸 신고 나갔으니 말이다. 술 좋아하는 심 상사는 털털하고 좋은 분인데 내가 얼마나 잘못했으면 그토록 화를 냈겠는가? 뉘우치며 내무반에 돌아와 통일화를 찾아보는데 누가 감춰 놓았는지 보이지 않는다. 신병 교육 잘못 시켰다는 이유로 내무반 대원들은 완전 군장에 영내 5바퀴를 돌았다. 대원들이 나를 미워하는 건 당연한 일이었다.

군 생활에 익숙해질 무렵, 내무반장은 사사건건 나를 괴롭혔다. 심지어는 탈영했다고 일러바쳐 중대장한테 군홧발로 머리를 얻어맞았다. 군대 안 간 사람들, 군홧발로 머리를 맞아보라! 다른 대원들은 술을 마시지 않았는데 나한테서만 술 냄새가 난다는 이유로 탈영병이 되었다.

　사실인즉 매점에서 소주를 사다가 내무반 뒤에 있는 오동나무 위에 숨겨 놓고는 점호가 끝나면 몰래 한 병씩 마시고 들어오곤 했다. 그때 매점에서는 두 사람당 소주 한 병을 살 수 있었는데 나는 심부름이라며 소주 열 병을 한꺼번에 사서 오동나무 위에 숨겨 놓았다.

　신기하게도 오동나무 위에 움푹 파인 곳이 있었는데 그곳이 바로 내 술 창고였다. 다른 대원들은 술이 모자라고 나는 술이 풍요로워서 좋았다. 그런데 내무반장은 아무런 증거도 없이 나를 탈영병으로 몰아 중대장한테 일러바친 것이다. 나는 탈영하지 않았다는 걸 증명하기 위해 소주 한 병을 배게 밑에 감추어 놓고는 취침 점호가 끝나자마자 누워서 술을 마셨다.

　한참 자다가 오줌이 마려워 화장실에 간다는 것이 그만 내무반장실 문을 열고 말았다. 보초를 서고 있던 조 일병이 눈을 크게 뜨고 나의 행동을 주시했다. 나는 쿨쿨 자는 내무반장을 향하여 오줌을 누었다. 이튿날 아침 내무반장이 나를 부르더니 내무반장실에 고여있는 오줌을 가리키며 이게 뭐냐고 물었다. 나는 물이라고 말했다. 그러자 내무반장은 내 정강이를 걷어찼다. 나는 아침도 먹지 못하고 완전 군장으로 영내 10바퀴를 돌았다. 누워서 술을 마시면 자다가 취한다는 사실을 알게 되었다.

　하루는 막걸리 내기 권투 경기가 있었다. 누군가가 기획했고 그 기획에 맞춰 권투 글로브도 마련되었다. 나는 내 뜻과 상관없이 청코너 선수가 되었고 홍코너 선수는 변 상병이 되었다. 변 상병은 키도 크고 내가 상대할 수 있는 선수가 아니었다.

누가 별명을 지었는지는 모르겠으나 포스터까지 붙었다. '일요일 오후 1시, 하리마오 변과 어처구니 리의 권투 경기' 포스터는 흥미를 불러일으키기에 충분했으나 결과가 뻔히 보였다. '하리마오'는 모르겠으나 '어처구니'는 내 별명과 너무 잘 맞아떨어졌다. 한마디로 미들급과 밴텀급의 경기인데 이건 누가 봐도 불공정 경기였다. 내가 얻어맞는 걸 즐기려는 대원들의 표정들이 일찌감치 분위기를 휘어잡았다.

공이 울리고 경기가 시작되었다. 순간 나는 과대망상에 빠졌다. 내가 날린 주먹이 변 상병 얼굴에 적중하여 변 상병이 쓰러지는 상상을 한 것이다. 그때 변 상병의 주먹이 날아와 내 얼굴에 적중하면서 나의 상상은 무참히 깨져버리고 말았다.

팔이 짧은 나는 긴 팔의 변 상병을 당해낼 재간이 없었다. 아무리 휘둘러도 변 상병의 주먹이 내 얼굴에 먼저 닿았다. 그게 되풀이되다 보니 코피가 터지고 얼굴은 피범벅이 되었다. 나의 뇌가 흐트러진 것 같았다. 아니다, 어쩌면 흐트러졌던 뇌가 변 상병의 주먹을 맞고 다시 제자리로 돌아온 건지도 모르겠다.

코치가 수건을 던져 주기를 바랐다. 하지만 코치를 맡은 김 상병은 소리만 지를 뿐 수건을 던지지 않았다. 마지막 3회전 공이 울렸다. 나는 이를 악물었다. 하지만 이를 악물면 악물수록 얻어터졌다. 그렇게 계속 얻어터지다가 마침내 쓰러지고 말았다.

김 상병은 그제야 수건을 던졌다. 변 상병보다 김 상병이 더 원망스러운 순간이었다. 수건을 던지려면 진작 던질 것이지 실컷 얻어맞은 다음에 던질 게 뭐람? 그날 나는 코피를 너무 많이 흘렸다. 막걸리 마실 힘도 없었다. 피를 보고 나서야 위로하는 구경꾼들의 표정! 변 상병은 살살 때렸다고 거드름까지 피웠다.

그건 맞은 사람이 알지 때린 사람은 모르는 거다. 얼굴을 씻다가 거울을 보니 눈퉁이가 부었다. 3개월 아니 6개월만 지나면 새로운 신병이 들어올 거라고들 했는데 무슨 놈의 부대가 23개월이 지나도록 졸병이 들어오지 않는단 말인가! 내 처지가 안돼 보였는지 허 상병과 이 상병이 말벗이 되어 주었다. 그날 밤 나는 여러 생각이 겹쳐 눈물을 글썽이다 잤다.

1976년 여름, 그해 여름은 유난히 추웠다. 날은 더운데 마음이 추운 까닭이었다. 대부분 외출 외박을 나간 주말, 영내는 고요했다. 내무반 옆 잔디밭에 납작하게 생긴 바위가 있었다. 나는 거기에 앉아 뜨거운 햇볕에 달궈진 소주를 마시며 추운 마음을 달랬다. 그때 노란 새 한 마리가 오동나무 가지에 앉아서 노래를 불러 주었다. 새가 나를 위로해 주었으니 나도 새한테 고마움을 전해야겠다고 생각했다. 내무반에서 기타를 들고나와 노란 새를 향해 큰 소리로 노래를 불렀다.

돈 많은 사람 돈 없는 사람
꿈 많은 사람 꿈 없는 사람
십자가에 종소리가
주를 믿으라 주를 믿으라
하느님은 벌받을 거야
예수님도 마찬가지야
비겁한 달님 때묻은 하늘
먼지 나는 길을 걸어가는
가난한 그림자여
그대는 어디로 가는가
그대는 어디로 가는가

내무반에서 쉬고 있던 고참이 문을 쾅 차고 나와서는 눈을 찡그리며 말했다. "야, 잠 좀 자자. 그리고 너 말이야, 도대체 네가 뭔데 하느님보고 벌 받으라는 거야?" 깜짝 놀란 새가 푸드덕 날아갔다. 나는 내무반에 기타를 갖다 놓고 한적한 영내를 터벅터벅 돌았다. 돌고 돌고 또 돌았다. 푸른 하늘에 흰 구름이 추운 내 가슴을 어루만져 주었다.

위병소에서 1시 방향 끝에 빈 막사가 있었다. 몇 년 전에 부사관 숙소로 쓰던 곳이었는데 지난해부터 비어있었다. 그곳에서 사람이 죽었다는 말이 돌아서 그런지 아무도 접근하지 않는 곳이었다. 어느 주말, 병사들이 외출 외박 나간 틈을 이용해 막사 안을 둘러보았다. 막사 안은 음침하고 거미줄도 많고 시멘트블록들이 여기저기 흩어져 있었다. 귀신이 나올 법도 하였다. 잘하면 내 작업실이 생길지도 모른다는 생각에 흥분이 되었다.

나는 괜찮은 블록들을 골라 허리 높이만큼 담을 쌓아 놓고는 조그만 공간을 만들어 놓았다. 그리고 그 안에 앉을 자리와 뭔가 올려놓을 수 있게끔 블록 2장씩 포개 벌려놓고 널빤지를 올려놓았다. 먼지를 닦아내니 제법 아늑한 작업실이 되었다. 그날 밤 나는 얼마나 행복했는지 모른다. 초를 구해다가 불을 밝혔고 기타도 갖다 놓았다.

그 뒤로 점호가 끝나면 나의 보금자리로 달려가 강소주에 나만의 세상을 즐겼다. 촛불 하나 켜 놓고 기타를 치면서 어떤 날은 노래도 만들었다. 하지만 가냘픈 행복은 오래가지 못했다. 빈 막사에서 이상한 소리가 들린다는 소문과 함께 귀신이 있다는 소문이 퍼지기 시작했고 급기야 밤늦게 들어오는 장군 차 운전병들까지 점검받기에 이르렀다.

그러던 어느 날이었다. 소주 한 잔 마시고 기타를 치고 있는데 사람 기척이 들렸다. 나는 얼른 촛불을 껐다. 기타를 조심스레 내려놓고

숨을 죽이고 있는데 시커먼 총구가 내 목에 닿았다. "너 누구야?" 손전등 불빛이 내 얼굴에 쏟아졌다. "야, 너였어? 여기서 너 뭐해?" 털털한 수송부의 유 병장이었다. "너 하나 때문에 경비가 삼엄해졌어."

유 병장은 나를 앞세우고 중대 본부로 향했다. 다행인 것은 평소에 유 병장이 나를 잘 대해 주었다는 것이었다. 하지만 모든 게 다 드러난 마당에 유 병장도 더 이상 나의 방패막이가 되어 줄 수는 없었다. 다음 날 아침, 나 때문에 내무반 대원들은 완전 군장에 영내 10바퀴를 돌았고 그날 저녁 나는 수송부에 불려가 장군 차 운전병들한테 얼차려를 받았다. 장군 차 운전병은 특과인데 귀신 소동으로 점검받았으니 나를 얼마나 미워했겠는가!

그해 겨울, 외박 나갔다가 귀대 시간을 2시간 넘긴 적이 있었다. 실연당한 동무의 넋두리를 들어주다가 그리된 것인데 하필이면 주번사관이 나를 미워하는 김 중사였다. 다음 날 아침 중대장한테 보고가 되었고 회의 끝에 나를 영창 보내는 걸로 판결이 났다. 귀대 시간이 늦었다고 영창 보내는 건 아니지만 그동안 귀신 소동도 있었고 여러 가지로 나의 행실이 못마땅하여 그런 결정이 내려진 것 같았다.

다음 날 아침 나를 태운 지프차가 2 군수 영창으로 달렸다. 영창에 들어서니 헌병 하나가 의자에 삐딱하게 앉아서 왜 왔느냐고 묻는다. 귀대 시간이 늦어서 그리되었다고 말하니 갑자기 벌떡 일어나 내 뺨을 후려쳤다. 여기도 사실대로 말하면 때리는 곳이었다.

헌병은 곧바로 원숭이를 시켰다. '원숭이'란 창살에 매달리는 걸 말한다. 아버지 어머니가 이 광경을 보면 얼마나 가슴 아파할까? 아버지 어머니가 절대로 이 사실을 알아서는 안 되는 것이었다. 원숭이가 되어보니 참으로 슬펐다. 아침 먹고 매달리고 점심 먹고 매달리고 저녁 먹고 매달려 있는 게 나의 하루였다.

 셋째 날은 매달렸다가 떨어져 허리를 다치기도 하였다. 넷째 날, 아침밥을 타러 갔다가 연병장에서 고등학교 동창을 만났는데 빡빡 깎인 내 머리도 그렇고 동창 얼굴 보기도 창피했다. 학교 다닐 때 나를 다정하게 대해 주던 동무였는데 말도 나누지 못하고 서로 눈인사만 하고 헤어졌다. 동창은 내가 무슨 큰 죄를 지어서 영창에 온 줄 알았을 것이다.

 아침 식사를 마치자 헌병은 내가 영창에 온 이유를 다시 물었다. 헌병은 아직도 내가 영창에 온 이유를 모르는 것 같았다. 술을 감춰놓고 몰래 먹다가 그리되었다고 말하니 그런 거 갖고는 여기 안 온다며 또 원숭이를 시켰다. 허리가 아프다고 말하니까 잔말 말고 철장에 오르라며 군홧발로 내 정강이를 걷어찼다. 다음 날도 심심풀이로 물었다.

 그래서 실연당한 동무의 넋두리를 들어 주다가 그리되었다고 말하니 바른대로 말하라며 또 정강이를 걷어찼다. 아, 어제와 다른 쪽을 걷어찰 것이지 왜 똑같은 데를 걷어차는 거야? 벌겋게 부어오른 정강이가 나보다 더 슬퍼 보였다. 잠시 뒤, 헌병은 갑자기 내 목을 졸랐다. 목을 조르면 기절한다는 것을 실험을 통해서 확인하고 싶어 하는 것 같았다. 하지만 아직 그 기술을 제대로 익히지 못했는지 내가 기절하지 않자 또 원숭이를 시켰다. 사실 조금만 더 졸랐다면 기절할 수도 있었다. 미웠지만 한편으론 동료라는 생각이 들었다.

 나는 철장 안에서 자고 헌병은 철장 밖에서 잘 뿐, 똑같이 영창에 갇혀있는 신세 아닌가? 다섯째 날부터는 멍해지고 아무런 생각도 나지 않았다. 일주일 원숭이 노릇을 마치고 영창 밖으로 나가니 선임하사가 기다리고 있었다. 선임하사는 담배를 피워 나한테 건넸다. 지프차가 흙먼지 날리며 달리는데 아침 햇살이 너무 밝아 눈이 부셨다. 도대체 나는 뭐 하는 놈인지, 새로운 길을 찾아보겠다고 군대에 왔는데 원숭이 노릇이나 하고 있었으니….

내무반 대원들은 영창 갔다 온 나를 동정해 주기는커녕 쌤통이라는 표정들이었다. 나는 그 표정을 보고 그들을 불쌍히 여겼다. 그들은 내가 예수인 줄 모르는 것 같았다. 내무반에는 나보다 먼저 영창에 갔다 온 예수가 있었는데 슬금슬금 다가와 내 어깨를 툭 쳤다. 그 상병은 미군들이 싫다고 군단 정문 옆에다 똥을 누었다고 한다. 하지만 똥도 제대로 누지 못하고 헌병한테 걸려서 영창에 갔다는 것이다. 이 부대에는 겉으론 멀쩡해 보여도 제정신이 아닌 병사들이 몇 명 있다. 나도 그 가운데 하나였는지 모르겠다. 나중에 알았다. 그 위대한 인물이 '○○○○'이라는 것을. 아무리 그래도 그렇지, 어떻게 미군 부대 정문 옆에서 똥을 눌 수 있는가? 도대체 그런 용기는 어디서 나온 걸까?

그렇게 또 몇 개월이 지났다. 어느덧 내무반장이 된 나에게 중대장이 내무반 주위를 잘 가꾸어보라는 지시를 내렸다. 나는 부대 밖 야산에서 어린 소나무 한 그루를 캐다가 내무반 앞에 심었다. 잘 자라주기를 바라면서 물도 흠뻑 주었다. 다음 날 아침 생기 잃은 소나무를 보면서 무척 당황했다. 어린 소나무는 며칠 뒤 말라 죽었다. 산에 있었으면 잘 자랐을 텐데 나 때문에 죽었다고 생각하니 마음속에 가시가 박힌 듯 괴로웠다. 이해 없는 사랑은 사랑이 아니라는 걸 알았다. 그러니까 사랑 혼자서는 잘난 척할 수 없는 거다. 아침 햇살이 내 마음속에 들어와 나를 슬프게 했다.

오랜만에 외박증이 나왔건만 딱히 갈 데도 없고 해서 그냥 시내에 나가 포장마차나 둘러볼 생각이었다. 내무반을 나서는데 노란 새 한

마리가 포물선을 그리며 내 앞에 툭 떨어졌다. 지난여름에 오동나무 가지에서 노래를 불러 주던 새와 비슷한 새였다. 길을 잃었나? 관객, 출연료 신경 쓰지 않고 오로지 노래만 하는 가수! 그런데 웬일인지 노래도 하지 않고 잔디 위에서 퍼덕거리기만 하는 것이었다.

나는 두 손으로 감싼 다음 공중으로 날려 보냈다. 새는 한 방향으로 포물선을 그리며 다시 내 앞으로 떨어졌다. 내가 잘못 날려서 그런 줄 알고 이번에는 조심스레 날려 보냈다. 그랬더니 마찬가지로 포물선을 그리며 떨어졌다. 새는 더 이상 날개를 퍼덕거리지 않았다. 자세히 들여다보니 오른쪽 눈이 피로 엉겨 붙어 있었다. 돌에 맞았나? 아니면 어디에 부닥쳤나? 도무지 이해가 가지 않았다. 새가 한 방향으로 날았던 까닭은 아무래도 한쪽 눈이 보이지 않아서 그런 것 같았다.

새의 몸은 아직 따뜻했다. 매점에서 조그만 상자를 구해다가 새를 넣었다. 시내에 있는 의원을 찾아갔는데 날 보고 이상한 군인이라고 속닥대는 간호사들의 말만 들었다. 다른 의원에서도 마찬가지였다. 하는 수 없이 어느 조그만 약국에 찾아가 치료를 부탁했으나 동물 병원에 가야 한다는 말뿐 아무런 도움을 받지 못했다. 동물 병원을 찾지 못한 나는 터덜터덜 부대로 향했다. 새를 살려서 죽은 소나무로부터 용서를 구할 생각이었는데….

부대로 돌아가다가 조심스레 상자를 열어보았다. 새가 움직이지 않았다. 예수가 인간을 구원하기 위해 죽었다는데 정말인지 의구심이 들었다. 예수가 부활했다면 이 새도 나를 위해 죽었으니 부활해야 한다고 생각했다. 아침이 되어 새를 보러 나갔는데 새는 부활하지 않았다. 나는 노란 새를 내무반 뒤에 있는 오동나무 아래다가 묻어 주었다. 길 잃은 노래 한 마리가 그예 내 곁을 떠났다. 잘 가거라! 다시 태어나도 훌륭한 가수로 살렴. 오늘따라 별이 보이지 않는다. 스스로 어둠이 되면 별이 보일 거라고 믿었는데 아무리 어둠이 되려고 해도 어둠이 되지 않는구나.

푸른 하늘에서만 꿈을 찾겠다는 건 최선을 다하지 않았다는 거지. 간절하다면 어둠 속에서도 찾을 수 있는 거잖아. 아무것도 보이지 않는다는 건 핑계야. 꿈은 스스로 빛나거든. 오히려 밝은 하늘에선 제대로 보이지 않을 수도 있어. 내가 만약 어둠을 사랑했더라면 희망을 만날 수 있었을텐데, 애당초 희망을 만날 생각이 없었던 거지. 이제 와 뉘우친들 무슨 소용이 있겠나. 저 풍경 좀 봐! 노란 새 한 마리가 그물에 걸려있고 그물 밖에는 욕망의 새들이 판을 치고 있네. 그물을 찢고 날아오른다 해도 저 새들한테 죽임을 당할 거야. 내 마음에 두려움이라는 악마와 게으름이라는 악마가 살고 있다는 걸 알게 되었어. 내 몸무게보다 무거운 그것들을 끄집어내야 날아오를 수 있는데 그게 잘 안되네. 혹시 날개가 퇴화한 걸까? 아니야. 내가 날지 못하는 건 간절함이 없기 때문이야.

이흥건
군수처

곤도 일병이 되기까지

유 광 호

2024년 시월초의 어느날 군선배 백병장 형이 나에게 전화를 걸어왔다. 군대생활 할 때 만들었던 『군소리』의 속편을 발행하려고 준비 중이니 나에게 글을 하나 써달라는 것이었다. 미처 예상하지 못했던 제안이라 그때는 이도저도 아닌 태도로 어벙벙하게 지나갔다. 오랜만에 걸려온 군선배의 전화가 뜻밖이었고, 또 그 모임의 막내회원(?)의 자격으로 나에게 글을 하나 써달라는 서프라이즈 제안에 내가 마치 신입인사라도 된 듯한 묘한 기분에 그냥 웃어넘기며 지냈다. 그런데 엊그제 백선배가 다시 전화를 해서 잊고 있었던 그 제안을 다시 입력시키는 것이었다. 그제서야 하는 백선배의 말씀을 다시금 생각하며 심각하게 나의 군대생활하던 시절을 되돌아보게 되었다.

나는 1977년 12월 12일 논산훈련소 28연대 입영자원이다. 대학 3학년을 마치고 겨울에 입영하여 대한남아로서 자랑스러운 군역을 수행하려고 입대하였다. 그렇게 좋아하는 전쟁놀이에 직접 참여한다고 생각하니 감개무량하였다.

펄펄 끓는 청춘의 의기를 일찍 쏟아내고 싶어 월남전에 자원 입대하려고 하였으나 고등학생이라고 졸업하고 오라고 하는 말을 들었고, 해군사관학교도 가고 싶었으나 안경을 끼고 있어서 신체 조건이 안된다고 거절당하는 아픔도 겪었다. 패기 찬 대학생활 과정에서도 죽음이라는 인간의 극한적 상황과 마주해 보고 싶은 욕망을 버릴 수 없었다.

나의 사생관은 영화 "Platoon"의 라스트신이다. 그러니, 일반병 입대는 나에게 커다란 도전이었다. 학사장교와 ROTC도 있는데 굳이 서울 부자집 도련님이 왜 사병으로 가려고 하느냐는 걱정도 들었다. 또 나는 시력이 매우 나빠 군면제 대상자인데 왜 굳이 군대에 가려고 하느냐고 현실적인 비판을 하는 친지도 계셨고, 정 그렇다면 방위로 가서 집근처 동사무소로 출퇴근하면 되는데, 안경까지 쓴 놈이 세상 물정 몰라도 너무 모른다고 어른들이 거드셨다. 그러나 하여튼, 나는 장교보다 졸병 신분을 스스로 선택했다.

논산 28연대에서 받은 훈련은 체력적으로 힘들었다. 여러 장면들이 떠오른다. 그 겨울 독감에 콜록콜록 심한 기침을 해가면서, 각개전투장에 누워서 쏟아지는 함박눈을 얼굴에 맞으며, 스며드는 격랑 속에 부딪히는 나의 나약한 존재감과 무한히 자유낙하하는 눈발에 눈물이 마구 흐르는 희열을 느꼈다. 지금 그 순간을 기억하는 것은 살아 있다는, 자존감에 대한 형언할 수 없는 그리움인지도 모르겠다. 이 세상에 존재하고 있다는 것을 확인할 수 있는 기쁨이 있었다. 생명감이 솟아나는 것 같은 긍지와 애착심일지도 모를 그 무엇을 느끼며, 우렁찬 군가에 맞추어 매일 아침 구보로 훈련장으로 향하는 일과 속에서, 나는 이 나라를 지키려는 존재라는 막중한 책임감을 마음속에 새겨가고 있었다.

이렇게 훈련소는 나에게 뿌듯함을 안겨주는 곳임과 동시에 다른 한편으로는 웃음(?) 나오는 폭력적인 곳이기도 했다.

이제는 훈련소에서 있었던 우습고도 슬픈 이야기를 해보고 싶다.

불침번이 지키고 있고, "유동병력은 없다."라는 일직사령의 서릿발 같은 명령이 내려져 있었지만 공교롭게도 나는 그때 설사 중이었다. 아무리 군대라지만 나오는 설사야 어찌 하랴. 그 밤에 나는 명령을 어길 수 밖에 없었다. 나와 다른 두 명의 위반자, 우리는 불침번의 묵인 하에 추운 겨울 창문을 어렵게, 소리 없이 열고 살금살금 화장실로 갔다. 그리고 이내 나는 이 세상에서 가장 순수한 배설의 희열을 느끼며 긴 고통에서 벗어나고 있었다. 행복했다. 그런데 갑자기 일직하사가 소리쳤다. "동작 그만! 화장실에서 뛰어 나온다." 아? 이게 뭔 일! 나의 전우 두 사람이 볼일을 보고 내무반 창문을 닫으면서 소리를 내게 되었고, 이탈 병력이 화장실에 갔다는 것이 발각된 것이었다.

그런데 어느 인간이 똥을 싸다 중단할 수 있단 말인가? 그것도 급설사를!

하여간 한바탕 난리를 치르고, 나는 그만큼의 배설의 기쁨을 만끽한 죄로 체포되어 일직사관실로 가서 꿇어앉아 손바닥을 맞기 시작하였다. 일직하사도 졸린 지 졸다가 깨면 때리고 그리고 다시 졸다가 깨면 때리기를 반복하였다. 그렇게 졸다 깨다를 반복하다가 우리는 사이좋게(?) 새벽을 맞았다. 폭력도 코메디가 되어가고 있었다. 나는 이 장면들이 너무 우스워서 지금도 혼자서 그때를 생각하며 웃는 때가 더러 있다. 나는 그날 이후 손바닥이 두부보다 더 부어서 터지기 일보 직전의 상태로 총도 잡을 수 없었고 숟가락질을 못하여 일주일을 옆의 전우가 밥을 떠먹여 주었다. 그리고 지금도 그때 일이 생각나면 우습다. 그러나 웃다 보니 어쩐지 눈물이 난다.

나는 아직 살아 있었다. 아침구보는 생명력을 불어 넣는다. 거의 전 내무반원들이 독감에 전염되어 취침 전은 기침들로 오케스트라다.

하루일과가 끝나면 의무대로 진료환자 이동이 있다. 의무실 앞에는 다른 연대 병력도 있기 때문에, 의무실에 들어갈 때에는 벗어놓은 훈련화를 한 사람씩 돌아가며 보초를 서서 지킨다. 나도 내 차례가 오기 전에 훈련화를 정돈하고 지키고 있었는데, 다른 훈련병 한 사람이 나에게 다가와 무언가를 물어보고 갔다.

그런데 어둠 속에서였지만 문득 이상한 느낌이 들어 둘러보니 익숙한 위치가 비어 있었다. 몸을 숙여 내려다 보니 바로 내 훈련화가 있던 자리가 비어 있는 것이다. 아까 그 놈이 나에게 말을 걸면서 훈련화를 훔쳐간 것이 틀림없었다. 그것도 임자가 바로 보초를 서고 있는 가운데 이런 일이 일어났으니 얼마나 황당한가?

맨발로 그 겨울에 숙소로 돌아와 소대장에게서 얼차례를 받고 바로 원상복귀 명령을 받았다. 즉 다른 연대에 가서 훔쳐 와서 해결하라는 것이었다.

"예, 알겠습니다."

이때까지 나의 심리상태는 거의 정상이 아니었다. 무지하게 혼이나서 얼떨떨한 상황이었다. 세상에 태어나서 처음으로 남의 것을 훔쳐오라는 명령을 받은 것이다. 그러나 '어찌 남의 것을 훔치는가!' 이런 사치스런 생각은 수없는 얼차려와 혹독한 훈련으로 사라져버렸다. 이미 나는 고귀한 영혼에서 명령에 복종하는 일개 병사가 되어가고 있었다. 그래서 나는 어쩔 수 없이, 영혼 없이 옆의 연대로 갔다. 그리고는 잠깐 서성이다가 후닥닥 달려들어가 무조건 집히는 것을 가져 나오는 데에는 성공하였다. 그런데 큰 실수를 한 것이 있었다. "헛수고다! 이 멍충아!" 그 훈련화는 내 발에 맞지 않는 것이었다. 소용없는 짓을 한 것이다. 다시 혼이 나고, 발에 안 맞는 훈련화, 그 힘들게 훔친 훈련화를 제자리에 다시 친절하게 갖다 놓았다. 그러자 그 연대 보초가 보고 "도둑이야!" 하고 소리치는 것이 아닌가! 나는 현장에서 체포되어 끌려갔다.

아무 것도 안 훔치고 잡혔다. 없어진 것이 다시 돌아왔는데 말이다. 그 연대 소대장은 나에게 영창에 보내겠다고 소리치며 잔뜩 겁을 주었다. 그리고는 세워놓고 M1 개머리판으로 내 가슴을 때리는데 나는 그 개머리판의 위력 때문에 뒤에 있는 긴 책상 너머로 날아가 꼬꾸라질 수밖에 없었다.

군대에 갔다온 사람들은 익히 알지만 이런 행위 뒤에는 바로 원위치가 되어야 한다. 계속해서 책상 너머로 꼬꾸라지는 얼차려를 받고 정신 못 차리게 터지고 난 후, 한참을 지나서 나는 우리 소대장에게 인계되었고, 그 밤도 잠 못이루는 밤이 되었다. "아프다." 앞가슴이 부어서 누워 있어도 통증이 왔다. 그러나 잠이 더 센 본능이었다. 이런 상황에 또 아픈 웃음이 나온다. 눈물이 앞을 가리며, 엄니가 생각났다. 그 후 얼마 동안 숨쉴 때나 밥을 넘길 때마다 가슴이 몹시 아팠다. 참 불쌍한 상황이었다.

그래도 군대 시계는 간다. 험난한 훈련병 생활을 마치고 대한민국 육군 이등병으로 의정부 101보충대에서 영어와 면접시험을 거쳐 육군최고의 엘리트 병사들이 간다는 한·미1군단(집단)사령부로 전입을 하게 되었다. 해는 바뀌어 1978년 정월이었다, 서울 북부 송추 가까운 의정부 가능동 입석부락에 위치한 사령부 옆 본부중대는 아늑한 산들에 둘러쌓인 곳이었다. 본래는 미군들이 쓰던 군대막사로 미군이 쓰던 병영이었다고 했다.

이 부대에 6개월만에 신병이 온다고 고참병들이 불을 환히 밝히고 나를 간절히(?) 기다리고 있었다. 너무나 좋아서 모두 환영식을 크게 계획하고 취침점호가 끝나길 기다리고 있었다. 드디어 일직사관의 취침 명령이 떨어지고, 불이 꺼졌다. 모두가 학수고대하던 나의 환영식이 기다리고 있었다. 신병을 환영하는 고참병들은 입가에 야릇한 미소를 머금고 있었다.

우리 중대는 5개 내무반으로 되어 있었다. 나는 제5내무반에서 전입신고를 했다. 군대는 환영식도 폭력이다. 또 웃음이 나온다. 그 웃음은 폭력이 만들어낸 이상한 상황을 해독하는 기호이다.

나는 어두컴컴한 취침등 아래에서 씩씩하고 용맹하게 내무반장에게 "이등병 유광호 전입을 명 받았습니다. 이에 신고합니다" 하고 신고를 했다. 그리고는 내무반원들에게 돌아가며 신명나게(?) 신고를 하였고, 이 환영식의 클라이맥스인 침대 밑 포복으로 내무반원들의 격한 환호와 격려를 받으며 구둣발을 피해 땀 뻘뻘 흘리며 침대 밑을 기어서 원위치로 돌아왔다.

전대미문의 환영식은 내 영혼을 탈탈 털어버리는 긴장의 초극한적 상황이었다. 문득 전투상황이 꼭 이럴 것 같다는 생각이 들었다. 내 생애 이렇게 폭력적 전우애 넘치는 대접은 처음이라 찐실소가 나오는 이상한 기분이었다.

거기다 우리 내무반만이 아닌 다른 네 개의 내무반도 인사차 순회하며, 다니며 신고하고 노래하고…… 세상없는 환영 같지 않은 신고 파티에 이상한 웃음이 계속 새어 나왔다.

새벽 4시가 되어서 신고식은 끝났다. 잠자리 배정을 받고 침대에 누웠다. 한숨을 쉬다가 억지로 이층 침대로 기어올라가 눈을 감았다. 온몸에 느껴지는 이 팽팽한 긴장감을 품고, 낮은 군대 막사 철제골격을 응시하며 드디어 대한민국 육군이등병 유광호는 자대에 안착하였다. 눈이 안 감겼다. 너무 긴장했고 너무도 긴 하루였다. 그때 부내무반장이 다가와 "저 선배님 후배인데요. 괜찮으세요."한다. 이 위로의 말에 기가 막히지만 신병답게 대답하며 이내 곯아떨어졌다.

자대에서 나는 금방 인기있는 신입 엘리트 병사로 모두의 관심 속에 모든 영내외의 사역이라는 사역은 도맡아 하다시피 하면서 병영생활에 익숙해져 가고 있었다. 이후 내무반 개편으로 옮겨간 제1내무반에서 박병장이 어느날 나를 불러 세우더니, 내가 어느 영화에 나오는 일본군 졸병 '곤도 일등병'을 닮았다고 하면서 앞으로 관등성명을 말할 때에는 "곤도 일등병"으로 하라고 하였다. 이 장난기 섞인 명령 한마디로 나는 졸지에 국적도 계급도 바뀌어 '곤도 일병'이 되고 말았다.

이렇게 곤도 이등병은 일병, 상병, 병장으로 진급하며 열심히 군생활을 살아내었다. 1979년 12·12사태 때에는 병영 내 최고참 병장, 임시소대장을 맡기도 하였다. 그 당시 우리 부대는 2주일 이상 비상대기 상태로 있었다. 실탄과 수류탄으로 완전 군장상태를 유지했고 매일 실탄사격 훈련도 했다. 군단장의 명령으로 DMZ 순환근무도 하였는데, 이 DMZ 근무시에는 특별지시를 받아 헬기로 육본으로 호출 업무를 수행하기도 하였다. 보통 사병으로는 접하기 힘든 특별한 경험이었을 것이다.

1980년 3월 5일 드디어 전역명령을 받았다. 그러나 후임병이 아직 직무 숙달이 되지 않아서 전역명령을 받고도 이틀을 더 복무하고, 부군단장과 부관참모, 본부중대장 이하 전우들의 환송을 받으며 부대를 떠났다. 그만큼 내가 군대 생활에 잘 적응했다는 뜻일 것이다. 이러니 군생활에 대해 내가 남다른 자긍심을 가지는 것은 당연하다고 할 수 있다. 곤도 일병 그때 말뚝 박아야 했는데? 아직도 그 시절의 모든 추억을 소중히 간직하며 잘 살고 있다.

웃기는 폭력적 생활을 위하여! 단결!!!

유광호
부관부

HONOR

박 동 근

미군의 병적관계 서류에서는 전역 구분란에 '만기제대'라고 해야 할 경우 'HONOR(명예)'라고 답한다. 또한 이 단어는 Mac-Athur 장군의 유명한 연설문에도 등장한다. 그는 고별 연설에서 "HONOR, DUTY, COUNTRY"라고 말하면서 연단을 내려간다. 특별히 'HONOR'를 강조하였다는 느낌을 지울 수 없다.

우리도 군복무를 명예롭게 생각하는 날이 하루 빨리 오기를 기대하면서 나의 군대생활 중의 에피소드를 몇 가지 기억 나는대로 적어 본다.

좌로부터 김명식, 서장선, 변진학, 정홍구, 김규석, 김효종, 임병수, 박동근

어른들이 흔히 하시는 말씀 가운데 "사내 아이는 군대를 갔다 와야, 사람(남자)이 된다"라는 것이 있다. 그때는 그 말이 그럴듯하게 들렸다. 그리고 인생 60년 straight로 살아가기는 조금 지겨우니, 조금 쉬었다가 가자는 생각도 있었다. 그래서 나도 사람답게 남은 인생 살아보자고 하면서 그 무더운 한더위, 1973년 7월에 논산훈련소 28연대에 입소해서 6주간의 병 기본훈련을 마쳤다. 훈련이라기보다는 무더위와의 싸움이었다고 하는 것이 더 옳을지도 모르겠다.

　그러나 그것이 끝이 아니고 또 다른 4주간의 훈련이 나를 기다리고 있었다. 전북 익산시 ○○면 하사관학교에서 받은 AR(Auto-Rifle) 훈련이었다. 미군의 M-16이라는 우수한 개인 병기는 바라지도 않았지만, 이 AR 자동소총은 무슨 얼어죽을 자동 소총인가? 제1차 세계대전 때인 1910년 대에 제작된 고철덩어리. 게다가 대한민국 남자들에게는 너무 크고 무거웠다. 더더구나 개인 휴대하고 걸어서 행군을 하노라면 부속품이 빠져 분실되기 일쑤였다. 그래서 분해결합 과정도 제대로 할 수 없을 지경이었다. 엿이나 바꾸어 먹을 고철덩어리.

　본인의 전역 계급에 대하여 아직도 왈가왈부하는 모양이나, 단언컨대 대한민국 군인의 명예를 걸고 영광스런 병장 전역자임을 만천하에 고하는 바이다.

　지겹던 3년 세월을 보내고 나서도 무엇이 그리 그립다고 물경 50년 가까운 세월을 만나고 있으니…… 우리가 참으로 위대한 백성 아니겠는가? 본인 자신이 서모 상병으로부터 죽을 때까지 고단백을 원가에 공급해 주겠다는 사기 꾐에서 헤어나지 못하고 있으며, 변모 상병 내가 너를 결정하는 순간부터 너의 운명은 나의 두 팔 안에 있다. 회유와 겁박으로 한 여인과 50년을 한 이불을 사용하고 있는 철면피를 어찌하면 좋을지 잠이 안 온다.

　사기결혼을 축하해준다고, '사랑가'로 결혼식 분위기를 초상집으로 몰고간 정모 상병은 아직도 반성의 기미도 안보이고 대표로 활보하고 있다는 소식에 아연실색이다.

　우리의 영원한 내무반장은 자기의 조위금은 자기 죽기 전에 '받아야' 한다고 회유 겁박, 사탕발림으로 거금 십만냥을 강탈해 갔으니, 기가 막혀 말이 안나온다.

　그 투박한 손에서 어찌 이다지도 이쁘고 아름다운 예술품이 나올 수 있었다는 말인가? 감탄사가 절로 나온다. 그런 솜씨로 여자를 골라서 평생의 반려자로 삼았으니 그 미모의 출중함이란 말로 표현할 수가 없구나. 그 솜씨에 어찌 진급 운은 없었던지 계급은 상병이구나! 애석타 그 솜씨를 상주 골짜기에 썩히다니!

　만인의 연인이었던 '이박사' 펑퍼짐한 Hip Line. 그 누가 감히 이박사의 Hip Line에 도전할까? 대한민국의 남성을 대표하는 hip line 앞에서 모두가 Give-up! 영원히 간직하시기 바랍니다.

임병수, 정홍구, 이진업, 박홍용, 박동근, 서장선, 감종홍.

"통신보안! 작전처 교육과 박일병입니다!"

한·미1군단에서 군대생활을 한 사람들에게는 다정스럽게 들리는 전화음성 Ment이다. 혹자는 계급사칭이라는 다소 엉뚱한 반응을 보이기도 한다. 하지만 본인은 일병/일등병이라는 계급이 좋다. 군대를 소재로 한 영화나 소설을 보면 주인공의 계급은 꼭 일병이다. 이 주인공들을 닮아가려고 치열하게 살아온 박동근의 희망사항이기도 하다는 것을 상기해 주시기 바란다!

나의 군대생활 중 평생 잊지 못할 일이 있다. 그것은 군단장이 참석하는 금요일 아침 브리핑(Briefing) 중에 취침했던 사건이다. 지금 와서야 추억의 한 토막이 되었지만 그때에는 정말 아찔한 사건이었다.

CRC 영내에는 많은 건물들이 있었는데 그 중에 Conference Room이 있다. 이곳에서 매주 금요일 아침 참모회의가 열린다. 참석 범위는 군단장(홀링스워스 중장), 부군단장(이재전 소장), 참모장 이하 전 참모들이다. 1, 5, 6군단 연락장교, 2해병여단 파견장교 등의 연락장교단이 이 Briefing의 보조다. 1, 5, 6군단 연락장교들이 차례로 각 군단의 특기 훈련사항을 보고하고, 본인은 장막 안에서 요약한 훈련사항을 slide로 작성하여 화면에 비추면서 Point로 가리키는 역할을 맡고 있었다.

6월의 어느날로 기억된다. 사건이 벌어지던 그날은 조금 더웠고, 그날따라 군단장의 지적사항이 많아서 거의 회의 시작 2시간이 지나서야 회의의 마지막 순서인 훈련사항 보고가 시작되었다.

1군단 연락장교가 "Significant Traings of Ist corps are shown on This Slide"라고 멘트를 했다(?). 그리고 본래 계획대로라면 이때 나는 요약된 Briefing Slide가 스크린에 비쳐질 수 있도록 Switch만

On하고, 끝나면 Off를 하면 끝이다.

그런데 정작 스위치를 올려야 할 내가 졸고 있었으니 장막 안은 조용할 수밖에.

"Slide On."

연락장교는 다시 말했지만 장막 안은 고요하고 아무 반응이 없었다. 다시 한번.

"Slide On."

그러나 장막 안도 다시 한번 무반응.

당황한 1군단 연락장교가 장막 안을 들여다보다가 앗불싸! 졸고 있는 나를 발견하고는 의자를 발로 툭툭 쳐서 나를 깨운다. 나는 정신이 번쩍 들어 황급히 'slide on'을 했다. 그리고는 slide on, off를 몇 차례 반복하고 이날 회의는 끝이 났다.

이 소문은 삽시간에 CRC 영내로 전파되어, 중대본부에서 문의 전화가 요란하다. 우째 그런 실수를. 어쩔 수 없으니 영창에 가는 수밖에. 마음의 준비나 잘 해라. 다른 부대에 가도 너는 군대생활 충분히 잘 할거다 하는 것이 대부분의 전우들의 반응이고 위로였다. 그도 그럴 것이 우리 부대에서 중대한 실수를 저지른 사병은 징계위원회를 거쳐 영창을 다녀온 후 다른 부대로 전출되는 것이 관례로 되어 있었기 때문이다.

불안하고 초조한 하루하루가 지나갔다. 확인할 수는 없었지만, 이번 일을 계기로 해서 슬라이드 조종을 위관장교들에게 맡긴다는 소문이 나돌았다. 내 잘못이 더 명백히 드러날 수밖에 없는 불길한 소식이었다. 불안하고 초조할 수밖에 없었다.

그러나 한 달, 두 달이 지나가도록 그 사건에 대한 후속조치는 소식이 없고, 슬라이드 조종은 여전히 내 몫인 채로 Briefing은 매주 계속되었다. 당시 군단장은 홀링스워스 중장이었는데, 군단장에게 물어볼 수도 없고. 답답하기 짝이 없는 일상이 흘러가고 있었으나 무책이었다. 그 와중에 주로 위관장교들이 중심이 되어 slide 조종은 계속 사병에게 맡겨야 한다는 건의문을 군단장에게 올렸다는 소문이 들려왔다. 그러나 그 역시 확인할 수는 없는 소식이었다.

그리고 얼마 지나지 않아 참으로 희소식이 전해졌다. 홀링스워스 군단장이 Conferance Room을 다녀갔다는 소문이었다. 그리고 군단장의 지시사항이 매우 고무적이었다. 아니 나를 살렸다.

"이런 분위기 속에서 2시간을 졸지 않고 버틴다는 것은 무리다."

야호!
병장 박동근 홀링스워스 군단장 덕분에 다시 Slide 조종을 맡아서 한많은 군대생활을 HONORABLE로 마감하다!!!

박동근
작전처

원조(元祖) '빠던'의 아픈 기억

박 경 신

프로야구 시합에서 홈런을 친 타자가 공이 힘차게 날아가는 것을 바라보고는 방망이를 던지는 것을 본다. 넘치는 기쁨을 주체할 수 없어 나름대로 세러머니를 하는 것인데, 이것을 '빠던'이라고 한다. '빳다를 던진다.'라는 뜻이다.

한국의 프로야구 강타자들은 이 세러머니를 더러 하지만 미국의 메이저리그 선수들은 홈런을 쳐도 이런 '빠던'의 세러머니를 하지 않았다고 한다. 그런데 근래에는 한국 선수들을 본따 이 세러머니를 하는 선수들이 메어저리그에서도 생겨나고 있다고 하니 '빠던'의 원조는 한국 프로야구 선수들이라고 보는 것이 옳겠다.

한국 프로야구가 발족한 것은 1982년이었다. 그런데 내가 '빠던'을 한 것은 1974년 정도였으니까 내가 한국프로야구 출범 훨씬 전에 '빠던'을 한 셈이고, 따라서 나는 '원조(元祖) 빠던'이라고 해도 억측이 아닐 듯하다.

이제 50년도 훨씬 더 지난 일이니 웃으면서 이야기할 수 있지만 군대생활 할 때에 '빠던' 때문에 겪었던 정말 아찔했던 기억이 있다.

소프트볼 경기를 하다가 내가 던진 야구방망이에 맞아서 안상수의 이마가 찢어진 일이다. 그때 일을 생각하면 지금도 미안하고, 민망하고, 가슴이 아프다.

봄이 되면 미군들은 소프트볼시합에 열을 올렸다. 정확히 기억나지는 않지만, 그렇게 작은 단위부대에서부터 예선을 거쳐 올라가면 가을에 하와이에서인지 어디서인지 전세계 미군부대끼리의 소프트볼 결승이 있다고 했던 것 같다. 지나다니다 보면 그들의 소프트볼 시합은 우리의 상상을 뛰어넘는 것이었다. 투수의 투구속도부터가 엄청났던 것으로 기억한다.

그러다 보니 우리도 자연 휴일이면 중대 연병장에서 소프트볼 시합을 하고는 했다. 주로 내무반별로 팀을 짜서 하는 방식이었다.

어느 휴일에 우리 내무반이 소프트볼 시합을 하게 되었다. 경기는 막상막하였다. 내가 타석에 들어갔다. 그리고는 힘껏 방망이를 휘둘렀다. 공이 배트 중심에 정확하게 맞았다는 것이 직감적으로 느껴졌다. 순간적이었지만 묵직한 느낌이 손으로 전해졌다. 나는 퍼스트를 향해서 내달렸다. 그러나 그 순간 악! 하는 비명소리를 들었다. 흠칫해서 멈추어 돌아다보니 몇 미터 떨어져 있던 안상수가 손으로 이마를 감싸고 주저앉아 있었고 그의 이마에서 피가 흐르고 있었다. 그 순간 나는 내가 공을 치고는 엉겁결에 배트를 놓쳤고 그 배트가 안상수의 이마에 날아가 맞았다는 것을 알았다. 순식간에 일어난 일이었고 갑자기 정신이 아득해졌다. 달려가 보니 그의 이마는 피투성이였다. 급히 수송부에서 찦차가 오고 안상수는 동료 몇 사람과 함께 인근에 있는 107통신대대로 갔다. 우리 부대는 독립중대라 의무실이 따로 없었기 때문이었다. 선배들이 동행하지 못하게 해서 나는 의무실로 같이 가지도 못했다. 그리고 나는 초조한 마음으로 그를 기다렸다. 제발 큰 상처가 아니기를 간절히 빌었다.

두어 시간이나 지났을까? 그는 머리에다 압박붕대를 칭칭 동여매고 귀대했다. 그 사이에 얼굴도 좀 부은 듯했다. 동행했던 동료들의 이야기를 들으니 몇 바늘을 꿰맸다고 했다. 나는 너무도 놀라고 또 너무너무 미안했다. 쥐구멍에라도 기어들어가고 싶었다. 안절부절 못하는 내가 측은했던지 그는 경기를 하다보면 그런 일도 있을 수 있지 않느냐고, 실밥만 뽑고 나면 곧 말짱해질 거라고 오히려 나를 위로했다. 그의 위로에 내 마음은 더 무거워만 갔다. 그리고 그의 그 여유와 느긋함이 부러웠다. 그로부터 그는 실밥을 뽑고 상처 부위가 안정될 때까지 족히 열흘 이상을 머리에다 붕대를 동여맨 채로 근무했던 듯하다.

안상수와 나는 군대에서 만난 사이였지만, 부대에서 제일 가까운 친구였다. 내가 3주일 정도 입대가 빨랐지만 동기나 다를 것이 없었다. 아마도 그는 내 다음으로 우리 부대에 전입해 왔고, 부관부에서 같이 근무했고, 내무반도 같은 내무반을 썼다. 여러 모로 공통점이 많아 이야기도 잘 통했다. 일과 시간 중에는 그는 우리 사무실에서 50미터 정도 떨어진 미군 부관부 발간실에 가서 근무했으니까, 그 시간에는 떨어져 있었지만 다른 시간에는 언제나 붙어 다니다시피 했다. 내무반 청소도 같이 하고 식당사역을 비롯한 여러 사역도 언제나 같이 다녔다. 그런 그가 내가 놓친 야구배트에 맞아 이마가 찢어졌으니 얼마나 황당한 일인가?

제대 후에도 우리는 기회가 있을 때마다 만났다. 내가 지방으로 옮겨가는 바람에 만날 기회가 대폭 줄어들기는 했지만 그래도 서로를 잊지 않았다.

언제부터인가 나는 안상수를 만날 때마다 그의 이마를 먼저 보는 버릇이 생겼다. 그리고 그때마다 참으로 미안했다. 그런 나의 미안함을 알고 있었기 때문인지 그는 더 이상 그 일에 대해서는 이야기를 하지 않았다. 내가 새삼스럽게 그 이야기를 꺼낼 처지는 더더구나 아니었다. 그래서 우리는 몇 십년간 그 이야기를 좀체 입에 올리지 않고 지내왔다.

시간이 오래 되어 흉터가 자연히 없어진 것인지 아니면 그가 따로 성형수술을 했는지는 모르겠지만 이제는 그의 이마에 흉터가 없는 것 같다. 작년 연말에 부산 해운대에서 만나 우연히 무슨 이야기 끝에 그때 이야기가 화제에 올랐다. 그는 그때 참 네가 던진 방망이였지 하고는 껄껄 웃는 것이었다. 나도 따라서 크게 웃었다. 마음의 응어리가 좀 풀리는 듯했다. 그리고 50년의 세월이 참 긴 시간이었다는 것을 다시금 실감했다.

몇 달 있으면 다시 프로야구 시즌이 시작될 것이고 금년에도 홈런타자들은 여전히 '빠던'을 하지 않을까 한다. 걱정스럽고 염려스럽다. 그렇다고 홈런을 치지 말라고 할 수는 없는 일이고. 그래서 원조 '빠던'으로서 한 마디 한다.

'빠던' 조심해라.
잘못하면 평생 동안 후회한다.

박경신
부관부

제4부　인연의 끈

인연의 끈

    한 송이의 국화꽃을 피우기 위해
    봄부터 소쩍새는
    그렇게 울었나 보다

    한 송이의 국화꽃을 피우기 위해
    천둥은 먹구름 속에서
    또 그렇게 울었나 보다

    ……〈중략〉……

    노오란 네 꽃잎이 피려고
    간밤에 무서리가 저리 내리고
    내게는 잠도 오지 않았나보다

  서정주(1915-2000) 시인의 대표작 가운데 하나인 '국화 옆에서'이다. 소쩍새가 운 것도, 천둥이 친 것도, 무서리가 내린 것도 국화꽃이 핀 것과 관련이 있을까? 있다고 하는 사람도 있고 없다고 하는 사람도 있을 것이다.
  어떤 이들은 인연이라고 하고, 어떤 이들은 절대자의 섭리라고 한다. 또 어떤 이들은 자연이라고도 하고, 또 어떤 이들은 하늘이라고도 한다.
  만나고 헤어지고, 그리고 또 만나고 헤어지고……
  그 불가사의 한 삶의 과정에서 부딪친 작은 편린들을 여기에 모아본다.

한·미1군단 본부중대장 경험이 이끈 국방과 교육 혁신

예비역 육군 준장
권 문 택

필자는 직업군인을 양성하는 육군사관학교를 졸업한 후, 투철한 군인정신을 가진 장교로 임관했다. 필자의 꿈은 중대장, 대대장, 연대장 등 주요 전투부대를 지휘하며 국방에 헌신하고, 야전 군인으로서 성공하는 것이었다. 그러나 필자의 인생은 1976년 1월 6일 한·미제1군단 본부중대장으로 발령을 받으며 전혀 예상치 못한 방향으로 흘러가기 시작했다. 군인이면서도 전투부대 지휘관으로서의 전형적 역할에서 벗어나게 되었고, 전역 후에는 학자이면서도 실무 경영의 경계를 넘나드는 새로운 길을 걷게 되었다. 다음은 필자가 한·미제1군단 본부중대장 직을 수행하면서 시작된 특이한 인생 여정에 관한 이야기이다.

필자는 1970년 3월 육사 26기로 임관했다. 임관을 6개월 남겨두고 병과 선택의 기회가 주어졌는데, 당시 선택할 수 있는 병과는 전투병과인 보병, 포병, 기갑과 전투지원병과인 공병, 통신 등 5대 병과 중에서만 가능했다. 필자는 전투병과의 꽃이라 불리며, 군인 중의 군인이라 칭해지는 보병을 택했다. 보병은 육체적으로 가장 고된 병과로, 주로 땅을 밟고 지상에서 작전을 수행하기에 우스갯소리로 '땅개'라는 별명으로 불리기도 했다. 그럼에도 불구하고 군인으로서 성공하고자 하는 대부분의 육사 출신 장교들은 전투병과의 핵심인 보병을 선호했다.

보병장교로 임관한 대부분의 동기생들은 일단 최전방 부대로 배치되어 북한과 마주 보는 철책선 근무 등 힘한 지역의 소대장 임무를 수행했다. 필자도 강원도 양구 지역에 주둔한 보병제2사단에 배치되어 소대장과 대대작전장교로 근무하다가, 당시 베트남에 주둔하고 있던 보병제9사단(백마부대)에 파병되었다. 당시 베트남 전황은 종전 협상이 거의 마무리되는 상황이어서 큰 전투 없이 소강 상태를 유지하고 있었다. 당시 상황은 미 국무장관 헨리 키신저(Henry Kissinger)와 북베트남 외무장관 레 둑 토(Le Duc Tho) 간의 종전협정이 프랑스 파리에서 진행 중이었으며, 8년간의 기나 긴 전쟁을 끝내기로 원칙적인 합의는 이루어진 상태였다. 다만 세부적인 종전 조건만 협상하고 있던 상황이었다. 따라서 필자가 베트남에 도착했던 시기는 쌍방간에 굳이 인명 살상이 따르는 전투를 벌일 이유가 없었기 때문에 서로 정찰과 경계만 하며 1년여의 시간을 보냈다. 드디어 1973년 1월 27일 최종 종전협정이 타결되면서 필자는 1973년 3월에 귀국했다.

귀국 후 필자는 즉시 대위로 진급했고, 보병 제9사단 30연대 3대대에서 8중대장에 보직되어 지금의 자유로상의 통일전망대 지역을 담당하는 중대장 직을 마치고, 한·미제1군단 본부중대장으로 발령을 받았다. 당시 육군 인사규정에 따르면 대위급 보병장교가 야전 지휘관으로서 경력을 쌓고 승진하기 위해서는 필수 코스로 중대장을 두 번 수행해야 했다. 첫 번째는 전투부대 중대장, 두 번째는 행정부대 중대장 직을 수행해야 차후 소령으로 진급하면서 육군대학을 수료하고

당시 중대 인사계 김흥섭 상사와 주임원사 등 간부 사진

중령을 달아 대대장을 할 수 있었다. 필자의 동기생들 대부분이 이 규정대로 경력 관리를 하고 있었다.

필자가 한·미제1군단 본부중대장으로 발령받은 날은 1976년 1월 6일이었다. 그날은 겉으로는 특별할 것 없는 겨울날이었지만, 실상은 필자의 인생에서 새로운 장이 시작되는 날이었다. 한·미제1군단은 한국군과 미군이 함께 운영하는 독특한 군단이었고, 그곳에서의 중대장 경험은 이 후에 필자의 인생을 송두리째 바꿔놓은 전환점이 되었다. 중대장의 자리에서 느꼈던 책임감은 이루 말할 수 없었지만, 이 직을 수행하면서 체험한 특별한 경험이 필자의 인생에 얼마나 큰 변화를 가져왔는지 당시엔 미처 예상하지 못했다.

필자가 발령받은 본부중대는 대한민국 최고 엘리트 병사들로 구성된 부대였다. 중대원들은 신병 훈련을 마친 후 부대 배치 전에 반드시 영어 시험을 통과해야만 했다. 이는 중대원들이 미군과 함께 근무하며 전방 전장관리 업무를 수행해야 했기 때문에 영어 구사력이 필수적으로 요구되었기 때문이다. 중대원들은 군단의 제 기능부서인

중대장 집무실에서

비서, 인사, 정보, 작전, 군수, 포병, 공병, 민사, 부관 등 다양한 부서와 중대본부에 배치되어 미군과 협력하며 전장관리 업무를 수행하였다. 중대원들은 합동으로 근무하는 미군 병사들보다 뛰어난 임무 수행 능력을 보여주었으며, 이로 인해 한·미 양국 장교들로부터 매우 높은 평가를 받았다. 당시 중대원들의 헌신과 뛰어난 업무 처리능력은 한국군의 자랑이었으며, 필자 또한 이들과 함께 일하는 것에 대해 엄청난 자부심을 느끼고 있었다.

중대장으로 근무하던 중, 필자는 팀 스피릿(Team Spirit) 훈련을 참관할 기회를 얻었다. 팀 스피릿(Team Spirit) 훈련은 한·미연합 군사훈련 중 하나로, 대한민국과 미국 간의 군사적 협력과 연합방위 태세를 강화하기 위한 훈련이다. 격년제로 실시되는 팀 스피릿(Team Spirit) 훈련 지원을 위해 군단 연병장에 임시로 가설한 통제 센터에 컴퓨터 시스템이 설치되어 운영되고 있었다. 그곳에서 필자는 미군이 컴퓨터 시뮬레이션 장비를 사용해 실시간으로 정보를 분석하고, 작전계획을 시뮬레이션하여 그 결과물을 바탕으로 부대 재배치, 병

군단장 쿠시만 장군과 함께

력 지원 및 군수지원 계획을 세우는 과정을 처음 목격하게 되었다. 당시 한국군은 경험과 직관으로 이러한 작업을 수행하고 있었으니 얼마나 후진적이었나? 이러한 장면을 목도한 필자의 머릿속을 스친 생각은 단 하나였다. "미래의 전쟁은 더 이상 재래식 무기와 전술에 의존하지 않고, 컴퓨터 기술에 의해 결정될 것이다." 이 깨달음은 필자에게 커다란 충격이었고, 그 이후 기회가 온다면 컴퓨터를 깊이 연구하겠다는 생각을 굳히게 되었다.

소령으로 진급한 후 필자는 작전처 작전장교로 보직을 옮긴 후 동료 미군들과 함께 컴퓨터 시뮬레이션을 직접 활용한 훈련과 작전을 수행할 기회를 갖게 되었다. 이 경험은 컴퓨터 기술이 군사 작전에서 얼마나 중요한 역할을 할 수 있는지에 대한 확신을 주었다. 이 시기에 박정희 대통령이 미국을 순방하며 컴퓨터 전장관리시스템을 직접 보고 귀국한 후, 한국군도 컴퓨터를 활용해 과학화된 군대로 전환해야 한다며 이를 위한 인재 양성의 중요성을 강조하면서 즉각적인 시행을 지시했다.

77년 10월 1일 소령 진급으로 후임 김기효 대위에게 중대장직을 인계하고 떠나는 이임식

　어느 날, 당시 대령이었던 작전참모 윤덕규 장군이 필자를 불러 육군본부에서 받은 긴급 전통문을 보여주며, 미국에 가서 컴퓨터를 배우고 오라는 내용이 포함되어 있다고 설명했다. 미국 유학을 가게 되면 장기간의 현업 공백이 생겨 승진에는 불이익이 올 수도 있다면서 "잘 생각해 보고 선택은 자네가 해, 싫으면 안 가도 돼. 안 간다면 내가 육본에 전화 해 줄께"라고 덧붙였지만, 필자는 이미 컴퓨터를 배우겠다는 결심을 하고 있었기에 즉시 용산에 있는 육군본부 인사과에 출두하였다. 육본 인사과에 도착해보니 전통문을 받은 장교가 나만 있었던 것은 아니었다. 여러 명의 후보자가 도착했는데 당시 담당자는 "대통령 지시사항"이라 급하게 일을 처리해야 하기 때문에 일단 육사에 가서 학적부를 보고 대위와 소령 1호봉급 중에서 여러 명 추려 왔다고 하면서 컴퓨터 분야는 1명만 보내야 하기 때문에 선발 시험을 치러야 한다고 하였다. 시험은 영어시험만 보았다. 타임(Time)지를 내놓고 번역하게 하고, 미군장교가 들어와 한사람씩 인터뷰를 하였는데 다행히 필자가 선발되어 컴퓨터 분야 학업을 이수하겠다는 서

약서를 제출했다. 아마도 영어 인터뷰에서 한·미제1군단에서 미군들과 함께 근무한 경험이 유리하게 작용했을 것이다. 이후 토플과 GRE 등 미국 대학원 유학 준비에 필요한 시험과 수속을 밟기 시작했다.

그리하여 1979년, 필자는 현직 업무를 휴직하고 미국 아이오와 공대(University of Iowa/Iowa city)로 유학을 떠나 석사 과정을 밟기 시작했다. 석사 학위를 취득한 후에는 위스콘신대학(University of Wisconsin/Madison)으로 옮겨, 컴퓨터 기술과 경영이론을 결합한 경영정보학을 전공해 컴퓨터 기술을 통한 조직경영혁신 학문을 깊이 연구했으며, 1987년에 박사 학위를 취득했다. 이 기간 동안 필자는 군인 신분을 유지하며, 장차 국방 혁신을 염두에 두고 컴퓨터 시스템을 활용한 군사혁신 및 행정 운영 방식을 깊이 있게 연구할 수 있었다.

박사 학위를 취득하고 귀국하니 8년간의 공백 기간 동안 동기들은 이미 육군대학을 졸업하고 대대장을 거쳐 대령으로 진급해 있었다.

경영정보학 박사학위 취득

필자는 육군대학도 나오지 않았고, 대대장 직책도 맡아보지 못했기에 군 생활의 앞날이 매우 어두워 보였다. 계급은 뒤늦게 중령으로 진급했으나, 동기인 대령에게 경례를 해야 하는 처지가 되었고, 유학을 떠날 때 군의 과학화를 야심차게 추진했던 박정희 대통령도 이미 서거한 상태였다. 또한 컴퓨터 체계에 의한 조직경영혁신에 대한 인식이 부족한 상관들과의 업무상 갈등속에서 늘 고립감을 느끼며, 전역을 심각하게 생각하기도 했다. 그러나 필자의 경우 이미 수년간 국가 예산으로 학비 장학금과 생활비를 지원받았기 때문에 의무 복무 기간 옵션에 묶여 전역도 불가능했다. 진급은 동기보다 한참 늦고 전역도 안되는 이러지도 저러지도 못하는 상황에 처한 필자는 한동안 실의에 빠져 있기도 했다. 그러나 결국 마음을 고쳐먹고 이왕 이렇게 된 거 국방 업무를 컴퓨터 기술로 혁신하기로 결심하고 이후 국방정보체계 분야에서만 복무하면서 군의 정보화 시스템 구축에 매진하기 시작했다.

1980년대 후반, 한국군의 정보 전달 체계는 유선과 복잡한 무선 체계로 이루어져 있었고, 행정 업무는 대면 보고와 타이핑을 통해 수작업으로 처리되고 있었다. 육군본부에서 연대급 부대로 하달되는 공문은 결재 후 전달까지 1주일 이상 걸리는 일이 다반사였고, 처리된 서류는 수작업으로 화일철에 보관하고 있었다. 따라서 필요한 과거 자료를 찾기 위해 하루 종일 시간을 보내는 일도 흔했다. 병사나 장교의 복무 기록은 육군 군적부 관리소 창고에 서류철로 보관되어 있었으며, 군적부를 조회하려면 최소 2~3일이나 걸렸다. 6·25 참전 용사가 보훈부에 참전 수당을 신청하려면 군적자료를 제출해야 되는데 이것을 확인하는 데 며칠씩 걸려 시골에서 올라온 참전용사 어르신들이 육군본부 군적관리소 부근 숙소에서 며칠씩 숙박하기도 하는 웃지 못할 일도 일어나곤 했다. 작전지도도 종이지도를 사용했는데, 비라도 오면 지도가 훼손될 위험이 있었다.

사령부 급 이상의 부대 상황실에는 항상 대형 종이지도가 벽면에 설치되어 있는데, 훈련이 시작되면 상황병이 사다리를 타고 오르내리며 보고된 상황을 하나하나 그리스펜으로 표기하여야 했다. 이 때문에 훈련이 시작되면 많은 병사들이 밤을 새워 상황을 표식하는 일이 반복되었다. 그리고 무엇보다 관련부대가 상황을 공유하지 못해 작전이 지연되거나 보급 등이 적시에 이루어지지 않았다. 결재와 협조문서 행정도 수작업으로 이루어지고 있어서 대면으로 결재 및 협조가 진행되다보니 시간이 지연되고 불필요한 회의가 수시로 소집되곤 하였다.

이러한 비효율적인 국방 행정 체계를 인터넷과 컴퓨터 기술을 바탕으로 혁신하기로 결심한 필자는 마스터 플랜을 작성해 당시 참모총장 김진영 대장에게 보고했다. 예산과 인력이 많이 필요한 사업이었다. 김진영 대장은 이를 흔쾌히 승인하고 필요한 인력과 예산을 전폭적으로 지원해 주었다. 운도 따랐다. 미국에서 배운 인터넷 이론이 한국군의 실무에 적용될 만큼 발전해 있어서 필자의 시스템 개발 마스터 플랜을 구현하는 데 큰 어려움이 없었다. 개발 인력은 특별히 승인을 받아 논산 훈련소에 입영 훈련중인 병사중에서 전산학과를 졸업한 병사들을 선발하고 부족한 인력은 전.후방 부대에서 전산을 전공한 병사들을 차출하여 160명 이상을 개발부대인 육군전산소로 배치시켰다. 디지털 지도 제작은 육군지도창의 원본 지도와 국립지리원에서 대여한 자료를 바탕으로 진행되었고, 이미지를 디지털로 변환하는 소프트웨어는 당시 최신 제품을 미국에서 구매해 작업을 시작했다. 군적부 디지털화 작업은 창군 이래 군 복무자 약 1,400만 명의 종이로 된 기록을 이관받아 하나하나 스캔한 후 군번과 이름으로 인덱스를 붙여 저장하는 방식으로 진행하였다. 이 작업은 업무 자체는 단순 작업이나 워낙 방대한 량이 대상이라 별도의 전담 병사들이 맡아 8년이 걸려 1998년이 되서야 완성되었다.

이러한 과정을 거쳐 1992년 말, 세계 최초로 다음과 같은 두 개의

한국군이 독자개발한 전자지도

시스템이 완성되었다.

육군종합정보시스템과 디지털 전장지도시스템

육군 종합정보시스템은 모병, 배치, 군적 관리, 명령 전파 및 보고, 정보 조회, 증명 발급, 장교 진급 및 인사, 군수 현황 파악 등 군 전반의 행정 업무를 실시간으로 처리할 수 있는 혁신적인 시스템이다. 기안문 결재나 협조문 처리도 전자적으로 실시하여 업무가 신속하면서도 동시에 이루어지기 시작했다. 또한 디지털 전장 지도시스템은 전후방에서 보고되는 모든 위치 정보와 현황정보를 디지털 지도에 실시간으로 디스플레이하여 전장의 상황을 즉각적으로 파악할 수 있게 되었으며 관련부대 누구나 장소와 시간, 거리에 관계없이 상황을 공유할 수 있게 되었다.

시스템 개발이 완료되어 시험 운용중인 상태에서 1993년 4월 어느날, 필자는 김영삼 대통령에게 이 두 시스템을 직접 보고할 기회를 갖게 되었다. 1993년 3월 27일 취임한 김영삼 대통령은 국방부를 초도 방문하여 업무 보고를 받을 예정이었고, 국방부에서는 이 혁신적인 시스템을 국방현황보고를 마친 후 별도 시간을 내어 시연 발표하

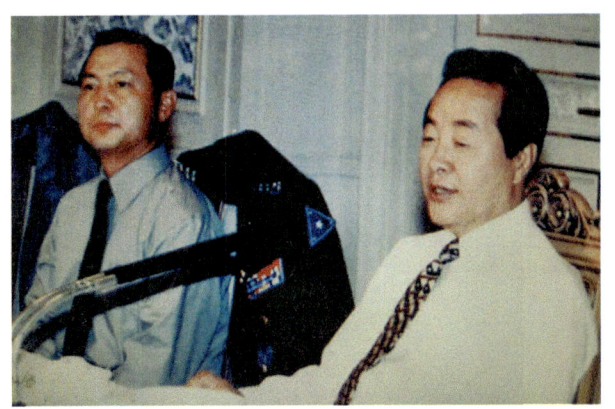
전자정부 추진 전략회의를 주관하는 모습

기로 결정했다.

　이러한 결정은 국방부 입장에서는 통상적인 일반 현황보고보다는 신임 대통령에게 국방부가 혁신적으로 일을 잘 하고 있다는 것을 보여주려는 의도도 있었다. 당연히 필자가 개발 책임자로서 직접 보고 및 발표를 맡았다. 보고 자리에는 대통령과 대통령 비서실장 박관용, 총무처장관 등 정부 각료들이 모두 참석했다. 당시 총무처장관은 시스템 시연을 본 후 이 시스템들을 군에서만 사용하기엔 너무 아깝다면서, 국방부에서 총무처로 이관해 주면 정부 행정 업무에도 활용하여 국가행정업무에 큰 기여가 될 것이라고 대통령께 건의했다. 그러면서 이 시스템들을 경제적 가치로 평가하면 몇조 원의 파급효과가 있을 것이라고 극찬을 하기도 했다. 즉석에서 보안에 문제가 있는 것만 빼고 전부 총무처로 이관이 결정되고 대통령도 흡족한 마음으로 "군에서 대단한 일을 하였다"라고 하면서 고생했다고 금일봉을 주면서 격려하고 돌아갔다.

　이후 김영삼 정부 총무처(지금의 행정안전부)는 이 시스템들을 이관 받아 정부 슬로건을 "전자정부"로 설정하고 이를 정착시키는 노력

이영덕 국무총리로부터 김영삼 대통령 수여 정보문화대상 수상

을 꾸준히 했다. 오늘날 우리가 사용하는 전자 결재, 주민등록증, 등기부등본 발급 등 각종 행정 서류 발급 및 조회 시스템은 바로 이 육군종합정보시스템을 기반으로 발전한 것이다. 또한 자동차 내비게이션 시스템 역시 육군의 디지털 전장 관리시스템을 민수용으로 발전시킨 결과물이다.

이러한 공로로 필자는 보병장교로서는 필수적으로 거쳐야 하는 육군대학, 대대장, 연대장 같은 주요 보직에 대한 경력 없이 김영삼 정부에서 "정보문화대상"과 함께 장군으로 진급하는 영광을 누리게 되었다. 이는 필자에게 있어 영예스러운 일이었으며, 한·미제1군단에서의 특별한 경험이 필자의 경력과 삶에 얼마나 깊은 영향을 미쳤는지 다시금 되새기게 된다.

1999년, 육군 준장으로 전역한 후, 필자는 군에서의 경험과 기술을 바탕으로 세계 최초의 "원격교육시스템"을 개발하는 아이디어를 구상하고 이를 구현하는 시스템개발 마스터플랜을 작성해 교육부에 건의한 바 있다. 당시 우리나라에 20대 후반부터 60대까지 가정 형편 등 여러가지 사유로 대학 교육을 받지 못한 국민이 1,500여만 명 정

경희사이버대학을 설립, 초대학장으로 취임

도로 추산되었고, 이들 중에서 기회와 여건이 되면 학업을 계속하고 싶은 의지를 가진 인원이 대략 300만명 정도로 추정되고 있었는데, 이들에게 시간과 장소에 구애받지 않고 학업을 계속할 수 있는 사이버대학을 통해 저렴한 학비로 배움의 기회를 터 주자는 것이었다.

당시 이들이 대학교육을 받으려면 우선 수능시험이라는 장벽이 있고 설령 수능시험을 본다 하더라도 고가의 학비와 시간, 교육장소라는 장벽이 있어서 사실상 학업을 계속한다는 것은 불가능한 실정이었다. 이들에게 수능시험을 거치지 않고 인터넷 강의를 통해 원하는 시간과 장소, 그리고 저렴한 학비로 학업을 계속할 기회를 제공하자는 것이 기본 취지였다.

교육부 고등교육국장과 차관 등을 만나 아이디어를 설명하고 설득을 하니 모두 흔쾌히 동의하고 호응하였다. 이후 교육부는 필자와 협조하여 인터넷 강의만으로 4년제 대학교육이 가능하고 학사학위를 수여할 수 있도록 고등교육법을 개정 발의하였으며, 이 법안은 2000년 가을 정기 국회에서 무난히 통과된 바 있다. 필자는 이 법을 바탕으로 경희대 재단에 사이버대학시스템 개발을 제안하고 재단이 이 제안을 받아 교육부 인가를 받고 2001년에 세계 최초로 4년제 경희사이버대학이 출범하게 되었다.

필자는 초대 학장으로 취임하여 대학을 경영하면서 "한국원격대학협회"를 창립하여 이 신교육패러다임을 전파하는데 많은 노력을 한 결과 현재는 한양사이버대학교, 고려사이버대학교, 서울디지털 대학교 등 21개의 사이버대학이 설립되고 성공리에 운영 중이다. 사이버 대학은 나이, 시간, 장소에 구애받지 않고 언제 어디서나 학업을 이어갈 수 있는 신개념 교육시스템으로서 현재는 전 세계적으로 교육 패러다임의 변화를 주도하고 있다. 그리고 무엇보다 정규 대학에 비해 최소 1/3정도의 저렴한 학비 부담이 큰 이점이 되고 있다.

한편, 필자는 경희대학교 교수로 재직 시 국방부 자문위원으로 활동한 바 있다. 이때 바뀌는 장관들에게 미래 전쟁의 패러다임의 한 축은 곧 사이버전으로 변화할 것임을 꾸준히 강조하면서 국방부 직할 산하에 "사이버사령부"를 신설하고, 사이버전 인재 양성을 위한 "사이버국방학과"를 국내 대학에 계약학과로 신설하자고 건의했다. 사이버전 작전실시는 "사이버사령부"에서 전담하고, 사이버전 전사 확보는 "사이버국방학과" 학생들에게 국방부에서 전액 장학금과 용돈을 지원하여 양성하고, 졸업과 동시에 소위로 임관시켜 5년간 의무 복무하게 하자는 안이었다. 말하자면 "사이버사관학교"인 셈이다.

몇몇 장관은 이 제안의 필요성은 인정했으나 실천하는 데 주저했다. 그러나 다행히 김관진 장군이 국방부 장관으로 부임하면서 이 안이 채택되어, "사이버사령부"가 신설되고 고려대학교에 계약학과로 "사이버국방학과"가 개설되었다. 필자는 사이버 인재 양성을 위해 즉시 경희대에서 고려대학교 교수로 자리를 옮겨 5년간 이 학생들을 지도한 바 있다. 국방부에서 장교 임용 및 장학금 등 여러가지 혜택을 제공하니 전국의 수능 상위 0.3% 이내의 영재들이 대거 지원했고, 이들은 졸업 후 현재 사이버사령부나 국방과학연구소에서 연구원으로 근무하며 성공적으로 활동하고 있다.

고려대 사이버국방학과가 개설된 후 4년이 지나 첫 졸업생들이 소위로 임관했고, 임관된 장교들은 국방과학연구소에 신설된 "사이버전센터" 연구원으로 전원 배치되어 실전을 연구하고 있다. 배치된 영재들을 관리하고 사이버전 연구를 위해 필자도 그곳의 책임연구관리관으로 이직해 제자들과 함께 사이버전 마스터플랜을 작성한 바 있다. 그동안 북한이 사이버전에서 세계적인 수준을 자랑하고 있었지만, 이제 한국도 이에 뒤지지 않는 실력을 갖춘 셈이다. 실력을 점검하기 위해 매년 열리는 세계 해킹 대회에 참가해 우승, 준우승 등 세계적으로 그 실력을 인정받고 있으며, 이들을 필두로 대한민국의 사이버 국방은 날로 강화되고 있다. 필자는 이제 나이가 들어 현직에서 퇴직했지만, 사이버전을 수행할 수 있는 영재들을 양성한 것에 큰 보람을 느끼고 있다.

이 모든 경험과 성과는 필자가 한·미제1군단 본부중대장으로 근무하게 되어 인연을 맺게 되면서 얻은 깨달음과 배움에서 시작되었다. 그 곳에서의 경험은 필자에게 인생의 방향성을 제시한 중요한 출발점이었다. 필자에게 있어 인생의 가장 큰 보람은 한·미제1군단에서 뛰어난 중대원들과 함께 일하면서 그 기간 중에 특별히 경험한 컴퓨터와의 만남을 통해 인생의 전환점을 맞이한 것이며, 그 시절의 추억은 항상 크나큰 자부심과 소중한 기억으로 남아 있다.

첨부기사 1. 정보문화대상 수상 기사(1994년 6월 11일, 전자신문)
        2. 한국원격교육협회 회장 인터뷰 기사(2002년 1월 9일, 경향신문)

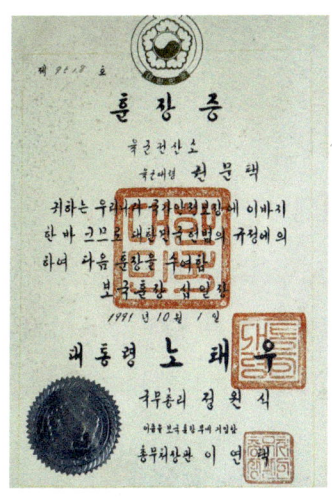

국방에 기여한 공로로
보국훈장

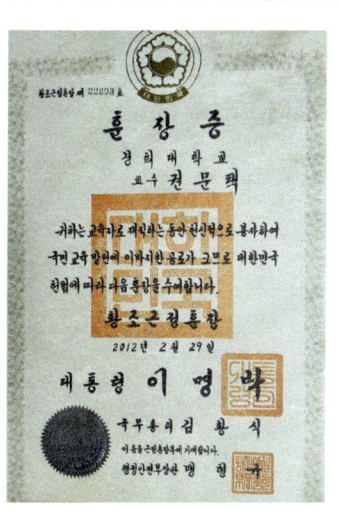

교육혁신에 기여한 공로로
황조근정훈장

권문택 장군님

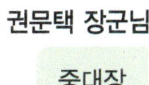

중대장

만남의 인연 한·미1군단

이 상 원

　우리는 지금 증강현실(AR, Augmented Reality), 가상현실(VR, Virtual Reality)이 현실세계와 상호작용하는 제4차 산업혁명의 시대에 살고 있다. 사물인터넷(IoT, Internet of Things), 3D 프린팅(3Dimension Printing, 3차원 인쇄), 나노(Nano) 기술 등 정보 통신 기술의 발전이 나날이 우리의 삶에 큰 변화를 불러오고 있고, 특히 인공지능(AI, Artificial Intelligence)은 모든 분야에서 우리 삶에 엄청난 지각변동을 일으키고 있다.

　그러나 이런 세상에서도 다른 한편에서는 다양한 많은 사람들이 산티아고 순례길, 명상수련회, 템플 스테이(Temple Stay) 등을 찾는다. 이들의 이런 행동은 인생이란 삶이 무엇인지를 찾아가는 여정이기 때문일 것이다. 그것은 인간의 궁극적인 질문 '나는 누구인가? 왜 이곳에 태어났고 어디를 향해 가고 있는가? 탄생과 죽음은 왜 있는가?'에 대한 해답은 정보통신이나 인공지능의 발달로는 해결할 수 없는 영역에 속해 있다는 것을 보여주는 것이기도 하다. 그런 측면에서 인연과 윤회 그리고 깨달음에 관하여 살펴보는 것은 결코 진부하거나 무의미한 일이 아닐 것이다.

　인도 문명에서는, 중생은 무지(無智)와 삿된 욕망이 업(業, Karma,

삶에서 행한 모든 행위의 축적된 결과)을 일으켜 고통의 윤회에 빠지니 무지의 어둠을 거두는 지혜와 자아를 깨달아 궁극에 해탈에 이르는 생을 목표로 하여야 한다는 것이 있다. 그러면서 거기서는 인생을 다음과 같이 4단계로 구분하였다.

1. 학습(學習)기: 25세까지. 교육과 학습에 집중, 지식과 기술을 배우는 시기.
2. 가주(家住)기: 25세에서 50세까지. 결혼하고, 생업과 사회적 활동을 하는 시기.
3. 임서(林棲)기: 50세에서 70~75세까지. 은퇴 후 세속적인 삶을 벗어나 자연 속에서 명상과 수행을 하는 시기.
4. 유행(遊行)기: 임서기 이후의 시기로 세속을 유랑(流浪)하며 영적 해탈을 추구하는 시기.

이렇게 보면 나는 지금 임서기 끝자락이나 유행기 초입에 있다고 볼 수 있다. 따라서 지금 나는 학습기, 가주기, 임서기의 지나온 삶을 돌아보고, 앞으로 다가올 인생의 황혼기가 베푸는 황혼의 자유를 어떤 마음으로 맞이할 것인가에 대해 성찰할 필요가 있다고 본다.

〈학습기〉

영문도 모르고 대학 영문과에 입학하여 영문(英文)을 잘 모르고 졸업한 후 입영통지서를 받고 논산훈련소로 갔다. 그랬더니 '고도 근시 시력, 현역 입영 불가, 귀향'이라고 판정하는 것이었다. 그래서 집으로 돌아가는 열차에서 이제는 보충역으로 되겠거니 했는데, 1년 후에 영문도 모르게 다시 입영통지서를 받고 같은 훈련소로 가니 이번에는 '현역 입영' 판정을 하는 것이었다. 고도 근시가 치유가 되었다는 말인가? 잠시 당황스러웠다.

물정을 모르는 사회 초년생이 훈련을 마치고 한양 천리도 모자라 70리를 더 북쪽으로 올라가서 도착한 보충대에서 영문도 모르게 한·미1군단에 배치받았다. 그리고 내가 탄 군용트럭이 얼마 안 가서 영어로 쓴 부대 문주(門柱)를 통과했다. 그때 나는 '여태까지의 영문 모를 일들의 종착지가 여기인가. 여기가 향후 나의 군생활의 둥지인가.' 하고 만감이 교차하며 설레는 마음으로 한 여름의 쨍쨍한 하늘을 올려다보던 기억이 새롭다. 첫번째 만난 부관참모부 보좌관 이동주 소령님, 본부중대에서 만난 중대장 권문택 대위님과 무표정한 인사계 김흥섭 상사님, 나의 선임이자 대학 한 학번 선배인 양재하 병장님, 그리고 약 30개월의 세월을 함께 했던 다양한 계급의 많은 이들, 아직 건재하신지 정말 궁금하다.

그간 나도 모르게 몸에 밴 이해력, 이해한 것을 간직하는 기억력, 기한 내에 끝내는 집중력, 끝날 때까지 버티는 인내력 덕분인지 군생활을 무탈하게 마치게 되면서 나의 학습기도 끝나게 된다. 입학, 졸업, 입대, 만기전역을 하는 일련의 과정과 군대 생활에서 맺어진 모든 만남은 영문 모를 우연이 아니라 수많은 겁(劫)에 걸쳐 쌓여진 인연의 결과였다고 생각한다.

〈가주기〉

전역하고 잠시 국내은행에 근무하다가 이직하여 미국은행 한국법인에서 본격적인 사회활동을 하게 되었는데, 네 번의 본점 합병으로 인한 한국법인의 합병 끝에 20여년의 세월을 뒤로 하고 은퇴하게 되었다. 일터인 동시에 생활공간이었던 사무실을 떠나는 허전함, 그 자리에 더 이상 갈 수 없고 다른 누군가가 대신 앉아있다는 아쉬움 속의 무력감, 믿었던 한 직원이 제 분수를 모르고 은근히 나의 등을 밀치는 허탈감 등으로 혼란스러웠지만 나의 사회적 활동 또한 그 인연이 다하여서 여기까지임을 깨닫고 가주기를 마감하며 새로운 길을 찾아가기로 다짐하게 된다.

〈임서기〉

은퇴 후 우연한 기회에 대학 동기가 불경 영역(英譯) 업무를 하고 있다면서 나에게 화엄경 일부를 보내왔다. 이 일이 계기가 되어 나는 불경 영역에 도전하게 되었다. 그런데 문제는 내가 불교나 불경에 대해 예비 지식이 전혀 없다는 것이었다. 그래서 불경 영역을 하기 전에 고타마 싯타르타(석가모니) 부처님(이하 '고타마 붓다')은 이 세상에 와서 무엇을 가르치려 하였을까 하는 것부터 살펴보지 않을 수 없었다. 그래서 거기서부터 시작하여 금강경(金剛般若波羅密經), 법화경(妙法蓮華經), 화엄경(大方廣佛華嚴經) 순으로 불경을 찾아 읽게 되었으니 이 또한 특별한 인연이라. 이 경전들을 읽고서, 모든 일이 인연 따라서 일어나며 사라지고, 만사(萬事)가 과거 생에 지었던 업의 결과이며, 우리의 생(生)은 이번 생으로 끝나는 것이 아니고 내가 짓는 업에 따라 내세에 다른 장소에 다른 몸을 받아서 태어남(轉身 受生)이 결정되며, 새로 받는 생을 위하여 이번 생에 끝까지 열심히 선업(善業)을 쌓고, 마음 수양을 하여 궁극에는 생사의 윤회를 벗어나야 한다는 것을 알게 되었고, 그 가르침들 덕분에 삶을 바라보는 관점에 변화가 생겼으니 참 소중한 인연이었다고 생각한다.

다음에서 대부분의 절의 법회에서 독송(讀誦)하는 반야심경(摩訶般若波羅蜜多心經), 법성게(法性偈), 그리고 법성게와 성격이 비슷한 '티벳 사자(死者)의 서(書)'를 중심으로 인연, 윤회, 그리고 깨달음에 대한 가르침이 어떠한지를 살펴보고자 한다.

[인연, 윤회]

인연에 관련한 이야기가 많이 있지만 다음 이야기가 인연에 대해 가장 쉽고 간결하게 설명하였다고 본다.

마승(馬勝) 비구는 녹야원 5비구 중 한 사람으로 석가모니와 같이 출가하여 6년간 고행을 한 것으로 알려져 있다.

지혜제일 사리불(舍利弗)과 신통제일 목건련(目犍蓮, 목련존자)이 부처님의 10대제자가 되기 전에 길을 가다가 마승(馬勝) 비구를 처음 만났을 때의 일이다. 아주 점잖고 품위 있는 스님이 탁발하는 것을 보고 "당신은 무엇을 배우며 당신의 스승은 누굽니까?" 하고 물었다. 마승 비구는 "싯달(고타마 시타르타) 태자가 출가해서 깨달음을 얻었는데 나는 그 분을 스승으로 삼고 배우는 사람입니다. 그 분께서 늘 말씀하시는 단 한 마디는 제법종연생 제법종연멸(諸法從緣生 諸法從緣滅, 모든 법, 변화하는 현상은 인연으로 좇아 생긴다. 모든 법은 인연으로 좇아 멸한다)입니다"라고 대답한다. 사리불과 목건련은 그 말에 감복하여 그 간의 모든 의문이 풀려버렸고, 곧장 부처님을 찾아가 출가하게 되었다.

현재 강백(講伯)으로 유명한 범어사 무비(無比) 스님은 화엄경을 강설하면서 "왜 이리 안 되는가? 푸는 열쇠는 딱 한 가지, 인연의 이치입니다. 그렇게 안 풀리도록 내가 인연을 그렇게 지어 놨으니까 안

풀리는 것 아니냐? 내가 지은 공덕이 내가 닦은 인연이 여기까지인 것을 알면 그만 번뇌가 싹 사라집니다. 그럼 열반입니다."라고 한다.

고타마 붓다는 깨달음을 얻은 후 49년간 설법을 하였는데, 그 깨달음 후 41년 동안에 설법한 600권 분량의 방대한 반야경(般若波羅蜜多經)의 요지를 260자로 간추린 것이 유명한 『반야심경』이다. 이 경의 핵심은 연기(緣起)와 공(空)의 이치라고 요약할 수 있다.

그 중에 인연에 관련한 부분을 보자. 서두에 '조견오온개공 도일체고액(照見五蘊皆空 度一切苦厄)' '색즉시공 공즉시색 수상행식 역부여시(色卽是空 空卽是色, 受想行識 亦復如是)'라는 구절이 나오는데, 5온(몸과 마음)이 다 공하다(실체가 없다)라는 것을 비춰보고 깨달아 알게 되면 일체의 고통을 건너간다는 것이다. 색온(몸, 물질, 형상)은 공(空)의 에너지가 인연이 되어 응집된 것이며 인연이 다하면 흩어져 공(空)으로 되며, 촉각의 집합체(수). 감정의 집합체(상). 의지의 집합체(행). 의식의 집합체(식)의 4온(정신작용)도 마찬가지로 인연이 되어 생기고 인연이 다하면 다 흩어져 공(空)이 된다고 부연 설명한다.

법성게는 신라의 의상(義湘) 스님이 중국에 가서 10여년 간 화엄경을 공부하여 터득한 이치를 압축하여 210자의 시로 남긴 것으로, 중국인 스승 지엄(智嚴) 스님이 극찬했다고 전해진다. 이것을 668년에 의상 스님이 글자에 그림을 더하여 일종의 부적 형태로 만들었는데, 다른 이름으로는 화엄일승법계도(華嚴一乘法界圖) 혹은 해인도(海印圖)라고 한다(뒤에 첨부된 '해인도(海印圖)' 참조).

중앙에 법(法)자로 시작하여 선을 따라 구불구불 돌아가서 다시 중앙에 불(佛)자로 끝을 맺는 모양이다. 글자를 가로 세로 어디로 읽어봐도 해석이 되지 않아서, 이해하는 사람도 없이 그것을 마냥 단순

海印圖

한 부적으로 알고 수백년이 흐르다가, 1497년에 조선시대의 가장 뛰어난 천재였던 매월당 김시습 곧 설잠(雪岑) 스님이 그 부적의 비밀을 풀어서 7자 30행으로 된 게송(偈頌)으로 주해(註解)하게 되었다.

법성게(法性偈)는 49재(齋)나 천도재(薦度齋)를 지낼 때 빠지지 않고 암송하는 게송이다. 사자(死者)에게 그것을 들려주는 것은 이 게가 이승뿐만 아니라 저승에 가서도 가장 소중한 선물이니 '마음의 양식으로 써라.'라는 의미이다. 이 게를 한번 독송하는 효력이 방대한 화엄경 전체를 들려주는 것과 같다고 한다. 영가(靈駕) 천도는 법성게 하나면 다 되며, 설사 영가가 알아듣지 못하더라도 귀로 스치고 지나간 인연만으로도 천도된다고 한다. 그래서 법성게는 몇 번이고 들려주는 것이 좋다고 한다.

법성게 중 몇 구절을 보자.

우보익생만허공 중생수기득이익(雨寶益生 滿虛空 衆生隨器 得利益)
[허공 가득히 보배를 비 오듯 내려주어 중생을 이익 되게 하지만 중생은 자기 그릇 따라서(그릇 만큼) 이익을 얻음]

무연선교착여의 귀가수분득자량(無緣善巧 捉如意 歸家隨分 得資糧)
[설사 인연이 없어도 훌륭한 방편으로 본래 나에게 있는 여의주를 잡아내서 내 것으로 활용하여 귀가하여(다음 生에 가서) 내 분수 따라서 (분수 만큼) 내가 필요한 양식(糧食)을 얻음]

이 구절들은 과거 및 현재에 자기가 쌓은 그릇, 지은 공덕과 선한 업에 따라서 현재 및 미래에 그 만큼의 이익, 양식, 복을 받는다는 가르침을 담고 있다.

사자에게 들려주는 우리의 법성게와 비슷한 성격의 것으로 '티벳 사자의 서(The Tibetan Book of the Dead)'가 있다. 서기 8세기 인도의 위대한 스승인 파드마 삼바바(Padma Sambhava)가 티베트 국왕의 부름을 받아 고대로부터 구전(口傳)되어 온 내용을 최초로 기록한 티베트 최고의 경전 '바르도 퇴돌(Bardo Thoedol)'이 그것인데, 1927년 번역, 편집과정에서 제목이 '사자의 서'로 되었다.

이것은 사후 죽음과 환생 사이의 중간상태 즉 '바르도'에서 일어나는 윤회의 가르침을 펼치는 것인데, 이에 따르면 바르도는 3단계로 구분된다.

1. 첫단계: 죽음을 맞이한 순간 존재의 근원(空의 세계)으로부터 오는 강렬하고 투명한 순수한 깨달음의 빛이 나타나지만 사자는 자신의 업(Karma)으로 인해 이를 제대로 인식하지 못함.
2. 두번째 단계: 그 빛이 너무 강렬하여 사자는 똑바로 처다보지 못하고 무서움을 느끼며, 자신의 Karma로 인하여 스스로의 마음이 일으킨 공포스런 환영(幻影)에 당황함.
3. 마지막 단계: 환생의 길을 찾는 단계로 사자는 자신의 Karma에 따라 인간세상, 다른 세상, 천상의 극락세계에 환생하고 사후세계는 끝남.

사자가 바르도에 머물러 있는 시간은 49일인데, 이 49일 동안 꾸준히 '사자의 서'를 읽어준다. 이렇게 함으로써 그가 자신의 마음을 깨달아 존재의 근원에서 비치는 깨달음의 빛을 인식하고 붓다의 경지인 대자유에 이를 수 있게 하려는 것이다.

법성게와의 차이점이자 '사자의 서'의 특징이라고 하면 다음과 같은 점을 들 수 있다.

1. 죽음과 환생 사이 즉 바르도의 49일간의 가르침에 한정되어 있음.
2. 생전에 선한 Karma를 쌓고 수행을 깊이 한 경우 그 깨달음의 빛을 곧바로 인식하고 대자유에 이르게 됨.
3. 그 강렬한 빛을 보고 사자가 바로 '아미타불' 혹은 '관세음보살'하고 불보살(佛菩薩)의 명호(名號)를 찾을 수 있는 의식적 차원이 되면 대자유에 이르게 됨.
4. 대부분의 경우 자신의 악(惡)한 Karma가 장애가 되어 대자유에 이르지 못하고 의식의 차원이 점차 낮아져서 마지막 단계로 가게 되며 성적(性的) 환영에 사로잡혀 자궁 속에 붙잡혀서 인간으로 환생하게 됨.
5. 아주 극단적인 경우를 제외하고는 짐승이나 벌레로 환생하는 일은 없음. 단지 동물적이고 저차원적인 의식을 지닌 인간으로 환생하게 됨.
6. 매우 예외적인 악행자(惡行者)는 지옥에 떨어질 수도 있음.
7. 자신의 Karma로 인해 환생에 성공하지 못하고 계속 Karma의 환영에 시달리며 바르도에서 탈출하지 못하는 경우도 있음.

[육신, 무지(無智), 깨달음]

아함부 경전은 고다마 붓다가 바카리 비구에게 마지막으로 하는 설법으로 육신과 깨달음에 대한 내용을 담고 있다.

바카리 비구가 병이 들어 어느 신도 집에서 임종을 하게 되었는데, 그 신도에게 "내가 갈 수가 없으니, 부처님께서 한 번 나한테 와 주시면 좋겠다. 오시면 내가 마지막으로 부처님의 얼굴을 뵙고 예배하고 눈을 감았으면 좋겠다."라고 전해 달라고 하였다. 바카리 비구의 말을 전해듣고 부처님이 왔는데, 바카리 비구가 일어나 절을 하려고 그 병든 몸을 겨우 일으키려고 하였다. 그러자 부처님이 단호하게 말했다. "죽어가고 있는 너 송장이 나를 본다고 하는 것이 무슨 의미가 있느냐? 나도 죽어가고 있는 송장이나 다를 바가 없는데 무슨 의미가 있느냐? 썩어가는 몸뚱이로써 썩어가는 몸뚱이에게 예배를 한들 무슨 의미가 있느냐? 나를 보는 자는 법을 보고 법을 보는 자는 나를 본다. 나를 본다고 하는 뜻은 법을 본다는 뜻이다. 나를 안다고 하는 것은 나의 법을 안다고 하는 것이지, 늘 옆에서 보고 절을 백 번·천 번 한들 내 법을 모르면 나를 모르는 것이다."

고다마 붓다는 눈에 보이는 일체 현상이 단지 마음이 만들어 낸 환영으로 실체가 없는 공(空)인데 그것이 실재(實在)하는 것으로 믿는 것을 무지라고 하면서, 이 무지의 어둠을 걷어내는 일은 인간 내면에 있는 지혜의 빛, 마음의 근본자리, 불성(佛性)에 의한다고 한다. 그리하여 무지로 어두워진 인간의 마음이 맑고 투명해져서 깨달음에 이르도록 해야 한다고 한다. 그러면 마음의 근본을 깨달을 수 있고, 생과 사, 이승과 저승의 순환 즉 윤회의 상태로부터 해방된 니르바나(Nirvana, 열반)를 얻을 수 있다는 것이다.

인간은 생물이라 누구나 죽음을 경험한다. 육신은 쇠(衰)하여 사라질 것으로서 진정한 자기의 본래 모습은 아니므로 대자유를 얻으려면 붓다의 법을 보고 알고 깨달아 지혜의 완성을 향해 나아가야 한다. 그래서 『반야심경』에서는 지혜의 완성을 강조하면서 "아제 아제 바라아제 바라승아제 모지 사바하(揭諦揭諦 波羅揭諦 波羅僧揭諦 菩提 娑婆訶) [가세, 가세, 저 언덕(지혜의 언덕)에 가세, 저 언덕에 우리 함께 가세, 깨달음이여, 영원(완전)하라]"로 끝맺음하고 있는 것이다.

〈마지막 단계 유행기〉

나이가 이미 70이 훨씬 넘었으니, 우리는 이제 유행기로 들어가게 될 것이다. 세간을 유람하다 보면 유정(有情) 설법을 듣고 깨달음을 얻기도 하겠지만, 처처(處處) 부처라 삼라만상 어느 하나 불성이 없는 게 없을 터이니 저 소동파(蘇東坡)처럼 무정(無情) 설법의 이치를 깨달으면 좋겠다.

소동파는 유/불/선을 통섭한 대가로서 또한 이름이 있는데, 당대의 고승 상총(常聰) 선사한테서 "그대는 왜 유정 설법만, 사람이 설하는 법만 자꾸 와서 들으려고 하느냐? 무정 설법소리를 좀 들을 줄 알아라."라는 말을 듣고 멍하니 오다가 엄청난 소리의 폭포가 떨어지는 냇물을 만나 순간 깨달음을 얻었다고 한다. 그때 그가 읊은 오도송은 무정설법의 의미가 어떤 것인지를 잘 보여준다.

> 계성변시광장설 산색기비청정신(溪聲便是廣長舌 山色豈非淸淨身)
> 야래팔만사천게 타일여하거사인(夜來八萬四千偈 他日如何擧似人)
> [시냇물 소리가 곧 부처님의 무진장한 설법, 그 물소리 자아내는 산색이 어찌 부처님의 청정한 몸이 아니겠는가. 밤새 내린 비로 인해 물소리가 설(說)한 것이 8만4천 게송인데, 그 이치를 다른 날 누구에게 어떻게 말해줄 수 있을까]

공자(孔子)도 비슷한 심정을 말한 대목이 『논어』에 있다. "자재천상왈 서자여사부 불사주야야(子在川上曰 逝者如斯夫 不舍晝夜也)"라는 구절이 그것이다. 공자께서 냇가에 서서 흘러가는 물을 보며 "흘러가는 것이 이와 같구나. 밤낮을 쉬지 않으니"라고 하였다는 것이다. 이 역시 인생이 흘러 사라져 가는 아쉬움을 말한 것으로 이해할 수 있다.

바람, 구름, 물, 저 흘러가는 모든 것처럼 나 또한 흘러가도록 두어야 한다. 헛된 욕망으로 가득한 나의 마음에게 산, 바람, 구름, 물 등 무정물(無情物)이 속삭이며 사자후(獅子吼)를 토한다.

"사람은 바람 같은 존재이니 가볍게 살라."
"구름 같은 인생이니 비우고 살라. 물 같은 삶이니 물 흐르듯 살라."

인연이 되어 한·미1군단에서 만났고, 인연이 다하여 헤어졌다. 그러다가 다시 이렇게 또 인연이 닿아 몇 자 적어보는 기회를 가지게 되었다. 귀한 인연으로 맺어진 한·미1군단 본부중대 우리님들, 우리 한 번뿐인 인생을 무정물의 속삭임처럼 살아갑시다.

꽃처럼 한번 피었다 덧없이 한줌의 흙으로 돌아가는 인생이니 내려놓고 살라고 무정물이 속삭입니다. 산같이~ 바람같이~ 구름같이~ 물같이~

오는 세월 막지 말고 가는 인연 잡지 말고, 그러면서 가고픈 데 가고~ 하고픈 것 하고~ 보고픈 사람 보며~ 행복하게 살아갑시다.

이상원
부관부

나와 한·미1군단

허 형 석 (교번)

인생사에서는 전혀 예상치 못한 상황과 맞부딪치는 일도 있다. 대개는 자기 앞일을 계획하거나 예상해서 그대로 나아가거나 아니면 사정의 변화로 이를 수정하는 수도 있다. 이런 경우는 자기가 할 일을 충분히 알고서 그렇게 했다고 본다. 대학 입시나 혼사가 이런 경우에 해당한다고 하겠다. 그런데 그런 계획이나 예상을 전혀 못한 상태에서 갑자기 맞는 일도 가끔은 있다. 아예 생각하지 않았던 상황을 맞는 경우가 그런 사례이다.

내가 한·미1군단사령부(CRC)에 오게 된 경우가 그렇다. 사병이 가는 부대는 국방부부터 말단 소총부대까지 다양하다. 그런데 한두 차례의 인사명령을 거쳐 제101보충대까지 오면 어디에서 근무할지 대략 감이 잡힌다. 서부 전선에 산재한 여러 전방 부대가 답이다. 보충대에서 나가는 날, 몇 명만 남았는데도 이름을 부르지 않아 의아했다. 막판에 존재도 전혀 몰랐던 한·미1군단과 함께 내 이름을 부르는데 부대 이름에 '미'라는 말이 들어가 좀 색다른 곳에서 살게 됐구나 하는 추측만 했다.

나는 처음엔 한·미1군단으로 발령이 난 연유를 알 수가 없었다. 생각해 보니 보충대에 있을 때 식당에서 영어 시험을 본 기억이 났다.

보충대 요원이 '영어에 자신이 있는 사람은 식당에 가서 시험을 보라'는 이야기를 하며 다녔다. 그걸 봐서 손해를 볼 일은 없겠다는 심산으로 응시했다. 영자신문의 문교부와 관련한 기사 번역, 회화체 문장의 간단한 영작, PX와 같은 약어의 풀이 등이 출제됐다. 몇 십 명 정도가 시험을 봤던 것으로 기억한다. 응시 후 바로 잊었던 이 시험이 결국 내가 예상하지 못했던 행로를 가는 계기가 됐다.

한·미1군단은 나의 추측대로 색다른 곳이었다. 부대 이름에 '미'가 들어가 처음엔 한국군 구성원은 미군의 뒤치다꺼리만 하는 것으로 생각했다. 거기에 가서 보니 이 부대는 한국군과 미군이 대등한 입장에서 업무를 수행하도록 만든 곳이었다. 서부 전선에 주둔한 두 나라 군대가 긴밀하게 협력해서 북한의 침략을 저지하는 업무를 수행했다. 내가 일했던 전술작전본부(tactical operations center: TOC)는 미군과 아주 밀접하게 협조하던 곳이었다.

사정이 이렇다 보니 카투사도 아닌 나는 어느 날 갑자기 미국 사회로 진입한 셈이 됐다. 얼마 전까지만 해도 한국 사회만 알았던 나는 졸지에 한국 땅에서 미지의 미국 사회를 경험하는 상황을 맞았다. TOC는 한·미1군단에서 업무상 직접 미군을 상대하는 곳이어서 미국 사회에 들어온 느낌을 더 줬다. 전방 3개 군단과 해병 2여단의 수시 보고를 포맷에 맞춰 번역해 미군에게 전달했다. '보는 영어'만 알고 '듣는 영어'는 익숙하지 않아 고생은 좀 했다.

나는 그런 변화 속에서 CRC의 선진국 시민인 미군을 보고 좋은 점을 많이 배웠다. 당시는 우리나라가 여러 모로 낙후해 있었다. 나는 이들의 경제 수준, 예의범절, 상호 존중, 개인주의, 업무와 관련한 책임감 등을 보고 느끼는 것이 많았다. 이들의 장점을 미국이 아닌 곳에서 경험하기는 어려웠다. 지금도 미국을 알려는 이 나라에서 당시에 돈 한 푼도 안 들이고 그들과 부딪치며 미국의 장점을 경험한다는 게 행운이라면 행운이었다.

내가 제일 부럽게 여긴 점은 미군의 인간관계였다. 미국이 1970년대에는 우리보다 훨씬 앞선 선진국이어서 그런지 이들의 인간관계는 후진적인 요소가 적었다. 상급자가 불필요하게 하급자를 괴롭힌다든가 부당한 업무 지시를 내려 스트레스를 준다든가 하는 행태를 좀처럼 보기가 어려웠다. 그리고 사병, 부사관, 장교를 통틀어서 상호 존중과 배려가 확실했다. 계급에 따라 인격이 정해지지도 않았다. 사병도 계급에 구애되지 않고 할 말은 다했다.

또 눈여겨 본 점은 이들의 책임감이었다. 당시 미군 사병은 징병제가 아니고 모병제로 들어와 그다지 우수한 자질을 가지지 아니한 집단이 입대했다고 생각했다. 그래서 눈에 보이지 않으면 대충 일을 할 것으로 짐작했다. 그런데 나의 짐작은 빗나갔다. 내가 본 이들은 상관이 있으나 없으나 자기가 맡은 일을 끝까지 꼼꼼히 처리했다. 이것이 선진 사회를 사는 이들의 장점이었다. 지금도 이들의 투철한 책임감은 뇌리에 남아 있다.

다음으로 생각이 나는 건 이들의 경제 수준이었다. 미군과 함께 생활하면서 이들이 종이를 아주 풍부히 쓴다고 생각했다. 우리의 A4 용지와 같은 종이를 쓰고 이를 이면지로도 쓰지 않고 마구 버리는데 약간 충격을 받았다. 처음엔 그것이 받아들여지지 않았고 죄악으로 느껴졌다. 그게 우리와 그들의 경제 수준 차이였다. 우리나라 직장도 이제는 A4 용지를 마구 쓰고 버리지 않는가. 이들이 문구류도 풍부히 쓰기는 종이와 마찬가지였다.

필자는 연합뉴스 제2기 공채 기자로 기자 생활을 시작해 세계일보와 경향신문을 거쳐 다시 연합뉴스에서 근무하다가 퇴임했다. 이후에는 퇴직자 모임의 회보 편집장을 2년 동안 맡았다.

사진은 편집장 시절 회보의 고정 칼럼인 '연우초대석'에 기고하는 글에 함께 게재하기 위해 2023년 11월 회사 앞에서 촬영한 것이다.

이들의 경제 수준을 또 엿볼 수 있는 곳은 식당이었다. 본부중대원은 메스 홀(mess hall)을 지나다닌다. 나는 그곳을 지날 때마다 그들의 메뉴에 호기심을 느껴 그곳에 들어가 보고 싶어 견딜 수가 없었다. 그 식당은 미군과 카투사 외에 CRC에 파견된 한국군 병사도 이용할 수가 있었다. 그래서 들어갈 방법은 있었다. 나는 걸리면 처벌이라는 위험을 무릅쓰고 TOC에 나온 정보사 사병한테 밀 카드를 빌려 기어코 미군 식당에 들어가 봤다.

그곳에 들어간 나는 입을 다물 수가 없었다. 식사의 질이 말할 수 없이 좋았다. 컵을 기계에 대고 누르면 나오는 포도 주스와 우유를 비롯해 각종 영양식이 풍부히 비치되어 있었다. 미군은 기호대로 음식을 골라 먹었다. 내 눈에는 이곳의 미군이 매일 축제를 벌이는 것처럼 보였다. 음식에서 수준 차이가 너무 난다고 느꼈다. 동시에 우리나라는 언제 사병에게도 저런 좋은 식사를 제공하나 하는 생각만 났다. 경제 수준차를 확인하는 자리였다.

눈여겨 본 다른 사항은 이들의 개인주의였다. 이는 여러 의미를 지니는데 사회의 모든 제도에서 개인 가치를 존중하는 뜻의 개인주의를 말하고 싶다. 미군은 자랄 때부터 이런 습관이 몸에 배어서인지 업무에서 서로 배려와 존중을 할 뿐만 아니라 업무 외에는 일체 타인의 생활에 간여하지도 않고 간여를 받지도 않았다. 그러니 업무가 끝이 나면 사복으로 갈아입고 각자의 생활을 했다. 업무를 할 때만 사병, 부사관, 장교의 구분이 있었다.

이런 미군의 영향 때문인지 CRC 참모부와 본부중대의 분위기는 좋았다. 모든 사병이 그렇지는 않았겠지만 상당수 사병이 영어 시험으로 선발됐고 대체로 학력이 높아서 구타와 불필요한 괴롭힘이 거의 없었다. 전입 첫날의 내무반 신고와 그 이후 한 차례의 빠따 이외에 구타는 없었다. 그래서 얼마 전 카톡에 나왔던 어느 분의 피해 사례에 무척 놀랐다.

나는 50년 전 한·미1군단사령부에서 근무한 일을 자부심으로 삼는다. 사령부와 본부중대의 구성원 가운데 뛰어난 분들이 많아 배울 점도 많았던 데에다 내가 TOC의 사병으로서 그 나름으로 서부 전선 방어에 일조했다는 긍지가 있다. TOC는 24시간 체제로 운영되는 곳으로 밤낮으로 북한군 동태를 감시했다. 그 많고 많은 밤을 지새우며 근무했던 일에 자부심을 느낀다. 특히 74년의 땅굴 사건, 76년의 도끼 만행 사건이 기억에 남는다.

나는 한·미1군단의 좋은 추억 때문에 끝내 미국에 발을 들여 놓았다. 아무래도 한국 사회보다 선진화한 미국 사회에서 살고 싶은 마음을 떨칠 수가 없었다. 처가 신청한 이민 허가가 나와 2008년 미국 메릴랜드 주로 이주해 3년 정도 살고 집안 사정으로 귀국했다. 그때 같이 갔던 자식 2명은 그곳 주립대학교를 졸업하고 나서 현재 미국 회사를 다닌다.

허형석(교번) 병장이 근무했던 전략작전본부(TOC)의 현재 모습.

한미1군단 초창기인 70년대의 TOC는 적의 포격에도 견딜 수 있도록 콘크리트 지하 벙커로 만들어졌고, 24시간 체제로 운영되는 가운데 작전처, 정보처 등의 부서 요원 외에도 오산 기지에 주둔한 미국 공군의 요원도 와서 함께 근무했다.

지금 생각해 보면 나는 사병으로서는 행운아였다. 고급 사령부 근무, 자부심을 느끼는 업무, 근무하기 좋은 여건, 불필요한 괴롭힘에서 자유로운 환경, 1개월에 1-2번 정도 하는 서울 외출, 의정부 시내 영화관 가기 등등 양호한 조건은 꽤나 많았다. 그뿐인가. 사령부에는 도서관도 있어 수시로 책을 빌려다 읽을 수도 있었다. 이런 환경을 누려서 그런지 같은 시대에 전방에서 고생하며 군복무를 했던 사람들에게 미안한 마음도 약간 든다.

한·미1군단 시절의 영어 구호가 아직 기억에 남았다. 장군식당에 걸린 구호였다. 비서실 근무자 외에는 장군식당에 들어갈 사병이 별로 없었다. 그런데 TOC 근무자는 새벽에 브리핑 판을 작성해 장군 식당에 들어가 정보참모에게 야간의 DMZ 상황을 설명하면 정보참모는 이 판을 갖고 군단장에게 보고를 했다. 당시 '초전박살'이란 우리 군의 구호가 있었다. 나무 판에 새긴 영어 구호는 'First Round Knockout'로 의미를 살린 번역으로 보였다.

같이 일하던 미군들한테 배우던 구어, 속어, 비어, 군대 영어는 재미있었다. 지금도 이들이 자주 말하던 goddamn, no sweat, no biggie, no problem, number ten, f**king, take it easy 등과 같은 말은 물론이거니와 How are you doing?이나 What is going on?과 같은 인사말이 지금도 들리는 듯하다. 이는 학교에 다닐 때 보던 교재에서는 보지도 듣지도 못한 말들이었다. TOC 근무에 필요해서 배운, DMZ 내의 북한군 완전 무장과 비무장 이동, 구보, 미상 폭음, 시계 청소, 화목 작업 등의 영어 표현이 아직도 생생하다.

나의 한·미1군단의 생활은 약간 짧았다. 1974년 3월 입대해 육군종합행정학교에서 타자수 교육을 받은 데에다 교련 혜택 2개월을 받아서 74년 7월부터 76년 11월까지 약 2년 4개월 동안 CRC에서 지냈다. 당시 사병의 복무 기간은 35개월 15일 정도였다. 정보참모부에 배치를 받고 가니 홍성표 씨가 이미 타자병을 하고 있어 정보상황병으로 보직을 받았다.

나는 한·미1군단에 있을 때 우리나라도 언제 저들과 같은 수준의 민도와 경제력을 갖출까 하는 생각을 많이 했다. 당시는 그것이 오를 수 없는 산으로 보였다. 그때 도달한 결론은 "곳간에서 인심 난다."라는 속담이었다. 그렇다. 저들처럼 되려면 우리도 하루빨리 경제 발전을 해야 서로 배려와 존중도 할 수 있고 풍요가 있을 수가 있었다. 우리나라는 그 이후 급속한 경제 발전을 이룩해 당시와 지금을 비교하면 금석지감(今昔之感)이 든다.

  한·미1군단의 전우애 하나를 말하고 싶다. 내 자식 2명은 메릴랜드 주에 살다가 지금은 직장을 옮겨 뉴욕 시와 버지니아 주에 각각 거주한다. 이 애들이 메릴랜드 주에 살 때 나는 오랫동안 소식을 모르던 신현우 씨와 다시 연락이 됐다. 마침 같은 메릴랜드 주에 살던 신 형 부부는 나한테 2명의 이야기를 듣고 이들을 찾아가서 환담하고 식사 대접까지 했다. 신 형은 나랑 같이 TOC 상황병으로 일했고 2년 이상 우애가 좋게 지냈다.

  두어 가지 사항을 더 말하고 싶다. 한창 여름인 7월 101보에서 부관부로 와서 대기하던 때였다. 당시 인솔자는 기억이 나지 않는데 친절하게 사무실 정수기의 물을 나에게 대접했다. 그분의 배려와 함께 그 물로 CRC는 좋은 곳이라고 바로 알아봤다. 74년의 한국 수준에서 여름에 시원한 물을 마실 곳이 몇 군데나 있었겠는가. 이후 상황병 보직을 받은 내가 임무를 제대로 수행하도록 나를 지도했던 최완선, 김주설 선배에게 감사의 말을 전한다.

  내무반 생활을 같이한 일부 전우에게는 미안한 마음도 있다. 지방 출신의 일부 전우는 외출과 외박을 받아도 의정부 시내만 나갔다 내무반에 와서 자고 그 다음날 다시 외출을 나갔다. 집이 서울인 나는 이들을 가끔 데리고 우리 집으로 가는 배려를 했어야 했다. 그런데 내가 서울에 나가 내 볼 일에만 신경을 쓰다 보니 이런 생각까지는 자주 못했다. 그나마 몇몇 분에게는 그렇게 했는데 다른 몇몇 분에게 그렇게 하지 못한 것이 마음에 걸린다.

사람은 자기가 계획한 길로 갈 수도 있고 가지 않을 수도 있다. 또 전혀 예상해 보지도 않은 길을 갈 수도 있다. 나는 군대와 직장 생활을 예측하지 못한 곳에서 했다. 나는 1984년 천주교 신자로 영세했다. 신앙의 관점에서 내가 살아온 길은 모두 하느님이 인도하신 결과다. 한·미1군단 근무도 신자 이전의 일이지만 그렇게 본다.

"인간이 마음으로 앞길을 계획하여도 그의 발걸음을 이끄시는 분은 주님이시다." (잠언 16,9)

허형석(교번)
정보처

CRC 번역병 회고

김 수 룡

회고문을 쓰기 위하여 반세기 전으로의 마음속 여행을 하루에 두어 번씩 하였다. 논밭으로 둘러쌓인 본부중대의 정겨운 모습, 할리우드 영화속 미국 도시 같이 깔끔한 캠프 레드 클라우드 영내. 드넓은 푸른 잔디 연병장과 미군내무반 구역을 지나서 후문이 나오고 조금더 걸어가면 본부중대 정문, 여기까지 걸어오는 CRC. 미군은 없으니 드넓고 푸른 들판이 우리만의 영역이였다. 옛 모습 남아있을지, 산기슭에 영화관이 있었고, 미국식 도서관도 있었는데.

1974년 7월 중순 CRC 미군 내무반
안상수 일병 (충청도 꺽다리),
부관참모부 조셒 파이퍼 병장,
인사참모부 마이클 쉬히 병장

1대본부와 수송부 건물 사이에 위치했던 조그마한 잔디 축구장에서 쉬는 시간에 전우들과 축구도 자주 했고, 본부중대장과 함께 소프트볼 게임도 즐겼다. 1974년 4월에 안상수 일병이 캐쳐를 보다가 타자가 휘두르는 야구방망이에 머리를 맞던 아찔한 날도 있었는데, 안상수는 홍익대 출신으로 제대 후에 안상수체 발명 등, 타이포그라피의 세계적 명성을 지금까지 얻고 있다. 안상수 일병 왈, "저는 돈이 한푼도 없이 홍대에서 3년을 다녔어유 홍대에만 있으면 모든 게 다 해결되어서 언제나 마음이 편했어유-" 특유의 느릿느릿한 충청도 사투리 쓰던 꺽다리 안상수 일병이 마침내는 세계적 인물이 되었다.

  1973년 12월 성탄절 이틀 앞두고 몹시 추웠던 겨울 저녁에 통기타를 어깨 위로 둘러맨 민간인 한 명이 우리의 내무반으로 초청되어 들어왔다. 학전을 이끈 "아침이슬" 고 김민기, 작전참모부 김영희 이등병의 모대학 사회학과 시절의 클래스메이트였는데, 절친 김영희가 군 입대한 후에 처음으로 면회하러 왔다. 우리의 제3내무반에서 통기타 치며, "나 이제 가노라, 저 거친 광야에, 서러움 모두 버리고, 나 이제 가 노라-", "아침 이슬" 등을 부른 후에 통행금지 때문에 밤 9시에 우리의 중대본부를 떠나갔다.

  1974년 6월 제1회 CRC 한미 소프트볼 대회, 미군 투수는 키 2미터, 체중 110키로의 몬태너 상병, 언더스로우인데도 구속이 시속 150키로가 넘어서, CRC한국군 아무도 그의 공을 바로 때릴 수가 없었고, 우리 한국군의 투수는 내가 맡았는데, 언더스로우는 한번도 안해봤다고 하니까, 야구처럼 오버스로우를 너그럽게 허용하였다. 그 덕분에 그날 7회전 시합은 0대0으로 비기는 시합이 되었다. 내가 직구 패스트볼 외에, 슬라이더, 슬로커브 등으로 변화를 주니까, 미군들 아무도 내 공을 바로 때리지 못해서, 그날

CRC 한미 소프트볼 대회

은 완전한 투수전이 되어서, 가을에 재시합 하자고 약속했다.

이재전 CRC부군단장을 모시던 한국군 부관참모부에서 번역병으로 내가 맡은 일은 번역병 배헌기 병장이 2년 이상 하던 업무였다. 이재전 부군단장이 CRC의 미군장교들 모두에게 한사람씩 차례차례로 수여하던 Letter Of Appreciation 감사장의 국영문 번역, 일주일에 2, 3건으로 빈번하게 작성하여 수여하였다.

그러다가 1974년 1월초 어느날 신영식 부관참모께서 나에게 미군 부관참모부 사무실에 허락을 받아놨으니 향후 6개월 동안에 미 육군 전투교범 FM을 한국어로 번역하라고 명령하였다. 번역이 완료되는 대로 신영식 부관참모가 한글판 전투교범FM을 육군본부에 송출하였다. 미군 부관참모부에 나의 사무실이 준비되어 있었고, 옆 사무실의 조셀 파이퍼 병장을 포함한 여러 미군들이 나를 반갑게 맞이해줬다. 미군들과 나란히 앉아서 한 사무실에서 함께 근무한 이 7개월의 경험이 그로부터 5년 후에 내가 미국 최대 금융기관 MHTC(현 JP Morgan Chase)은행 뉴욕 본사에서 근무를 시작할 때에 많은 도움이 되었다. 마치 고향에 돌아온 것 같은 익숙함이 몸에 배여 있었다.

1974년 6월 27일에 할링즈워드 장군이 본인의 통역장교 이모 대위가 모종의 불미스러운 사건을 일으켰다는 풍문을 뒤늦게 듣게 되어서 그를 즉시 파면시켰는데, 그 다음날 박정희 대통령이 참관하시는 CRC Activation

Hollingsworth 장군.
내 이름을 직접 서명한 후에 주셨다.

Ceremony에 동시통역을 담당할 수 있는 한국군 장교를 확보하지 못하고 있었다. 이민영 작전참모가 임기응변으로 내가 그날의 통역 및 사회자 역할을 맡도록 급히 조치하였다.

그 기념식 직후에 CRC사령관실에서 할링즈워드 장군이 박정희 대통령에게 수도권 및 서부전선 작계 ○○○○ 개정 1974 (OPLAN ○○○○A 1974)를 보고 드렸고 나는 동시통역을 맡았다. 스틸웰 유엔군 사령관, 이세호 한국군 참모총장, 류병현 5군단장, 이재전 부군단장 등이 배석하였다.

콜린 파월 전 미국무장관 퇴임 후에 맨해튼에서 함께 점심식사를 위해 다시 만나게 되었던 것도 추억 속의 공통분모인 CRC와 힐링스워드 장군, 그리고 반세기 전의 같은 아침, 같은 장소에서, 같은 세레모니 Observe 했다는 인연 때문이었다. 그날 연병장에서 울려퍼지던 목소리와 나팔소리가 지금도 들리는 듯, 사람들은 떠나갔지만 그날의 사진들과 우리의 기억은 남아서 젊은 시절을 함께 회상하였다. "Mr. Secretary, I have kept photos of the Ceremony of I Corp (ROK/US) Group." "Really? I'd like to see it. I was a Captain of 2nd Infantry Division back then."

국무장관 퇴임 후인 2008년 여름에 맨해튼 MMA 레스토랑에서 만나서 문제의 사진을 보여드렸더니 손가락으로 사진의 왼쪽 맨끝을 가리키더니, "I was here, just outside this photo, standing

콜린 파월 전 미국무장관

한미일군단 창설 3주년 행사

in ovation for a long time. Boy, it was a sizzling day. I was a small guy, you know, just a Captain. General Hollingsworth was my ultimate boss at the time." "It was 35 years ago but the ceremony's MC and interpreter still resonate with me." 라고 말씀하시면서 본인이 쓰신 자서전 한권을 나에게 선물로 주셨다.

이렇게 한·미1군단에서의 군생활은 재미있는 일도 많았고 의미있는 일도 많았다. 그러나 나는 1974년 7월말에 뜻하지 않은 일로 한·미1군단에서 다른 부대로 전출명령을 받고 부대를 떠나야 했다. 그럼에도 한·미1군단에서의 군생활은 나에게 소중한 추억이 되었고, 그후 나의 삶에 중요한 영향을 끼쳤다.

김수롱

부관부

진달래꽃 (두견화)

이 동 수

우리 민족의 가장 친근한 꽃으로 진달래와 개나리 두 가지가 있다. 이들은 이른 봄 푸른 잎이 나기 전에 피는 꽃이다.

두견화 또는 참꽃이라고도 부르는 진달래는 봄철 한때 화사하게 피어나지만 꽃이 지고 난 뒤에는 있는 듯 없는 듯 찾지를 않는 나무이다.

분홍색으로 피어나기에 흔히 산길에서 눈에 잘 띄게 보이는 이 꽃은 꽃술을 제외하면 독이 없어 그냥 먹어도 되며 꽃을 따다가 술로 담그면 두견주라는 이름이 붙는다.

중대본부 화단에서 이순재 상사

철새인 두견새의 울음소리가 들릴 때쯤에 피어나는 꽃이라고 해서 두견화라고도 불리는데, 진달래꽃으로 담그는 이 술이 두견주이다. 그런데 이 두견주는 고려의 건국공신이었던 복지겸이 나이가 들어 병이 깊었을 때에 그의 딸이 이 두견주로 아버지의 병을 치료했다는 전설이 있다.

이 꽃은 가난한 산골 백성들이 가장 좋아했었다. 이 꽃이 피기 시작하면 땅에서는 각종 산나물들이 올라와 보릿고개라고 부르는 어려운 시기를 무사히 잘 넘길 수 있었기 때문이었다.

어쩌면 한국을 대표하는 식물 중 하나이며 다시 우리나라 국화를 재선정한다면 기존의 무궁화 대신 제일 많은 지지를 받을 수 있는 꽃이기도 할 것이다.

어떤 이는 진달래는 키 작은 관목이라고 우습게 보는 이도 있을 것이다. 그런 이들은 깊은 산속 거목으로 자란 진달래를 보지 않아서 그럴 것이다. 나지막하게 자란 나무가 너무 친근하여 꺾어 버리지 않는다면 거의 모든 진달래는 키 큰 관목으로 2~3m까지 성장이 가능한 나무이다.

작년 가을 아버지와 함께 한·미1군단 본부중대에서 근무하시던 전우분들을 만났다. 단칸 셋방살이하던, 내가 아주 어릴 적 아버지와 인연을 맺은 분들이긴 하나 고맙고 반가웠다.

군소리 원고를 의뢰 받았는데 워낙 글재주도 없고 더욱이 아버지와 함께했던 시절을 글로 그려내자니 난망하여 오랫동안 망설였다.

조만간 어김없이 봄이 올 것이고 이산 저산 두견화가 필 것이다. 두견화의 꽃말이 애틋한 사랑, 절제, 신념, 청렴이라니 불현듯 아버지

부군단장으로부터 표창 수여

생각이 난다. 무뚝뚝하고 재미없었던 듯 하셨지만, 그래도 속이 깊어 나를 무지 사랑해 주셨던 것 같다.

살아 생전엔 느끼질 못했고, 두견주로 아버지의 병을 고쳐 드리지도 못했는데, 오늘따라 이산저산 만발한 두견화꽃이 보고 싶다.

이동수

이순재 상사 아드님

운? 기적? 기도?

정 지 수

정지수와 백승춘, 내무반에서

어떤 일…… 논리와 이론, 경험과 상식에 의지하다 벽에 부딪칠 때가 있다. 그걸 운 또는 기적이라고 부르기도 한다. 그럼에도 설명이 되지 않으면 기도의 힘 아니겠냐고? 절대자의 주권적 시혜로 간주한다. 그렇다면, 운과 기적과 기도는 동의어 아닌가?

1980년 11월 3일, 거의 반세기가 지났는데 그날의 악몽, 쿠웨이트에서 이락국 바그닷드로 가는 사막에서 겪었던 그 일, 그 일을 기억할 때마다 기도의 선물이라는 신비한 논리에 동의하지 않을 수 없다.

"호랑이에 물려가도 정신만 차리면 살 수 있다." 초등학교 시절 위급한 일에 허둥대고 당황할 때면 아버지가 늘 하시던 말씀이다. 어떤 위기의 순간이라도 정신줄 놓지 말고 최선을 다해야 하는 것 아니겠냐고 어렴풋이 짐작하였다.

1978년 6월 1일 현대건설에 입사했다. 1년쯤 지나 쿠웨이트국 도하 배수 건설현장에 부임했다. 열대의 사막이라고 하나 한낮 더위를 제하고는 그리 싫지 않았다. 때와 장소 가리지 않고 맨땅에 머리를 댄채 메카를 향해 기도하는 모습은 낯설었지만 진지해 보였다. 배고픈 사람 고통을 헤아리기 위해서 1년에 1달 동안은 해가 지기 전까지는 어떠한 음식도 먹지 않는다는 라마단 풍습 등 모든 것이 '호기심 천국'이었다.

3개월 쯤 지나자 먹고 자고 일하는 단조로운 생활에 조금씩 호기심이 식어가고 있었다. 가고 싶고 보고 싶은 사람들 모습이 아른거렸다. 그립고 허전한 감정이 모이자 말수가 줄어들고 웃음기가 사라졌다. 향수병이란다. 갈 수 없고 볼 수 없는 속앓이가 병이 되어버린 거다.

현장사무실은 국립병원인 사바호스피톨 지나 나지막한 언덕 끝 중앙에 위치하였다. 1km 정도 더 지나면 해안선 따라 긴 산책로가 뱀처럼 뻗어 있었다. 산책로 건너편의 광활한 사막. 이곳저곳에 거품처럼 솟아오른 모래 언덕들, 높고 야윈 야자나무 숲, 게으르지 않게 밀려든 파도, 석양의 붉은 낙조까지. 참으로 아름다운 풍경이 갓 입학한 유치원 아이들처럼 옹기종기 모여 있었다.

11월 늦가을 땅거미 엷게 젖은 초저녁 쯤으로 기억된다. 향수병이 도져 친구와 함께 그 길을 걷고 있었다. 절반 쯤 지났을까? 야자나무 숲 뒷편에서 콧수염 짙은 아랍계 청년 3명이 우르르 뛰쳐나와 친구와 나를 덮쳤다. 그리고는 사색이 되어있는 우리를 짐짝 던지듯 사납게 그들의 도요타 승용차에 밀쳐 넣었다. 그야말로 눈 깜짝할 사이에 벌어진 일이었다. 가끔 이곳에선 외국인을 납치하여 강도짓하고 쥐도 새도 모르게 사막의 모래밭에 묻어버린다는 끔찍한 소문을 듣곤 했었지만 잘못되면 내가 소문의 주인공이 될지도 모른다는 상상에 이르자 온몸은 얼음장처럼 굳어 버렸다.

깜깜한 가을밤 길게 뻗은 광활한 사막에서 우리를 태운 자동차는 시속 150km 이상의 속도로 질주하였다. 그리고는 이락국 국경 가까이에 이르자 찌~익 쇳조각 긁는 소리를 내며 멈췄다. 혁대가 풀린 채 끌려 내려졌다. 금방이라도 무서운 일이 터질 것 같은 공포에 식은땀이 온몸을 적셨다. 간간이 장물 점검하듯 힐끗힐끗 쳐다보는 그들과 눈이 마주칠 때마다 애써 외면했다. 그리고 "하나님! 살려주십시요 살려주십시요!"라는 기도에만 매달려 있었다. 시간이 지날수록 그들의 목소리는 거칠어졌다. 훔친 장물격인 우리들의 처리를 두고 의견 충돌이 있나보다 짐작할 뿐 공포감와 두려움은 한층 더 높아지고 있었다.

사막의 밤하늘에…… 휴지처럼 구겨진 영혼이 허깨비처럼 날렸다. 어떻게 해서라도 이곳을 벗어나야 하는데…… 기회를 엿보았지만 어떤 틈도 없었다. 깜깜한 밤 사막에서 생명을 담보로 한 탈출이 얼마나 무모하고 위험한 일인 줄 알기에 감히 엄두가 나지 않았다. 대신, "하나님! 살려 주십시요. 살려 주십시요"라는 외마디 기도만 처절하게 반복하고 있었다. 기도라기보다 차라리 절규였다. 기도하던 중 번쩍 "호랑이에 물려가도 정신만 차리면 산다"는 어릴 적 아버지 말씀이 스치듯 지나갔다. 비록 지금 살 수 있는 길은 바늘 구멍보다 더 작아 보이지만 아버지 말씀처럼 "정신만 차리면 살 수 있다."를 복창하며 결기를 다졌다. 그렇다고 이 순간 내가 할 수 있는 일은 아무 것도 없었.

생명은 꽃인데…… 제대로 피어 보지도 못하고 중동의 사막에서 흔적도 없이 묻혀 버린다는 생각에 머물면 서럽고 억울했다. 안돼 안돼 안돼…… 그럴 수 없다고 혼자서 묻고 답했다. 얼음장처럼 굳어 있는 몸은 식은땀으로 범벅이 되어 어깨에 축 처진 옷의 무게가 느껴질 정도였다. 쉬지 않고 기도했다.

"천지를 창조하시고 우리의 생사화복을 주관하시는 하나님! 이 순간을 간섭하여 주십시오."라는 기도만 반복하고 있었다.

기도의 힘인가? 알 수 없는 용기가 났다. 한 우주가 모래 속으로 묻혀버릴 줄 모르는데 무엇이 두렵냐? 혼미해진 나를 사정없이 흔들었다. 조금 전까지 하얗게 질려 있던 모습이 결코 아니었다. 살아야 한다는 욕망이 꿈틀거렸다. 덜덜덜 어금니 부딪치는 소리가 밤공기를 가르며 귓전에 머물렀다.

이때 멀리서…… 자동차 한 대가 두 줄기 햇드라이트를 길~게 비추며 우리 쪽으로 다가오고 있는게 아닌가! 언젠가 외국영화에서 보았던 그 장면이 지금 눈앞에 펼쳐지고 있는 거다, 거짓말처럼. 영화 속의 주인공이 절대절명의 위기에 처해 있을 때 어디선가 짱!하고 등장한 수호천사처럼 나타난 거다. 도무지 믿겨지지 않은 현실이 눈앞에 펼쳐진 거다.

생명줄이다. 겁에 질려 사색이 되어 있던 친구와 나는 눈길이 마주친 순간, 누가 먼저라고 할 것도 없이 다가오는 자동차쪽을 향해 죽을 힘을 다해 뛰었다 자동차가 달려오는 속도를 고려할 때 우리가 있는 거리와 대략 50m 정도 되지 않았을까 싶었다. 육상선수 우샤인 볼트가 100m 스타트하듯 핑~ 튕겨나와 자동차를 향해 뛰었다.

자동차 앞에 다가선 후 두 손 번쩍 들고 "Help me! Help me!"를 내가 할 수 있는 최고의 간절함으로 외쳤다. 살려 달라고! 살려 주시라고! 운전사의 응답이 떨어지기도 전에 우리는 벌써 자동차 문을 잡고 뛰어오르고 있었다. 운전사는 힐끗힐끗 쳐다보더니 알았다는 듯 빠른 속도로 사막길을 질주하였다.

두려움과 무서움은 시간에 비례하는 듯 싶었다. 숨막히는 공포와

소리 없는 비명이 좁은 자동차 공간을 채우고도 남았다. 한참을 달린 것 같다. 정신을 가다듬고 뒤를 돌아보았다. 조금 전까지도 멀~리서 뒤따르던 그들의 도요타 자동차가 턱밑까지 다가와 있는 것이 아닌가! 아찔했다. 순간 추월당하면 끝이라는 공포가 엄습했다.

시간이 지날수록 정신이 혼미해졌다. 끝없이 펼쳐진 사막에서 자동차 두 대가 30m 정도의 간격을 두고 쫓고 쫓기는 레이스를 펼치고 있었다. 1m라도 가까워지면 "이제 죽었구나!" 하고 절망하다가도 1m라도 멀어지면 "이제 살았구나!" 하는 안도감을 느꼈다. 그럴 때에는 느슨해지려는 정신줄을 바짝 당기려고 마음을 다잡았다. 절망과 희망이 포개진 순간이 한동안 지속되었다.

가까워지면 멀어지고 멀어지면 가까워지는 생명의 아이러니! 뒤쫓아 오는 그들의 자동차 햇드라이트에서 한순간도 눈을 뗄 수가 없었다. 영화라면, 스릴만점 명화라고 열광하였겠지만 숨막히는 긴장과 공포가 온몸을 압박했다. 몸은 이미 공기 빠진 풍선처럼 쪼그라들고 있었다.

한참을 달린 것 같다. 1시간은 족히 지났을 것 같은데 계기판의 시계는 겨우 10여분을 넘기고 있었다. 왜 이렇게 늦어? 속도도 상황에 따라 변하는 것인가? 허접한 생각이 들었다. 우리를 태운 자동차는 속도를 높여 달렸다. 시속 180km는 족히 될 것 같았다. 얼마쯤 지났을까? 자석처럼 따르던 불빛이 희미해지더니 시야에서 완전히 사라졌다. 무슨 일이 일어난 걸까? 미스터리하고 흥분된 그 순간! 그 감동을! 잊을 수 없다. 운이 좋았다! 기적이 일어난 거다.

하나님이 내 기도를 들어주신 게 틀림없다고 감격하고 있었다. 언젠가 들었던, 기도할 때 하나님은 건너편에서 너의 형편을 보고 계신다는 어머니 말씀이 생각났다. 위기가 지나자 조금 전까지 처절하게 구했던 기도는 사라지고 그러면 그렇지! 하늘이 무너져도 솟아 날 구멍은 있지…… 순간의 내 판단이 옳았다고 건방을 떨고 있었다.

'심한 갈증으로 허겁지겁 물을 마신 후 남은 물을 쉽게 버리는 것처럼, 기도를 통해 끊임없이 간구하면서도 막상 기도를 들어주신 하나님 은혜는 깨닫지 못한다.'라는 쇼펜하우어의 말이 허구가 아니구나! 따지고 보면 강도짓 해 훔친 장물을 두고 다투는 그들과, 위기의 순간에만 온몸 다해 매달린 내 심보가 뭐가 다른가? 숨겨진 나의 이중성이 여지없이 드러났다.

그런데 기쁨도 잠깐, 숨죽이며 달리던 옆자리 운전사 녀석이 내 코끝에 무언가를 들이댔다. 컴컴한 차 속에서도 훤히 알아차릴 수 있는 번쩍이는 칼날이었다. 그 순간 '이제 끝이구나! 내 삶은 여기까지구나' 하고 절망했다. 칠흑 같은 어둠속을 기적같이 빠져나와 겨우 한숨 돌리고 있는데…… 억울했다. 세상 모든 사람들이 애도하는 죽음은 아니어도 흔적도 없이 사라져버린 운명은 비켜가고 싶은 소망마저 무너지는 듯 했다.

정신을 가다듬고 그의 두 눈을 뚫어지게 쳐다보았다. 아버지 말씀처럼 끝까지 정신줄을 놓지 않았다. 웬일일까? 눈앞에 칼이 번쩍이는데 살기가 느껴지지 않았다. 어쩌면 살 수 있을 것 같은 기대가 가늘게 이어지고 있었다. 또다시 얄궂은 운명과 알 수 없는 숙명이 포개진 채 어디론가 가고 있었다.

잠시 후 운전사는 옅은 미소를 지으며 내 코끝에 멈춰 있는 번쩍이는 칼을 슬그머니 접어넣는 게 아닌가! 말은 통하지 않았지만, '이것이 있으니 안심해라?'라는 뜻 정도로 이해하고 싶었다.

천국과 지옥을 오가는 길목에서 까맣게 타버린 가슴을 쓸어내렸다. 이제 살았구나! 로또가 연거푸 당첨되고 기적에 기적을 더하는 순간이었다.

1980년 늦가을 쿠웨이트국 사막길에서 겪었던 일이다. 그날을 생각하면 지금도 손에 땀이 난다. 어디선가 뜬금없이 나타난 두 줄기 자동차 햇드라이트, 인상 좋은(?) 운전사가 들이대던 번쩍이는 칼날, 휘몰아치던 모래바람, 하얗게 질려있던 친구의 창백한 표정이 선명히 떠오른다. 그날 밤 난데없이 나타나 우리를 구해주고 말없이 사라진, 콧수염 짙은, 나이 든 운전사는 아마 하나님이 보내신 수호천사 아니었을까?

우리가 기도할 때 하나님이 일하신다는 어머니 말씀이 잊혀지지 않았다. 그 밤 누군가 나를 위해 간절히 기도하고 있었던 것이 틀림없다.

시간과 공간, 삶을 이루는 두 축이다. 되돌릴 수 없는 시간에 반해 공간은 기억이 거주하는 집이나 다름없다. 말 없는 사막길이 그날의 증인이다. 언젠가 다시 한번 꼭 가보고 싶다. 그때 그 길을……

운? 기적? 기도?

어느 것도 믿어지지 않고 손에 잡히지 않는다. 겹겹이 쌓인 삶과 죽음의 경계에서 그때 무엇이 나를 구했는지 모르겠다. 다만 쉬지 않고 기도했던 기억만 남아있다. 그 밤 그 사막에서……

정지수
공병부

제4부 인연의 끈

내가 만난 사우디 터키 장군

감 종 홍

1981년 12월 31일 새벽 4시경이었다. 서울을 출발한 대한항공 보잉747 여객기는 사우디 동부지역 다란공항에 도착하였다. 그리고는 탑승하고 있던 한국인 건설 관계자 일부를 내려놓았다. 비행기 문이 열리는 순간 뜨거운 열기가 기름 냄새와 함께 기내로 확 몰려들어왔다. "아 여기가 정말 사우디구나." 하는 것을 온몸으로 느낀 순간이었다. 바깥은 깜깜했고 공항 내 건물들의 불빛만 비쳐오니 거의 볼 것이 없었다. 군공항이라 전투기만 드문드문 보일 뿐이었다.

비행기는 다시 이륙하여 거의 한 시간 후 젯다공항에 도착했고 우리는 텅빈 공항 활주로에 내려 공항버스를 기다렸다. 동쪽 하늘에는 붉은 해가 힘차게 떠오르고 있었고 사방은 아침의 고요와 평화 속에 잠겨 있었다. 저 멀리 지평선이 펼쳐져 있었고, 그 대지는 너무나 아득해서 문득 부럽다는 생각까지 들었다. '나의 사우디 생활이 여기서부터 시작되는구나.'라는 생각이 머릿속을 스쳐 지나갔다.

그날 밤 비행기를 타고 다시 사우디 서북부지역 타북으로 이동하여야 했다. 작은 시골 공항같은 타북공항에 도착하니 1982년 1월 1일 새벽 1시가 되어 새해가 시작되고 있었다. 같은 해외공사부 출신인 이만희, 송병호 씨가 공항에 마중을 나왔다. 회사의 유니폼인 파란

잠바 차림이었는데 칼라와 어깨에는 흙먼지가 붙어 있어 건설현장의 고단함을 실감케 해주었다.

아침에 식당에 가니 새해 아침이라고 떡국과 사과 등을 배식해 주었다. 그래서 사우디 현장이라도 우리 식품이 공급되는 것을 알게 되었고, 그나마 다행이라고 생각하였다.

현장은 광활하였다. 우리가 맡은 일은 킹 압둘 아지즈 미리터리 칸톤먼트라는 군사도시 중 팩캐지포를 건설하는 것이었다. 계약 금액은 당시로서는 어마어마한 거금인 3억5천만불 이상이었다. 군병원, 도로, 군인아파트, 군시설물 등을 짓는 것이었는데 현장이 여러 곳에 분산되어 있어 이동에 어려움이 많았고 모든 현장을 돌아보기에는 하루가 부족할 정도였다.

내가 맡은 업무는 완공단계에 있는 건물 기계시스템의 코미셔닝 메뉴얼을 영국인이 수기로 작성해 주면 이를 IBM 전동 타자기에 타이핑하여 책자로 만들어 내는 것이었다. 나중에는 O&M 메뉴얼 및 완공 건물 턴오버 메뉴얼까지 포함하여 하루 종일 서류를 작성하고, 메뉴얼을 제작했다. 군대 시절에 익혀 두었던 영문 타이핑 실력이 제대로 빛을 발하는 순간이었다.

1년여가 지난 어느날, 인근 에어본 현장 이종수 소장이 본사로 귀임하니 나에게 현장소장을 맡으라는 지시가 왔다. 이 현장은 수년 전 우리 회사가 미육군 공병단의 발주와 감리를 받아 지은 사우디 육군 공수훈련학교였다. Solar Panel Heating System, 낙하산 타워, 체육관, 수영장 등은 미육군 최고 수준에 달하는 시설들이었다. 나는 선배들의 노고에 참으로 감탄하고 또 감사했다.

부임 첫날 공수학교 교장실로 가서 학교장에게 부임인사를 하였다.

학교장은 사우디 육군 대령이고, 호남형이며 매우 부드럽고 따스한 인상의 덕장 타입이었는데 이름이 터키라고 했다.

며칠이 지난 어느날 저녁, 운전병이 차를 가지고 내 숙소로 와서 터키 대령이 모시고 오라고 한다고 하였다. 타북 시내 주택가 공터로 안내되어 갔는데, 공터에 사막모래가 깔려 있었고 낙타 두 마리가 있었다. 터키 대령은 거기에 비스듬히 누워 있었다.

하늘에는 별과 함께 초승달이 남쪽 하늘에 낮게 떠있어 전형적인 중동의 평화로운 이른 밤이었다. 운전병은 낙타를 잡고 터키 대령은 낙타젖을 짜기 시작했다. 그리고는 양푼이 그릇에 담긴 뽀얗고 따스한 낙타젖을 건네주면서 나에게 마시라고 하였다. 코리아 진생(인삼)보다 남자에게는 훨씬 좋은 것이라고 하였다. 나는 호의를 무시하기 어려워 처음으로 낙타젖을 마셨다. 그랬더니 속이 부글부글 끓는 것 같으면서 이내 방귀가 붕붕하고 나오기 시작했다. 한참 지나니 속이 편안하고 기분이 괜찮았다. 카멜 밀크다. 사우디 사람들이 차(커피)와 함께 가장 선호하는 정말 좋은 기호품이다.

그 후 터키 대령은 오후가 되면 나와 함께 나가보자고 요청하였기 때문에 나는 그와 함께 낙타 농장 후보지를 물색하러 타북 시내를 돌아다녔다. 터키 대령은 낙타에 대해 대단한 애착을 가지고 있었는데, 이것은 자신의 문화에 대한 긍지와 자부심의 표현인 듯했다. 사막에서 살아왔던 사람들의 후예들로서 당연한 일인지도 몰랐다.

그러던 어느날 인근 현장에서 나에게 긴급 연락이 왔다. 현장 공사에 투입된 트럭 한 대가 교통위반으로 타북경찰서에 구금되어 있어 어려움이 많으니 조처해 달라는 연락이었다. 나는 터키 대령에게 사정을 이야기하고 도움을 청했다. 그는 흔쾌히 함께 경찰서로 가보자고 하였다. 터키 대령과 함께 경찰서에 가보니 우리 운전자는 발목에 쇠고랑을 찬 채 울상이 되어 있었다. 그가 찬 쇠고랑 줄은 담당 경찰관 데스크 옆 쇠기둥에 묶여 있었다. 터키 대령에게 큰 잘못이 아니고 단순 교통위반 사건이라고 설명하였더니 그가 이를 서장에게 잘 이해시켜 운전자를 바로 데리고 나올 수 있었다. 현장에서는 터키 대령 최고라며 환호성을 지르고 고마움을 표했다. 터키 대령의 큰 도움을 받아 우리 현장의 난제를 해결했기 때문에 나는 터키 대령에게 마음의 빚이 생겼다. 그래서 나는 그를 도울 좋은 일이 없을까 조심스럽게 살펴보았다. 그러다가 나는 그가 낙타 농장 후보지를 찾았다는 사실을 우연히 알게 되었고, 그 농장에 주위 철조망과 MOB 하우스 등이 필요하다는 것을 발견했다. 그래서 나는 정중하게 그에게 낙타 농장 주위에 철조망과 MOB 하우스를 설치해 주고 싶다고 제안했다. 거듭 되는 나의 제안을 뿌리치기 어려웠는지 그는 마지 못해서 동의했다. 나로서는 마음의 빚을 덜 수 있는 기회를 얻은 셈이었고, 그 정도는 별로 어려울 것이 없는 일이었다. 나는 우리 현장 내에 별 쓸모없이 굴러다니던 빈 콘테이너 하우스 3개 동을 트레일러에 싣고 가서 MOB 하우스 등을 설치했다. 그리고 철조망 담장은 내가 직접 나서서 각 현장에서 차출된 기능공들과 함께 일주일에 걸쳐 설치를 완료하였다. 구덩이를 파고, 시멘트를 부어 넣어 포스트를 심고 철조망을 설치하는 작업이라 어려울 것은 전혀 없었다. 터키 대령은 어디선가 낙타 세 마리를 더 구해 와서 모두 다섯 마리를 농장 안에 넣어 키우기 시작했다.

　추석이 다가와 우리 기능공들이 공수학교 체육관에서 배구나 농구를 할 수 있도록 해 줄 수 있겠느냐고 부탁하였더니 터키 대령은 여기는 your house라며 마음껏 사용하라고 흔쾌히 승낙하였다.

2024년 11월 1일 Red Cloud 방문시 감종홍 전우와 함께

내가 에어본 현장에 부임한 지도 1년이 지났다. 현장을 떠나게 되어 터키 대령에게 이임인사차 방문하였더니, 그는 나에게 RADO 손목시계와 감사장을 주며 꼭 다시 만나자고 하면서 정답게 포옹해 주었다.

1990년 8월에 걸프전이 발발하였다. 나는 다시 사우디 파견 명령을 받았다. 세번째 사우디 근무였다.

부임한 지 얼마되지 않았을 때에 터키 대령으로부터 내가 근무하는 리야드지사로 연락이 왔다. 리야드 하이야트 호텔에 있으니 한번 만나자는 것이었다. 약속한 객실로 갔더니 그는 전투복 차림이었는데, 빨간 월계수 장군 계급장이 보였다. 소장이 되었다고 하였다. 나는 "터키 최고!"라고 외치며 뜨겁게 포옹하였다. 아내와 아이들이 있는 리야드 빌라 우리 집으로 초대하여 같이 저녁 식사를 하며 준비한 발렌타인 12년으로 축배를 들었다. 터키 장군은 GCC Commander가 되어 있었다. 걸프협력기구 6개 회원국 구성군의 사령관이며, 미군과 공동으로 이라크 공격 작전을 지휘한다 하였다.

얼마 후 내가 귀국하여 연락을 받았더니 그는 사우디 육군 참모차장이 되었다고 한다. 사우디 육군의 제2인자가 된 것이다. 참모총장은 당연히 프린스(왕족)만이 될 수 있다.

그는 나의 다정한 친구였고 후원자였다. 한국과 한국인을 사랑해 주었고, 우리가 더 많은 공사를 수주할 수 있도록 지원을 아끼지 않았다. 훌륭한 가장이었고, 가정에서는 일부일처를 실현하여 부인을 아끼고 사랑하였다.

터키 장군은 정말 훌륭한 사우디 군인이었다. 나는 그를 훌륭한 군인으로, 또 평생 잊을 수 없는 나의 친구요 고마운 사람으로 기억하고 있다. 지금도 나는 그가 보고 싶다.

추신 : 제 기억 속에 뚜렷이 자리잡고 있는 터키 장군님. 서울에서 미세스 감이 안부인사 전합니다. 그리고 보고 싶습니다. 늘 건강하고 행복하십시오(제 아내가 추가로 쓴 글입니다).

감종홍
비서실

내 운명을 바꾼 51년전 그날

이 경 영

51년전 의예과 시절 1학기 강의에서 교양과목으로 한문을 수강한 적이 있는데 한문교과서에 실린 '塞翁之馬'강의를 들으면서 인상이 깊었던 기억이 생생하다. 그때 50대 후반의 촌로 비슷한 분이 자주 한복을 입고 강의를 하셨는데 약 10년 후에 알고 보니 그분은 한학의 거두이시고 금석학자, 서예가이셨던 청명 임창순 선생이셨다.

선생은 후에 사재를 털어 경기도 남양주 군에 지곡서당을 세우시고 후학을 지도하시다가 1999년에 돌아가신 훌륭한 분이셨다. 그분은 새옹지마 속의 고고한 노인 같았다는 생각이 든다. 잘 알려진 내용이지만 다시 한번 소개하면, 출전은 '회남자'의 '인간훈편'으로 새옹은 변방의 노인이라는 뜻이고 '새옹지마'는 변방 노인의 말이라는 뜻이다.

옛날 중국 북방의 국경 근처에 점을 잘 치는 노옹이 있었다. 어느날 이 노옹의 말이 오랑캐 땅으로 달아났다. 마을 사람들이 이를 위로하자 노옹은 조금도 애석한 기색이 없이 말했다.

"누가 아오? 이 일이 복이 되는지?"

몇 달이 지난 어느 날, 그 말이 오랑캐의 준마를 데리고 돌아왔다. 마을 사람들이 이를 치하하자 노옹은 조금도 기쁜 기색이 없이 말했다.

"누가 아오? 이 일이 화가 될는지?"

그런데 어느 날, 말 타기를 좋아하는 노옹의 아들이 그 말을 타다가 다리가 부러졌다. 마을 사람들이 이를 위로하자 노옹은 조금도 슬픈 기색이 없이 말했다.

"누가 아오? 이 일이 복이 될는지?"

그로부터 1년이 지난 어느 날, 오랑캐가 대거 침입해서 대부분의 마을 장정들이 전쟁터에 나가 싸우다가 죽었다. 그러나 이 노인의 아들만은 절름발이여서 싸움터에 나가지 않았기 때문에 이 집은 부자(父子)가 모두 무사하였다.

사람이 살다보면 누구에게나 예상치 않던 복이 오기도 하고 때로는 예상치 않은 시련이 오기도 한다. 길흉이 바뀔 때마다 우쭐해 하거나 절망할 수 있는 상황인데도 즉각적으로 반응하기보다는 담담하게 받아들이는 노인의 지혜가 돋보인다.

51년 전 11월 30일, 나는 의대 동기 친구 몇 사람과 함께 아침 일찍 버스를 타고 조치원으로 향했다. 시외버스정류장에 내리니 읍내의 작은 건물들이 양쪽으로 죽 늘어서 있었다. 근처의 이발관에 들러서 긴 머리를 바짝 잘랐다. 나의 빡빡머리를 보고 친구들은 애써 웃어주었고 나도 겸연쩍게 웃었다.

친구들과 점심식사를 같이 하고 작별인사를 나누고, 나는 걱정스럽고, 약간은 두려운 마음으로 신병훈련소 연병장으로 들어갔다. 초겨울의 꽤 쌀쌀한 날씨라서 그때 두꺼운 하얀 점퍼를 입고 있었던 기억이 난다. 한바탕 입소식을 치루고 내무반으로 들어갔다. 그것이 난방도 되지 않는 열악하고 추운 훈련소에서 내가 겪은 6주간의 신병훈련의 시작이었다. 정신없이 신병훈련을 받으면서도 지난 2개월 동안의 생활이 까마득하게 오래 된 옛날 일같이 떠올려지곤 하였다.
　의과대학 초년생이었던 나는 10월초에 문리과대학 의예과 학생이었다. 그 당시 종로구 동숭동에 있었던 S대 의대와 문리과대학은 개천을 사이에 두고 양쪽에 마주보고 위치해 있었다. 10월초 이른 오후 점심식사를 하고 교양학부 수업을 기다리고 있던 중에 운동장에서 갑자기 시끄러운 소리가 들려와서 가보니 약 150여 명의 문리대 학생들이 유신독재에 항의하는 교내시위를 하고 있었다. 나도 자연스럽게 예과 친구들 몇 명과 이 시위에 합세하게 되었다.
　그 시기는 정부의 통제가 엄격하여서 한동안 대학의 데모가 잠잠하던 때였다. 1-2시간 교내를 돌면서 시위는 계속되었다. 마지막에는 교문 바로 안쪽에 약 200여 명이 앉아서 농성을 계속하였다. 교문 바로 밖에는 비슷한 수의 진압경찰이 대치하고 있었다.
　그런데 갑자기 교문이 열리더니 수백 명의 경찰과 사복형사들이 들이닥쳤고 순식간에 우리 주위를 에워싸더니 그들은 우리를 마구 잡아채기 시작했다. 이것이 처음으로 경찰이 대학 내로 진입하여 시위 참여자를 체포한 사례였다. 농성하던 학생들의 과반수 정도는 도망가고, 운 나쁘게 잡힌 학생 100여 명은 버스에 실려서 종로경찰서 유치장에 수용되었다. 3일만에 20여 명의 문리과대학 학생들이 주동자로 몰려서 제명을 당했다는 사실이 신문에 보도되었는데 나는 맨 앞줄에 앉아 사진에 크게 찍힌 증거가 확실하여 주동자 명단에 들어 있었다. 제적은 퇴학을 의미하지만 학칙상 복적의 기회가 규정되어 있어서 시간이 지나고 나면 다시 학교로 돌아갈 수 있는 가능성은 열려 있다. 그러나 제명은 다시 입학할 자격까지도 박탈당하는, 학칙상 최고 수준의 중징계였다.

이렇게 1주일간 경찰서 유치장에서, 그 뒤에 지금은 없어진 서대문 형무소에서 한 달 가량 미결수로 복역하고 기소유예로 풀려났다. 그리고 나서 복학이 차일피일 미루어지더니 갑자기 징병통지서가 나와 조치원 신병훈련소로 가게 된 것이다.

신병훈련이 시작되고 3-4주쯤 지나서 우연히 중대본부에서 신문을 보았는데, 그때 제명당한 20여 명의 서울대 문리대 학생들에 관해서 '개전의 정이 뚜렷하여' 복학을 시켜주기로 했다는 기사가 실려 있었다. 그런데 '다만 현재 병역을 수행하고 있는 자들은 대한민국 병역법에 의거하여 병역을 이수해야 한다.'라는 단서가 붙어 있었다.

그 당시만 해도 의대생들은 대부분 졸업하고 군의관으로 복무하였고, 사병으로 가는 경우는 극히 드물었다. 같이 제명된 학생들 가운데 병역을 기피하였던 사람들은 정상적으로 다시 복학이 허용되었지만, 나는 이미 입대를 한 상태였기 때문에 단서조항에 묶여서 그마저 허용되지 않았다.

나는 어렵게 신병훈련을 마치고 의정부 보충대에서 운이 좋아 한·미1군단으로 차출되었다. 그러나 시위 전력 때문인지 비밀취급인가가 다른 전우들보다 2달이나 늦게 나와서 다른 부대로 전출되지나 않을까 내심 걱정하기도 하였다.

이런 우여곡절 끝에 한·미1군단에서 지금의 전우들과의 인연이 시작되었다. 제대 말년에는 '미루나무 사건'이 터져 전역명령이 연기되는 바람에 수업일수 미달로 2학기에 제대로 복학할 수 없을까봐 노심초사하기도 하였다.

만20세(경찰서 유치장에서 있을 때 생일을 맞음)에 시작된, 전혀 예상치 않은 힘든 상황들을 겪었던 그 당시에도 나 자신은 그다지 절

임진각에서 전우들과 함께

망하지 않았다. 역사의 도도한 흐름속에 작은 희생을 당한 한 사람의 국민이지만, 박정희 대통령은 현대사에서 가장 훌륭한 대통령이었다고 생각하였다.

또한 유치장, 형무소, 군대사병 등의 경험은 S대 의대생으로서는 결코 체험할 수 없는 귀중한 경험이라고 느꼈다. 소위 사회에서 죄를 범하고 소외된 사람들을 여럿 만나면서 많은 이야기를 나누어 보았는데 그들 상당수는 순박하고 나약한 사람들이었다. 그러한 경험을 통하여 어떤 사람도 선입관을 가지고 무시하거나 미워하지 말아야 함을 배웠다.

그 당시에 나는 어떤 상황 속에서도 젊은 기백으로 앞으로의 삶을 잘 살아갈 자신이 있다고 생각하였다. 다만 밖에서 슬퍼하고 애닯아 하시는 부모님과 지인들에게 미안한 마음이 들곤 하였다. 젊은 청소년기에 누구나 그렇듯이 나도 그 당시에 '어떻게 살아야 할까?'라는 문제에 대한 고민을 가끔 하곤 했는데, 그중 가장 마음에 와 닿는 한 귀절이 있었다. 죽는 순간에 '아! 나는 이 세상에서 그래도 후회 없는 삶을 살았노라.'라고 할 수 있는 한 순간을 위해서 사는 것이라고.

만일 51년 전 '그날' 오후에 수업이 없었다면, 시위에 참여하지 않았다면, 그리고 잡히지 않았다면, 지금의 나는 완전히 다른 삶을 살고 있었으리라. 캠퍼스에서 아내를 만나, 지금의 가족을 이루지도 못했을 것이고, 의사로서도 지금과는 다른 경험을 했을 것이다. 또한 지금 한·미1군단의 동료들을 만나지도 못했을 것이다. '곤궁에는 운명이 있음을 알고, 형통에는 때가 있음을 알고, 큰 어려움에 처해도 두려워하지 않는 것이 성인의 용기다'라는 공자님의 말씀이 떠오른다.

며칠 전에 쏟아진 폭설로 인하여 창밖의 천등산 자락과 숲이 설국이다. 지붕에는 아직도 20cm 이상의 눈이 쌓여있다. 나는 교수직 정년퇴직 3년 전에 명예퇴직을 하고, 7년 전 천등산 자락에 집을 짓고 이곳에서 계속 살고 있다. 그때까지 지방에 살려고 계획한 적이 없었는데, 우연한 기회에 이곳에 집을 짓게 되었고, 이곳에 살게 된 것이다. 이것도 나의 운명이라고 생각한다. 편안하지만 직장에서 틀에 잡힌 말년 교수직을 하는 것보다는 하고 싶은 것을 좀더 자유롭게 하고 싶었다. 여행을 유난히 좋아하는 나는 좀더 자유롭게 넓은 세상을 보면서 공간여행을 하고, 인문학 공부도 하고, 좋아하는 책과 음악도 자주 가까이 하면서 시간여행도 하고 싶었다.

그 동안 남미, 아프리카, 유럽을 여러 번 여행하였고, 파미르고원도 넘었다. 3년 전부터는 의대 졸업동기 몇 사람과 함께 노약자, 장애인을 위한 방문진료를 하고 있다. 평균수명이 늘어나고 노인의료복지, 'Well-Dying'의 개념이 중요하게 부각되고 있어서 앞으로는 방문진료가 의미있는 일이 될 것 같아서 이 일을 시작하였다. 1주에 하루씩 진료를 하면서 거동이 불편한 대상환자들이 매우 많다는 사실을 알게 되었다. 그래서 현직에 있을 때 못지않게 매우 즐겁게 일하고 있다. 그리고 이 일을 통해서 앞으로 국가적으로나 환자 개인적으로나 방문진료가 더욱 활성화되는 것이 매우 필요하다는 것을 확신하게 되었다. 나는 지금까지의 나의 삶 전체를 통틀어서 60대 초반부터 지금까지의 생활이 가장 즐겁고 행복하다고 느끼면서 매일 매일 나에게 주어지는 삶이 곧 축복이라고 생각한다.

지나간 51년을 생각해 보니, 한 순간이다. 앞으로 우리가 건강하게 잘 살 기간은 잘해야 10-20여년이다. 오래 사는 것이 중요한 것이 아니라 건강하게 사는 것이 중요하다. 나이가 들면서 주위에서 친구들, 지인들이 아프거나 세상을 떠나는 분들이 있을 때마다, 슬프고 안타깝지만 이를 담담하게 받아들일 수밖에 없다.

나는 매일 아침마다 체중을 측정한다. 비만하면 당뇨, 고혈압, 고지혈증, 암 등이 발생할 확률이 높다. 일정한 건강체중을 유지하기 위해서는 건강한 식생활과 적당한 운동이 필수이다. 운동은 근력운동과 유산소운동을 병행해야 한다. 긍정적인 사고와 Stress 없는 생활, 충분한 수면, 정기적인 검진도 매우 중요하다.

50여년간 존경하는 중대장님을 비롯하여 한·미1군단의 친우들과 함께하면서 항상 자랑스러웠다. 이제 후배 전우들과 다시 만나게 되어 즐거움이 배가(倍加)되고 더욱 풍성해지리라 믿는다. 앞으로 우리 모두 건강관리 잘하여 가능한 한 오랫동안 건강하게, 또 이따금 만나서 행복한 시간을 함께하기를 희망한다.

이경영

통신부

죽음은 환상에 불과하다

정 춘

2023년 현재 한국인의 기대수명은 83.6세이다. 1970년 62.3세였던 것이 비약적으로 늘어나 80대 중반까지 도달한 것인데, 이는 앞으로도 지속적으로 늘어날 전망이다. 이제 나이 70세에 도달했으니 기대수명대로 산다면 13년 6개월 남은 셈이다. 그러니 이제는 죽음을 생각하고 준비할 시간이다. 지금까지 내가 어떻게 살아왔는지 성찰해 볼 시간이고, 죽음 다음에 만나게 될 것은 무엇인지가 궁금해질 시간이다. 죽음에 가까워진 개체인 나에게 나를 죽음으로 이끈 나의 유전자는 무엇이라고 말할지 혼자 물어보고 답해본다.

자연은 이미 다음 세대에 전달된 유전자의 존속 확률을 높이기 위한 방안을 지속적으로 강구해 왔다. 심지어는 이 과정에서 존속에 유리한 위치를 점유하기 위하여 기존의 유전자를 죽이는 방법을 택하기도 한다. 이것이 노화(老化)이다. 따라서 노화도 진화의 과정이고, 이 노화는 궁극적으로는 개체의 죽음으로 이어진다.

인간은 왜 늙어 죽는 것으로 설계 되었는가?
동물이든 식물이든 생명을 가지고 태어난 그 어떤 생명체라도 필히 생존의 시간은 정해져 있다. 특히 동물세계에서의 죽음은 당연한 것으로 보인다. 노화를 하고 죽음에 이르는 것이 자연스러운 일인 것이다. 한 개체에게 '자연스러운 일'이란 '자손을 남기고 노화하여 죽음에 이르는 것'이다. 자연은 한 개체로서의 우리가 죽든 말든 신경 쓰지 않는다. 아무 것도 하지 않아도 우리는 시간만 가면 힘이 빠지고, 노화하고, 죽음에 이르는 것이다. 오히려 자연은 우리의 죽음을 기다리는 것은 아닌지, 죽음 후 남은 잔재를 다시 사용하려는 것은 아닌지 모르겠다.

그러나 유전자의 입장에서 보면 이것은 전혀 이상할 것이 아니다. 이미 새로운 개체로 번식을 했다면 유전자는 다음 세대로 이전된 것이기에 번식 전 유전자의 죽음을 전혀 개의치 않기 때문이다. 이러한 것이 '생(生)이 바뀌는 윤회론'이란 것이다. 유목문화가 아닌 농경문화에서는 씨를 뿌리고 수확하는 계속 반복되는 순환구조 때문에 자연히 '생이 바뀌는 윤회론'이 생겨났다.

또다른 하나의 윤회론으로는 '흐르는 윤회'가 있다. 생을 다하게 되면 생을 다한 생명체는 에너지가 분해가 되며 흩어진다. 하지만 흩어진 에너지는 완전히 버려지는 것이 아니라 또 다른 생명체를 재구성하게 되는데 이것을 '흐르는 윤회'라고 한다.

진화한다는 것은 더 나아지는 것이 아니라, 다른 유전자와의 결합을 통하여 새로운 유전자를 만들어냄으로써 다양성을 통하여 생존에 유리한 고지를 점유한다는 것이다. 단순히 죽는 것이 아니라, 유전자를 통하여 자신을 이어가는 것이다. 부모에게서 물려받았던 것을 자식들에게 이어준다. 한 개체는 조상과 후손을 이어주는 매개체일 뿐이다. 그것이 자연스럽기 때문이다.

  일개미는 자신의 유전자를 다음 세대에게 물려주는 것보다 어미가 낳은 다른 형제자매의 생존을 위해 헌신하다가 목숨을 다하도록 설계되었다. 또한, 어느 종류의 개미는 저녁에 집의 입구를 몸으로 틀어막아 외부로부터의 침입을 차단하여 집단의 생존을 꾀하도록 설계되었다. 늦게 도착한 개체는 들어가지 못하고 밤사이 밖에서 죽게 된다. 다수의 안락함을 위해 소수를 버리는 것이다.

  벌은 자신이 죽는 줄 알면서도 침입자를 향해 침을 쏜다. 자기 집단의 생존을 위해 자신을 희생하고 죽음을 택하는 것이다.

  시베리아 독수리는 2~3개의 알을 낳고 그 알들의 부화를 위하여 최선을 다하지만, 부모들은 새끼들 간의 살생에는 전혀 개입하지 않는다. 먹이가 부족할 때에는 둥지 안의 새끼들 사이에 형제살생이 일어나고, 결국에는 한 둥지에서 한마리만 살아남아 다음 세대를 이어간다. 그런데도 어미 독수리는 자식들 사이에 벌어지는 이 참상에 대해 전혀 관여하지 않는다. 왜 어미는 제 새끼들의 형제살육에 개입하지 않을까? 그것은 한마리라도 살아남아 다음 세대를 잇는 것이 유리하다고 판단하기 때문이다. 그래서 그렇게 진화한 것이다.

  오래 된 유전자는 이미 자신의 유전자를 다음 세대에 전달하였기에 더 이상 자원을 소비하지 않고 새로운 유전자의 생존을 위하여 자신은 죽음을 선택한다.

이어받은 유전자를 다음 세대로 전달하였기에 노화되고 죽는다는 것은 자연스러운 것이다. 그렇게 보면 자연에는 죽음은 없다. 죽음이 있는 것이 아니라 끝없는 흐름만이 있을 뿐이다. 그 끝없는 자연의 흐름 속에 개체는 일정 기간 머물다 가는 존재일 뿐이다.

 정 춘
공병부

군에서 만난 귀한 인물들

김건중

　대학교를 졸업하고 군 입대를 하면서 사회에서 접할 수 없었던 사람들을 많이 만났다. 한 지방에서만 살고 공부하고 생활했던 나로서는 다양한 지역에서 온 다양한 사람들을 만날 수 있었던 것이 내 인생의 폭을 넓히게 된 좋은 경험이었다고 생각한다. 군대라는 특별한 상황은 앞으로의 사회생활을 위한 좋은 경험을 미리 하면서 인생 훈련을 받을 수 있게 해준 내 인생의 일류 훈련학교였다. 참으로 내 일생에서 전환기가 된 유용한 기회의 장(場)이었다.

　한·미1군단에서 군 생활을 하게 된 것은 하나님이 베풀어주신 은혜라고 나는 믿는다. 알다시피 미군에 배속된 한국군인 KATUSA도 아니면서 미군과 함께 근무하고, 양국의 장군들로부터 고급장교, 일반장교, 부사관, 그리고 당시 상황에서는 비교적 학력 수준도 높은 고급인력으로 구성된 사병들과 더불어 군 복무를 한다는 것은 내가 마음대로 선택할 수 있는 것이 아니었을 것이다.

　지금은 일상화되어 있지만 군 생활을 하면서 새롭게 접한 선진문화와 문물이 꽤 많았다. 미군 장교들 가운데 세련된 분들도 눈에 많이 띄었다. 한국군 장교들과 부사관 가운데도 훌륭한 분들이 많이 계셨다. 동료 사병들 가운데도 좋은 사람들이 많았다. 근 50년이나 지나서 군 동료들을 만나는 자리인데도 당시의 중대장님을 포함한 스물댓 명이나 참석을 했다는 사실이 이것을 입증한다고 나는 생각한다. 당시 대위였던 중대장님은 그 후 미국 유학을 거쳐 장군으로서 전역하고 대학에서 후학들을 지도하셨다는 반가운 소식도 그 만남의 자리에서 직접 들었다. 또한 동료 전우들이 각각 사회에서 중요한 인물들이 되어 중한 역할들을 감당했고 지금도 감당하고 있다는 좋은 소식도 들으니 그들과 함께 했던 나의 자존감도 동시에 올라감을 느꼈다.

군 복무 시절 함께 했던 많은 사람들은 내 인생에서 여러 면에 도움을 주었고, 그중에는 인격적으로 본받고 싶은 사람들도 적지 않았다. 의무적으로 해야 하는 군 복무 중에 이런 귀인들을 만난다는 것은 큰 복이요 행운이었다. 그러나 나에게 이것은 우연이 아니었다. 나는 비록 뜻도 모르고 했지만 군 입대하면서부터 해왔던 기도에 대한 하나님의 응답이라고 믿는다. 사관학교에 입교하면 기독교, 천주교, 불교 세 종교 중 한 가지를 선택해서 참여하도록 권면을 받는다고 한다. 나는 사관학교는 아니지만 한·미1군단에서 사병으로 군 생활을 하면서 기독교인이 된 군 선교의 열매이다.

기독교에 대한 관심은 어려서부터 시작되었지만, 본격적인 관심은 대학교에 입학하면서부터였다. 전공이 영어영문학이었기 때문이다. 서양 언어나 문학은 헬레니즘과 헤브라이즘이 바탕이 되기 때문에 이 두 가지에 관계된 책들을 읽어야 한다. 그리스·로마신화를 바탕으로 하는 헬레니즘은 접근이 비교적 쉽지만, 헤브라이즘은 성경을 읽어야 하는데 그게 쉽지는 않았다. 여러 번 시도를 했다. 다소 옛말로 느껴져서 어려운 데다가, 내용도 그다지 재미있지는 않았다. 마침 신약성경 중 비교적 현대어로 번역된 버전이 나와서 신약은 두

세 번 읽을 수 있었다. 그 성경을 읽으면서 느낀 것은 왜 하필 이스라엘처럼 보잘것없는 나라(지금은 다르지만)가 배경이냐 하는 것과 예수라는 별볼일 없어 보이는 목수 출신의 젊은 사람이 창시한 종교를 왜 그렇게 많은 사람들이 믿는가 하는 의문이었다. 더구나 그는 처녀의 몸에서 출생했다고 했는데, 이 말은 너무나 비과학적이라는 생각이 들었다. 그는 30대의 나이에 당시 그 땅을 지배하고 있던 로마제국의 총독과 병사들에게 당시의 가장 잔혹한 처형 방법인 십자가형을 당했고, 무덤에 장사까지 지냈는데, 그가 부활했다고 믿는다는 것은 매우 비논리적이라고 생각했다. 그러나 그 인물에게 묘한 매력을 느끼게 된 것은 지금 생각해도 흥미롭다.

구약성경은 개역한글판만 있어서 몇 차례 시도하다가 포기했다. 현대인들은 사용하지도 않는 조선시대 단어들과 어투처럼 느껴지는 표현들이 많았기 때문이다. 지금은 개역개정판을 비롯한 현대어 번역 성경들이 많이 나와서 한결 낫다. 영어성경 읽기를 시도하기도 했지만 인명과 지명이 생소해서 더 어려웠다. 창세기, 출애굽기까지는 그런대로 흥미로웠지만 레위기로 들어가면 무슨 말인지도 모르겠고 비슷한 말이 반복되면서 지루해져서 결국은 포기했다. 4년 동안 한 번도 완독하지 못했으니 전공을 제대로 공부했다고 말하기도 어려웠으리라.

대학을 졸업하고 고등학교 교사를 몇 달 하다가 군 입대를 할 때 누가 기드온협회에서 제공한 신약전서와 시편이라는 작은 성경책을 선물해 주었다. 훈련소에서 다른 것은 다 거두어서 집으로 우송을 시켰는데 그것은 허용이 되었다. 훈련 기간 동안 그 작은 책은 적잖은 위로가 되었는데, 아마도 훈련이 고되어서 더 그랬던 것 같다. "10분간 휴식!" 구령이 떨어지면 윗도리 호주머니에서 그것을 재빨리 꺼내 읽고는 했을 정도로 열심히 읽었다. 그러면서 일요일이 되면 어느 조교의 조롱 섞인 광고 "환자 집합!" 소리에 내무반 앞에 모여 정렬해서 발을 맞추어 훈련소 교회에 가서 예배에 참석했다. 익숙하지도 않고 어색하기만 했다. 함께 부르는 찬송가도 잘 모르니 입만 벙긋벙긋할 수밖에 없었다. 그렇게 앉아있으려니 그 조교의 비아냥처럼 마치 환자가 된 것 같았다. 그러나 기도가 무엇인지도 모르면서 이런 기도는 자주 했다. "신이 계시다면 매일 박박 기는 힘든 전방이라도 좋으니 이걸 제대로 읽고 내용이 무엇인지 알려줄 수 있는 사람이 있는 곳으로 배출되게 해주십시오."

  기초군사훈련이 끝나고 101보충대로 이송되었다. 힘든 예비사단 훈련소와는 달리 다소 여유가 있었다. 여기저기서 훈련을 마친 이등병들이(드물게는 일등병들도 있었던 것 같다) 모여 임시내무반에서 함께 지낼 때 장교나 부사관들이 특기 조사를 하러 오곤 했다. 이발, 운전, 목공, 기계공…… 그 밖에도 평소에 듣지 못한 별별 신기한 특기들이 다 있었다. 그런 게 없던 나는 그저 가만히 있었다. 어느 날 멀끔하게 잘 생긴 어느 장교가 사병을 대동하고 와서 "영어 특기 가진 사람 나오라"고 광고했다. 영어가 무슨 특기지? 영문과 출신이었던 나는 일어나 나갔다. 어느 교실로 안내되어 가서 모인 병사들 사이에서 시험을 치렀다.

  보충대에서 배출되던 날 연병장에 모여 차례를 기다리던 끝에 뽑힌 세 사람이 만났다. 키도 작고 새까맣게 타서 꾀죄죄한 나와는 달리 두 사람은 훤칠하게 키도 크고 잘 생겼다. 두 따블백 동기들과는 금방 친해졌고 제대할 때까지 허물없이 잘 지냈다. 사회에서 지도자로서의 역할을 훌륭하게 마치고 은퇴한 근 50년만의 만남에서도 우리의 우정은 여전함을 확인했다. 트럭 타고 전방으로 가는 병력들과는 달리 우리에게는 찝차가 대기하고 있었던 것으로 기억된다.

의정부 시내를 지나 "HEADQUARTERS I CORPS (ROK/US) GROUP"이라고 써져 있는 아치형 간판이 붙어있는 미군 부대로 들어갔다. 속으로 "야, 카츄샤구나!"하고 좋아했다. 그러나 부관부에서 일과를 마치고 선임병들과 함께 줄을 맞추어 향한 곳은 양식 냄새 풍기는 미군식당 앞을 지나 후문을 통과하여 짬밥 냄새 가득한 한국군 부대의 식당이었다. 하지만 미군들이 사용하던 시설을 물려받은 우리 부대는 당시로서는 드물게 내무반에 철침대가 구비되어 있었고, 캐비넷이 각 개인에게 배당되어 관물을 보관하게 되어 있었으며, 함께 볼 수 있는 TV도 있었다. 화장실에는 샤워기와 양변기들이 설치되어 있었다. 한마디로 퍽 앞서가는 부대였다.

첫날 저녁 식당 사역을 마치고 내무반에 오니 비상이 걸려 있었다. 선임 병사들이 다 단독군장을 하고 각 참모부의 장교들에게 연락을 하러 나가는 바람에 우리는 그 밤의 무서운(?) 내무반 전입신고를 면했다. 무슨 일 때문에 비상이 걸렸는지는 모르지만 앞으로의 군 생활이 쉽지는 않겠구나 하는 느낌이 들었다.

몇 달 지나 광복절 공휴일이라 근무가 없어서 내무반에서 TV를 보며 쉬고 있었는데, 광복절 행사를 중계하던 중 갑자기 대통령 영부인 육영수 여사가 저격당하는 사건이 발생하는 광경을 목도했다. 그때도 물론 비상이 걸렸을 것이다. 얼마간 TV에서는 애도하는 우울한 방송만 방영되었다.

이런 비상은 고참이 되어 전역을 몇 달 앞두고도 있었다. 판문점 도끼만행 사건 때문이었다. 아마 데프콘2인가 3인가 최고 단계의 비상이 걸렸던 것으로 기억된다. 그때는 정말 전쟁이 나는 줄 알았다. 제대를 못하는 게 아닌가 긴장되기도 했었다.

포병부로 배치 받았다. 본부중대에서는 짬밥 먹고, 불침번 서고, 보초 서고, 유격훈련도 받았지만, 하루 여덟 시간 미군들과 함께 근무하는 것만 해도 감사했다. 열심히 근무했다. 새로운 것도 많이 배웠다. 대학에서도 쉽게 접하지 못했던 한글 타자, 영문 타자를 매일 쳤다. 사회에서는 몰랐던 군사용어도 익혔다. 한글, 영문으로 다 말이다. 오래 하지는 못했지만 참모부 내의 미군 장교들에게 한글을 가르치는 임무를 부여받아 수행한 적도 있었다.

일요일이면 군단 교회를 부지런히 다녔다. 전입하고 얼마 안 된 졸병 때 미군들의 예배에 참여한 적이 있었는데, 군단장 홀링스워스 중장께서 예배 후 교회 문밖에서 새카만 한국군 이등병인 나와도 악수하며 따뜻하게 인사를 해주셔서 참 영광스럽구나 하고 느낀 적이 있다. 이 분은 한국을 사랑하시고 한국을 위해서 미국 대통령에게 직언을 하시다가 전역을 당하셨다고 후에 들은 기억이 있다. 이 분뿐만 아니라 모든 미군 장교들이 다들 신사로 느껴졌다.

때로는 선임 교우들을 따라 시내의 민간교회에까지 가서 예배에 참여하고 점심도 얻어먹었다. 그러면서 다른 사람들 하는 대로 평일에는 진급 파티에서(미군들은 장교뿐만 아니라 부사관 진급시에도 거하게 한턱내는 관습이 있었다) 술도 마시고, 욕도 하고, 불평도 하곤 했다. 한편으로는 가져온 성경을 부지런히 읽었다. 그러면서 내가 기도한 대로 내게 신앙적으로 도움을 줄 사람이 누구일지 살피기도 했다. 일년여를 그렇게 생활했다.

영적인 세계는 인간의 노력을 넘어서는 차원의 것임을 알게 된 것은 그분 예수를 인격적으로 만나면서부터였다. 그분은 바로 일찍이 신약성경을 읽으면서 이해하기는 힘들었어도 묘한 매력을 느끼게 만든 인물이었다. 또한 그 인물을 인격적으로 만날 수 있도록 도움을 준 선배 전우가 있었던 것도 물론이다. 이것 또한 기도 응답이라고 나는 믿는다. 어느날 밤 내무반 침대에 누워 그 선배 전우의 권면대로 그분을 내 삶의 주인으로 영접하는 기도를 했다. 그러자 그때까지는 도저히 믿기지 않았던 인간이면서 신으로서의 그분이 믿어졌고, 그의 신비한 처녀 탄생과 죽음의 의미와 부활도 차츰 받아들이게 되었다. 인간을 구원할 수 있으려면 능력있는 신(神)이어야 했고, 죄인을 불쌍히 여기고 대신해서 죽으려면(이것을 대속이라고 한다) 인간(人間)이 되어야 한다는 것도 이해가 되기 시작했다. 물론 그렇게 되기까지는 그 선배 전우만이 아니라 다른 여러 크리스천 선후배 전우들의 도움도 컸었다.

대학교 다닐 때 영어회화 연습한다고 어느 미군부대의 교회에 나간 적이 있었는데, 어떤 미군 병사가 "I am the way, the truth, and the life. No man comes unto the Father but by me"(John 14:6)라고 써주면서 외우라고 해서 기계적으로 외웠었다. 이 말을 한 이는 예수인데, 이 구절의 한글 버전은 "내가 곧 길이요, 진리요, 생명이니 나로 말미암지 않고는 아버지께로 올 자가 없느니라"(요한복음 14:6)이다. 그 전까지만 해도 구원의 길은 여럿 있을 터인데, 자신만이 길이요 진리요 생명이라고 주장한 예수가 독선적이라고 생각했었는데, 그분을 인격적으로 만나고 나서부터는 그분이 하신 이 말씀이 믿어지고 동의가 된 것이다.

2023년 9월 27일 안상수 교수 PaTi교장(파주) 식당에서

   그 이후의 군생활은 나에게는 BC와 AD로 분명하게 구분된다. 내가 크리스천이 된 후 전입와서 내 모습을 본 후배 전우들 중에는 나를 모태 신앙인으로 알고 있는 전우도 있을 정도였다. 어떤 후배 전우로부터는 융통성 없고 속좁은 태생적 예수쟁이라고 비아냥거리는 소리도 들었다. 그런 미숙한 모습을 보인 데에 대해서는 참으로 미안하게 생각한다. 위선적 바리새인의 모습도 분명히 있었을 것이다. 모태 신앙인이 아니라 초보 신앙인의 한계였다.

   제대 후 나의 신앙에 가장 중요한 영향을 끼친 선배 전우를 따라 그분이 소속된 선교단체로 가서 13년이 넘게 신앙훈련을 받으며 생활했고, 결혼을 해서 가정을 이루었고, 자식을 낳아 기르면서 울고 웃으며 살아왔다. 그 후 사업가들을 중심으로 하는 또 다른 기독교기관의 초청으로 그곳에서 일을 하는 중에 신학대학원에서 공부하고 목사가 되는 기회가 주어졌고, 25년이라는 세월 동안 사역(군대에서 하는 사역과는 다른 의미의 사역)을 할 수 있는 보람도 있었다.

군 생활을 무사히 마치고 전역할 때 근무했던 포병부로부터 "NOT ALL ARE PRIVILEGED TO BE AN ARTILLERYMAN(누구나 다 포병이 될 특권이 있는 건 아니다)"이라고 새겨진 멋진 기념패를 선물 받았다. 내 마음 속에는 "NOT ALL ARE PRIVILEGED TO BE A CHRISTIAN BUT BY JESUS(예수를 통하지 않고는 누구도 크리스천이 될 특권이 없다)"라는 문구가 새겨졌다.

지금은 나이가 차서 은퇴하고 조용히 교회에서 봉사하며 살고 있다. 이 모든 삶의 이면에는 예기치 않은 만남들이 있었다. 무엇보다도 내 인생의 황금기에 인격체이신 그분 예수를 만났으며, 그분은 내가 그를 알기 전 나에게 한·미1군단이라는 일류 인생 훈련학교에 입학시켜 주셨다. 그곳에서 나는 많은 귀인들을 만났고, 그들로부터 선한 영향을 받으면서 내 인생의 필요한 것들을 잘 갖출 수 있었다. 나는 지금도 여전히 그때 받은 선한 영향력을 잃지 않고 살아가고 있음을 자랑스럽게 말할 수 있다. 군(軍)은 인생 최고의 훈련학교다!

김건중
포병부

제5부

붓 따라 결 따라

붓 따라 결 따라

　수필(隨筆)은 청자 연적(靑瓷硯滴)이다. 수필은 난(蘭)이요, 학(鶴)이요, 청초(淸楚)하고 몸맵시 날렵한 여인(女人)이다. 수필은 그 여인이 걸어가는, 숲 속으로 난 평탄(平坦)하고 고요한 길이다. 수필은 가로수 늘어진 포도(鋪道)가 될 수도 있다. 그러나 그 길은 깨끗하고, 사람이 적게 다니는 주택가(住宅街)에 있다.
　수필은 청춘(靑春)의 글은 아니요, 서른여섯 살 중년(中年) 고개를 넘어선 사람의 글이며, 정열(情熱)이나 심오한 지성(知性)을 내포한 문학이 아니요, 그저 수필가(隨筆家)가 쓴 단순한 글이다.

　……〈중략〉……

　덕수궁(德壽宮) 박물관에 청자 연적이 하나 있었다. 내가 본 그 연적(硯滴)은 연꽃 모양으로 된 것으로, 똑같이 생긴 꽃잎들이 정연(整然)히 달려 있었는데, 다만 그 중에 꽃잎 하나만이 약간 옆으로 꼬부라졌다. 이 균형(均衡) 속에 있는, 눈에 거슬리지 않는 파격(破格)이 수필인가 한다. 한 조각 연꽃잎을 옆으로 꼬부라지게 하기에는 마음의 여유(餘裕)를 필요로 한다.

　……〈하략〉……

　수필가 피천득님의 '수필'이라는 글의 일부이다. 붓 따라 결 따라 쓴 단순한 글이 수필이다. 덕수궁 박물관의 청자 연적처럼 살짝, 아주 살짝 여유를 부린 것이 수필이다.
　우리 전우들의 잔잔한 멋과 따뜻한 숨결과 삶의 여유를 느낄 수 있을 것이다.

한밤의 기다림

정 지 수

아무리 작은 소리도
자정이 지나면 귀에 거슬린다.
하물며 반복되는 기계음 소리는 말할 것도 없다.
지난달 이사온 윗층에서
새벽 1시 지나면 어김없이 모타 작동하는 소리가 들린다.
찌~익 찌~익 끊어질 듯 이어지고 이어져가다 멈추기를
수십 차례 반복한다.

참! 예의도 없다
한밤중에 어쩜 저렇게 염치없는 짓을 할까?
아랫집 인내력 시험하는 것도 아니고……
온갖 투정이 났지만
내일은 그치겠지 하고 꾹 참고 지낸지
벌써 한 달을 넘겼다.
가끔 층간 소음으로 이웃간 다툼이 있다는
기사를 볼 때마다 역지사지 하지……
서로 조금만 이해하지 하며 탓하였는데 나도 어쩔 수 없었다.

김명식 하사, 정지수 일병, 조 대위 (공병부 제도실)

인내력에 한계가 느껴졌다

몇날을 벼르다 오늘 아침 일찍 단단히 맘먹고 올라갔다.
초인종을 길게 눌렀다.
"딩동댕 딩동댕."
"누구세요?"
"아랫집입니다."

90을 넘긴 듯한 할머니가 잠을 설치셨는지 눈을 비비시며 빼꼼히 문을 연다.
"아랫집에서 왔습니다. 날마다 잠을 잘 수가 없습니다."
"그렇잖아도 밤마다 죄송스러웠는데
미처 양해를 구하지 못했네요.
사실은 며늘아기가 심장질환이라
주기적으로 인공호흡을 바로 하지 않으면……"
고개를 반쯤 숙이시며 말을 잇지 못하신다

당황스럽다
"아닙니다 죄송합니다. 그런 줄도 모르고."
이번엔 내가 고개를 숙이고 용서를 빌었다.
순식간에 원고와 피고가 바껴버린 것이다.
단단히 맘먹고 왔는데 예상치 않은 복병이
상황을 한방에 역전시켜 버렸다.

그리 길지 않은 침묵이 서로를 위로하고 있었다.
계단을 내려오는 걸음이 알 수 없는 이유로 무겁다……

나는 안다. 인공호흡기의 공포를!
30년 전 아산병원 응급실에서 딸아이의 가늘어진 숨을 이어주던
그 기계음의 처절함을,
다시는 만날 수 없는 이별을 앞두고 숨죽이며
들었던 기계음 소리가 아련하게 되살아났다.
찌~익 찌~익

저녁 무렵 윗층 할머니가
알이 굵은 복숭아 한 상자를 들고 내려 오셨다.
"아닙니다 할머니."
나는 순간 당황했다.
도저히 받아서는 안될 선물이었기 때문이다.
오히려 내가 전심을 다한 위로의 선물이라도 전해야 할 입장인데
참으로 난감했다.

남의 아픔을 함께 나누진 못할망정 그걸 핑계로
선물을 받는다는 건 파렴치범이나 하는 짓 아닌가?
"이러시면 안 됩니다."
극구 사양했지만
할머니는 막무가내로 손을 저으시며 커다란 상자를 문앞에다 놓고는 올라가 버리셨다.
그날 이후……
자정이 지나도 그 모터 소리가 들리지 않으면
불안하다.
잠을 이룰 수가 없었다.
혹시나?
아랫집 생각하며 힘들어도 참고 계신 건 아닌지요?
할머니……

전에는 듣기 거북하던 그 소리가 오히려 기다려진다.
마침내 밤공기를 뚫고 찌~익 찌~익
기다리던 그 기계음 소리가 아련히 들리는 순간
휴우~~ 휴우~~ 나도 모르게 가슴을 쓸어내린다.

왜 이제 울려! 얼마나 기다렸는데!
한 영혼이 소생하는 소리
천사 같은 시어머니 사랑이 탄로나는 소리
세상에서 가장 아름답고 포근한 소리인데……

'역지사지(易地思之)'
남의 입장에서 생각해 보라는 사자성어다.
그럼에도 남의 입장 꼼꼼이 새기지도 못한
얼치기 역지사지가 얼마나 많은가!
혹시 저만의 은밀한 예외를 숨긴 성어(成語) 아닌가?

나라면……
그리하지 않았을 텐데 하는 막연한 이해는
공허한 투정이다 남의 형편 온전히 알기 전까지는……

오늘 밤에도 한밤중 울리는 그 소리를 기다리고 있다.
행여나 울리지 않을까
은근히 걱정된다……
울려라 울려 울려 울려야 한다!

햇포도가 나오면
알이 튼실한 것으로 한 상자 놓고 와야겠다
아무도 모르게……

정지수
공병부

너는 누구냐?

서 병 교

고요한 어둠 속에서 부드럽고 묵직한 음성이 들려옵니다.

나는 들판에 서 있습니다. 메마르고 황량한, 모세가 백성을 이끌고 40년 동안 헤맨 광야와 같은 곳입니다. 뜨겁게 타오르는 태양 아래를 날아가는 새의 그림자는 불탄 자국 같습니다.

나는 혼자입니다. 나는 들판을 걸어갑니다. 외로움과 불안, 자기 불신, 철모르던 과거의 선택들에 대한 후회와 죄책감이 나를 고통스럽게 합니다. 어스름이 깔려오는 들판에 흰 절벽 같은 게 서 있습니다. 문(門)입니다. 문은 닫혀 있습니다.

문은 겨우 한두 걸음 떨어진 내 앞에 서 있습니다. 나는 문을 두드립니다. "문을 두드려라, 너희에게 열릴 것이다."(루카 11:9)라는 말씀처럼 문이 열리기를 기다립니다. 그러나 문은 열리지 않습니다. 대신에 문 너머에서 음성이 들려옵니다.

"너는 누구냐?"(요한복음1:19)

나는 대답하지 못합니다. 나의 이름, 나의 성별, 나의 짧은 역사, 나의 미미한 경력…… 그런 것들은 내가 누구인지 온전히 설명해 주지 못합니다. 나는 다시 문을 두드립니다. 조금 뒤, 문 너머에서 똑같은 음성이 들려옵니다.

"그러면 너는 누구냐?"
"너는 너를 무엇이라고 말할 수 있느냐?"(요한 1:21-22)

'나는 누굴까?' 나는 겨자씨보다 작은 사람입니다. 나는 결코 예언자가 아니지만 '브에르 세바에서 호렙산까지 350킬로미터의 거리를 밤낮으로 걸어간 엘리야 예언자'(열왕기상 19:1-8)처럼 걷고, 걷고, 또 걷는 것 말고는 할 줄 아는 게 없는 사람입니다. 나는 길을 잃고 목자를 기다리는 한 마리 양(루카 15:4)처럼 겁에 질리곤 하는 사람입니다.

나는 지혜가 모자라, "누구든지 지혜가 모자라면 하느님께 청하십시오."(야고보 1:5)라는 말씀에 위안을 받는 사람입니다. 나는 인내심이 부족해 "끝까지 견디어 내는"(마태 24:13)이라는 말씀을 매일같이 새겨야 하는 사람입니다. 나는 사랑이 적어 "이 모든 것 위에 사랑을 입으십시오"(콜로 3:14)라는 말씀을 품고 살아가야 하는 사람입니다. 그리고 나는 무척이나 목이 마릅니다.

"너는 누구냐?"

나는 우물가에서 영원히 목마르지 않는 물을 달라고 청하는 사마리아 여인인지도 모릅니다.(요한 4:7-15) 나는 "예수님, 스승님, 저희에게 자비를 베풀어 주십시오."(루카 17:13)라고 소리 높여 말하고 있는 열 명의 나병 환자 중 하나인지도 모릅니다. 나는 잃어버린 은전 한 닢을 찾으려고 등불을 켠 어떤 여인인지도 모릅니다.(루카 15:8) 나는 절망감에 휩싸여 길에 앉아 있는 예리코의 눈먼 이인지도 모릅니다.(루카18:35)

나는 신랑을 기다리는 처녀들 중 하나인지도 모릅니다.(마태 25:1-13) 나는 예수님 발에 엎드려 "주님, 저를 도와주십시오."하고 애원하고 있는 가나안의 어떤 여인인지도 모릅니다.(마태 15:21-28) 나는 갈릴래아 호숫가에서 굶고 있는 오천 명의 군중 중 하나인지도 모릅니다.(마태 15:32-39) 나는 자신보다 조금 일한 일꾼들에게 품삯을 똑같이 준다며 포도밭 주인에게 불만을 터트리고 있는 포도밭의 일꾼인지도 모릅니다.(마태 20:1-16) 나는 어쩌면 그들 모두인지도 모릅니다.

"너는 누구냐?"

"저는 말씀을 들으러 왔습니다. 저를 낳으신 부모님도, 저를 가르치신 선생님들도, 형제들도, 세상 그 누구도 제게 해 주지 않았던 말씀을 들으러 왔습니다. 저는 말씀에 목말라 있습니다. 지난날 말씀이 저를 살렸듯, 말씀이 오늘도 저를 살게 해 줄 것이라는 걸 알고 있습니다. 제게 말씀을 들려주십시오."

"행복하여라, 자비로운 사람들! 그들은 자비를 입을 것이다."(마태 5:7)
"너희는 말할 때에 '예.' 할 것은 '예.' 하고, '아니요.' 할 것은 '아니요.'라고

만 하여라."(마태 5:37) "눈은 몸의 등불이다. 그러므로 네 눈이 맑으면 온몸도 환하고, 네 눈이 성하지 못하면 온몸도 어두울 것이다. 그러니 네 안에 있는 빛이 어둠이면 그 어둠이 얼마나 짙겠느냐?"(마태 6:22-23) "남을 심판하지 마라. 그래야 너희도 심판받지 않는다…… 먼저 네 눈에서 들보를 빼내어라."(마태 7:1-5) "그러므로 남이 너희에게 해 주기를 바라는 그대로 너희도 남에게 해 주어라."(마태 7:12) "너희는 좁은 문으로 들어가라."(마태 7:13)

나는 다시 문을 두드립니다.

"너는 누구냐?"

나는 여전히 대답을 못합니다. 문 너머의 존재에게 나는 묻습니다. "나는 누구입니까? 내가 누군지 알게 해 주십시오. 깨닫게 해 주십시오. 나는 누구입니까?"

광야와 같은 들판은 내 안에 있습니다. 들판에 절벽처럼 서 있는 문도 내 안에 있습니다. 문 너머에서 들려오는, "너는 누구냐?"라고 묻는 음성도 내 안에 있습니다. 그리고 나는 지금 빛에 휩싸인 십자가 아래에 오롯이 앉아 있습니다. 저 어디선가 문이 열리는 소리가 들립니다.

서병교

비서실

한규훈 병장과 서병교 일병

사령부 앞에서
이병익 일병과 서병교 일병

사령부 본부 앞에서
서병교 일병.

사령부 본부 앞에서
서병교 일병.

서병교 일병과
Captain Bettin 군단장 전속부관, 한규훈 병장

김건중, 구흥서, 허교번, 양현중, 서병교, 황성호, 이상균

부산 깡깡이 예술마을

조용호

　부산의 명물 가운데 깡깡이 예술마을이 있습니다. 자갈치시장 맞은편에 남항대교와 영도대교가 맞닿은 지점에 자리잡고 있는데 공식 행정구역상 명칭은 부산시 영도구 대평동입니다. 예전에는 자갈치시장 쪽에서 도선(渡船)을 타고 건너다녔던 곳입니다.
　이곳은 예전부터 수리조선소가 많이 있었던 곳입니다. 그리고 이 수리조선소들에서 철선을 수리할 때 배에 붙은 너덜너덜해진 페인트나 녹, 따개비 등을 떨어내기 위해 인부들이 망치로 배를 힘껏 두드려야 했습니다. 그럴 때마다 '깡깡' 하는 요란한 소리가 났는데, '깡깡이 마을'이라는 별스러운 이름은 이에서 유래한 것입니다.
　따라서 이곳은 부산 사람들의 애환이 짙게 서린 곳인데 이제는 예술마을로 탈바꿈하여 외지 관광객들이 많이 찾는 명소가 되었습니다. 그러나 아직도 잘 모르는 분들이 있기에 여기서 이 마을을 소개하려고 합니다.
　부산의 구도심인 광복동·남포동과 영도다리를 통해 연결되는 부산 영도구는 노인인구 비율이 전국의 특별시·광역시 중 두 번째로 높은 초고령 자치구입니다. 65세 이상 노인인구 비중은 무려 30%에 달하고, 50대 이상 인구 비율은 57%로 주민의 절반 이상이 50세가 넘었습니다.

　한때 중소 조선사들이 밀집해 있었고, 이들이 지역 경제를 주도했던 곳이지만, 조선업이 침체하면서 젊은층이 대거 빠져나갔습니다. 현재 인구는 10만여명으로 40년 전의 절반으로 줄었습니다.

　어느날 부산항 대교를 타고 가다가 영도 봉래산 산복도로에 내려서 청학동행 82번 버스 맨 뒷좌석에 몸을 실었습니다.

　영도다리(영도대교)를 넘어오다 보면, 다리 한켠에 앉아 있는 동상과 비석이 시야에 들어옵니다. 바로 이곳 영도 출신 가수 현인 선생과 그의 노래비입니다.

　　굳세어라 금순아
　　금순아 보고 싶구나 고향 꿈도 그리워진다
　　영도 다리 난간 위에 초생달만 외로이 떴다

영도 출신가수 현인 선생과 그의 노래비

◀ 부산의 명물 영도다리

부산의 역사가 살아 숨쉬는 ▶
깡깡이 예술마을의 조선소에서
깡깡이질을 하는 인부들

그 시절 영도다리 밑에는 점바치 아낙들이 자리 잡고 고공에는 깡깡이 아줌마가 줄을 타는 진풍경을 목격할 수 있었다고 합니다. '깡깡이'라는 이름은 수리조선소에서 배 표면을 망치로 두드릴때 '깡깡' 소리가 난다고 해서 생겨난 것입니다. 이 깡깡이 일을 하는 인부인 잡역부는 아주머니들이 많았는데, 그들은 '깡깡이 아지매'라고 불렸습니다. 철로 만들어진 큰 배의 표면을 무거운 망치로 하루 종일 두드리는 것은 힘들고 고달픈 일일 수밖에 없었습니다. 아무나 쉽게 할 수 있는 일이 결코 아니었습니다. 그래서 무작정 돈벌이를 위해 도회지로 나온 아낙네들이나 6·25 전쟁으로 과부가 된 젊은 여성들이 이 일을 하는 경우가 많았다고 합니다.

"부산에 가서 깡깡이 질이나 하여 보세."라는 노랫말이 전해지는 것을 보면 이 '깡깡이질'은 아무래도 부산 영도에서 처음 시작된 말인 것 같습니다.

제3공화국(1962~1972)의 조선 장려 정책으로 신조된 철강선이 늘어난 영도에서 먹고 살고, 자녀를 키우기 위해서는 배와 관련된 일밖에 달리 일거리가 없는 상황이었습니다. 특히 교육을 받지 못한 여성이 대부분이라 배의 녹을 떨어내는 단순한 일밖에는 달리 할 일이 없었습니다. 이들에게는 선택의 여지가 없었던 셈입니다.

　　그리고 그 고된 노역의 대가로 받은 1960년대의 일당 1천원은 간신히 생계를 유지할 정도밖에 되지 않았습니다. 360톤짜리 선박, 약 5m 높이의 선박 벽에 매달려 망치를 들고 온종일 '깡깡'대며 뱃전의 철판을 쉬지 않고 두드려야 했던 깡깡이 아지매. 허술한 작업대에 서서 맨손으로 작업을 하다가 떨어져 치명상을 입기도 하고, 잠시만 들어도 고막이 아플 정도의 소음을 돌돌 만 휴지로 겨우 귀를 막고 다시 깡깡이질을 했던 그녀들.

　　그녀들이 억척스러운 깡깡이 아지매가 된 이유는 단 하나였습니다. 바로 자식들 때문이었습니다. 본인은 가난해도 자식들만큼은 번듯하게 키우고자 했던 어머니의 간절한 마음은 매일 온몸이 부서질 것 같은 중노동도, 5m 높이에서 작업하는 공포도, 깡깡대는 그 요란한 소음도 결코 꺾을 수 없었던 것입니다. 누군가의 어머니였던 그녀들의 그 억척스러움을 그 자식은 자신이 부모가 된 후에야 비로소 깨닫습니다. 그것이 자신을 위한 어머니의 사랑이고 헌신이었음을······

　　"여자는 약해도 어머니는 강하다."

　　이 말은 영원히 변하지 않을 진리입니다. 깡깡이 마을에 가보면 눈과 귀로 바로 확인할 수 있습니다.

조용호 권문택 황완주 김명식

좌로부터 황완주, 정홍구, 이희배, 이상명, 백승춘, 조용호, 박경신, 서장선, 이의용

조용호

본부사령실

내가 본 I-CORPS FAMILY

이 석 우

인생의 노년은 추억을 먹고 산다고 했던가?

남자의 추억으로 말한다면 일생을 통틀어도 가장 혈기왕성했던 군대생활의 기억이 으뜸이리라. 이 군에서의 추억을 끈으로 해서 20대에 만나 70대 중반에 이르기까지 50여년 동안이나 끈끈한 삶의 궤적을 공유하며 모임을 이어온 한·미1군단 예비역들은 분명 행복한 사람들이다. 이 글은 내가 이들과 함께 정을 나누면서 수십년간 지켜본 이야기이다.

나는 어느날 현대건설의 동료인 서장선이 군대 동기들 모임에 간다기에 신기하기도 하고 궁금하기도 해서 같이 가게 해달라고 강청하였다. 그리고 나는 난처한 표정의 서장선을 따라 낯선 모임에 첫발을 디디게 되었다.

그런데 나는 금방 그 모임의 성격, 취지, 구성원들에 반해 버리고 말았다. 너무 재미있고 풍성하고 유익하고 자유로웠다. 그리고 열정적이었다.

이 모임의 구성원들은 두 말할 것도 없이 한·미1군단에서 함께 군생활을 하고 전역한 동료들이다. 모두가 그때의 군인정신이 면면이 이어져 굳건한 애국심을 가지고 있고, 아울러 해박한 지식과 풍부한 해학, 다양한 사회 경험들을 가지고 있는 사람들이다. 그 당시 중대장이셨던 권문택 장군과 모임을 총괄하는 서장선을 비롯하여 구범희, 김규석, 김병언, 김영희, 감종홍, 문봉희, 민병출, 박경신, 박동근, 박홍용, 변진학, 신종철, 안상수, 이경영, 이진업, 이흥건, 이희배, 임병수, 정홍구, 조병주, 김명식님 등 많은 인재들이 포진해 있었다.

전혀 다른 분야 서로 다른 직장에서 사회생활을 하고 있는 다양한 사람들이 이렇게 함께 어울리면서 50년간이나 모임을 이어온다는 것은 참으로 쉽지 않은 일일 것이다. 그리고 그 뿌리가 군대생활에 있었다는 것이 더욱 쉽사리 믿기지 않는다. 50년을 모임을 해왔다고 하면서도 회장도, 총무도, 회칙도 없다. 심지어 회비도 일체 없다. 그런데도 이 모임이 유지된다는 것이 참으로 신기하다.

나는 그 저력이 어디에서 나오는 것인지 궁금해서 나름대로 곰곰 생각해 보았다. 그리고 훌륭한 지휘관과 희생적이고 헌신적인 동료는 군대생활뿐만 아니라 사회생활에서도 꼭 필요하다는 것을 새삼 깨닫게 되었다. 그리고 이 묘한 모임은 정신적 지주 역할을 하신 권문택 장군과 서장선 총통(이들은 흔히 그를 이렇게 부르기 때문에 나도 그렇게 부르기로 한다)의 헌신적 노력이 있었기에 가능했을 것이라는 생각을 하게 되었다.

당시의 재미있는 추억담에서 시작해서 현안이 되는 시대상황에 이르기까지 시간 가는 줄 모르고 담소하고 토론하며 우정을 나누는 모습은 참으로 보기 좋았다. 나는 이들의 다양한 생각에 놀라고, 서로를 이해하고 감싸주는 그 따뜻한 마음에 또 놀란다. 그래서 이런 모임을 갖지 못하고 있는 나는 이들의 이런 결속력이 부럽다.

이들은 참으로 어려웠던 시기에 한국군을 대표해서 미군들과 함께 당당하게 국방의 일익을 담당하였다는 것에 대해 강한 자부심을 가지고 있다. 또한 우리나라의 눈부신 경제성장을 이끌었던 세대의 일원이었다는 것에 대해서도 강한 자부심을 가지고 있다. 군인으로서나 사회인으로서나 당당하고 의미있게 살았다는 긍지가 느껴지는 대목이다. 그래서 이들을 보면 행복한 세대, 행복한 사람들이라는 생각을 하게 된다. 그리고 이런 행복한 사람들과 함께 할 수 있는 나도 행복한 사람이라는 생각을 한다.

모쪼록 시간이 허락하는 한 계속 이 모임이 더욱 번창하며 구성원들이 이 모임을 통해 더 큰 기쁨과 행복을 오래오래 누릴 수 있기를 빈다.

이석우
전우 친구

인생 열차

신 현 우

　군 복무를 마친 후 기업과 정부 산하의 기술단체에서 35년간 근무하고 퇴직했다. 다소 늦은 나이에 미국에 이민 가서 제2의 인생을 시작하겠다는 꽤나 용감한 생각으로 Maryland 주 Salisbury에 소재한 모 기업의 초청으로 미국으로 이주하였다. 두 자녀가 유학과 결혼으로 그곳에 정착한 이유도 있었다. 그러나 그보다는 어린 시절부터 미국을 선진국으로 동경했고 그곳에서 공부하고 싶었던 유학의 꿈을 실현하지 못한 아쉬움이 더 컸을 것이다. 더욱이 내가 군대 시절 미군과 했던 합동 근무를 비롯해서 해외 건설회사와 산업표준단체에 재직하며 장기간의 해외 주재와 국제 업무에서 얻었던 경험이 이민을 결정한 동기이기도 하다.

　이민을 온 뒤 간호사인 아내가 근무하던 주 정부 산하의 비영리 맹인자활센터(BISM)로 직장을 옮겨 여러 해 동안 함께 일한 후 은퇴하여 이민 14년차 오늘에 이르게 되었다.

　그러다가 두 달 전 국적 회복을 신청하려고 귀국했다. 귀국 후 시간이 얼마 지나지 않아 50년 전 직속상관이었고 장군으로 전역하신 당시 중대장님과 그리던 옛 전우 여러분과 반가운 만남이 있었다. 또한 의정부 시의회의 협조로 현재는 부지가 이전된, 추억의 한·미1군단(집단)사령부 본부와 특히 내가 24시간 주야로 근무하였던 TOC를 방문하는 귀한 기회를 갖게 되었다.

또 이와 거의 비슷한 시기에 군대 시절 출간되었던 잡지 『군소리』의 제4권 발간을 위한 원고 모집 공고가 단톡방에 올라왔다. 그러나 국적 회복을 신청하기 위해 고국을 방문하고 나서 처음에는 거주지 마련, 거소증 신청과 선친 묘소의 이장 등 바쁜 일정으로 별다른 관심을 갖지 못했다. 그러다가 다시 생각해 보니 원고 마감이 임박한 날짜일지라도 기고의 귀중한 기회를 놓친다면 나중에 후회할 것 같았다. 그래서 이참에 나의 삶을 간략하게 돌아보는 좋은 기회로 알고 글재주가 없지만 펜을 들었다.

인간이 세상에 태어나 그 생명을 다할 때까지 지나는 과정, 즉 인생은 세간에서 다양한 표현으로 비유되고는 한다. 어떤 이는 이를 봄, 여름, 가을, 겨울의 1년 사계절에 비유하기도 하고, 어떤 이는 유명 노래의 가사처럼 인생은 나그네 길 혹은 이룩할 수 없는 미완성으로 표현하기도 한다. 기원전 로마의 Marcus Cicero라는 정치가는 "삶이 있는 한 희망은 있다."라고 해서, 인생 자체를 긍정적으로 표현했다. 그런가 하면 노벨문학상을 받은 프랑스의 문호 Romain Rolland이라는 작가는 "산다는 것은 치열한 전투이다."라고 하여 인생 그 자체를 험난한 여정이라는, 다소 투쟁적인 시각으로 보았다. 이제 나도 내 삶의 여정을 어떻게 보고 있으며 이를 어디에 비유할 수 있는가 하는 생각하게 되었다.

어떤 이가 나에게 인생에 대해 묻는다면, 아직은 이를 논할 만큼 인간으로서 성숙한 단계에 이르지 못했지만, 인생이란 '열차 여행의 여정'이라고 답하고 싶다. 나를 실은 기차는 내가 태어나는 순간 시발역을 출발하여 결국에는 종착역에 이른다. 그 과정에서 아름답고 푸른 초원과 싱그러운 숲을 지나기도 하고 때로는 험난한 산과 어둡고 긴 터널 혹은 깊은 계곡 위의 교량을 통과하기도 한다. 어떤 때에는 맑고 화창한 날씨를 즐기지만 다른 때에는 비바람이 일고 번개가 치는 험한 폭풍우와 거센 눈보라를 헤치며 달려야만 한다. 그리고 각 사람은 내려야 할 역이 다 다르다. 이처럼 인간은 누구나 각자 목적지와 여정이 서로 다른 것이다. 그렇지만 결국 출생이라는 시발역에서 죽음이라는 종착역까지 다다르게 됨은 누구에게나 동일하고, 이것은 필연적이다.

그 여정에서 그 어느 누구에게도 시종 무난하고 완벽한 여정 운행이 보장된다고 보기는 극히 어려울 것이라 믿는다. 사회적인 지위나 경제적인 능력을 갖추었음에도 불구하고 뜻하지 않은 암초를 만나 어려움을 당하는 사람도 많다.

그럼 나 자신의 열차 여행은 어떠한가? 다행스럽게도 아직까지는 비교적 행운의 열차를 타고 있다고 스스로 답하고 싶다. 그동안의 운행 중 다소의 크고 작은 어려움은 있었으나 다행히 잘 처리되고 관리되어 지금까지 치명적인 운행 사고는 없었기 때문이다. 그러므로 나는 마땅히 행복했고 행복할 수 있다고 생각한다.

나는 동족상잔의 처절했던 6·25 한국전쟁이 발발한 해에, 서울에서 만삭으로 미처 피난하지 못한 어머니에게서 태어났다. 서울이 수복된 후 다시 중공군의 개입으로 1·4후퇴를 할 때 갓난아기로 혹독한 추위 속에서 피난 열차의 지붕 위에 올라가 무사히 남쪽으로 내려와 오늘까지 존재해 왔다. 이는 그 자체로서도 개인적인 행운이 아닌가. 휴전 후 부친의 양조장 사업이 잘 되어 꽤 유복한 유년기와 소년기를 보냈다. 그러나 뜻하지 않은 사건으로 부친의 사업이 기울고 그 여파에 갑작스런 부모의 유고가 있어 시련의 중고교 학창 시절을 보내게 된다.

그러나 학교와 지역사회의 따뜻한 후원으로 대학에 진학했고 대학 시절에는 정부(상공부)의 대륙붕 해저석유 개발 장학금인 GULF Scholarship으로 등록금 전액 지급이라는 수혜를 받아 무사히 학업을 마칠 수 있었다. 당시 대학 교수님과 온정을 베풀어 주신 모든 분께 깊은 감사를 드린다.

졸업한 후 군 미필로 원하던 전문 연구단체에 들어가지 못하고 고등학교 지구과학교사로 근무했다. 비록 짧은 기간이었으나 담임을 맡은 앳된 청년 교사로서 했던 경험은 이후 지금까지도 잊지 못할 추억으로 남아 있다.

교사로 재직하다가 국방의 의무를 다하고자 대한민국 육군에 입대하였고 신병 훈련을 마친 후 영어 전형을 거쳐 수년 전 미군 7사단 철수에 따른 공백에 대비해 편성된 한·미1군단(집단)사령부에 배속됐다. 생각해 보면 이것은 나에게 또 다른 행운이었다. 군 복무는 청년기의 나에게 많은 의미를 부여했다.

6·25전쟁둥이로서 반공과 국방에서 전략전술적인 최전방 임무를 수행하는 부대의 일원이라는 자부심을 갖고 혈맹으로 맺어진 세계 최강인 미국의 힘을 미군과 함께 근무하면서 직접 체험했다. 당시 직접 실시간으로 상황 업무를 담당했던 판문점 도끼만행 사건, 25사단 고랑포 제1땅굴사건과 권동렬 탐지기의 DMZ 내 미상 폭음 청취 보고, 북괴군의 임진강 우도 야간 잠입 사건(미군 레이더) 그리고 한미연합지휘소훈련(CPX) 등은 지금도 그때 당시 못지않게 기억에 생생하다.

당시 개인적으로는 제대 후의 인생 진로를 많이 생각했고 이는 다른 전우도 동일했으리라 생각한다. 한편 복무기간 중 정보상황병의 업무 특성상 24시간 주야 교대 근무를 하다 보니 내무반 생활이나 다양한 중대의 과외 활동에 적극적으로 참여하기가 어려워 다소 유감이었다.

특별히 생각나는 전우가 몇 분 있다. 제대를 한 달 정도 앞

75년말 정보처 크리스마스 파티에서
Edward Kelly 소위와 애인

둔 크리스마스 전날이었다. 퇴근길에 함께 근무하던 미군 동료 SPC. Freeman의 숙소에서 Johnny Walker Red에 만취되어 자정이 넘어 돌아와 며칠 동안 숙소 내무반을 거북한 냄새의 술독으로 만들었다. 이를 조용히 처리했던 당시 내무반장님, 그리고 지방이 연고지였던 내가 외박을 나갈 때에는 서울 자택에 거처를 제공해 주었고 자녀를 Maryland주에서 만나게 된 TOC 동료 허형석(허교번) 병장님, New York에서 자녀가족 간 이웃이 된 인사처 양현중 병장님, 수십년만에 Michigan주에서 상봉한 부관부 양재하 병장님 등이다. 그리고 이들을 비롯하여 비서실을 위시한 각 부처의 선후배 몇 분과는 50년이 흐른 오늘까지도 끊임없이 교류하여 오고 있다.

특히 친구를 찾아, 전우를 찾아 하늘과 땅을 거쳐 머나먼 이국 길을 마다않고 Maryland주의 저희 집까지 방문해 주신 정보처 구흥서 병장님 내외분께 깊은 감사를 드린다. 청춘의 군대 시절부터 오늘날까지 반세기를 지나 이번 기회를 통해 상봉과 연락을 하게 된 우리 한·미1군단 전우가 있다는 사실은 군이 나에게 준 또 하나의 큰 선물이

Washington DC 인근 Rockville 에서 만난 허형석(교번) 병장님의 두 자제와의 만남

New York City 에서 함께한 저의 아들네와
인근에 거주하는 양현중 병장님 따님네와의 가족모임.

리라. 이렇듯 보람이 있고 유익한 나의 군 생활은 내가 일찍부터 행운의 열차에 탑승했다는 사실을 증명한다고 생각한다.

전역한 후 교직으로 돌아왔을 시기에 산업계에서는 정부의 외화 획득 시책으로 수출산업 진흥사업과 해외건설 사업이 활발히 추진되고 있었다. 개인적으로는 해외건설 관련 분야에 많은 관심이 있어 교직을 사직하고 해외건설 업체인 쌍용건설에 입사하게 되었다. 이공계 토목분야 지질기사로 지원했으나 의외로 해외사업부 외환관리과로 첫 발령을 받게 되었다. 아마 해외공사 자금 조달을 위한 외화 차입과 지급 보증 등 외국 은행과의 업무에 필요한 한·미1군단에서 얻은 약간의 영어 구사력이 고려되었으리라 추측했다.

해외지사 관리과를 거쳐 3년이 지났다. 이후 싱가포르 동남아지역본부 업무과장을 시작으로 말레이시아 사바 사무소장 등으로 5년이 넘는 해외주재 근무를 하게 되었다. 그동안 말레이시아 사바 콘도미니엄, 브루나이 왕궁의 부속 건물, 인도네시아 자카르타의 복합 건물 등 다수의 해외 공사 수주와 기성고 소송 등의 업무를 수행하였다.

본사에 귀임한 후 해외사업부에 근무하던 중 국가 산업품질 경쟁력 강화와 국제표준화 규제 심화에 따른 대책으로 한국표준협회에 신규로 국제부가 신설되어 그 책임자로 자리를 옮겼다.

이후 매년 30여 차례 해외 산업연수단 파견, 국제 품질경영 및 국제산업표준회의 참석과 연차대회 한국 유치 및 개최, BPR, Six Sigma 등 최신 선진 경영전략의 국내 도입 등 20여 년 간 국가품질 경영진흥과 산업표준화 추진을 위해 일했다. 그리고 2010년 표준협회 임원 및 자문위원을 끝으로 고국에서의 직장생활에 막을 내리고 은퇴하여 미국으로 이주하였다.

오늘에 이르기까지 그동안 교직에 봉직하고, 국방 제일선으로 전략 전술의 요체인 한·미1군단에서 복무하는 한편 해외건설 사업에서 외화 획득의 일익을 담당하고 기업 품질과 경영 진흥과 국가 산업표준화 추진을 수행했다. 이런 일들을 통해 조국의 산업 발전에 나 자신이 극히 일부나마 기여해 왔다고 믿으며 이에 보람과 긍지를 느낀다. 이 일련의 여정은 자력만으로는 이룰 수 없는, 분명 나에게 주어지고 허락된 일생의 큰 행운이라고 믿는다. 따라서 내가 이 행운의 열차를 타고 왔다는 사실을 의심치 않는다.

나는 현재 미국 Maryland 주 여름 휴양지인 Ocean City 인근의 바다 방파제에서 아내와 함께 가끔씩 광어 낚시를 하고 이곳 특산물인 Blue Crab을 잡기도 한다. 이웃 지인들과 어울려 가까이 있는 싱그러운 초원에서 아직도 신통치 못한 드라이브

저희 두 아이의 미국 고향인 Michigan Ann Arbor에서, 양재하 병장님과 함께 한 나이샷과 오찬(당시 양 사장은 자동차 공업 중심도시 Detroit 인근에서 컨설팅 회사 설립 준비 중)

샷을 날리기도 한다. 그런가 하면 아울러 비교적 온화한 사계절 날씨에 뒤뜰의 작은 텃밭을 일구어 오이, 호박, 고추 등 10여 가지 푸성귀를 가꾸며 지내고 있다. 참으로 유유자적할 수 있는 노년 생활에 감사한다.

나는 현재까지는 작가 Romain Rolland의 인생관보다는 정치가 Marcus Cicero의 인생에 대한 정의에 더 동감하는 편이다. 향후 다가오고 또한 가야할 남은 행로는 어느 누구도 예측하거나 장담할 수 없다. 다만 나의 여정이 정치가 Cicero의 인생관과 함께할 수 있기를 기도하며 앞으로도 그렇게 되도록 스스로 노력해야겠다고 다짐해 본다. 이와 동시에 한·미1군단 전우 모든 분들의 인생 여정이 건강과 기쁨이 함께 하는 행운의 열차 여행이 되기를 진심으로 기원한다. 단결!!

2024년 11월 1일 의정부에서 Camp Red Cloud 방문을 마치고(좌측이 필자)

　추신 : 한미1군단의 옛 전우들께서 미국 수도 Washington DC 또는 Maryland주 Baltimore시 인근을 비롯해 미국 동부지역을 방문하실 기회가 있을 수도 있습니다. 그때 여러분께서 저를 방문하신다면 제가 좋아하는 California산 Robert Mondavi 와인과 함께 이 지방의 특산품인 Blue Crab 별미 요리를 마음껏 대접하겠습니다. 필히 연락 주시기 바랍니다.

신현우

정보처

타타타

신 종 철

유난히 늦더위 기간이 길게 지속되다가 찾아온 가을이어서인지 올해는 나뭇잎들도 예쁘게 물들기 전에 말라버렸다. 예전에는 형형색색의 단풍들과 길 위에 떨어진 은행나무 잎의 고즈넉한 모습 때문에 가을을 잘 숙성된 계절로 좋아했었는데 70이 넘어가며 언제부턴가 을씨년스러운 가을이 별로 반갑지가 않게 되었다.

지난날들을 반추해 본다.
철없던 시절 새로운 것에 대한 도전과 성취로 인한 희열,
청년시절 이성과의 사랑의 설렘,
결혼 후 아이들이 생기며 가족이 주는 소박한 기쁨,
직장에서 일이 주는 나름의 재미와 나에 대한 평가의 결과인 진급,
그런대로 지루할 틈이 없던 삶이었는데……

그 옛날 내 가슴을 설레게 했던 아리따웠던 여인은 이제 절대적 심판자로 군림하며 내 정신세계를 꽉 누르고 있고, 귀엽던 자식놈들도 제 식구 간수하느라 짊어진 무게가 더해가고, 친구놈들은 젊었을 적 호기로움은 모두 사라진채 건네는 술잔 사양하기 바쁘며 여기저기 찾

아온 건강 적신호 얘기나 하고 있으니 산다는 것이 과거에 비해 그리 재미있지는 못하다.

"네가 나를 모르는데 난들 너를 알겠느냐.
한 치 앞도 모두 몰라, 다 안다면 재미없지."

대학 입시 전날, 뚜렷한 종교도 없던 어머니께서 추운 밤공기 마다 않고 산기슭에 정한수 한 그릇 떠놓고 기도하시던 그 모습에서 수많은 여인들 중에 왜 하필 저 여인이 나의 어머니인가? 이런 생각을 하고 있는 나는 또 누구란 말인가? 내 주위에 있는 또 다른 입시생들은 누구인가? 밤잠을 설치게 했던 그 끝없는 상념이 이제 와서 또 다시 스멀스멀 피어오른다. 잘 안다고 생각했던 내 아내도, 내 자식들도 모두 내가 아닌 타인이다 보니 내가 알고 있는 건지 모르고 있는 건지 혼란스럽다. 그간 살았던 날보다 앞으로 살날이 훨씬 적은데 이렇게 모르는대로 있어도 되는 건가?

죽기 전에 정리하여야 할 일들도 소소히 있는데 세상은 과거에 비해 복잡해지다 보니 그야말로 어리벙벙해지며 한치 앞을 전혀 몰라 겁이 덜컥 나기도 한다. 그래도 우리가 사는 이 사바세계의 운행에 공평함은 있어서인지 나이가 들어 인생사가 시들해질 무렵 손주라는 새 생명의 출현으로 새로운 즐거움이 생긴다.

그간 큰아들 아래 손녀가 하나밖에 없어 둘째아들놈은 언제나 아기를 가지려나 은근히 걱정했는데 작년에 큰아들 아래 손자가 그리고 둘째아들 아래 손녀 쌍둥이가 비슷한 시기에 태어나 졸지에 손주부자가 되었다.

한미일군단 전입동기와 중대장님

 나야 큰 쓸모가 없어 아내만 바빠졌다. 백일반지 돌팔찌, 그저 지갑만 여는 것이 내 역할이 되고 말았다.

 이제 막 걷기 시작하며 내 얼굴을 알아보는 손주들 덕분에, 웃을 일 없던 내 얼굴에 웃음 주름이 다시 생기며 그들의 존재가 노년의 생에 활력소가 되고 있다. 아무리 남녀 구별 없다지만 그래도 내 성씨를 이어갈 손자 녀석이 생겼다는 뿌듯함은 감출 수가 없다.

 지난 70여년 동안 문명의 이기와 삶의 양상은 많이 바뀌어 AI이다 뭐다 이젠 따라잡기를 포기한 신문물의 세상 언저리에 구경꾼으로 전락한 내 모습과 손주들이 성장한 시대 그들의 삶의 모습을 비교하는 것은 상상조차 되지 않으니 내가 아는 것이 무엇이 있으랴.

 내려놓으려 하는데도 그게 잘 안된다. 그래, 그래도 내려놓으려는 노력을 계속하자. 내가 누군지 평생을 들여다 보아도 지금도 모르겠거늘 그냥 그렇게 모르는 채로 살자. 나의 건강, 미래, 경제적 문제, 언젠가 다가올 죽음에 이르기까지의 공포감……

한 치 앞도 전혀 몰라서 두려우면 "다 안다면 재미 없지" 하고 생각을 내려놓자.

Let it be.
있는 그대로
如如하게
타타타

신종철
정보처

I-CORPS G2 차트병 신종철 전우

정보처 회식 시간

추억의 Leroy Lettering Set

제5부 붓 따라 결 따라

안전한 삶을 꿈꾸며

김용식

1971년 겨울

나는 항구에서 80여리(里) 떨어진 섬으로 가는 연안여객선을 탔다. 바람이 많이 불어 불안했지만, 어쨌든 조그마한 목선 통통배는 항구를 떠났다. 그리고 30분쯤 후 넓은 바다에 나오자 온통 하얀 거품으로 뒤집힌 성난 파도가 뱃전을 부술 듯이 사정없이 달겨들었다. 파도는 배의 2층 갑판을 훌쩍 뛰어넘어들었고 1층 난간통로에는 내 종아리가 잠길 정도로 바닷물이 들어왔다가 빠져나가기를 무한 반복했다.

일본식 다다미가 깔린 선실은 여러 사람들이 멀미를 해 여기저기 토사물로 가득해 가히 지옥이나 다름없었다. 나는 기도했다. 그 때까지 한 번도 교회에 가본 적은 없지만 하나님께 이 순간을 그냥 무사히 지나가게 해달라고 기도했다. 10대 어린 소년인 나는 여기에서 죽을지도 모른다는 생각이 들었고, 눈물 대신 난생 처음으로 인생의 슬픔 같은 것을 느꼈다.

1990년 2월

나에게 서울은 참 답답한 도시였다. 아니 어쩌면 주말에 교외로 나가 넓은 벌판마저도 볼 수 없었다면 꼭 질식해버릴 것만 같은 도시였다. 나에게 서울은 벌집 닮은 회색빛 아파트와 태양마저 잘 보이지 않는, 스모그가 가득한 하늘이 짓누르고 있는 곳이었다. 귀가 멍멍할 지경인 자동차와 기차의 소음, 푸시맨(push man; 지하철 타는 승객들을 강제로 객차 안으로 밀어 넣는 사람을 지칭)에 떠밀려 간신히 지각을 면할 수 있는 지하철 출근길, 밤이면 유치한 원색 조명 아래 술잔을 비우며 고래고래 소리 질러대는 사람들의 도시였다.

내가 서울을 탈출하여 주말에 가는 가장 좋아하는 곳은 설악산이었다. 설악산은 산도 아름답지만 울산바위에서 내려다보는 바다 경관이 일품이다. 정말 가슴이 확 트이고, 참았던 숨을 한꺼번에 쉴 수 있는 느낌이었다.

그 해 이월 학년말 방학 기간에도 소형승용차를 타고 구리, 남양주, 홍천, 인제를 거쳐 속초로 가는 길을 택하였다. 서울에는 그 어디에도 눈발조차 내리지 않았는데, 강원도에 접어들자 봄이 그리 멀지 않았는데도 갑자기 눈발이 굵어지더니 인제에 다다르니 거의 폭설로 변했다. 인제와 원통을 지나면 길이 두 갈래로 갈라지는데 주로 많이 다니는 길은 한계령과 오색약수를 거쳐 양양으로 내려가는 길이고, 다른 하나는 미시령을 넘어 속초로 바로 가는 길이다.

당시 미시령 고갯길은 개통한 지 얼마 안 되었는데 빨리 가겠다는 생각에 이 길을 택한 것이 화근이었다. 미시령으로 가는 오르막길에 이르자 주변에 오가는 차량이 거의 보이지 않았다. 중턱쯤 왔을까? 중형버스 한 대가 길가에 서있고, 사람들이 버스에서 내려 웅성거리는 모습이 보였다. 나도 조금 불안한 생각이 들어 정차된 버스를 100미터쯤 지나쳐 경사진 오르막길에 차를 세웠다. 차를 세워놓고 좌우를 살펴보니 왼쪽은 가파른 낙석위험지역이었고, 오른쪽은 내려다보기에도 현기증이 날만큼 아찔한 천길 낭떠러지 절벽이었다.

세워 놓은 차 속에서 잠시 생각했다. 내가 왜 여기에 차를 세웠지? 사고가 난 것도 아니고, 차를 돌릴 만한 공간도 부족한 2차선 도로인 데다가 원통에서 이미 앞바퀴에 스노우 체인(snow chain)까지 채워 놨는데, 왜?

나는 마음을 다잡고 가던 길을 계속 가려고 가속페달을 밟았다. 오 마이 갓! 차는 앞으로 가지 못하고 페달을 밟으면 밟을수록 헛바퀴를 돌면서 오히려 자꾸만 뒤로 물러났다. 아까 보았던 컴컴한 낭떠러지 가 자꾸 눈앞에 아른거리며 그 지옥 같은 구덩이 속으로 차와 함께 굴 러 떨어지는 공포감에 온 몸에 식은땀이 나고 마치 어둠 속에서 귀신 을 본 것처럼 머리카락이 하늘로 치솟는 느낌이 들었다.

안 돼! 마음속으로 인생의 마지막 발악인 듯 소리치며 생의 끝자락 에 매달리는 힘으로 가속페달을 힘껏 밟았을 때 놀랍게도 1미터쯤 뒤 로 미끄러지던 내 작은 차는 술에 취한 듯 비틀거리며 앞으로 나가기 시작했다. 가는 쪽에도 오는 쪽에도 아무런 차가 없는 외롭고 무서운 미시령 고개를 그렇게 넘어 갔다.

속초 콘도미니엄이 보이는 평탄한 내리막길에 도착해서야 나는 요 의를 느껴 차를 세우고, 길가 느티나무 아래에서 경범죄에 해당하는 볼 일을 볼 수 있었다. 다시 차에 오르는 순간, 경찰 순찰차가 나타나 서 내 차 옆에 멈춰 섰다. 중년쯤 되어 보이는 경찰관이 도로가 통제 되었는데, 어떻게 미시령을 넘어왔느냐고 물었다. 나는 아저씨들이 통제를 했으면 내가 왜 저 험한 고개를 넘어왔겠느냐고 핀잔을 주었 다. 그는 고개를 좌우로 흔들며 이해가 안간다는 표정을 짓더니 나에 게 "조심해서 가세요."하고는 사라져버렸다.

나는 그날 밤 내 차가 자꾸만 절벽 아래 검정 홀에 빠지는 상상 때문에 잠을 이룰 수가 없었다.

다음 날은 눈 때문에 설악산 입산이 금지되었다. 나는 할 수 없이 별로 좋아하지 않는 권금성 케이블카를 타기로 했다. 그러나 기대 이상으로 권금성에서 내려다보는 설국(눈 세상)은 너무도 아름다웠다. 설악산 등산 대신에 속초 시내에 가서 생선회도 먹고, 영랑호도 보면서 하루를 더 보내고 다음 날은 점심때쯤, 일찌감치 서울로 출발했다. 눈이 그치고, 날씨는 화창해졌지만 그 날이 마침 일요일이어서 서울로 가는 도로가 많이 막힐 것이 뻔했다.

오던 길에 얻은 학습효과로 이번에는 조금 더 안전한 양양, 오색약수, 한계령 코스를 선택하였다. 불과 이틀 전의 폭설이 상상되지 않을 정도로 도로 위의 눈은 많이 녹아 있었다. 나는 휘발유를 가득 채우고 여유 있는 귀경길을 기대하면서 오색약수를 막 지나쳐 올라가는 중이었다.

가파른 길모퉁이를 돌자마자 길 위에 검붉거나 밝은 회색빛 낙석들이 가파른 산기슭 쪽에서 많이 굴러 떨어져 있는 것을 발견했다. 하지만, 큰 돌도 아니고 해서 별로 신경 쓰지 않고, 자동차 바퀴로 낙석을 밟고 지나갔다. 그런데 뭔가 꽝! 하는 소리가 들리는 듯했다. 조금 이상한 기분이 들어서 몇 백 미터쯤 더 올라가다가 간이주차공간이 있는 곳으로 들어가 차를 세우고 밖으로 나와 보니 머리에 진통이 올만큼 기분 나쁜 냄새가 코를 뚫고 들어왔다. 맙소사! 차 뒤쪽으로 돌아가 보니 연료통에서 휘발유가 줄줄 새고 있었다.

나는 지나가는 차를 세워서 운전하는 분에게 휘발유가 새는데 어떻게 해야 하느냐고 물었더니 비누로 문지르면 막을 수도 있다고 했다.

그러나 비누로 막을 수 있을 만큼 작은 구멍이 아니고, 날카로운 낙석이 바퀴 쪽에서 튀어 올라 연료통 바닥이 일자(一字) 형태로 찢겨버린 상태였다. 마치 양은 주전자에서 막걸리를 따르듯 줄줄 새는 휘발유를 막을 방법은 아무리 생각해도 없었다. 휴대전화도 없던 시절이라 나는 당황하고 적절한 대처방법을 몰라 지나가는 택시에 합승하여 시내쪽으로 내려갔다. 도중에 공중전화박스를 발견하고, 전화번호부를 찾아 자동차 정비소나 카센터에 전화를 걸었지만, 일요일이라서 영업하는 곳을 찾을 수가 없었다.

나는 밖으로 나와 지나가는 택시를 붙잡고 도움을 청했다. 택시 기사는 112로 경찰에 신고하라고 하였다. 나는 택시를 기다리게 하고, 다시 공중전화박스에 들어가 112 다이얼을 돌렸다. 내 전화에 응답한 경찰은 먼저 사고냐고 물었다. 나는 아니라고 했더니 그러면 레커(Wrecker, 견인차)를 보내주겠다고 했다. 다시 왕복요금을 주는 조건으로 기다리던 택시를 타고 정차해 놓은 곳에 도착하니 그와 거의 동시에 레커가 도착해 있었다. 레커 기사는 원통에 휴일에도 영업을 하는 카센터가 있으니 거기로 견인해 주겠다고 하였다. 그는 내 차 앞바퀴를 들어 올려 레커 꽁무니에 매달고 질질 끌면서 한계령을 넘어갔다.

원통에 있는 조그마한 카센터 주인은 내 차 연료통 상태를 보더니, 오늘 일요일이라서 교체할 연료통을 구입할 부품가게가 없다고 했다. 나는 다음날 서울에 중요한 일정이 있는데 다른 방법이 없겠느냐고 물었다. 그는 다소 위험한 한 가지 방법이 있는데, 그 위험에 상응하는 비용을 지불할 용의가 있는지를 내게 물었다. 다른 선택을 할 수 없었던 나는 동의할 수밖에 없었다.

카센터 주인은 차 바닥에 붙어있던 연료통을 떼어놓은 다음에 다른 차(밴 트럭)의 머플러에서 나오는 열기로 그 연료통에 남아있을지도 모르는 휘발유 찌꺼기를 완전히 날려보내 건조시킨 다음에 산소용접을 하여 찢겨진 구멍을 매우고 다시 차에 원래 상태로 장착하였다. 그리고 인근 주유소에 연락하여 배달시켜 온 휘발유 20리터를 다시 채워놓음으로써 일단 모든 상황은 종료되었다.

날이 이미 어두워졌고, 서울로 가는 밤길은 학년말 방학을 맞아 여행 후 귀경하는 차량으로 가다 서다를 반복하는 멀고도 먼 귀경길이었다. 지옥 같은 여정으로 심신이 녹초가 되어 집에 도착하니 새벽 네 시 오 분 전이었다.

2007년 여름

막내 아이와 함께 우리 부부는 그 해 여름 휴가지를 비교적 한국에서 그리 멀지 않는 태국의 푸켓(Phuket)으로 정했다. 마침 방콕(Bangkok)을 거치지 않고 인천에서 푸켓으로 바로 가는 직항 전세기가 있는 것을 알았기 때문에 아무런 망설임 없이 인터넷으로 비행기 왕복편과 호텔을 예약했다.

가는 편은 오후에 인천공항을 출발하여 자정 무렵에 푸켓에 도착하는 일정이었다. 우리는 체크인 안내 사인을 확인하고, 보안검색대와 출입국 심사데스크를 거쳐 출발 게이트에서 탑승을 기다렸다. 그런데 계속해서 탑승 지연 안내가 나오는 것이었다. 지연 사유는 항공기에 경고신호가 떠서 정비 중이라는 것이었다. 탑승 정원이 약150명 정도의 이 비행기는 동남아 국적의 이름도 처음 들어본 저가항공사(LCC)에서 운용하고 있는 비행기였다.

예정보다 네 시간이 넘게 대기시간이 길어졌다. 탑승 예정자는 대부분 한국 관광객이었는데, 일부 승객들이 동요하기 시작했다. 그도 그럴 것이 바로 일주일 전쯤 캄보디아 프놈펜에서 이륙한 저가항공사 비행기가 추락하여 탑승자 전원이 사망하는 사고가 있었다. 그래서 승객들은 오랜 시간동안 수리하고 있는 항공기의 안전에 대한 두려움이 생겨났던 것이다.

출발시각보다 무려 6시간 정도가 지나 수리를 마친 비행기가 도크에 들어왔다. 그러나 일부 승객들은 비행기를 타지 않겠다고 주장하고 나섰다. 나도 사실 좀 불안하기도 하고, 이미 여름휴가에 대한 기대와 좋은 기분이 망가져가고 있었으므로 그냥 취소하고 집으로 돌아가고 싶었다. 그러나 아내와 딸은 그래도 가고 싶어 했다.

이러저러한 소동으로 시간이 흘러 거의 자정이 되었고, 우리 게이트를 제외한 다른 모든 게이트의 불은 꺼져버렸지만 항공사측에 대한 항의와 사과, 탑승을 거부하는 승객들 간의 실랑이로 비행기는 언제 출발할지 기약하기 어려웠다.

마침내 결론이 내려졌다. 우선 항공사에서 지연출발에 대한 책임을 지고, 1인당 100불씩 귀국길에 보상하기로 했다. 탑승을 거절하는 승객에게는 항공권을 취소, 환불하되 관련 항공법에 따라 모든 탁송화물을 하역하여, 취소한 승객들의 화물을 제외한 다음, 나머지 화물에 대한 보안검사를 처음부터 다시 한 후 이상 없음이 확인되면 출발하기로 한 것이다. 이 절차를 마치는 데 두 시간이 더 걸렸다. 항공기는 새벽 두 시가 넘어서야 거의 불이 꺼진 인천공항을 이륙했다.

한국과 태국의 시차는 2시간, 이미 해가 높이 솟아오른 푸켓 공항에 도착하자 그제야 안심한 승객들이 누가 시작했는지 모르지만 일제히 박수를 쳤다.

　이러한 에피소드(episode)는 유독 나에게만 특별한 것은 아니다. 아마도 많은 사람들이 비슷한 경험을 하거나 훨씬 더 위험한 일을 겪었을 것으로 생각한다.

　그 외에도 나는 부산에서 일본 시모노세키로 가는 부관페리(釜關 Ferry)호에서 태풍을 만나 고생하기도 했고, 하와이에서 LA로 가던 항공기가 난기류를 만나 몇몇 기내 승객들이 부상을 입는 상황이 발생해 잔뜩 공포에 떨기도 했다. 또 통근길에 바로 앞에 가던 버스가 강으로 추락하여 많은 승객들이 죽거나 다치는 끔찍한 사건을 직접 목격하기도 하였다.

　내가 직접 겪은 것은 아니지만 세월호 사건, 화원반도와 김해공항 근처의 여객기 추락사고, 구포역 열차 전복사고, 대구 지하철 참사, 서울 삼풍백화점 붕괴사고, 성수대교 붕괴사건 등도 온 국민에게 분노와 허탈감을 안겨 주었다.

　우리나라는 아니지만 911테러로 100층이 넘는 뉴욕의 세계무역센터 빌딩이 항공기 자살공격에 의해 무너져 내리는 현장을 생중계로 보았고, 일본 후쿠시마에 지진과 해일로 엄청난 피해가 발생하는 장면도 TV를 통해 실시간으로 생생하게 보았다.

　어떤 사고는 인재(人災)에 가까운 것도 있고, 다른 어떤 것은 인간의 힘으로 어쩔 수 없는 자연재해에 의한 사고도 있을 것이다. 하지만 그 근본원인을 좀 더 깊이 따져 보면 순수한 자연재해라기보다 대부분의 사고는 인간이 자연의 원리와 힘을 간과하였거나 인간 스스로의 오만과 탐욕이 다른 원인들과 결합되어 발생한 것이라고 생각한다.

이와 같은 사건 사고는 과거의 일만은 아니고, 지금도 일어나고 있고 또 앞으로도 끊임없이 일어날 것임을 어렵지 않게 짐작할 수 있다. 어느 석학이 미래는 '불안이 일상화되는 사회'라고 정의하였던 것을 기억한다.

결국 자연의 질서에 대하여 인간은 보다 겸허한 자세를 취해야 하고, 인간 스스로 자연을 보호, 보전, 회복하려는 노력을 게을리 하지 말아야 한다. 이러한 노력 없이는 얼마든지 더 심각한 사고가 일어날 가능성은 항상 잠재되어 있다는 것을 결코 잊어서는 안 될 것이다.

김용식
작전처

김용식, 백승춘.
CRC 종각, 1978년 초봄.

물 흐르듯 사는 삶

김 효 종

삶이란 무엇인가? 인생이란 무엇인가? 어떻게 사는 것이 인간답게 사는 것인가?

누구나 한번쯤은 생각해 보았으리라. 그러나 70년이 한참 넘도록 살았지만 여전히 풀리지 않는 수수께끼인 것이 사실이다. 알 듯 하다가도 도로 알 수 없는 것이 인생이고 인간이 아니던가? 삶이란 무엇인가? 어떻게 살아야 하는가? 하는 것은 여전히 오리무중(五里霧中)으로 남아 있다.

그러나 그렇다고 해서 그 해답 찾기를 그만 둘 수는 없다. 설사 죽을 때까지 열심히 찾고 찾아도 찾을 수 없다고 할지라도 그 노력만큼은 남을 것이기 때문이다. 사람의 삶에서는 그 목표를 이루었느냐 그렇지 못하냐도 중요하지만, 그에 못지않게 그 과정도 중요하다고 하지 않을 수 없다. 『맹자(孟子)』에 비슷한 비유가 있다. 학문을 하는 것에 맹자의 설명이다.

학문을 한다는 것은 마치 높은 산을 오르는 것과 같다.
단 한 걸음을 못다 올라도 그 산에는 못 오른 것이다.
학문을 한다는 것은 마치 길에 패인 구덩이를 메우는 것과 같다.
단 한 삼태기의 흙을 가져다 부어도 그만큼은 평탄해진다.

맹자가 학문에 대해 한 설명이지만 이 설명은 그대로 우리가 고심했던 인생 문제에 대해서도 적용할 수 있다. 맹자는 열심히 학문을 닦아 그 정수를 터득해야만 한다는 것을 강조하기 위해 먼저 산에 오르는 것에 비유해서 설명했다. 에베레스트산을 등정하는 등산가가 정상에서 단 몇 미터를 남겨놓고 악천후 때문에 등정을 포기하고 내려왔다면 그는 그 산에 오르지 못한 것이 된다. 학문도 그렇다는 것이다. 그러나 그렇다고 하면 학문을 해보지도 않고 포기할 사람이 속출할 것이다. 나는 도저히 그럴 자신이 없다고 하면 학문을 하라고 권할 수가 없는 것이다. 그래서 맹자는 두번째 설명을 한다. 학문을 한다는 것은 길에 패인 웅덩이를 메꾸는 작업과 같다. 작은 삼태기 하나의 흙을 가져다 부어도 그만큼은 평탄해졌으니 지나다니는 데에 유익함이 있는 것이다. 비록 웅덩이를 다 메꾸지는 못했다고 할지라도 웅덩이에 흙을 가져다 붙는 일은 유익한 일인 것이다.

인생이 무엇인가? 어떻게 사는 것이 인간답게 사는 것인가? 이 문제에 대해 해답을 찾을 수는 없을지라도 심각하게 고민하고 부지런히 해답을 찾으면 작은 도움이나마 받게 될 것은 사실이기 때문이다.
무엇이 행복인지 정확히 알 수는 없지만 인간은 누구나 '행복한' 삶을 꿈꾼다. '행복하고' 싶은 것이다. 그러나 모든 사람들이 생각하는 '행복한' 삶이 과연 똑같을지는 의문이다. 어떤 이는 부유하면 행복하다고 할 것이고, 어떤 이는 명예를 가지면 행복하다고 할 것이고, 어떤 이는 건강하기만 하면 행복하겠다고 할 것이다.
문제는 그 정도에서 끝나지도 않는다. 예컨대 '부유하면' 행복하겠다고 하는 사람들도 자세히 파고 들어가 보면 그가 요구하는 부의 정도가 천차만별이라는 것을 알 수 있다. 어떤 이는 '1억만 있으면 좋겠다.'라고 하는 사람이 있는가 하면 '100억쯤은 있어야 하겠다.'라고 하는 사람도 있다. 그 정도로는 도저히 만족할 수 없다는 사람도 더러 있을 것이다. 명예나 건강에 대해서도 자세히 따져보면 그 기준이 각기 다르기는 마찬가지이다.

행복한 삶은 이렇게 부, 명예, 건강 등 각자의 생각에 따라 다르다. 또한 부, 명예, 건강의 정도에 있어서도 천차만별이다. 왜 이런 차이가 생기는가? 그것은 각자의 욕망에 차이가 있기 때문이다. 말하자면 욕망의 정도에 따라 지향하는 바가 결정되는 것이다.

대부분 인간의 삶이란 정확한 종착점이 없다. 그래서 우리가 알고 있는 예수님, 부처님 같은 성인들은 참된 삶에 대해 욕심을 내려놓으라고 했다. 예수님은 심령이 가난한 자가 복이 있다고 하였고, 부처님은 집착(욕심) 중에서 가장 내려놓기 어려운 것이 재물과 명예라고 해서 6바라밀중 제1바라밀을 보시(布施)라고 했다.

욕망을 어떻게 적절히 조절하느냐 하는 데에 따라 행복한 삶과 그렇지 못한 삶이 결정된다고 본다. 옳고 그름, 높고 낮은, 좋고 나쁨, 있고 없음, 깨끗하고 더러움 등 모든 2분법적 사고에 바탕한 비교 때문에 집착과 욕망이 온다.

우리가 살고 있는 이 시간은 찰나(刹那)에 지나지 않는다. 세상에 존재하는 모든 것이 꿈이요 환상이요 거품과 같은 것이요, 그림자이며, 이슬과 번개와 같이 한 순간이라고 부처님은 말씀하셨다.

모든 집착과 욕심을 버리고 그저 흐르는 물처럼, 바람 부는대로 흔들리는 갈대처럼, 자연의 순리를 거스르지 않고 사는 것이 행복이 아닐까?

수십억년의 지구 역사에 견주어 보면 한 인간이 사는 100년은 순간일 뿐이다. 지구의 생으로 생각하면 인간의 생은 실로 한 호흡도 못된다. 들숨은 생이요 날숨은 죽음이다. 이 짧은 생에서 행복할 수 있는 길은 2분법적 생각에서 벗어나 중도의 길, 비교하지 않고 순리에 따르며 각자 내면의 마음을 다스리는 것이 아닐까 한다.

비가 오면 오는대로 우의(雨衣)를 입고, 바람 불면 부는대로 옷을 여미고, 눈이 오면 오는대로 우산을 쓰고, 맑은 날은 맑은대로 밝은 마음으로, 흐리면 흐린대로 적응해 가며 길지 않은 한평생을 함께 하면서 물 흐르듯 서로서로 뜻을 맞추면 집집마다 웃음꽃을 피울 수 있을 것이다. 『금강경(金剛經)』에서도 마음이 머무는 곳이 없도록 하라고 했다.

김효종
부관부

산천과 친구 되어 살기

정 홍 구

어느덧 군대 제대한 지가 50여년 세월이다. 산에 몇 번 다녀온 것밖에는 없는 듯한데 그 사이에 세월은 참 잘도 흘렀다.

서총통이 이번 『軍소리군소리』 4권에 이름 석 자는 꼭 넣어야 할 것 아니냐고 닥달을 하면서 원고 청탁을 해왔다. 못하겠다고 한걸음 물러섰는데도 막무가내다. 허 이거 걱정이네. 글재주 없는 사람이 뭐라고 써야 하는가? 잠이 안 왔다. 정말 걱정이 태산이었다. 그러다가 결국 내가 좋아하는 산천과 친구 되어 사는 낙(樂)을 써보기로 했다.

나는 아무 이유 없이 그저 산이 좋다. 젊었을 적부터 산에만 가면 모든 근심 걱정이 다 사라졌다. 세상사가 어렵고 하는 일이 꼬여도, 받은 어음이 부도나도, 배낭만 짊어지고 집을 나서면 머릿속이 맑아지

고 근심 걱정이 사라졌다.

어떤 친구는 나도 그랬으면 좋겠다고 부러워하기도 하지만, 어쨌든 나는 산에만 가면 마음이 편안해진다. 내가 산악회를 만들어 운영하는 것도 산이 가진 이런 매력 때문이라고 할 수 있다. 그래서 지금도 머릿속은 오늘은 회원들과 같이 산행을 잘 할 수 있을까 하는 생각으로 가득 차 있다.

나는 달력에 붉은 글씨로 된 날은 백패킹하고, 야영하며 지냈다. 마누라한테 혼도 많이 났다. 그러나 어쩌겠는가? 산이 거기에 그렇게 있고 나는 그 산을 좋아하니 어쩔 수가 없었다. 그래서 지금 생각해도 후회는 없다.

우리의 삶이 등산과 같지 아니한가? 산 정상에 오르는 과정은 힘들고 어렵지만 그것을 견디고 정상에 서면 그 상쾌함은 이루 말할 수 없다. 시원한 바람이 불어오고 광활한 대지가 눈앞에 펼쳐진다. 멀리 하늘도 보인다. 가슴이
탁 트이고 마을 속이 시원해진다. 거기에다 막걸리 한 잔 곁들이면 이보다 더 좋을 수 없다. 마음 맞는 친구와 함께라면 더 말할 나위가 없다. 나는 지금껏 그 맛에 미쳐서 살아왔다.

지금 나는 산행(인생)을 서서히 마무리하는 단계에 와 있다. 산 정상에서 멀리 바라보이는 능선과 바다. 그리고 점점이 박혀있는 자그마한 섬들을 바라보면서 막걸리 한 잔에 내 생각을 담궈 본다. 인생 별 것 아닌데…… 오늘 따라 밤하늘 별빛이 너무도 초롱초롱하고 아름답다. 마음 비우고 살면 모든 것이 이렇게 편한데, 나는 지금껏 마음 비우고 살아왔는가? 그렇지 못했던 것 같다.

하나 채우고 나면 하나 더 채우고 싶어지는 것이 사람의 욕심인가 한다. 그러나 살아보니 다 부질없는 짓인데…….

젊었을 적에는 암벽등반과 빙벽등반에 미쳐 주말이면 북한산, 도봉산 그리고 알만한 전국의 폭포를 누비며 살았었다. 참 재미있었다.

우리나라에서 야간무박산행이라는 것을 처음 만들었던 것도 아마도 나였을 것이다. 전에는 그런 산행을 하는 단체가 있었다는 말을 들어 보지 못했으니 말이다. 그래서 밤잠도 자지 않고 전국을 참 많이도 돌아다녔다.

그때가 1980년쯤이었던 것으로 기억한다. 겨울에는 산행이 거의 중단되기 때문에 관광회사들이 다른 계절보다 어려움을 많이 느끼던 시절이었다. 그런 어려움을 덜고, 나는 좋아하는 산행을 계속할 수 없을까 해서 궁리 끝에 만들어낸 것이 야간무박산행이었다. 덕분에 관광회사들은 한겨울 추위를 좀 덜 타고 보낼 수 있게 되었다.

그때의 일화 하나가 유달리 기억에 남는다. 야간무박산행을 시작한 지 얼마 지나지 않았을 때였다. 겨울 소백산 야간무박산행에 나섰을 때였는데, 간호사였던 어느 아가씨가 다이어트 하느라고 새벽을 굶고 산행에 나섰다가 탈진했다. 그래서 산 정상에서 버너에 눈을 녹여 마시게 하고 일행이 가지고 있던 초코렛을 나누어 주었다. 그랬더니 이 아가씨가 살찐다고 초콜렛을 한사코 거부하는 것이었다. 탈진까지 할 정도였으니 웬만하면 몇 개 받아먹을 만도 했겠는데, 다이어트에 대한 의지가 워낙 강해서 기어이 하나도 먹이지 못했다. 그러니 어쩌겠는가. 별 수 없이 뜨거운 물만 먹여가면서 등에 업고 산을 내려왔다. 그 아가씨는 지금도 다이어트를 계속하고 있는지 궁금해지는 때가 있다.

전우들과 산행에서

매년 우리 아이코 친구들과 함께 하는 신년 산행도 너무 좋다. 새해를 전우들과 함께 할 수 있다는 것이 얼마나 고마운 일인가! 내가 좋아하는 산이 있고, 내가 좋아하는 전우들이 있고, 그래서 아이코 신년 산행은 언제나 나를 들뜨게 한다. 앞으로도 체력이 허락하는 한 우리나라 산천을 우리 집 앞마당 삼아 두루 밟아볼 작정이다. 그리고 내친 김에 해안과 둘레길 트래킹도 다녀보면 어떨까 하는 생각도 해보고 있다. 우리 전우들, 앞으로도 건강이 허락하는 날까지 자주 얼굴 보고 같이 막걸리 한 잔씩 하면서 인생을 함께, 그리고 행복하게 마무리했으면 한다.

전우들아 모두 건강하게 살자. 행복하게 살자. 함께 하며 살자. 나는 항상 준비되어 있으니 산에 가고 싶으면 언제라도 연락해라.

정홍구
군수처

노년(老年)들에게 고함

구 범 회

고희(古稀)를 넘긴 노년들은 인생의 덧없음을 한탄하지 말고 웰다잉(well-dying)을 위한 준비를 해야 합니다. 우리는 그동안 너무도 바쁘고 각박한 세상을 사느라고 조물주가 인간에게 부여한 사명들을 잊고 살았어요.

그렇다면 이 사명은 무엇일까요?

본성(本性) 회복과 행선(行善)입니다. 다시 압축하면 '유선시사(唯善是師) 유선시취(唯善是取)'입니다. 잘 아시겠지만 "오직 선만을 스승으로 삼고 오직 선만을 구하라"는 얘기죠. 율곡(栗谷)이 쓴 『격몽요결(擊蒙要訣)』에 나오는 가르침입니다. 유학의 핵심 가치인 인(仁)이 움직여서 우리의 몸과 마음을 통해 밖으로 드러난 것이 선(善)입니다. 다른 말로 하면 기독교에서 말하는 사랑입니다.

행선은 조물주가 우리에게 명한 본성대로 사는 것입니다. 늘 선만을 마음에 품고 세상의 평안을 기도하며 자신이 처한 위치에서 형편에 따라 선을 행하는 것이 웰다잉을 위한 최선의 준비입니다.

이렇게 하면 우리가 이 세상에서 삶의 소명을 다하고 본향(本鄕.우주)으로 돌아갔을 때 조물주로부터 상대적으로 높은 평가를 받을 수 있습니다.

이는 다음 생에서 더 좋은 환경에서의 삶과 성취, 그리고 더 높은 단계로 진화할 수 있는 기회를 보장받는 것입니다. 삶과 죽음은 자연과 같은 순환이니까요.

사람이 죽으면 어떻게 되는가?
천당(극락)과 지옥은 정말 있는가?
조물주(하나님)는 존재하는가? 있다면 어디 계신가?

필자가 공부한 바로는 이렇습니다.
우선 조물주는 태양에 계십니다. 그 이유는 이렇습니다. 지구를 포함한 이 우주는 해와 달, 별(日月星辰) 등이 움직이는 것인데, 그 중에서도 으뜸은 태양이기 때문입니다.
성경에서도 "하나님은 빛이시고 영(靈)이시니……"라고 가르치고 있습니다. 말하자면 하나님은 형체를 갖고 있지 않으면서 빛처럼 가장 빛나고 영(靈)처럼 가장 신령하고 밝은 존재입니다. 이런 분이 계실 곳이 태양 말고 또 어디이겠습니까?

고대 이집트나 잉카, 마야, 아즈테크 등 중남미의 찬란했던 고대문명에서도 태양은 항상 최고의 신이었습니다. 이집트의 파라오 역시 태양으로 인식되었습니다.
인류의 영원한 스승으로 추앙받는 예수, 석가, 공자 같은 성인들은 지금 어디 계신가? 동양철학에 달통한 현자들에 의하면 이 분들은 조물주가 계신 태양과 가장 가까운 행성에 있으면서 조물주를 보좌하고 있다고 합니다.

태양과 가장 가까운 행성은 수성(水星)인가요?

물은 생명의 근원입니다.

전지구적이고 거시적 차원에서 볼 때 예수 석가 공자 등 세 성인은 조물주께서 시대적 필요에 따라 내셨던 3대 제자라는 주장도 있습니다. 이는 이들 성인의 가르침과 자연의 섭리와 연관지어 볼 때 논리적으로 상당한 설득력이 있습니다.

이 부분은 또 따로 설명할 기회가 있겠지요.

그 다음으로 인류의 스승으로 현인(賢人)의 반열에 있었던 분들은 사후(死後)에 어디에 머물고 있을까요? 달에 있다고 합니다. 인류가 살고 있는 우주에서 양기(陽氣)가 가장 강한 곳은 태양이고, 음기(陰氣)가 가장 센 곳은 달입니다. 양기는 생명을 살리는 기운이고, 음기는 죽은 자 곧 사후세계를 지배하는 기운입니다.

그래서 현인들은 조물주의 명에 따라 달에 머물면서 인간의 길흉화복을 주관하고 있다고 합니다. 나머지 보통사람들이 죽은 뒤 가는 곳은? 가장 큰 관심을 가질 대목이죠. 이곳은 세 부류로 나뉩니다.

첫째가 세상을 비교적 착하고 반듯하게 산 사람입니다. 이들은 사후에 이 세상에서 편안하게 살고 있다가 천상의 명에 따라 다시 인간으로 환생한다고 합니다. 영혼이기 때문에 형체도 없고, 그래서 사람들 눈에도 절대 보이지 않는 겁니다. 이 영혼들은 착한 귀신이기 때문에 이 세상에서 산 사람들과 섞여 살 때도 사람들에게 도움을 준다고 하네요.

그래서 환생할 때에도 아래 두 하등 부류의 영혼들보다는 훨씬 좋은 환경에서 태어나죠. 성취하고 진화할 가능성이 상대적으로 더 높은 것입니다.

조물주가 명한 본성대로 살면 달로 올라갈 수도 있습니다. 진짜 신의 경지에 오르는 것입니다.

반대로 이런 소중한 기회를 얻었음에도 세상을 올바르게 살지 못한다면, 죽은 뒤 더 낮은 등급으로 떨어지고 말고요. 이승이나 저승이나 공짜는 없습니다. 심는대로 거두는 겁니다.

두번째로 세상을 살며 못된 짓은 하지 않았지만, 남에게 베풀지 않고 욕심부리며 이기적으로 산 사람들은 죽은 뒤 잡귀(雜鬼)가 되고 맙니다. 귀신에도 등급이 있어서 착한 사람은 죽어서도 귀신(鬼神)으로 대우 받지만, 그렇지 못한 혼령은 동물 수준의 잡귀로 전락하는 겁니다. 잡귀에게도 패자부활전을 할 수 있는 특권은 주어지죠. 조물주의 크나큰 자비입니다. 인간세상에서 살면서 다시 인간으로 환생할 기회가 주어지지만 성공확률이 많이 떨어집니다. 죽은 혼령이라고 해서 세상에서 못된 짓거리하던 제버릇이 어디 가겠어요? 괜히 산 사람들 집적거리고 골탕먹이고 자잘한 해를 끼치는 짓을 마다하지 않지요. 그러다가 덜컥수라도 둬서 사람의 목숨을 해치기라도 하면 그날로 끝장입니다.

마지막은 인간세계와 영원히 격리되는 화탕지옥(火湯地獄)행이지요. 바로 결코 구제받지 못할 악인들, 즉 세번째 부류의 막장 악당들의 혼령이 가는 지옥입니다. 지옥은 뜨거운 용암이 펄펄 끓는 지하에 있습니다.

여러분은 이 세상에 사는 동안 어떤 삶을 살고 싶으십니까?

그리고 사후에는 어디로 가고 싶으십니까?

지금도 늦지 않았습니다. 성찰하고 반성하고 회개하며 본성이 시키는대로 살면 달에 오를 날은 반드시 올 것입니다.

본성은 순선(純善)입니다.

 **구범회**
통신부

장무상망(長毋相忘)의 아름다운 사랑, 완당(阮堂)과 우선(藕船)

황 완 주

長毋相忘
세한도에 찍힌 낙관

'長毋相忘(장무상망)'은 본래 중국 섬서성에서 출토된 2천년 전 한나라 시대의 와당에 새겨져 있었던 문구였다. 그런데 금석문의 대가였던 추사 김정희 선생이 이 문구를 인상 깊게 보았기 때문에, 그의 제자 우선(藕船) 이상적에게 고마움의 표시로 써주어서 우리에게도 널리 알려지게 되었다. 국보 제180호로 지정된 세한도(歲寒圖) 오른쪽 하단에 이 문구가 낙관으로 찍혀 있다. "우리 서로 오래도록 잊지 말자."라는 뜻이다. 추사 김정희는 제자 이상적에게 '참으로 고맙고 고맙다. 내 길이길이 잊지 않겠네. 자네도 그러리라고 믿네.'라는 최고의 찬사와 따뜻한 사제(師弟)의 정을 이 네 글자에 담았던 것이다. 더 긴 말이 무슨 필요가 있겠는가? 이 네 글자면 충분했을 것이다.

나는 이 문구를 접하면서 내 몸 안에서 무언가 흐르는 느낌을 받았다. 70세를 넘게 살아오면서, 상대는 나를 잊었을지 몰라도, 나는 결코 잊지 못하는 사람이 몇몇 있다. 그들의 얼굴을 떠올리며 나는 문득 감상에 젖는다. 내가 절박할 때 적절한 도움을 주어 내가 위기에서 벗어나게 해준 고마운 사람, 휴대폰으로 연락이 되지 않는 곳이 없어진 지금도 그 이름만 알고 어디에서 무엇을 하고 어떻게 사는지 모르는 이가 있다.

가끔씩 마음이 저려오며 지나온 날들이 그리워지는 때가 있다. 그리고 돌이켜 보니 그 때는 대개 내가 선택의 기로에 서서 혼란스러워 할 때였다. 만약 다시 만난다면 나의 환상이 깨어지지는 않을까 멈칫하는 수도 있다. 간직하는 것도 중요하지만 그 선택의 오류를 하나라도 되돌리고 싶은 속마음도 있을 것이다.

서른여섯 대의 태장을 맞은 후 육지 천리 그리고 또 바다 천리, 이천리 원찬을 가야 했던 추사였다. 제주시에서 하룻길인 제주도의 끝자락 서귀포 대정현에서 위리안치 되기를 8년 3개월, 그리고 또 북청의 군현안치 1년 1개월. 그 긴 귀양살이를 버티는 데에는 제자 우선 이상적이 큰 힘이 되었다.

그리하여 제주도에서 탄생한 국보 제180호 세한도는 '藕船是賞 阮堂(우선시상 완당)'으로 시작하여, '長毋相忘(장무상망)'이라는 이 낙관으로 마무리된다. 결국 세한도는 '우선(藕船), 이 그림을 감상해 보시게. 완당이 보내네.'라는 서두로 시작해서 '우리 길이 서로 잊지 말기로 하세.'라는 인사로 마무리된 셈이다. 스승이 보낸 이 세한도를 받아든 우선은 마땅히 자신이 할 도리를 다했을 뿐인데, 스승으로부터 엄청난 치하를 듣고는 감격의 눈물을 쏟을 수밖에 없었을 것이다.

제주에서의 위리안치 유배형이 끝나고 지금의 용산 인근의 강상생활로 돌아와 조용히 지내던 중에 또 새로운 정쟁에 휘말린 추사는 66세의 나이에 다시 함경도 북청 유배길에 오른다. 다행하게도 이번에는 위리안치가 아닌 군현안치였다. 군현 내에서는 움직일 수 있어 황

초령의 진흥왕 순수비를 연구할 기회가 온 것이다. 또한 자신의 친구이며 후배이자 제자의 한 사람으로 51세에 대과에 급제한 후 6년만에 판서의 지위에 오르며 관찰사와 병조판서 등을 역임했던 침계 윤정현이 추사가 북청 귀양살이를 시작한지 두 달 후 함경도 관찰사로 부임한다. 추사를 배려한 인사인지는 알 수 없으나, 어쨌든 추사는 제주의 위리안치 유배시절보다는 다소 나은 환경에서 유배생활을 할 수 있었다. 일년여의 유배생활을 끝내고 1852년 겨울 해배되어 추사는 친부가 한성판윤 재직 시에 마련한 별장이었던 과천의 과지초당으로 돌아온다. 그로부터 약 4년여의 그의 여생은 재정적으로 여유롭지는 못했으나 그나마 행복한 시기였다. 친부 정헌공 김노경의 산소 가까이에 위치한 과지초당에서 서자이지만 친아들과 손자가 함께였다. 비록 음식은 두부와 오이, 생강과 채소였지만, 아내와 자식과 손자가 있어서 그는 행복했던 것이다. 그때의 작은 행복을 추사는 이렇게 표현했다.

大烹豆腐瓜薑菜
高會夫妻兒女孫

추사 김정희의 제자에 중인(中人) 신분인 한어역관(漢語譯官)이자 시인이었던 18세 연하의 제자 이상적(李尙迪)이 있었다. 그는 역관 출신이었지만, 온양군수를 지내고 벼슬이 종신직인 지중추부사에 이르렀다.

이상적은 우봉 이씨로 9대에 걸쳐 대대로 역관을 지낸 역관 명문 집안 출신이었다. 그의 집안은 30여 명의 역과 합격자를 배출하였고, 외가 역시 중국을 다녀온 역관 집안이었다. 증조부 이희인과 조부 이

방화는 역관들의 교육기관인 교회청 훈상(정3품)을 지냈다. 생부인 이정직과 양부인 이명유는 종4품 사역원 첨정을 지냈다. 생부 이정직과 당숙 이정주는 위항시인이기도 하다. 아우 이상건, 사촌 이상익, 조카 이용준도 수역관과 교회청 훈상을 지냈다. 손자 김태준, 김태영, 김태준도 모두 역관이었다. 이상적의 처가는 설성 김씨(雪城金氏)인데, 장인인 김상순, 처남 김경수도 모두 역관이었다.

이상적은 양반 신분이 아니었지만 오늘날 대한민국 국보 제180호에 당당하게 그의 호가 새겨져 있다. '우선시상(藕船是賞) 완당(阮堂)'으로 시작하는 세한도는 스승인 추사가 제자인 이상적에게 주는 최고의 애정 표현이자 고마움을 뜻하는 인사였다. 그러니 결국 우선(藕船) 이상적이 있었기에 오늘날 국보로 지정된 세한도가 태어날 수 있었다고 할 수 있다.

'세한도'라는 제목은 『논어』 자한편(子罕篇)에 실린 "세한연후 지송백지후조야(歲寒然後 知松柏之後凋也)"라는 구절에서 온 것이다. 이 구절은 본래 변함없이 자신을 따르는 70명의 제자들을 칭찬하여 공자께서 하신 말씀이었다. 공자는 제자가 많을 때에는 3,000명이나 되었다고 한다. 공자께서 배우고 싶어 하는 사람은 널리 제자로 받아들였기 때문이었다. 공자는 이들을 이끌고 고국인 노나라를 떠나 여러 나라들을 전전하였다. 자신의 사상과 정책을 펼칠 수 있는 곳을 찾아서였다. 그러나 이미 왕도의 시대는 아니었다. 부국강병책을 모색하고 있던 제후들에게 공자의 사상은 너무 이상적이고 비현실적으로 보였을 것이다. 그 과정에서 공자와 그의 제자들은 여러 가지 어려움도 겪었다. 그러자 제자들은 하나 둘씩 스승의 곁을 떠났다. 스승의 학문에 대한 확고한 믿음이 없었기 때문이었다. 그래서 십수년이 지난 후에 공자께서 다시 고국으로 돌아갈 때에는 겨우 70명만이 남아 있었다. 떠날 때에는 1개 연대였던 숫자가 돌아갈 때에는 1개 소대 남짓만 남은 셈이다. 그 70명은 정말 스승을 믿고, 존경하고, 그의 학문을 흠모한 사람들이라고 할 수 있을 것이다. 그런 제자들을 공자께서 한껏 칭찬한 것이 바로 이 구절이다. '날씨가 추워진 후에야 소나무와 잣나무가 시들지 않는 나무임을 안다.' 날씨가 추워지기 전에는 모든 나무들이 다 푸르다. 그래서 소나무와 잣나무만 푸른 나무라는 것이 드러나지 않는다. 날씨가 추워져야 비로소 소나무와 잣나무의 진가(眞價)가 두드러지게 나타나는 것이다. 소나무나 잣나무 같이 변함없이 푸른 제자들, 그들이 마지막 남은 70명의 제자였다.

우선(藕船) 이상적은 추사에게 그런 소나무나 잣나무 같은 제자였다. 스승인 추사가 오랜 귀양살이를 통해서 확실히 알게 된 사실이었다. 역관이었던 우선은 당시에 국내에서는 구할 수 없었던, 수백 권에 달하는 귀한 책들을 청나라에서 구해서 제주에 유배 중이던 스승에게 보내주고는 했다. 그 책 한 질을 권문세가에 갖다 바친다면 출세길이 열릴 수도 있는 귀한 책들이었다.

그래서 추사는 세한도를 그려 우선에게 보낸 것이었다.

"내가 너의 마음을 잘 알고 있다. 고맙다."

이것이 추사가 세한도를 통해 우선(藕船)에게 꼭 전하고 싶었던 말이었다.

스승으로부터 이 세한도를 받은 우선(藕船)은 이 그림을 청나라 문인들에게 보여주었다. 그들은 이 그림에 감탄해서 찬사를 그림에다 덧붙여 쓰고 싶어했다. 우선은 이들의 글들을 그림에 덧보태어 자신의 제자에게 물려주었는데 그것이 오늘날 우리가 보는 세한도이다.

장무상망-長(길 장) 毋(말 무) 相(서로 상) 忘(잊을 망)-현판

나는 '長毋相忘(장무상망)'이라는 이 낙관을 보면서 추사와 우선은 참으로 행복한 사람들이라는 생각을 한다. 비록 세상살이는 순탄하지 못했지만 이렇게 믿고 의지할 수 있는 스승이 있고, 제자가 있었으니 그들은 행복했을 것이다.

다행히 아이코의 좋은 전우들이 있으니 오래오래, 건강하게, 함께 '장무상망'이라고 속삭이며 술잔을 기울일 수 있기를 기대한다.

이의용 병장과 황완주 이병

내무반 준우승 상패를 들고
이정룡(본사경리), 황완주(공병)

황완주

공병부

70대에 현역으로 일해 보니

이 희 배

70대까지 건강하게 일한다는 것은 행운이고 감사할 일이다. 금년부터는 고향인 부산에 내려와서 일하는데 그동안 못 만났던 고향 친구들을 보고 싶어 한 친구에게 전화를 하였더니 허리협착증으로 걷기가 어려워 누워서 책 읽는 것이 일상이라고 쓸쓸한 어투로 말한다. 나는 그 친구에게 괜히 전화한 것 같아서 미안했다. 그리고 오랜만에 친구들을 만나 대화할 때에도, 그 친구의 어려운 형편을 잘 이해하지 못하면 마음에 상처를 주기 쉽겠구나 하는 생각이 저절로 들었다. 나이 드니 전에는 하지 않아도 될 걱정이 하나 둘 자꾸 늘어가는 것을 새삼 느끼지 않을 수 없다.

나는 지금도 아파트 공사 현장에서 건축공사 감리 일을 하고 있다. 이 일은 학교 졸업 후 대한주택공사에서 20년 넘게 해오던 업무와 유사해서 업무적으로는 큰 어려움이 없다. 그러나 가끔은 시공회사의 젊은 직원들을 번거롭게 만드는 것 같아서 미안한 때가 있다. 일을 하다보면 자꾸 욕심이 생기고 가급적이면 좀더 좋은 건축물을 만들고 싶다고 생각하게 마련이다. 게다가 아무래도 내가 경험이 많으니까 젊은 사람들을 도와주어야 한다는 생각에 이런저런 설명을 곁들이게 되는데 이것이 오히려 일을 지연시키는 결과가 되는 경우도 있는 듯하다.

　건설현장에 작업인부들은 이제는 거의 베트남, 중국, 우즈벡 등에서 온 외국인들이다. 그나마 여기 와서 일하는 사람 정도라면 대개 자기 나라에서 공부도 좀 하고 생각이 앞선 사람들이라고 보아야 하겠는데, 한국인 작업반장들이 그들을 향해 일을 잘못한다고 욕을 하는 것을 보면 책임자들에게 그런 일이 재발하지 않도록 잘 교육하도록 당부도 한다. 이는 작업자 안전사고 예방과도 직결될 수 있기 때문이다. 외국인 근로자들의 지적 수준이 한국인 작업반장들보다 높은 사람들도 많은데 그들의 자존심을 지나치게 상하게 하면 의외의 사고를 유발할 위험도 있기 때문이다.

　요즘 공사현장에는 대학 건축과 출신 여직원들이 많다. 얼마 전에는 30대 중반의 대리급 여성사원이 새로 전입하여 왔다. 그런데 매일 아침에 감리사무실에 공사일보를 제출하고 필요시 설명도 해야 하는데, 매일 사무실 방문을 하는 대신 팩스로 제출할 수 있게 허락해 달라고 한다. 한창 자존심이 강한 나이에 매일아침 다른 회사 사무실에 출입하는 것이 여성으로서 번거롭고 어렵겠다는 생각이 들어 그렇게 하라고 하였더니 상당히 고마워한다. 문득 손자 키우며 직장생활을 하는 며늘아이 생각이 났다.

　퇴근 후에는 거의 매일 저녁 식사 후 동네 주변을 8,000보씩 걷는데, 그러다 보면 가끔 길고양이에게 먹이와 물을 주며 길고양이를 돌보는 아주머니들을 만난다. 개중에는 나이가 든 할머니들도 계시지만 그런 할머니에게도 아주머니라고 해야 욕을 안 먹는다. 며칠 전에도 평소처럼 동네를 한 바퀴 도는데 길고양이 돌보미 아주머니가 황급히 지나가며 고양이가 교통사고를 당했다며 어쩔 줄 몰라 한다. "야옹 야옹" 인사하며 이쁜 짓을 하던 노란 어미 고양이가 교통사고를 당했다는 것이다. "아직 젖도 안 뗀 새끼들이 있는데, 어미가 죽었으니 이제 그 새끼들은 살아갈 수가 없는데……" 하고 안타까워하던 말이 한참이나 귓가를 맴돈다.

오늘 저녁에는 또 다른 고양이 돌보미 할머니가 내 숙소 옆집 대문 앞에 서서 초인종을 누르며 집안에서 누가 나오길 초조하게 기다리고 있는데, 그 옆에는 어미 고양이와 새끼 두 마리가 앉아 기다리고 있는 모습이 보인다. 또 무슨 일이 있나 보다 하고 물어보니 여기 이 어미 고양이가 새끼들을 데리고 이 집앞을 지나다가 새끼 한 마리가 대문 안으로 들어갔는데 그 사이에 바람이 불어 대문이 닫히면서 새끼는 못 나오고 어미는 오도가도 못하고 저렇게 기다리고 있다는 것이다. 이야기를 듣고 보니 나도 그냥 지나칠 수가 없어 함께 안을 살피는데, 아무리 초인종을 누르고 대문을 두들겨도 그 집 안에서는 아무런 반응이 없다. 어미 고양이는 자기를 도우려고 사람들이 애쓰는 것을 보고 기대가 되는지 집에도 못 가고 새끼들과 함께 애처롭게 기다리고 있는데 그 모습이 웬만한 사람보다 나은 것이 아닌가 하는 생각이 들었다.

주말이 되어 KTX를 타고 서울로 올라가는 2시간 40분은 밀린 성경읽기 시간으로 딱 좋다. 그런데 열차 객실 안에서는 옆자리나 앞뒤자리에 누가 앉느냐에 따라 분위기가 조금씩 다르다. 출발시 안내방송에는 열차 객실내에서는 전화나 옆사람과의 대화를 삼가 달라는 방송이 나온다. 하지만 잘 듣지 못하거나 여행습관이 잘못된 외국인들과 젊은이들이 종종 끊임없이 대화를 하여 주변사람들을 힘들게 할 때가 있다. 그럴 때에는 조용히 다가가 조용히 웃으며 눈짓만 해

이희배 병장 전역기념 공병부

도 금새 알아채고 멈춘다. 그럴 때에는 이제는 내 얼굴에도 노인 표시가 나는가 보다 하고 가만히 생각해 본다. 나이 들면 이런 일도 안 해야 하는데……

이희배
공병부

세상은 공평한가요?

김 명 식

 1973년 대학 4학년 가을, 10월 유신 반대시위 광경이 찍힌 사진에 내 모습이 있었다는 이유로 느닷없이 군 소집영장을 받았습니다.
 바로 일주일 후 논산훈련소로 입소되어 장정생활 일주일만에 원치도 않았던 하사관학교로 이송되었고, 그곳에서 빡세게 4개월간 보병훈련 마친 후 숨 돌릴 틈도 없이 김해 공병학교로 끌려가(?) 또 3개월 주특기 교육을 받고 나서, 74년 여름 101보충대를 거쳐 자대배치 받은 곳이 바로 여기 Camp Red Cloud, 한·미1군단이었습니다.

보고싶은 전우들과 함께. 최완선 상병 전역기념.

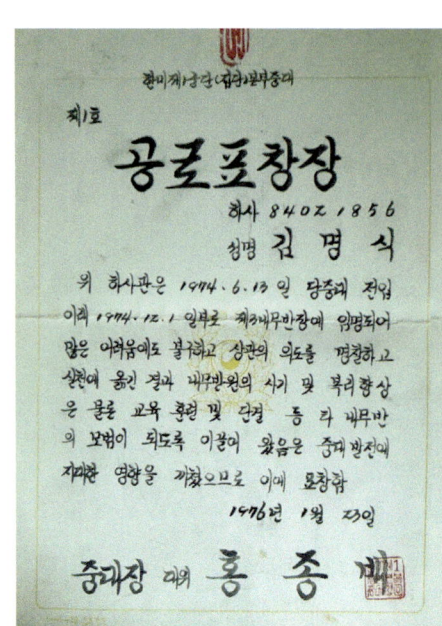

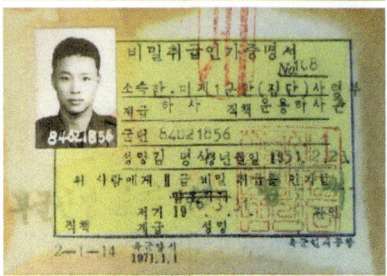

김명식 하사가 보관중인 군생활 흔적

좋은 전우들을 만났고 그 근무기간 동안 저는 많은 성장을 하고 유익한 시간을 보냈습니다. 누구에게도 있었을 그 피끓던 젊은 날들의 추억이 지금도 생생합니다.

고무신 거꾸로 신은 아픔, 유격훈련, Defcon III, II CPX 상황의 긴장감…… 내무검열 지적사항 때문에 외출 외박 금지되어 열받던 일. 제설 사역, 김장 사역, 잡초제거 사역, 싸리비 사역…… Quonset 막사에서 벌겋게 달아오른 디젤난로에 끓여먹던 라면…… 크허!

이런 이야기 보따리를 다 풀자면 몇박 며칠을 해야 바닥이 날지 모를 일입니다. 그러나 세월이 흘러 벌써 50년, 반세기 전의 추억의 편린(片鱗)일 뿐입니다. 강산이 다섯 번 바뀐 세월 속의 나의 인생 여정도 참 만만치 않았습니다.

그렇게 잘 놀고, 친구 좋아하고 세상을 사랑했던 내가 지금 목사라

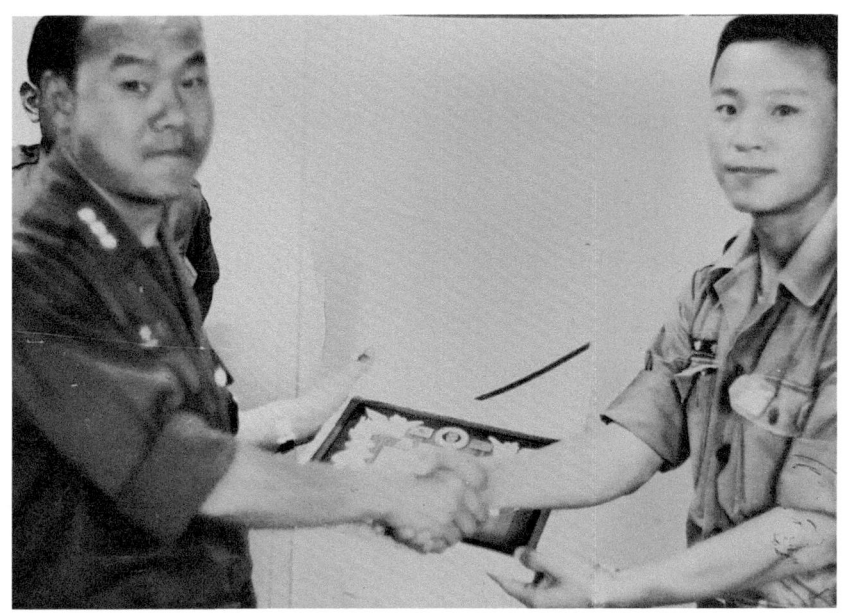

김명식 하사 전역, 공병참모 김학문 대령 검사공로패

니 말입니다. 제대 후 직장생활을 하다가 80년대 초 미국 주재원으로 파견나가서부터 거기서 이어진 이민생활이 30여년, 또 중국 선교사 생활이 10여년, 그후 다시 한국으로 돌아와 국적을 회복을 하여 지금껏 살고 있습니다.

누구라도 그랬겠지만 때론 기뻤고 때론 슬펐습니다. 그야말로 인생 희로애락이 점철된 반세기였지요. 좌절과 절망의 늪에서 허우적 거리기도 했습니다. 조금 잘될 때는 치기에 우쭐거리기도 했었고 또 조금 힘들고 생의 무게가 버거울 때는 상대적 박탈감에 속앓이도 했습니다. 이러한 인생의 부침(浮沈) 속에서 마음속에 떠나지 않는 의문이 하나 생겼습니다.

착하게 살았는데 왜 악하게 산 자들이 더 부유할까? 왜 누구는 태어날 때부터 장애를 안고 있으며, 왜 좋은 일 하러 떠난 봉사팀이 탄

버스가 교통사고를 당했을까? 아프리카 빈민촌의 죽어가는 아이들이 무슨 죄가 있어서 그런 걸까? 흙수저 물고 태어난 사람은 무슨 죄가 있어서 대(代)를 물리는 가난 속에 힘들어 할까?

정말 세상은 공평하더군요.

내 인생의 변곡점이었습니다. 의문은 꼬리에 꼬리를 물고 끝없이 이어졌습니다. 그런 깊은 수렁에 빠져서 지푸라기라도 잡고 놓치지 않으려고 했던 그때의 간절함이 나를 교회로 이끌었습니다. 불합리한 이 사회의 불공평을 이해하고 받아들여야 할 답을 목마르게 찾고 있었기 때문이었습니다.

하나님은 공평하시다고 합니다.
성경 속에서 그 답을 찾아보려 애썼습니다.
그런데 불공평 투성이었습니다.

마태복음 25장의 천국을 비유하는 대목에 보면 주인이 여행을 떠나면서 종들에게 각각 다섯 달란트, 두 달란트, 한 달란트를 주고 갑니다. 주인은 왜 그들에게 동일하게 주지 않았을까요? 그래야 공평한 것 아닌가요?

누가복음 15장 탕자의 비유에도 그렇습니다. 재산을 들고나가 허랑방탕하다가 쪽박 차고 돌아온 둘째 아들에게 반지를 끼워주며 송아지를 잡아 환영파티를 해주는 아버지의 모습을 보며 하루 종일 일하고 지쳐 돌아온 형은 얼마나 불공평하게 느꼈을까요?

또 마태복음 20장에 보면 포도원 일꾼들의 이야기도 나옵니다. 아침부터 일한 일꾼이나, 점심 때 투입된 일꾼이나, 오후 일 끝날 즈음에 투입된 일꾼이나 다 동일한 품삯을 받아갑니다. 일한 시간은 엄청나게 달랐는데도 말입니다. 그야말로 불공평의 극치 아닌가요?

그런데 하나님의 공평하심은 모든 사람에게 무엇인가를 골고루 주시는 종류의 공평이 아니라는 것과 하나님의 공평하심은 다른 사람과의 비교를 통하여 알 수 있는 것이 아니라는 사실을 알게 되었습니다. 앞의 달란트 비유도 하나님은 사람들의 재능에 따라 각기 다르게 주신 것이고(재능:Talent, 당시의 화폐 단위), 돌아온 탕자의 형이 느끼는 불만과 불공평도, 이미 그는 누리고 있었던 장자의 축복을 망각한 것이었고, 하나님께로 회개하고 돌아온 동생과 자신을 비교하는 것은 유치한 비교였습니다. 그 다음, 포도원 주인은 각 개인과 애초에 일당을 약속했을 뿐입니다. 그 일당은 일대일의 관계에서 공평하게 지급되었던 것입니다. 즉 다른 사람과 자신을 비교하지 말라는 교훈을 주신 것을 알게 되었습니다.

우리들의 사고 속에 공평함이라는 의미는 지극히 수평적이고 자기중심적이고 상대적인 비교의 가치 기준인 것입니다. 매우 위험한 것이지요. 반대로 하나님의 공평성은 수직적이며 주관적인 것입니다.

때로 우리는 비극적인 뉴스가 터질 때마다 "하나님의 은혜가 아니었다면 나도 저렇게 되었을 거야."라는 표현을 종종 듣게 됩니다. 그런데 이 말을 잘 생각해보면 참 불편한 말인 것을 알게 됩니다. 왜냐하면 그 비극적인 일을 당한 사람은 어쨌든 하나님의 은혜 밖으로 내쳐졌다는 말로 들리기 때문입니다.

하나님의 은혜는 운 있고 재수 좋은 몇몇 사람들의 안전지대를 만들기 위해서 흔들어대는 마법의 지팡이가 아닙니다. 모든 사람에게 열려있는 은혜입니다. 하나님은 우리의 행·불행과 관계없이 모든 사람에게 은혜를 베푸시는 분이십니다.

어느 날 서점에 있는 책이 한권 눈에 들어왔습니다.

미국 매사추세츠 주에 있는 유대교 교당 랍비로 있던 저자 해롤드 쿠쉬너(Harold Kushner)가 1981년에 출판한 "왜 착한 사람에게 나쁜일이 일어날까"라는 제목이었습니다.

유대인 랍비인 저자는 아론이라고 하는 자신의 아들이 '조로증'으로 14살에 세상을 떠날 때까지 겪은 삶의 고뇌를, 책의 제목대로 왜 착한 사람에게 나쁜 일이 일어나는지에 대해, 랍비로서 하나님과 인생에 대한 깊은 성찰을 배경으로 풀어나갑니다.

대부분의 나쁜 일들과 이를 통해 얻게 되는 고통은 시간이 가면서 회복되게 마련이고 이후로 사람들은 다시는 이런 나쁜 일이 생기지 않도록 더욱더 조심을 하게 되고 그래서 '아픈 만큼 성숙한다.'라는 말이 있는지도 모릅니다.

그러나 세상에는 결코 원래 상태로 회복할 수 없는, 참으로 어처구니없는 불행과 고통을 경험하며 사는 사람도 적지 않습니다. 저자의 아들처럼 천진난만한 아이들이 불치의 장애를 가지고 태어나 일찍 죽는 일이라든지, 생각지도 못했던 화재나 사고로 착한 사람들이 목숨을 잃게 되는 일, 비행기의 추락사고 등이 그런 것들입니다. 무엇이 하나님의 공평인가요?

쿠쉬너는 고통을 겪는 사람들에게 필요한 것이 그 고통의 신앙적 의미나 이를 통한 신비체험이 아니라 좀 더 따뜻한 인간적 위안과 하나님으로부터의 위로를 구하는 기도라는 것을 이 책을 통해 말하고 있습니다. 한마디로 이 책은 고통에 대한 위안과 깨달음이 놀랍도록 충만한 책입니다.

이 책에서 필자는 이유없는 고난에 대한 탁월한 성찰로써 성경의 욥기를 예로 들고 있습니다. 욥의 사례를 통해, 착하게 사는 사람에게도 왜 고난이 찾아오는지에 대한 자신의 견해를 다양한 관점에서 피력하고 있습니다. 자신의 목회 경험과 아들을 통한 고뇌의 성찰을 통해 나름대로의 결론을 내리고 있습니다.

그는 우리의 불운은 하나님이 초래하는 것이 아니라고 합니다. 세상 만물을 주관하시고 나르는 참새 한 마리도 하나님의 허락 없이 떨어지지 않는다고 했는데 이게 말이 되나요? 그런데 이 세상은 아직 하나님의 심판 전의 상태입니다. 하나님과 관련 없는 악함과 어두운 세력의 능력이 어디에도 있을 수 있습니다. 심판의 날 이후 아주 완벽한 하나님의 통치가 도래하는 그날을 소망합니다. 독일 신학자 쵤레의 주장을 인용하여 '이 비극이 어디로부터 오는가?'가 아닌 '그것이 어디로 이끌어 가는가?'를 생각해 보라고 합니다.

왜 착한 사람에게 공평하지 못하게 나쁜일이 생길까 하는 의문에 대한 답은 존재할까요?

그것은 우리가 해답을 어떻게 정의하느냐에 달려 있습니다.

만약 우리가 "왜 세상에 암이 존재할까, 왜 그의 착한 아내는 암에 걸렸나? 왜 우리 애가 저렇게 되었을까? 왜 선교지로 떠난 비행기가 추락했을까?"라고 질문한다면, 우리는 다만 배운 지식으로 설명해 줄 수 있을 뿐입니다.

과학은 그 사람에게 무슨 일이 일어났는가를 인간이 아는 한도 내에서 설명해 줄 수 있을 뿐입니다. 하지만 그런 설명으로도 고통과 비애와 불공평한 감정은 해소되지 않습니다.

이런 질문에 대한 답은 '설명'을 의미하기도 하지만 '응답'을 의미하기도 하는데, 그 대표적인 예는 바로 욥의 응답입니다.

욥기 42장에 욥이 여호와께 대답하는 장면이 나옵니다. 그의 고백은 전능자의 주권을 인정하며 순종과 회개의 기도를 한 결과였다고 할 수 있을 것입니다.

왜 착한 사람들에게 나쁜 일이 벌어지는가 하는 의문 자체는 왜 무슨 일이 벌어지는가를 묻는 것이 아니고, 우리가 어떻게 거기에 응답할 것인가, 이미 벌어진 일에 대해 우리가 어떤 행동을 취해야 할 것인가 하는 전혀 다른 의문으로 해석해야 합니다.

필자인 쿠쉬너도 이렇게 말합니다.

"죽을 힘을 다해 마음을 열고 기도했으나 비극을 뒤집어 놓을만한 기적은 얻지 못했다. 그러나 내 주위에서 사람들과 하나님을 발견했고 이 비극에서 살아남을 수 있도록 돕는 힘이 기도를 통해 스스로에게 있음을 발견했다. 나는 그것이 기도가 응답을 받은 한 예라고 말하겠다."

우리는 흔히 "콩 심은 데 콩 나고 팥 심은 데 팥 난다."라고 하고, "아니 땐 굴뚝에 연기 나랴."라고 합니다. 이런 말들을 한다는 것은 그만큼 우리가 인과응보적인 사고에 익숙해 있음을 의미합니다.

구약을 보면 거기에는 병들고 고통받는 것이 죄 때문이라는 믿음이 있었음을 알 수 있습니다. 선하고 공정하신 하나님은 결코 의로운 인간이 고통당하는 것을 허락지 않으실 것이라는 믿음입니다. 건강하고 부유한 삶은 하나님이 사랑하셔서 복 받은 것이고 반대로 가난하고 병든 것은 죄 때문에 당연히 받는 벌로 생각하였다는 것입니다.

모세를 비방하다가 나병에 걸린 미리암(민 12:9), 하나님께 범죄함으로 망한 아하스(대하 28:22-23) 등 성경 곳곳에서 많은 사람들이 죄로 말미암아 고통을 받는 것을 볼 수 있습니다. 이스라엘 역사를 보면 참으로 끈질기게 계속해서 불순종하고, 징계 받으면 회개하고, 구원받으면 또 불순종하는 모습이 반복되는 것을 봅니다.

그러나 고난과 불행이 과연 조상 혹은 나의 죄 때문일까요? 예수님은 태어날 때부터 소경된 자를 고치시며 이는 부모의 죄나 본인의 죄로 인함이 아니라고 분명히 말씀하셨습니다.(요9:1-3) 그리고 사도들이나 믿음의 조상들이 받은 고난을 보면 그것들은 분명히 죄와 무관하며 그것은 시험과 연단일 수도 있다는 것을 알 수 있습니다.

지금 우리가 사는 세상은 아직 하나님의 심판의 때가 이르지 않았고 그러므로 악의 세력들이 공존하며 극성을 부리고 있는 때입니다.

우리는 늘 공평이란 것을 상대적으로 생각했고 좁디좁은 인간의 소견으로 때로는 하나님이 불공평하신 것으로 오해하고 불평하며 하나님을 멀리하기도 했습니다. 그러나 하나님의 공평하심은 개개인의 믿음의 정도가 다른 것같이 일대일이고 주관적인 것입니다.

하나님의 공평하심은 세상의 기준에서는 이해가 되지 않습니다. 그것은 나를 사랑하시는 아버지와의 관계에서 지켜지고 이해할 수 있는 것이기 때문입니다.

우리가 어떤 상황에 처해 있든지 어떤 능력을 갖췄든지 얼마나 죄를 많이 지었든지 간에 우리가 돌이켜 하나님께 나아온다면 차별하지 않으시고 품으시고 용서하시며 입 맞추고 손에 반지를 끼워주시는, 사랑으로 공평하게 대해 주시는 그 아버지가 바로 우리의 하나님이십니다. 그 사랑으로 모두가 공평하게 살기를 원하시고 구원 받기를 원하시는 것, 이것이 하나님의 공평하심입니다.

수락산 단합대회에서

수락산 단합대회에서
이희배, 김명식, 김효종, 김광섭, 이규섭 전우들

중대본부 연병장 코너
안상수 병장과 함께

수락산 단합대회에서
안상수, 김명식 전우의 기타 연주

김명식

공병부

卐(만)

정 춘

卐(만)자에는 卐 좌만, 卍 우만, ✚ 정십자만의 세 가지가 있다. 흑해와 카스피해 중간 코카서스 산맥 동쪽 조지아 지방에서 발원하여 세계 여러 곳에서 유목민으로 살아야 했던 아리안족의 태양숭배를 상징하는 부호로 사용되었다. 이것은 고대 신앙의 영향으로 인도 유적에서 뿐만 아니라 아리안족이 흩어져 사는 곳, 아랍의 희랍계 아리안, 그리스 로마계 아리안, 독일 프랑스계 아리안 등 세계 곳곳에서 좌만과 우만자를 많이 볼 수 있다. 심지어 아메리칸 인디언 일부 부족에서도 이 만자의 표식을 볼 수 있다.

한 무리의 아리안족이 인더스강을 건너 계속 동진하여 인도의 갠지즈강 북쪽까지 진출하여 인도 아리안 계통의 민족으로 인도에 정착한다. 이들이 사제 계급인 브라만과 왕과 귀족 계급인 크샤트리아가 되어 상류계층을 형성하며 인도의 토착민족인 흑인계열을 카스트 제도에 의해 지배하기 시작한 것이 약 3,500여년 전의 일이었다. 카스트란 피부의 색깔을 의미한다.

그로부터 약 1,000년 후, 즉 지금으로부터 약 2,500여년 전 붓다가 된 고타마 싯다르타의 출신족이 인도의 샤카족이었는데, 그들이 마가다 왕국을 세웠다. 그리고 그들이 백인 계열의 아리안족이었기 때문에 만자는 불교에서도 상징적인 부호로 사용하게 되었다.

이 卍는 이렇게 인류 역사상 가장 오래 된 상징 중 하나인데, 산스크리트어로는 '스와스티카', '스바스티카(Swastika)' 또는 '슈리바차(Shrivatsa)'라고 한다. 파일펏(영어: Fylfot), 감마디온(Gamma-dion), 테트라스켈리온(Tetraskelion), 하켄크로이츠(Hakenkreuz, 갈고리 십자, 영어로 직역하면 Hooked Cross)라는 이름도 어원에서는 서로 차이가 있지만 궁극적으로는 같은 모양이다.

卍는 프라크리트어로는 삿티야(satthia)라고 불렸다. 태국과 캄보디아에서는 힌두교나 대승 불교를 통해 만자가 전래되어 '스와스티카'를 어원으로 삼는 단어로 부르지만 미얀마에서 만자는 법륜과 동일시되어 '세짜(차크라)'라고 불린다.

중국의 당(唐)나라 2대 황제인 태종 이세민 재위 시절에 인도 유학을 마친 현장 스님은 인도의 불경을 중국으로 들여와 대대적인 번역 작업을 진행하였다. 이 과정에서 이 卍자를 萬 곧 일만 만자로 번역했는데, 이는 결과적으로 부호로만 사용되던 좌만자를 한자에서는 정식 글자로 인식되게 하는 계기가 되었다. 이 좌만자가 정식으로 글자로 인정된 것은 당태종의 셋째 아들인 당나라 3대 황제 고종과 측천무후 때라고 알려져 있다. 그리고 이로부터 卍자는 길상과 행운, 경복을 포함하는 만덕의 뜻으로 쓰이기 시작한 것이다.

우리나라의 경우를 보면 고려 27대 충숙왕의 이름이 만(卍)이었다. 그의 본명은 '燾'(도)였는데 즉위 후 卍으로 개명하였다. 조선 왕실에서도 卐(우만자)의 사용 흔적이 나타난다. 세종대왕의 익선관으로 추정되는 유물에 이 글자가 수놓아져 있는 것이다. 이 유물은 임진왜란 당시 일본에 약탈당했던 것으로 추정되는 모자인데, 임금 왕(王)자와 함께 오른쪽으로 도는 '우만자'가 정교하게 수놓아져 있다.

卍자는 옛날 인도에서 비슈누 신의 가슴팍에 자란 털의 모양을 나타냈다는 길상의 증표이기도 하여 불보살(佛菩薩)의 가슴, 손, 발 등에 나타나는 길상만덕(吉祥萬德)의 상(相)으로, 우리나라에서는 사원(寺院)의 표지(標識), 기호(記號) 등으로 쓰이고 있다.

영문학에서는 이 좌만자를 '4개의 대문자 L'이 합쳐진 것으로 해석하고, 이는 구체적으로 Life, Light, Love, Liberty를 나타낸다는 학설이 등장하기도 했다.

독일의 히틀러가 우만자를 악용함으로써 셈족의 유대인들은 이 우만자에 대한 두려움과 혐오, 증오감이 대단하다. 그리하여 우만자는 올림픽이나 유럽에서나, 스포츠단체의 상징적인 부호나 응원도구 등에는 그 사용이 전면 금지되어 있다. 히틀러가 잘못 사용함으로써 정통성이 있는 우만자 부호는 사라지고 변형된 좌만자 부호만이 사용할 수 있는 부호나 문자가 되어버렸다.

세 가지 중 오리지널은 독일의 히틀러가 사용했던 卐 우만자이다. 히틀러는 "순수 아리안족의 영광을 위하여"라는 구호를 내세우며 독일 게르만 민족의 우월성을 강조하기 위해 이 글자를 하나의 상징물로 사용하였던 것이다.

독일의 히틀러가 만든 나치당의 인사법은 원래 아리안족의 인사법에서 유래한 것이었다. 남쪽과 왼쪽을 가치 기준에서 우선시 하는 동아시아 문화와는 반대로, 인도에서는 오른쪽과 동쪽을 신성시 여기는 문화를 가지고 있다. 그래서 인도에서는 오른손 바닥을 앞으로 보이게 내밀며 인사를 주고받았는데, 히틀러가 이를 약간 변형하여 팔꿈치를 앞으로 곧게 뻗으면서 손바닥이 상대가 보이게 인사를 하게 한 것이 나치당의 경례였다. 그 때문에 석가모니불의 손 인사법이 이상해지는 결과가 되고 말았다. 태양 숭배사상의 유목민족에서부터 시작된 동아시아의 卍 좌만자만은 아직도 주변에서 볼 수 있다. 아리안족의 인사법인 오른쪽 손바닥을 보이며 손을 뻗는 모습은 부처의 형상 속으로 들어가서 손바닥을 보이거나 합장한 모습으로 오늘날까지 내려오고 있다.

정 춘
공병부

현대사회와 주술(呪術)

이 정 룡

주술은 초자연적인 존재나 신비로운 힘을 빌어 여러 가지 현상을 일으켜 인간의 길흉화복을 해결하려고 하는 기술이다. 주술(呪術)의 주(呪, 口(입구) + 口(입구) + 儿(어진사람인)라는 한자에서 짐작할 수 있듯이, 주술은 본래는 어떤 주문(呪文)을 낭송하여 효력을 발휘하려는 행위를 뜻하는 말이었다. 다만 현대에는 이 단어의 의미가 넓어져서 어떤 식으로든 사람의 감각에 지각되지 않는 힘이 작용하게 하려는 모든 술수를 가리키는 의미로 사용되고는 한다.

인터넷에서 주술이라는 단어를 검색하면 그 개요가 대체로 다음과 같이 설명되어 있다.

과학과 의학이 현재처럼 발달하지 못했던 과거 유교가 국시였던 왕조국가 시절에는 주술을 미신이라 치부하여 거리를 두려고 했었다. 하지만 우리 인간이 해결하지 못하는 자연적인 현상을 해결하고자 조선시대 왕실은 어느 정도는 무속에 의존하면서도 공식적으로는 무속을 경계했다. 그 대표적인 일이 조선 7대왕인 세조의 문둥병과 평창 오대산 상원사의 문수동자의 전설이다. 그때 목재로 조성된 문수동자상은 지금 국보로 지정되어 있다.

현대는 우리 인간이 우주로 진출할 정도로 과학기술이 발전한 시대이다. 의학도 이에 못지않을 정도로 눈부신 발전을 이룩해 왔다. 이러한 과학과 의학의 획기적 발전에도 불구하고 아직도 우리 주변에는 원시사회로부터 시작된 많은 주술적 행위가 잔존하고 있다.

주술은 원시사회로부터 관습적이며 풍습적으로 이어온 하급주술과, 오늘날의 생활에 습관적으로 녹아들어 이것이 주술행위에 해당되는지 아닌지조차 구분하기 어렵기도 한, 문명적이며 현대적인 고급주술로 나눌 수 있다.

오늘날에도 엄연히 주술 행위들은 남아 있다. 특히 종교 의식이나 종교적 행위 속에 이런 것들이 아직도 많이 남아있다. 그것은 원시종교가 주술을 바탕으로 태동하고 시작되었기 때문이다. 원시종교는 오늘날 기독교와 불교, 힌두교 등의 기반이 된 다양한 종교를 탄생시켰다. 기독교의 뿌리는 유대교에서 찾을 수 있고, 이슬람교 역시 이 유대교를 바탕으로 분파된 것이다.

기독교의 십자가는 대표적인 감염주술(접촉주술) 도구이며, 두 손 모아 기도하는 행위 또한 그러하다. 기독교의 대표적인 주문(呪文)인 "아멘"은 공감주술에 속한다. 또한 오늘날 인사법으로 통용되는 악수(握手)나 상대의 손바닥과 손바닥을 마주치는 하이파이브도 공감주술에 해당한다. 이것들은 만남의 기쁨을 함께 나누고, 나의 좋은 기운이 상대방에게 전달되기를 기원하는 것이다.

불교에는 기독교보다 더 많은 주술의 흔적이 존재한다. 목탁을 두드린다든지, 새벽에 범종과 법고, 목어를 쳐서 만물을 깨운다는 의식 등이 모두 넓은 범위의 주술행위이다.

절대자나 상위 계급자에게 복종한다든가 동료들 사이에 안부를 묻는 의미의 인사법은 현대에서는 문화권의 차이를 넘어 거의 통일되는 경향이 있다. 그러나 이것들은 과거에는 각 문화권마다 많은 차이가 있었다. 두 손을 모아 앞으로 내밀며 엄지를 세우고 허리를 굽히는 주(周)나라 시대의 인사법은 그 시대의 독특한 문화였다. 기원전 6세기 인도의 붓다가 오른손 손바닥을 앞으로 보이며 어깨 높이에 올려 상대의 인사를 받아들인다는 인사법은 그대로 불상 속으로 들어가 오늘날에도 볼 수 있다. 이 인사법은 독일의 아돌프 히틀러가 나치의 상징처럼 사용하였던, 오른손을 쭉 뻗어 인사하는 하켄크로이츠(Hakenkreuz)와도 닮은 점이 있는데, 그 이유는 이들이 모두 아리안 민족의 전통 인사법에 뿌리를 두고 있기 때문이다. 붓다의 조상인 백인 아리안족이 인더스강을 넘어 인도 아리안족이 되었고, 독일의 게르만족 역시 그 근원은 아리안족이었다. 히틀러는 독일 민족이 순수 혈통의 아리안족임을 강조하였는데, 이 히틀러의 야심이 나치의 인사법에까지 반영된 것이다.

우리는 하나의 생명체이기 때문에 생노병사는 피할 수 없는 자연현상이다. 이 피할 수 없는 자연현상을 어떻게든 피해보고 싶은 욕구 때문에 주술은 생겨났고 번성한 것이다. 아무리 과학기술이 발전하고 그에 따라 인간의 삶이 편리해진다고 할지라도 좀더 나은 행복을 추구하고자 하는 인간의 욕망은 줄어들지 않을 것이다.

매일 배달되는 신문의 한 귀퉁이에는 '오늘의 운세'라는 난이 있다. 띠별로, 생년별로 나누어 실려 있는 이 난을 그저 넘기는 독자는 거의 없을 것이다. 믿고 믿지 않고를 떠나서, 이 오늘의 운세가 하나의 흥미꺼리인 것은 틀림없다. 그리고 이런 것도 현대적 주술행위의 하나라고 할 수 있다.

남녀 구별 없이 귀걸이, 목걸이, 반지 등을 착용한다든가, 손가방이나 등에 메는 가방에 매다는 장식 인형도 원시 주술에서 이어져 온 현대 주술의 일종이다. 미적으로 예뻐 보이거나 단순한 장식을 위한 것이라고 하겠지만, 그 근원은 원시종교의 주술에서부터 시작된 것임을 부인할 수 없다. 동굴벽화나 암각화 등에 사냥주술로 그렸던 동물들은 주로 오늘의 사냥 성공을 즐기고 내일의 성공을 기원하며 사냥당한 동물의 영혼을 위로하는 생산적 주술의 표현이었다. 이렇게 사냥주술에서 그림으로 표현하였던 동물들이 현대에 와서는 가방 등에 부착하기 쉬운 인형 등으로 변형된 것이다.

가방, 귀걸이, 반지 등 몸에 착용하는 장신구들은 본래 부적의 역할을 하던 방어주술에서 출발한 것이었다. 또한 도교의 옥추경 부적이나 입춘날 써붙이는 입춘방, 달마상과 뒤집혀진 福(복)자, 집이나 가게 출입구에 놓는 거울 또한 옛부터 이어오는 유감주술(동종주술) 행위의 하나이다.

운동선수들의 징크스는 심리적 현상이지만 현대화 된 하나의 반감주술 행위로 볼 수 있다. 특히 성적이 돈과 직결되는 프로선수들의 징크스는 이미 잘 알려져 있기도 하다.

囍(희)는 '쌍희 희'라는 한자로, '혼인이나 경사가 있을 때, 그 기쁨'

을 뜻하는 것이다. 다른 어휘에는 쓰이지 않는 글자로 소목, 공예, 그릇, 천, 베갯머리 등에 문양으로 새기는 용도로 쓰이는 글자인데, 이 또한 감응주술의 흔적이다.

대표적인 감응주술의 하나는 풍수지리설에 따라 음택지를 택하는 것이다. 조상의 뼈와 그 후손인 자신이 감응한다는 믿음을 바탕으로 돌아가신 선조의 유골을 좋은 곳에 모셔두어야 좋다는 인식이 낳은 행위라고 할 수 있다.

지금도 설에는 떡국을 먹는 풍습이 남아 있고, 설날 차례상에는 흰쌀밥 대신 떡국을 올리는 문화가 남아있다. 설의 차례상에 올라가는 떡국은 오직 흰색만 사용하며 고명으로 올리는 지단도 쇠고기 고명을 제외한 계란지단은 흰색을 올린다. 이는 흰색은 "길하다, 삿된 것을 물리친다"라는 감염주술적인 속설이 있기 때문이다. 정월대보름에 부럼을 먹는 행위 또한 감염주술에 해당한다.

저주(詛呪)는 검은 주술(흑주술)에 속한다. 주술의 힘을 빌어 남을 해하거나 공동체에 나쁜 영향을 끼칠 목적으로 행하는 주술 행위이다. 저주의 행위에 효과가 있었느냐 그렇지 않으냐 이전에 흑주술은 그 자체만으로도 반사회적 행위이다.

과학과 의술이 발전하면 주술 행위는 사라질 것으로 예상했으나, 결과는 전혀 그렇지 않았다. 새해 소원을 빌며 맞이하는 새해 일출맞이, 정월 대보름날 달집태우기와 쥐불놀이, 부럼깨기 등은 주술 행위이지만 오늘날에도 그대로 행해지고 있다. 그리고 앞으로도 주술 행위는, 그것이 주술 행위라는 것도 인식하지 못하는 상태로, 우리 주변에서 생활 관습으로 녹아들어 계속 명맥을 유지할 것으로 예상된다.

좌로부터 황완주, 이정룡 전우

이정룡

본부사령실

치앙마이로 오세요

민 병 출

민병출

얼마 전부터 치앙마이라는 도시에 대한 얘기가 주위에서 자주 들려왔다. 젊은이들 사이에서는 한 달 살기 시험 도시로 내 또래의 은퇴자들 사이에서는 혹독한 겨울의 추위를 피해 생활하며 골프를 즐길 수 있는 골프의 천국으로…

그런데 나한테도 치앙마이에서 살 수 있는 기회가 왔다. 국제학교에서 근무하던 Wife가 더 늙기 전에 재능기부 하겠다며 치앙마이에 있는 MK school(선교사 자녀를 위한 학교)에 자비량 선교사로 지원을 했는데 다행인지 불행인지 합격이 된 것이다.

이렇게 해서 치앙마이에서의 생활이 시작되었는데 어느 외국에서의 정착과정과 마찬가지로 이곳에서 수많은 실수와 웃음거리를 만들면서 지내온 지난 4개월간의 나의 삶을 뒤돌아보면서 그중에서도 내 마음에 절절하게 다가온 치앙마이의 역사와 태국의 국민으로 살면서도 라나 왕국의 후손임을 자랑스럽게 내세우도록 만드는 라나 왕국을 소개하고자 한다. 혹시 치앙마이를 방문하는 전우(?)들이 이곳 주민의 정서가 방콕과는 다르다는 것을 발견하고 그 원인이 어디에 있는지 아는데 조금이나마 도움이 되었으면 하는 바람과 함께…

현재의 타일랜드는 여러 개의 왕국이 통합되는 과정을 거쳐 성립되었다. 타이 최초의 왕국으로 1238년 개설된 스코타이 왕국은 1438년 아유타야 왕국에 의해 멸망하고 1296년 망그레이 왕에 의해 성립된 라나 왕국은 1443년부터 30여년에 걸친 아유타야 왕국과의 전쟁으로 국력이 약해진 틈을 탄 미얀마의 침략을 받고 1558년 미얀마의 식민지로 전락하게 되었으며 200여년에 걸친 미얀마의 지배로 정치, 문화, 사회적으로 많은 시련을 겪게 된다.

한편, 1349년 중북부의 스코타이 왕국을 병합한 남부의 아유타야 왕국은 1767년 미얀마의 침공으로 멸망하나 뒤를 이어 발생한 혼란 상태에서 군부의 지원을 받은 탁신 장군이 방콕의 서편에 위치한 돈부리에 아유타왕국을 계승한다고 할 수 있는 돈부리 왕국을 개설하여 실제적으로 아유타야 왕국을 잇게된다.

한편 라나 왕국의 지도자들은 미얀마가 1775년 돈부리 왕국을 다시 침략하자 이 때를 미얀마의 식민 통치에서 벗어날 수 있는 기회로 보고 독립을 선언함과 동시에 돈부리 왕국과 동맹을 맺고 미안마를 패퇴하는 데 기여하였으며 미얀마가 물러간 뒤에는 돈부리 왕국과의 교역을 통해 라나의 영화를 되찾게 되었다.

한편, 1776년 돈부리 왕국의 탁신 왕은 라나 왕국을 공신국으로 만들어 라나 왕국의 통치권을 확보함으로써 오늘의 통합 태국이 탄생하는 기틀을 쌓았으나 혼란한 국내 상황 속에서 1782년 샤크리 장군의 반란으로 멸망하며 왕권을 잡은 샤크리 장군은 라마 1세가 되어 수도를 방콕으로 옮기며 시암 왕조를 개설한다. 그러나 라나 왕국과 돈부리 왕국이 통합한 결과는 19세기 세기를 휩쓴 유럽 제국의 식민지화 열풍 속에서도 태국을 독립국으로 남게 한 원동력이 되었다 하겠다.

이러한 왕국의 통합에는 1782-1816 기간동안 라나를 통치한 카윌라 왕의 기여가 절대적이었다고 할 수 있는데 그는 통합이 라나에 가지고 올 다음과 같은 혜택을 믿고 통합을 추진한 것으로 보인다.

1. 강력한 왕국의 지원을 통해 국내의 갈등을 잠재우고 정치적 안정을 구할 수 있다.
2. 시암 왕국과의 교역을 통해 경제적 성장과 번영을 누릴 수 있다.
3. 인접국 및 외국의 침략으로부터 라나 왕국을 보호해 줄 수 있는 강한 우군을 확보할 수 있다
4. 라나의 문화와 시암의 문화를 융합시켜 통합왕국의 정체성을 강화시킬 수 있다.

이러한 결단의 결과로 라나 사람들은 현재까지도 독자적인 문화 정체성을 갖고 있으며 그 때문에 태국의 일부이면서도 태국의 중앙과는 다른 자신들만 독특한 언어, 전통, 관습, 문자, 건축물을 자랑하고 있는 바 치앙마이 주민의 생활 관습 및 전통 문화 유산에 대한 자부심은 여기에서 발현한 것으로 볼 수 있다. 라나 왕국의 성립에서 현재까지의 주요 역사적 사건을 정리하면 아래와 같다.

1. **라나 왕국의 성립** (1296): 망그레이 왕이 치앙마이에 라나 왕국을 성립.
2. **왕권 강화기** (13th-14th Century): 망그레이 왕 및 그 후계자의 통치기간 중 라나 왕국은 군사적 정복을 통해 영토를 확장하여 북부의

교역, 문화, 그리고 소승불교의 중심지가 되었음.

3. **아유타야와의 전쟁** (1441-1474): 라나 왕국은 야유타야 왕국과의 전쟁 때문에 국력이 피폐해지고 정치가 불안정해짐.

4. **미얀마의 정복** (1558): 미얀마의 타웅구왕은 라나 왕국을 점령한 뒤 라나를 미얀마의 속국으로 만들었으며 이로 인해 라나 왕국은 지방의 통치, 문화, 경제적 측면에서 커다란 어려움을 겪었음.

5. **아유타야 왕국의 멸망** (1767): 14개월에 걸친 미얀마의 봉쇄를 견디지 못한 아유타야 왕국의 멸망과 함께 중, 남부지역은 내전 등으로 인하여 혼란에 빠지게 되나 군부의 지지를 확보한 탁신 장군은 1775년 현재의 방콕 서편에 위치한 돈부리 지역에 돈부리 왕국을 개설하며 실질적으로 아유타야 왕국을 계승함.

    미얀마는 1775년 돈부리 왕국을 다시 침략하였으나 이 기회를 이용 미얀마의 지배로부터 독립하려는 라나 왕국의 지도자들이 독립을 선언하는 한편 돈부리 왕국과 동맹을 맺고 미얀마에 대항 미얀마의 침략을 물리침.

6. **돈부리 왕국과의 통합** (1775): 미얀마의 패퇴와 더불어 돈부리 왕국의 탁신 왕은 1776년 라나를 봉신국으로 만들어 라나의 통치권을 확보함으로서 라나를 흡수 통합할 수 있는 토대를 마련하였음

    그러나 돈부리 왕국은 1782년 샤크리 장군의 반란으로 멸망하며 샤크리 장군은 1782년 도읍을 방콕으로 옮기면서 라마 1세가 되어 라타나고신 왕국을 개설(시암 왕국으로 더 많이 알려짐), 현재의 태국을 탄생시킴.

라나 사람의 마음의 고향이라고 할 수 있는 치앙마이를 방문할 때 자신의 전통과 문화를 지키기 위한 라나 왕국 사람들의 희생과 노력을 기억하면서 치앙마이 및 그 주변 도시에서 발견하게 되는 북부 태

국의 문화와 전통을 존중하는 태도를 보여주실 것을 부탁한다. 아울러 라나 왕국의 망그레이 왕이 치앙마이와 함께 건설한 치양라이는 치앙마이로부터 북동쪽으로 190킬로미터 떨어져 있으며 치양마이와는 또 다른 풍광과 문화유산을 자랑하므로 찾아볼 것을 추천한다.

다음은 치앙마이 전통 문화의 하나로 현재까지 잘 보존되어 코로나 사태 이후 다시 거행된 금년도 치양마이 러이 끄라통 (등불) 축제의 모습이다.

치앙마이 러이 끄라통(등불) 축제

민병출

본부사령실

카톡, 밴드 예절 7계명

임 병 수

카톡이나 밴드의 순기능을 확장하기 위해 최근 성균관 유림에서 "카톡, 밴드 7계명"을 발표하였습니다. 우리 시대에 꼭 필요하고 의미있는 것이라고 판단되어 나름대로 요약, 정리해서 제시합니다. 도움이 되었으면 좋겠습니다.

임병수 전우

1. 인(仁, 어질 인)
아무도 나의 글을 안 읽거나 답장이 없다 할지라도 꾸준히 글을 보내니 이것을 "인(仁)"이라고 합니다.

2. 의(義, 옳을 의)
정성들여 보낸 글을 끝까지 읽어주니 이것을 "의(義)"라고 합니다.

3. 예(禮, 예의 예)
좋은 글을 읽었을때 그 글을 보낸이에게 간단하게나마 감사의 뜻을 표하니 이것을 "예(禮)"라고 합니다.

4. 지(智, 지혜로울 지)
감동의 글을 쓰기란 하늘의 별을 따는 것만큼이나 어렵다는 것을 경험을 통해 깨우쳐 알고 작은 감동에도 답장하는 아량을 깨달으니 이것을 "지(智)"라고 합니다.

5. 신(信, 믿을 신)
비록 자신의 글을 읽고 답글을 써주는 이가 적을지라도 그들을 위해 더욱 열심히 적극적으로 글을 보내는 것을 "신(信)"이라고 합니다.

6. 화(和, 화합할 화)
받은 글에 논리적 하자가 있거나, 독단적이거나, 이미 읽은 글이라 할지라도 반론이나 비평을 가하는 것이 아니라, "잘 읽었습니다. 좋은 하루 되세요"라고 답하는 인내심을 일컬어 "화(和)"라고 합니다.

7. 겸(謙, 겸손할 겸)

퍼옮기고 싶은 게시물을 발견했을 때에는 공개된 자료가 맞는지 반드시 확인하고 옮겨야 합니다. 그렇게 해서 감동적이거나 유익한 글 한편으로 힐링 되는 것을 "겸(謙)"이라고 합니다.

우리가 비록 나이가 들어 카톡이나 밴드를 사용할 기회가 많지 않을지라도 이제부터는 이 "7가지 계명"을 마음에 새겨서 실생활에 유용하게 잘 활용하면 어떨까요.

임병수
작전처

한시(漢詩) 감상 한 수
― 두보(杜甫)의 「등고(登高)」

박 경 신

칠흑같이 깊은 밤 문득 잠에서 깨었는데 거짓말처럼 잠이 싹 가시면서 머릿속이 말갛게 표백되는 때가 있다. 추적추적 내리는 빗소리라도 귓전을 때리면 머릿속은 더욱 투명해지고 몸은 깊은 물속으로 잠겨 들어가는 듯하다. 그리고 그때 문득 '삶이란 무엇인가?' 하는 알 수 없는 질문이 머릿속을 스친다. 그리고 그럴 때면 어김없이 이 시가 머릿속에 떠오른다. 천천히 천천히 아주 천천히, 그 구절들이 텔레비전 화면의 자막처럼 다 지나갈 때쯤에는 내 눈에서는 알 수 없는 뜨거운 눈물이 주루룩 흘러내린다. '아, 삶이란 이런 것이었구나. 아. 삶이란 이렇게 기구한 것이구나.'라는 속삭임과 함께 말이다. 그만큼 이 시는 인간 존재의 근원적 의문에 대한 해답의 일단을 담고 있다고 할 수 있다. 그리고 이를 통해서 나는 작은 위안을 얻는다. 이것이 내가 이 시를 가장 좋아하는 이유이다.

風急天高猿嘯哀(풍급천고원소애)
渚淸沙白鳥飛廻(저청사백조비회)
無邊落木蕭蕭下(무변락목소소하)
不盡長江滾滾來(부진장강곤곤래)

萬里悲秋常作客(만리비추상작객)
百年多病獨登臺(백년다병독등대)
艱難苦恨繁霜鬢(간난고한번상빈)
潦倒新亭濁酒杯(로도신정탁주배)

바람이 빠르고 하늘은 높고 원숭이 휘파람 소리는 슬픈데
물가는 맑고 모래 하얀 데에 새가 날아 돌아오도다.

끝없이 떨어지는 나뭇잎은 쓸쓸히 쓸쓸히 지는데
다함이 없는 긴 강은 느릿느릿 흘러오네

만리 타향에서 가을을 슬퍼하며 늘 나그네가 되는데
평생 병(病) 많은 몸 혼자서 대(臺)에 오르네.

세상살이 어렵고 어려워 귀밑털에는 서리 무성해졌는데
늙고 병든 몸 새로이 탁주잔마저 끊어야 했네.

이 시는 중국 당나라 시대에 두보(杜甫 : 712년~770년)가 지은 칠언율시 '등고(登高)'이다. 두보는 논란의 여지가 없는 중국을 대표하는 대시인이고, 이 시는 그의 대표작 가운데 하나로 평가된다. 명나라 시대의 유명한 비평가인 호응린은 이 작품에 대해 '고금(古今)의 칠률(七律) 중 으뜸'이라고 평가한 바 있는데, 이 평가가 이 시의 가치를 잘 보여주고 있다.

이 작품은 두보가 죽기 3년 전인 767년(大曆 2년) 기주(夔州)에서 지은 것으로 알려져 있다. 두보는 712년에 허난성 공의 필가산 아래

에서 태어나 746년 이후에는 장안(長安)으로 옮겨와 살았다. 두보의 삶을 어려움 속으로 몰아넣은 안록산의 난이 일어난 것은 755년이었는데, 이 난으로 장안을 떠날 수밖에 없었던 두보는 759년에 청두(成都)에 정착하였다. 엄무의 추천으로 검교공부원외랑의 벼슬을 받았지만 갑작스럽게 엄무가 죽자 두보는 청두를 떠나 운안(雲安)을 거쳐 기주에 이르렀다. 따라서 이 시기는 두보가 성도(成都)에서 기주로 옮겨와서 살 무렵에 해당하는데 그의 전 생애로 보면 생의 마지막 시기에 해당한다고 할 수 있다.

제목인 '등고(登高)'는 음력 9월 9일 곧 중구(重九) 혹은 중양절(重陽節)이라고 하는 명절날 행하던 민속 가운데 하나이다. 이날 산꼭대기 높은 대(臺)에 올라 국화주(菊花酒)를 마시고 수유나무 열매가 든 주머니를 멀리 던져서 액땜을 한다는 민속이다. 우리나라에서도 중양절에 국화주를 마셨다는 기록들이 있는 것으로 보아 이 민속은 동북아시아에 상당히 널리 퍼져 있었던 민속이라고 하겠다. 이 시의 제목인 '등고'는 이 속신(俗信)에 의지해서 액땜을 해볼까 해서 산꼭대기를 향해 기어 올라가는 두보를 상징적으로 보여준다.

두련(頭聯)의 시작부터가 심상하지 않다. '바람이 급하고 하늘이 높다'라고 해서 상당히 급박한 흐름을 보여주고 있는 것이다. 음력 9월 9일이니 양력으로 하면 대개 10월 초순쯤에 해당했을 가능성이 높다. 이때쯤은 가을바람 산들산들 불고 하늘이 맑고 푸르고 끝없이 높을 때이다. 참으로 상쾌하고 쾌청하다고 해야 어울릴 계절이다. 그런데도 두보는 '바람이 급하다'라고 하고 있다. 이것은 실제로 바람이 급하다기보다는 그 산들바람조차도 거센 바람으로 느낄 수밖에 없는 두보의 현재 상황을 잘 보여주고 있다. 두보는 이미 늙고 병들었다.

난리통에 고향을 떠나 먼먼 타향땅을 유리걸식하면서 살아가고 있다. 가족도 없고 친구도 없다. 가진 것도 아무 것도 없다. 게다가 병까지 들었다. 전문가들이 그의 병세를 추적해 보았더니 결핵이었을 가능성이 가장 높다고 한다. 오늘날에야 쉽게 치료할 수 있는 병이지만 당시에 결핵은 불치병이었다고 보아야 할 것이다. 늙고 병든 몸. 고칠 수도 없는 병. 거지나 다름없는 고달픈 신세. 두보는 그만 죽고 싶었을지도 모른다. 그러나 그럴 수도 없었다. 그는 꼭 살아남아서 고향 땅을 한번 더 밟아보고 싶다는 강한 욕망을 가지고 있었다. 두보를 버티고 있었던 것은 고향을 향한 뜨거운 향수였다고 해도 과언이 아니다. 이미 늙고 병들었다. 그러나 이대로 죽을 수는 없다. 꼭 살아서 고향땅을 다시 밟아야 하기 때문이다. 그러나 중병에 약 한 첩 쓸 돈도 없다. 이런 절망적 상황 속에서 두보는 속신에 의지해서 병세를 완화시킬 수 있지 않을까 해서 억지로 산꼭대기로 기어올라가는 것이다.

바람은 살랑살랑 분다. 그러나 두보에게는 그 바람조차 힘겹기만 하다. 마치 돌풍처럼 그를 몰아붙이는 바람으로 느끼지 않을 수 없었던 것이다. 이대로는 더 이상 올라갈 수 없을 것 같다. 그러나 꼭대기까지 가야 한다고 했는데. 두보는 문득 산꼭대기를 올려다본다. 그러나 그 산꼭대기는 까마득히 높고 그 끝은 하늘에 닿아 있다. 하늘에 닿아있는 저 산꼭대기까지 어떻게 올라간다는 말인가? 두보는 절망할 수밖에 없다. 그런 그의 심정을 아는지 원숭이의 휘파람소리가 구슬프게 들려온다. 원숭이 휘파람소리는 가을밤에 울고가는 외기러기 소리와 함께 중국 사람들이 가장 슬프게 듣는 소리라고 한다.

두보는 힘에 부쳐 길가에 풀썩 주저앉는다. 채 몇 걸음 올라오지도 못했는데 말이다. 그렇게 해서 두련의 후구가 이어진다. 전구가 '산'

이었다면 후구는 이미 '강'이다. 금방 '산'에서 '강'으로 전환해야 할 정도로 두보는 힘에 부치는 것이다. 저 산 아래를 내려다본다. 물가는 맑고 모래가 하얗다. 그리고 새가 날아서 돌아오고 있다. 두보의 시에 등장하는 새는 대부분의 경우 단순한 자연물로서의 새가 아니다. 마음대로 훨훨 날아서 어디라도 갈 수 있는 자유의 화신(化身)이다. 나도 저 새처럼 훨훨 날 수 있다면 얼마나 좋을까? 그러면 지금 당장 고향산천으로 훨훨 날아갈 수 있을텐데. 새는 고향을 향한 두보의 향수의 상징이다. 그가 병든 몸을 이끌고 이 거센 바람 속에서 산꼭대기로 기어 올라가는 것도 오직 살아남아서 다시 한번 고향땅에 가보고자 하는 열망 때문이 아니던가!

두보는 온 힘을 모아 다시 산으로 기어 올라간다. 어떻게 해서라도 산꼭대기로 올라가야 하니까. 함련의 첫구는 다시 산에서 만난 경치이다. 나무는 끝없이 이어져 있고 그 나무에서는 낙엽들이 쓸쓸히 쓸쓸히 진다. 봄에는 새싹이었을 것이다. 여름에는 푸르고 싱싱한 잎사귀들이었다. 그러나 이제는 그 푸르름을 잃고 바싹 마른 잎이 되어 쓸쓸히 쓸쓸히 떨어지는 것이다. 두보는 문득 떨어지는 그 나뭇잎들을 통해 자신을 만난다. 자신도 이제는 늙고 병들었으니 이내 저 낙엽처럼 쓸쓸히 지고 말리라. 인생은 또한 저 떨어지는 낙엽처럼 무상한 존재가 아니던가. 두보는 또 맥이 빠져 길가에 주저앉아 저 아래를 내려다본다. 거기에는 긴 강이 끊임없이 이어오고 있다. 강물은 저 낙엽과 달라서 떨어지는 일 없이 끝없이 이어오는 것이다. 두보는 문득 인생도 저 강물처럼 끝없이 이어서 살 수 있다면 얼마나 좋을까 하는 기대를 하는지도 모를 일이다. 끊임없이 이어지는 강물에 대비된 떨어지는 낙엽. 그렇게 허무한 존재가 인간이고 자신도 그런 인간에 지나지 않는다는 것을 실감하는 서글픔이 이 가운데 있다.

한시(漢詩)는 다른 어느 민족의 시보다 그 정형성이 강하다. 참으로 복잡하고 까다로운 규칙들이 적용되는 것이 한시이다. 한시에서 이 복잡한 제약들이 확립된 것은 당(唐)나라 시대였는데, 그것은 당나라 시대가 시의 전성기였다는 사실과도 관계가 있다. 두보와 이백을 비롯한 유명 시인들이 가장 많이 배출된 것이 당나라 시대였고, 한시의 예술적 수준이 가장 높았던 것도 당나라 시대였다. 한시사에서는 당나라 때에 정형이 확립된 이 엄격한 규칙들을 지킨 시들을 근체시라고 하고 그렇지 않은 시들을 고시(古詩)라고 한다. 따라서 당나라보다 앞선 시대에 지어진 시들은 모두 고시이고, 당나라 이후에 지어졌다고 해도 이 엄격한 제약에서 하나라도 어긋난 것은 고시로 분류한다. 두보나 이백의 작품에도 고시로 분류되는 작품들이 있는 것은 이 때문이다.

율시(律詩)는 한시의 가장 기본적이고 기준이 되는 형식이다. 절구(絶句)라는 형식은 기본적으로 이 율시를 반도막 낸 것이고, 배율(排律)이라는 형식은 이 율시를 확대한 것이다. 따라서 한시의 기준은 율시라는 것을 알 수 있다.

율시는 8행으로 되어 있고 2행씩이 모여서 하나의 연을 이루어야 한다. 그리고 함련(頷聯)과 경련(頸聯)에서는 반드시 대구(對句)를 사용해야 한다는 조건도 있다. 이 시의 함련은 대구의 전형이라고 하여도 지나친 말이 아니다. 우선 전구와 후구가 '산'과 '강'으로 짝을 이루고 있다. 떨어지는 나뭇잎과 흘러오는 강물도 참으로 묘한 대(對)이다. 나뭇잎은 높은 곳에서 낮은 곳으로 떨어진다. 공간적이고 수직적인 이동이다. 그러나 강물은 같은 평면 위에서 흘러간다. 시간적이고 수평적인 이동이다. 공간과 시간, 수직과 수평이라는 대가 존재한다. 나뭇잎은 유한성을 가지고 있다. 그래서 이 가을을 거역하지 못하고 떨어져야 하는 운명이다. 그러나 강물은 무한성을 가지고 있다. 끝없이 끝없이 흘러 멈추는 때가 없다. 유한성과 무한성의 대가 존재한다. 그뿐만이 아니다. 나뭇잎은 빠르게 떨어진다. 속도감이 있다. 그러나 강물은 천천히 천천히 흐른다. 움직이는지 멈추어 있는지도 모를 정도이다. 빠름과 느림의 대가 존재한다. 이렇게 다층적인 대가 이 함련을 감싸고 있고 그것이 이 함련이 가지고 있는 매력 가운데 하나이다.

 두련과 함련이 산-강/산-강으로 이루어져 있어서 자연의 경물을 읊은 것이라면 경련과 미련은 두보 자신의 참담한 심경을 노래한 것이다. 이른바 '선경후정(先景後情)'의 방식으로 일찍이 『시경(詩經)』에서부터 사용되었던 유서 깊은 전개법이다.

 경련(頸聯)에는 슬픔을 자아낼 수 있는 모든 것들이 다 동원되었다 하여도 지나친 말이 아니다. 머나먼 타향 땅, 스산한 가을, 항상 되는 나그네 신세, 평생의 병, 대(臺) 같은 어휘들이 이러한 요소들이다.

 두보는 고향 땅을 떠나 멀리 강남의 기주까지 흘러왔다. 그리고 거기서 가을이라는 스산한 계절을 맞은 나그네 몸이 되었다. 그것도 새삼스럽게 금년에만 그런 것이 아니다. 그런 일이 여러 해 반복되고 있다. 금년에는 고향에 못 갔지만 설마 내년에야 또 그러랴. 그렇게 기다리며 보낸 세월이 몇 해이던가? 이제는 나날이 늙고 병이 깊어가니 이러다가 정말 살아서 고향 땅을 다시는 못 보는 것 아닐까 하는 불안감을 지울 수 없다. 아니지. 그럴 수는 없지. 내가 이런 고생을 참고 견딘 것이 다 무엇 때문인데. 이렇게 머나먼 타향 땅에서 허무하게 생을 마감할 수는 없다. 아무리 어렵고 힘들어도 저 산꼭대기에 올라가야 한다. 그래서 액땜이라도 해서 이 구차한 생명을 이어가야 한다. 두보에게 남은 간절한 바람은 바로 이것이다.

'고향'에 대해서 '타향'은 슬픈 곳이다. 천리나 떨어진 타향보다 만리나 떨어진 타향은 단순계산상으로는 열 배나 더 슬프다. 가을이라는 계절은 두보에게는 가혹한 계절이다. '가을은 결실의 계절'이라고 하지만 그것은 거둘 것이 있는 사람들에게나 그렇다. 두보 같은 거지에게는 가을은 겨울로 넘어가는 길목이고 얼어죽지 않고 살아남을 대책을 마련해야 하는 절박한 계절이고 그래서 슬픈 계절인 것이다. '나그네'는 '주인'에 대해 서글픈 존재다. 주인은 먹고 자고 쉴 곳이 있지만 나그네는 그렇지 못하다. 가을의 나그네는 어느 계절의 나그네보다 더 차갑고 배고픈 밤을 보내야 하는 존재인 것이다. 가끔 나그네가 된다는 것보다 항상 나그네가 되는 것은 슬픈 일이다.

이렇게 서글픈 존재가 된 두보가 속신에 의지해서 산꼭대기까지 올라가 액땜을 하려는 것은 그 자체만으로도 참담한 일이다. 이렇게 늙고 병든 몸이 산꼭대기까지 올라가야 한다는 것은 참으로 안타까운 일이다. 꼭 그래야만 한다면 누군가가 옆에서 부축이라도 해서 올라가야 했을 것이다. 그런데 두보는 '혼자서' 대(臺)에 올라가야만 한다. 의지할 사람조차 아무도 없다. 옆에서 도와줄 사람도 없다. 이 얼마나 극한적인 상황인가.

미련(尾聯)은 두보의 참담한 신세한탄이라고 할 수 있다. 고향을 떠나 객지를 전전하면서 온갖 어려움을 겪었다. 두보에게 세상살이는 참으로 '어려움'의 연속이었다. 그래서 살쩍은 이미 희끗희끗해졌다.

사람이 고생을 하면 살쩍부터 희어진다고 한다. 세상살이가 어렵고 어려워서 두보도 살쩍이 희어진 것이다. 이 나이가 되고 온갖 고난을 겪었으면 이제는 좀 편해질 법도 하건만 두보의 삶은 점점 더 어려워 가고 병은 나날이 더 깊어만 간다. 그래서 늙고 쪼글쪼글해진 몰골에 새삼 탁주(濁酒)마저도 끊어야 했다는 것이다. 두보에게 유일한 낙(樂)이 있다면 그것은 시 한 수 읊고 탁주 한 잔 마시는 것이었다. 삶의 그 유일한 즐거움마저 이제는 포기해야 하는 한계 상황에 이른 것이다. 나이 들어가면 할 수 없는 것들이 하나씩 늘어간다. 그만 두고 싶지 않지만 건강을 위해서, 살기 위해서 그 즐거움을 차례대로 내려놓아야 한다. 그래서 커피를 끊고, 술을 끊고, 담배를 끊고, 좋아하는 음식도 못 먹게 된다. 두보는 살아남기 위해서 마지막 위안이었던 '탁주'마저도 끊어야 했던 것이다.

나는 이십대 후반에 이 시를 처음 접했는데 그때에는 경련의 '혼자서 대(臺)에 오르네.'라는 대목이 가장 가슴 아팠다. 두보 같은 대문호가 극한적 상황 속에서 기다시피 해서 산을 오르는 광경이 눈물겨울 수밖에 없었다. 그리고 인간은 결국 '혼자서' 살아가야 하는 존재라는 것을 이 시를 통해서 절감했다. 내가 살아내야 할 삶도 이렇게 '혼자서' 치러내야 할 삶이라는 것이 가슴에 무겁게 내려앉았다.

그런데 70대 중반에 들어선 요즈음에는 이 시의 미련이 더 가슴에 와 닿는다. 나도 이제는 무언가를 하나씩 내려놓아야 할 나이가 되었기 때문이리라. 그러나 어떠랴. 두보 같은 대문호도 그런 삶을 살지 않았던가? 그러니 하물며 나 같은 하찮은 존재야 더 말할 것이 무엇이겠는가? 하나씩 하나씩 내려놓고 내려놓고 하다가 결국 내려놓을 것이 하나도 남지 않게 되면 그것이 삶의 마지막 순간이 될 것이 틀림없다. 그러니 두려울 것도 없고 아쉬울 것도 없다. 그저 담담히 내려놓아야 할 때에 하나씩 내려놓으면 그만이다. 두보도 그렇게 하지 않았던가.

이렇게 이 시를 통해서 나는 또 작지만 따뜻한 마음의 위로를 받는다. 그것이 이 시의 매력이고 이 시가 가지는 힘이다.

박경신
부관부

제6부 옛 동산에 올라 보니

옛 동산에 올라 보니

내 놀던 옛동산에 오늘 와 다시 서니
산천의구란 말 옛시인의 허사로고
예 섰던 그 큰 소나무 베어지고 없구려

이 가사는 시조시인 노산 이은상(李殷相 1903-1982)님이 지은 현대시조이다. 그러나 이 가사에 작곡가 홍난파(1898-1941)님이 곡을 붙인 '옛 동산에 올라'라는 노래가 성악가들의 애창곡이 됨으로써 이 노래는 우리의 대표적인 가곡이 되었다. 그래서 이 가사를 현대시조라기보다는 가곡의 가사로 알고 있는 사람들이 더 많다.

옛 동산이 그리워 이제 와서 다시 올라 보았더니, 그 동산은 알아볼 수 없을 정도로 완전히 변해 있었다고 시인은 한탄하고 있다.

2024년 11월 1일 우리 중대원들은 근 50년만에 CRC(Camp Red Cloud)를 방문했는데, 그 때 느낀 감회가 바로 이 가사 그대로였다. 허탈했다. 거기 있어야 할 그 큰 소나무는 이미 베어지고 없었다.

정들었던 옛 부대인데……

우리의 피와 땀과 온갖 애환이 서린 곳이고, 우리가 젊음을 바친 곳인데.

그리고 참으로 많은 것을 알고 있는, 많은 것을 이야기할 수 있는, 소중한 역사의 현장인데……

더 이상 할 말이 없었다. 목이 메었다. 터져나오려는 울음을 가까스로 참았다.

CRC방문을 위한 협의 과정

신 종 철

전우들 카톡방이 새로운 멤버들의 참여로 북적이기 시작하며 CRC(Camp Red Cloud) 내의 시설물 존치를 위한 우리들의 목소리를 내어보자는 의견이 대두되었다.

사실 처음 이러한 의견을 접하면서 그것이 현실적으로 가능할까 하는 의구심도 들었다. 그런데 그 일이 머릿속에서 잊혀질 만할 무렵에 서장선 총통의 전화를 받았다.

나더러 의정부시의회에 가보라는 어길 수 없는 명령이시다.

9월 20일, 때늦은 무더위에 비까지 내리는데 시간도 어정쩡하여 좀 일찍 의정부에 도착하여 시내를 거닐어 보았다. 천지가 개벽되어 있었다. 도대체 지금의 위치가 어디인지 도무지 알 수 없어 헤매고 있다가 시의회에 도착했다는 서병교 전우의 전화를 받고 부지런히 걸어서 시의회 앞에서 그를 만났다. 지난번에 만난 지 얼마 되지 않았지만 그래도 여전히 반가왔다.

거창한(?) 건의를 하러 가는데 두 사람으로는 너무 초라하고 쪽수가 모자라는 것 아닌가 하는 걱정도 들었으나 '의정부시의회 도시환경위원장 김태은'이라는 명함을 건네며 우리를 반기는 젊은 시의원의 소탈한 모습에 약간은 안심을 하게 되었다.

김 위원장으로부터 CRC 부지의 현황과 미군부대 부지 반환에 대한 제반 절차와 그에 따른 문제점 등 친절한 설명을 들을 수 있었는데 그 내용을 요약하면 다음과 같다.

◆ 부지 반환 과정에 있어 협의해야 할 부서가 기본적으로 기획재정부, 국방부, 행정자치부, 환경부 등이다. 그런데 골프장 근처에서 문화재가 발굴되어 문체부와의 협의가 추가로 필요하고, 의정부시의 개발계획 내용에 따라 산자부와의 협의도 필요하다. 또한 기타 정부 유관 부처의 의견수렴과정에서 많은 시간이 필요하고 장애요소도 많을 것으로 예상된다.
◆ 약 25만평에 달하는 부지매입자금 조달이 의정부시로서는 난제이다.
◆ 부지 일부인 TOC 뒤편 및 골프장 일부는 6.25한국전쟁 때에 조선일보 방씨 일가로부터 징발한 토지로서 상황종료 후 반환을 위한 장기간의 소송이 예상된다.
◆ 토양 치환을 필요로 하는 오염부지가 대부분 건물 주변이어서 건물 보전에 앞서 건물 멸실이 먼저라는 현실적인 벽이 존재한다.
◆ 의정부시의 개발계획 수립과정에서 여러 의정부시민단체의 의견 수렴과 투자자를 유치할 만한 사업성 확보가 어려워 수차례 수정 되어 왔고 현재 "글로벌 디자인 클러스터" 조성이란 계획안도 실현 가능성은 미지수이다.

상당한 시간이 소요된 후에야 부지 개발이 시작되겠지만, 그럼에도 불구하고 의정부시의회는 가급적 많은 건물들을 존치시키려는 노력을 계속할 것이다. 또한 CRC 전역자들인 우리 중대원들도 지대한 관심을 표하고 있으니, 그들로부터 유의미한 과거 history를 청취하고 존치건물의 우선순위를 정하는 데에 있어 도움을 받기 위해 우리들의 단체 방문을 추진하고자 한다.

이상과 같은 김태은 위원장의 제안에 따라 11월 1일에 우리 전우들이 의정부시 의회와 CRC를 방문하기로 합의가 이루어졌다.

추후 김태은 위원장은 제반 자료들을 서병교 전우에게 제공하기로 하였고, 우리는 서 전우가 준비한 자료들과 우리 한·미1군단 전우명단을 전달하고 헤어졌다.

과거 군단사령부의 정문과 후문 사이의 길을 작년부터 교통체증 완화의 방편으로 임시도로로 개방하였다는 소식을 듣고 귀갓길에 서병교 전우의 차량으로 CRC를 방문했다. 도로 양편으로 높은 Fence가 설치되어 있고, 담장 틈으로 보이는, 이제는 완전히 비어 있는 옛날 부대 모습은 을씨년스럽기만 하였다.

그리고 마침내 2024년 11월 1일!!!

중대장님을 모시고 시의회 의장과 몇몇 시의원들이 참석한 가운데 짧은 좌담회를 가진 후 의정부시에서 제공한 버스를 이용하여 추억의 CRC를 방문하였는데, 그 감회와 감격은 참석자 개개인이 다르겠기에 또 다른 전우들에게 지면을 양보하고 본인은 1차 방문 협의 내용을 보고하는 글로서 이만 매듭을 지을까 한다.

 신종철 정보처

50년 만에 CRC를 찾다

권 문 택

본부중대 옛 위병소 모습

50여년만에 옛 부대 터에 다시 서니, 그리움과 감회가 파도처럼 밀려왔다. 한때 중대원들이 고락을 함께 했던 내무반 막사는 이제 해체되고 중대 위병소만 옛 모습 그대로 과거의 메아리를 간직하고 있었다.

이번 방문은 특별히 10여 명의 옛 중대원들과 함께여서 더 큰 의미가 있었다. 수십 년이 흘렀지만, 다시 마주한 얼굴들은 그 시절의 젊음과 동료애를 생생히 되살려 주었다. 우리는 서로의 주름과 세월의

본부중대 정문에서 옛 중대원들과 함께

흔적 속에서도 눈빛만으로도 이해할 수 있는 깊은 유대를 느꼈다. 그들과 함께 옛 주둔지를 둘러보며 한때 우리의 청춘이 깃들었던 그곳에서 웃음과 회상의 순간들을 나누었다.

  그 시절, 나는 본부중대장을 맡아 중대원들과 함께 열정적인 날들을 보냈고, 중대장 임무를 마친 후에는 군단 작전장교로 근무했었다. 그곳의 본부중대 막사는 이제 해체되어 없어졌지만 작전장교로 근무했던 TOC는 여전히 그 자리에 남아 있었다. 다만 내부는 텅 비어 있었고, 지하 벙커만이 그 시절의 흔적을 묵묵히 지키고 있었다.

벙커 철문
TOC 철문 앞에서

옛 중대원들과 함께 TOC 철문 앞에서
(좌측에서 네 번째가 필자)

군단 작전장교시절 근무했던 TOC 정문 앞에서 중대원들과 함께

잔디가 잘 조성되어 위엄이 있던 군단 사령부 지휘본부.
지금은 관리가 되지 않아 잡초만 무성했다.

군단사령부 건물과 군단 정문, 헌병대, 교회, 각 참모부 건물들도 대부분 그대로 남아 있었지만, 오랜 세월 동안 관리되지 않아 잡초만이 무성했다. 시간이 멈춘 듯한 그 건물들은 여전히 과거의 이야기를 품고 있었다. 우리 중대원들의 군화 자국이 닿았던 흙 위에는 이제 새로운 풀들이 자리잡아, 기억의 조각들을 소리 없이 불러내는 듯했다. 한 번이라도 다시 그 시절의 열정 넘치던 순간을 되새길 수 있다면 얼마나 좋을까.

미군 장교 BOQ. 중대장인 본인도 결혼 전에는 여기서 지냈다.

TOC 내부 복도는
철거로 텅 비어있었다.

TOC 내부 회랑에서
백승춘 전우와 함께 (좌측이 필자)

　부대는 해체되어 이제는 그 흔적만 남았지만, 그 자리에 서서 옛 전우들과 나누었던 이야기를 되새기는 순간, 비록 눈에 보이지 않더라도 마음 속에는 여전히 50년 전의 일들과 함께 하고 있음을 느꼈고. 마치 우리 중대원 전우들이 흘린 땀과 청춘의 흔적이 이 땅의 공기 속에 스며들어 있는 것 같았다.

　방문 중에, 함께 고락을 나누었던 이순재 중사가 얼마 전 세상을 떠났다는 소식을 듣게 되었다. 이순재 중사는 정말 훌륭한 군인 중의 군인이었다. 그의 아들 이동수 씨를 만나 훌륭했던 아버지의 기억을 함께 회상하며, 이순재 중사가 남긴 깊은 인상과 헌신을 떠올렸다. 그의 따뜻한 웃음과 충직한 모습은 오랜 시간이 흘러도 여전히 내 마음 속에 선명히 남아 있다.

의정부시에 근무하고 있는
이순재 중사의 아들 이동수씨.

의정부 시의회 의장님이 본인을 비롯한 한미1군단
전우들을 반갑게 맞이해 주셨다.

옛 미군 PX 건물

한미1군단 옛 정문자리에서 감회에 젖은 필자

옛 극장 건물

미군병사 막사

의정부시 관계자에게 군단사령부 주요 건물들에 대하여
보존해 줄 것을 요청하였다.

  이곳을 떠나기 전, 의정부시 관계자에게 이 부대 자리를 개발할 때 몇몇 주요 건물들, 특히 군단사령부 본부건물, TOC, 교회, 도서관 및 각 참모부 건물은 상징적으로 보존해 줄 것을 당부했다. 이 건물들은 1970년대 한국 방어에 일익을 담당하였고, 역사적 가치를 지닌 곳들이다. 따라서 그저 지나가버린 시간의 흔적일지라도, 그곳에는 우리가 남긴 이야기와 헌신의 흔적이 깃들어 있기 때문에 보존해야 할 가치가 있다. 옛 부대를 떠나며 나는 그때의 용기와 전우애를 다시 한번 마음속 깊이 간직했다. 부대는 사라졌어도, 그 속에서 우리를 키우고 만들어 준 시간들은 영원히 남아 있을 것이다.

권문택
예비역 육군 준장

CRC 옛 터에서 생각에 잠기다

김 건 중

    1976년 12월에 전역하고 처음으로 하는 자대 방문이다. 근 48년이 지나서야 영내에 발을 들여놓게 되니 마치 시집간 딸이 다 늙어서 친정에 온 것 같은 기분이다. 그런데 친정 동네 집들이 하나같이 퇴락하고 잡초가 우거져 있어 어느 집이 친정집인지 어느 것이 이웃집인지 어느 것이 종갓집인지조차 구별하기 힘들었다. 동네 길조차 찾기 어려울 정도로 변해 있었다.

    의정부시청에서 버스를 내주어 시의회 관계자들과 우리 전우들이 함께 타고 가면서 시내를 통과했는데, 직장생활을 하고 있을 때 시청과 CRC 앞을 몇차례 지나간 적이 있었지만 이번 길은 웬지 낯설게 느껴졌다. 오랜만에 군단 정문으로 들어가니 뭔가 달라져 있는 것 같은데, 그게 뭔지는 잘 모르겠지만 기분이 묘했다.

한미1군단 옛 정문 자리. 멀리 교회 첨탑이 보인다.

CRC 방문 첫 만남은 교회였다.

교회는 최근에도 결혼식 등 여러 행사에 사용하여 내부는 깨끗한 편이었다.

도보로 제일 먼저 둘러본 곳은 교회 건물이었는데, 비교적 보존이 잘 되어 있었다. 이 건물은 방치된 다른 건물들과는 달리 시에서 전기를 연결하여 시민들을 위해 공연, 전시 등의 용도로 사용한 적이 있다고 했다. 군선교의 열매인 나로서는 반갑기 그지없었다.

전우들마다 자신이 근무했던 부서의 위치가 어딘지 찾기에 온 관심이 집중되어 있었다. 내가 근무했던 포병부가 어디인지 무척 궁금했지만 찾기가 어려웠다.

한·미1군단 이후에 미2사단 일부가 옮겨와서 사용하다가 잔여 군인들마저 다 옮겨가고 빈 채로 남은 지가 5~6년이 넘었다고 시 관계자가 귀뜸해 주었는데, 내가 보기에는 10여년은 빈 채로 버려진 것처럼 보였다. 부관부, 스낵바, 군단장 숙소, 체육관, 수영장, 도서관, PX 등을 안내 받았고, 잡초로 덮여 있는 연병장 자리도 둘러보았다.

◀ 잡초가 무성하여 현역시절 근무했던 부서의 위치 파악이 힘들었다.

눈에 익숙하기도 한 건물이지만 ▶
예전 G2, G3 근처로 추정된다.

◀ 체육관의 수영장을 둘러보고 있는 전우들.

수영장 모습을 보면서 50여년 전의 ▶
한미1군단 시절을 회상했다.

수영장 외부 모습

TOC 철문 앞에서 당시를 회상하면서 담소를 나누고 있는 전우들

　TOC(상황실) 자리가 어디에 있었는지 나는 잘 몰랐지만 그곳에서 근무했던 전우들은 익숙하게 찾아 올라갔다. 입구에 와보니 몇 번 와 본 듯했다. 아마 지휘소연습 때였을 것이다. 워낙 퇴락해서 입구에서 기념 촬영을 한 후 마스크를 끼고 들어갔는데, 내부는 생소했다. 이곳에서 상황병이었던 전우들은 주야를 바꾸어 생활하면서 고생을 했겠구나 싶었다. 필히 보존했으면 좋겠다.

　얼마나 많은 군사적 위기들이 이곳을 통하여 보고되고 처리되었을 것인지 시민들이 보고 느꼈으면 좋겠다는 생각이 들었다.

의정부시 의회에서 제공한 버스로 군단 사령부 터를 돌아보았다.

옛 본부중대 자리는 화물차 주차장으로 바뀌어 있었다.

옛 본부중대 위병소 자리에서.

　다시 버스에 올라 뒷문을 통과해서 옛 본부중대 자리로 이동했는데, 옛날 우리가 쓰던 막사들은 없어졌고, 공사 차량들이 다수 주차해 있는 빈터와, 쓰다 만 공사 자재들이 쌓여있는 어수선한 공간과, 주위에 아무렇게나 자란 나무와 풀들만 무성할 뿐 옛 모습은 찾아보기 힘들었다. 부지런히 잔디 깎고 점호 받고 공을 차던 연병장은 전혀 보이지 않았고 낡은 위병소 자리만 겨우 남아 있었다.
　정문 앞 철길을 건너서 기억저장소라는 곳을 방문했는데, CRC의 미군들과 관련된 사진들과 약간의 군용물품들이 전시되어 있었고, 현재도 관련 자료들을 기증받고 있다고 했다.
　그 시설을 관리하는 노병 두 분이 우리가 궁금해 하는 각 참모부의 위치를 알고 있으며 안내해 주겠다고 해서 다시 부대로 들어가 몇 그룹으로 흩어져서 찾아보았는데, 이번에는 참모부들의 위치를 특정하는 데에 얼마간의 도움이 된 듯했다. 보존가치가 있는 군단장 공관과 정보처, 작전처를 비롯한 다수의 참모부 건물들을 찾았다. 내가 궁금해 했던 포병부 비슷한 시설도 볼 수 있었다. 얼마나 잡초가 우거졌는지 건물 가까이 갔다오니 바짓가랑이에 도깨비방망이가 잔뜩 붙어 있었다.

    CRC 부지 사용과 개발 문제에 대해 시와 국방부, 환경부 등과의 협의가 진행 중이라는 소식도 들었고, 해결해야 할 숙제들도 있다는 이야기도 들었다. 잘 협의 되어 우리의 바람과 시의 필요와 시민들과 국민들 모두에게 유익한 좋은 방향으로 진행이 되었으면 좋겠다. 중대장이셨던 권장군님이 대표로 의정부시에 우리의 건의사항을 잘 전달하셨으니 기대해도 좋을 듯하다.

의정부 기억저장소를 운영하고 계시는 주인균 사장님의 모습. 한·미1군단과 관련한 전시물들이 50여년 전의 군복무 시절을 회상하는 데에 많은 도움이 되었다.

의정부시 의회 관계자들과 면담 뒤 기념 촬영

일촉즉발의 위기상황을 관리하던 TOC.
한·미1군단과 함께 오랫동안 보존되기를.

김건중

포병부

CRC의 주요건물을 존치시켜 주십시오

조용호

"지휘부 등 CRC의 주요건물을 존치시켜 주십시오."

의정부시의회를 방문하는 옛 한·미1군단 전우회 소속 우리 노병들의 주장이다.

1976년 8월 18일 발생한 북한의 판문점 도끼만행 사건 때 데프콘이 발동된 절체절명의 위기상황에서 국가안보의 중추적 역할을 담당했던 한·미1군단이다. 우리가 복무한 한·미1군단은 이미 한·미연합사로 흡수 통합되어 역사의 뒤안길로 사라졌고, 조만간 군단본부 건물마저 소멸될 엄중한 상황이다. 이에 우리 노병들이 나섰다.

중대장님(예비역 장성)께서 합류하신다는 소식은 우리에게 천군만마와 같은 큰 힘이 된다. 나도 작은 힘이나마 보태기 위해 의정부시의회 및 CRC 방문을 결심하고 잘 다린 양복차림으로 부산역에 도착했다.

50년 지기, 백승춘 친구와 함께 간다. 경부선 상행 열차에 탑승, 창쪽에 자리하니 유리창에 빗방울이 떨어지며 주룩주룩 줄지어 흘러내린다. 우리가 가는 길 철궤를 촉촉이 적신다. 철꺼덕, 철꺼덕 달리던 열차가 수도권에 진입하니 비는 그치고 차창 밖으로 설익은 단풍

의정부의 상징 부대찌개로 점심.

들이 눈에 들어온다. 그리고 한강철교를 지나 종착역, 서울역이다.

KTX에서 내려 마치 태어난 곳을 찾아가는 연어처럼 인파를 거슬러 지하철 1호선에 몸을 실었다. 회룡역에서 환승한 의정부행 전철 창밖의 풍경은 그야말로 상전벽해(桑田碧海)다. 솟아오른 아파트, 빌딩 등 많은 건물들. 과연 여기가 50여년전 외출 나와 배회하던 도로, 황량했던 그 시가지가 맞는지 의심이 들 정도다. 내 기억도 문제지만 그동안 이 도시가 너무 많이 변했다.

다행히 의정부시의회 청사는 지척에 있어 쉽게 찾을 수 있었다. 먼저 도착한 전우들과 반갑게 인사를 나누고 시의회 의장실에 착석했다. 역시 장군님이시다. 장군님께서 폭넓은 안목으로 CRC의 역사적, 군사적 의미를 조리 있게 잘 설명하시고 보존의 필요성을 주장하셨다.

시의회 의장 면담을 끝내고 오찬시간이다. 옛날과 달리 소시지와 햄이 많이 들어간 원조 의정부 부대찌개. 우글지글 끓는 것 보기만 해도 군침이 돈다. 라면 사리까지 맛있게 먹은 후 시의회에서 준비한 버스에 올랐다.

함께 탑승한 의정부시 도시디자인과 백팀장의 시가지 설명에 잠시 상념에 잠긴다. 고(故) 김흥섭 인사계님의 댁이 이 근방 어디였던 것 같다. 묵념을 올린다. 당시 우리가 단체로 자택을 방문한 적이 있었다. 그때 불고기 파티에 소주까지 베풀어 주신 기억이 난다.

당시 중대본부에서 도라꾸(트럭) 타고 의정부 중심가로 단체 영화 관람오기도 했다. 극장 이름은 모르겠으나 인천에서 면회 온 영자씨와 함께 입장한 그 영화관 위치를 카카오 지도 위에서 가늠해 보았다. 기억 속 퍼즐을 맞추기 위해 차창 밖을 두리번거리는 사이에 시의회 버스는 벌써 CRC 정문, 가능삼거리 신호대 앞에 도착했다.

정문 옆 담벼락 따라 쭉 늘어서 있던 포장마차들은 흔적도 없이 사라졌어도 건너편 철길은 옛날 모습 거의 그대로다. 뚱순네로 뻗어가는 기찻길 양옆으로 줄지어 서있는 전봇대. 그때 그 시절 백병장과 외출 나와 갈 곳 없어 포장마차와 뚱순네를 거쳐 다시 돌아오는 길에 공설운동장 잔디에 잠시 누워 소주 한 병을 번갈아 나발 불었던 일이 생각난다. 거나하게 취해서 어깨동무한 우리는 전봇대 아래에다 나란히 오줌을 갈기기도 했다.

급한 요의를 느껴 운전석을 바라보니 우리가 탑승한 버스는 파란불 신호를 받고 정문을 통과 캠프 안으로 진입하고 있다. 관리인의 수신호에 따라 버스는 교회 옆에 정차하고 하차한 우리는 '기억저장소'부터 찾았다.

'기억저장소'란 말 그대로 진빔 양주부터 홀링스워스 장군 사진까지 CRC를 기억할 수 있는 많은 자료들을 보관하고 있었다.

기억저장소를 뒤로 하고 본격적으로 CRC 탐방에 나섰다. 의정부시 도시팀장, 다자인과장님께서 안내를 맡았다. 캠프의 가장 큰 변화

◀ 의정부 기억저장소를 운영하고 계시는 주인균 사장님

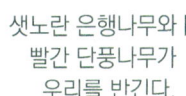
샛노란 은행나무와 ▶
빨간 단풍나무가
우리를 반긴다.

는 중심을 비스듬히 관통하는 왕복4차선 도로다.

그리고 텅 빈 건물들. 잡초들이 무성하고 나무들은 앙상한 가지만 남아 있다. 그나마 샛노란 은행나무와 빨간 단풍, 오래된 향나무가 자리를 지키며 우리를 반겨주는 듯했다.

"아 바로 저기야."

마침내 찾았다. 50여년전 나라에 봉사하기 위해 경리병으로 복무했던 그 자리, 본사실 사무동앞에 다시 서니 두근두근 가슴에 심한 고동을 느끼며 기억이 새롭다.

철제금고 옆에 자리한 경리과장님, 주식 시세 눈금 그래프 보시던 본사실장님 모습… 경리병으로 근무한 3년이 파노라마처럼 스치고 지나간다. 한국군 급여, 예산과 살림을 책임진 경리과의 막중한 임무 수행 중 유격 훈련을 명(命)받고 열심히 훈련 중인 나를 픽업하기 위해 오신 분이 있었다. 김인철 경리 과장이셨다. 미남이신 얼굴에 유

옛 본부사령실 건물.

일한 약점 하나인 왼쪽 눈 위 큰 점 하나도 그날따라 멋있게 보였다. 그날을 추억하며 전우회 단톡방에 다음과 같은 글을 올린 적이 있다.

"1977년 가을 이맘때입니다.

아시다시피 매년 3박 4일의 일정으로 실시된 유격훈련은 강원도 철원 백마고지 전방 20사단(?) 유격장에 위탁 교육이었습니다. 첫째 날인지 둘째 날인지 기억이 희미하지만 하여튼 그날 오후 마지막 코스는 단체구보였습니다. 계급장 없는 푸른 훈련복 차림에 통일화 끈 졸라매고 우리가 앞서거니 뒤서거니 하면서 도착한 곳은 반환점인 부드러운 모래톱, 맑고 푸른 한탄강입니다. 담배가 젖는 줄도 모르고 풍덩 뛰어들어 물 잔뜩 마시고 파이팅 하며 돌아오는 길은 다리가 풀려 무척 힘들었습니다. 물먹은 훈련복이 몸에 찰싹 달라붙어 마치 납덩어리처럼 무거웠습니다. 발목에도 문제가 생겼습니다. 오전 훈련, 타잔 그네타기 과정에서 접질려 정상이 아니었습니다.

서서히 대열에서 뒤처져 절뚝거리며 간신히 걷고 있었습니다. 그때 낙오자를 독려하는 엄포용 버드나무 회초리에 놀라기도 했으나 마음씨 좋은 조교 덕에 천막으로 둘러싼 쓰리쿼터 트럭에 올라타는 행운을 잡았고 잠시나마 꿀맛 같은 휴식 시간을 가졌습니다. 그러나 훈련캠프에 도착하자 이번에는 나이롱환자 취급하며 특별 관리를 당합니다. 이리 구르고 저리 구르고 P.T체조 기합 한참일 때 구세주(?)가 나타나셨습니다.

포천 6군단 사령부에 업무차 오신 김인철 경리과장님께서 타고 온 지프차가 저를 픽업했습니다. 남아있는 전우님들 보기에 우찌나 죄송했던지."

김인철 과장님 후임으로 오신 안기성 과장님은 저의 제대 말년 약 일주일 기간 동안 입시 공부에 전념할 수 있도록 시간을 배려해 배려해 주셔 저에게 대학 합격의 영광을 안겨 주신 고마운 분이시다. 그리고 잊지 못할 또 한 분, "땀 흘리며 희열이 넘치게 하는 곳은 탁구장이다." 하며 프로급 핑퐁 실력으로 한미친선의 숨은 공로자가 되셨던 윤종섭 상사님! 지금은 어느 하늘 아래 무엇을 하고 계시는지요? (윤종섭 상사님의 소식이 못내 궁금해서 만찬 식사 자리에서 만난 고(故) 이순재 보급계 자제분에게 수소문을 부탁했다.)

수십만 평 대지의 CRC 주요 건물을 찾아다니며, 사박사박 걸으면서 전우들과 이런저런 이야기도 나누었다. 그러나 그 시절에 만났던 51통신대대 소속 제니 상병과 만났던 종각은 결국 찾을 수 없었다. 그때 잘 가라는 인사도 못하고 헤어졌는데…… 늦었지만 제니 상병에게 작별의 인사를 중얼거린다.

옛 중대본부 터.

"안녕~~ 잘 가~ 금발의 제니!"

다시 버스를 타고 캠프 후문쪽으로 나와, 앙상한 골조만 남아 있는 중대본부 위병소까지 갔다. 문제의 처녀 귀신 울음소리, 문제의 정비고는 없어지고 뒷편 옛 연병장 터가 시야에 들어온다.

체육대회에 참가하기 위해 휴가 중 부산에서 일시 귀대까지 했던 열성파 백병장과 함께한 열정의 에너지가 가슴 한구석에서 뿜뿜 솟아올랐다. 동시에 축구 몇 게임 뛴 사람처럼 시장기가 돈다. 서둘러 만찬 장소로 이동하기 위해 버스로 향했다.

이제는 우리가 헤어져야 할 시간이다. 오늘 만찬과 오찬은 감종홍 선배님, 백승춘 친구가 베풀어 주셨다. 감사드린다. 그리고 방문을 허락하고 안내해 주신 시청, 시의회 관계자분 등 수고하신 모든 분들께, 특히 장군님께 고개 숙여 공경과 감사의 말씀 올린다.

헤드업. 고개를 들어 마지막으로 홍복산을 올려다본다.

의정부시의 구호가 헛되지 않기를.

홍복산이여! 홍복산이여! 전설대로 큰 복을 내리소서!

다음 방문시에는 안보, 역사박물관으로 변신한 CRC의 긍정적인 모습을 볼 수 있기를 고대한다. 추억의 보물창고에 저장할 또 하나의 잊지 못할 추억거리, 선물 한 보따리 안고 서울행 전철에 올랐다. 전철의 두 박자 리듬에 몸을 맡기고 잠시 눈을 감았다.

"CRC여 영원하라!!!"

천방지축 눈 밝지 못하고 머리 아둔한 저를 이끌고 도와 주신 사수 문봉희병장님, 조수 이정룡병장님께 감사의 말씀 올린다. 이런 훌륭한 분들을 만났다는 사실이 나에게는 큰 행운이었다.

조용호

본부사령실

제7부 전문가에게 길을 묻다

전문가에게 길을 묻다

 중국의 유명한 옥돌에 '화씨지벽(和氏之璧)'이라는 것이 있다. 중국 천자의 권위를 상징하는 어보(御寶) 혹은 옥새(玉璽)라는 도장이 바로 이 화씨지벽으로 만든 것이다. 『한비자』 화씨편에 실린 이야기를 요약해서 정리하면 대체로 다음과 같다.

 초나라 땅에 변화(卞和)라는 옥돌 전문가가 살았다. 그런데 어느날 그가 초나라 산속에서 크고 좋은 옥돌을 찾았다. 그는 너무도 기뻐서 그것을 초나라 임금인 여왕(厲王)에게 바쳤다. 여왕은 옥쟁이에게 주어서 그 옥돌을 감정하게 했는데, 옥쟁이는 살펴보고는 "돌입니다."라고 했다. 그 옥돌은 그저 돌덩이일 뿐 진짜 옥돌이 아니라는 것이었다. 여왕은 변화가 자신을 속였다고 해서 그의 왼쪽 발뒤꿈치를 자르는 형벌 곧 '월형(刖刑)'을 가했다. 그래서 변화는 영영 왼발을 쓸 수가 없게 되고 말았다.

 여왕이 죽고 무왕(武王)이 즉위했다. 변화는 다시 그 옥돌을 가지고 무왕을 찾아가 그것을 왕에게 바쳤다. 무왕도 옥쟁이에게 그것을 주어서 감정하게 했는데, 이번에도 옥쟁이가 살펴보고는 "돌입니다."라고 했다. 무왕은 변화가 자신을 속였다고 해서 그의 오른쪽 발뒤꿈치를 자르는 형벌 곧 '월형'을 가했다. 이제 변화는 양쪽 발을 다 쓸 수 없게 되었다.

 무왕이 죽고 문왕이 즉위했다. 변화는 두 발을 다 쓸 수 없었기 때문에 그 옥돌을 문왕에게 가져다 바칠 수 없었다. 그래서 그는 옥돌을 부둥켜안고는 사흘 밤낮을 울었다. 눈물은 다 마르고 눈에서는 피눈물이 이어졌다. 변화가 옥돌을 안고 사흘 밤낮을 울고 있다는 소문을 들은 문왕은 사람을 보내어 물었다.

"천하에 월형을 받은 사람이 많은데, 너는 어찌 그것을 슬퍼해서 그렇게 우느냐?"

변화가 대답했다.

"저는 월형을 받은 것 때문에 우는 것이 아닙니다. 무릇 천하의 보배로운 옥돌을 돌이라고 하고, 올곧은 선비를 미친 놈이라고 하는 것이 슬퍼서 우는 것입니다."

이 말을 들은 문왕은 옥쟁이로 하여금 그 옥돌을 세공해 보도록 명했다. 그리하여 과연 변화의 말과 같이 천하 제일의 귀한 옥을 얻게 되었다. 훗날 이 옥을 얻은 진시황은 그 옥에 8자의 글자를 새기게 해서 어보(御寶)로 삼았고, 그후 이 어보는 황제를 상징하는 지극히 보배로운 도장이 되었다.

이 이야기를 통해서 보면 변화는 뛰어난 '옥돌 전문가'였음을 알 수 있다. 그는 다른 전문가인 옥쟁이가 보기에는 쓸모없는 돌덩이로 감정할 수밖에 없는 그 돌 속에 '천하 제일의 옥'이 들어있다는 것을 한눈에 알아보았던 것이다. 이 정도는 되어야 가히 전문가라고 할 수 있을 것이다.

우리 아이코 패밀리들은 여러 분야에서 다양한 사회 활동을 했다. 그래서 각 방면의 전문가들이 많이 있다. 변화(卞和) 같은 전문가들이다. 그 전문가들의 소중한 길 안내를 받아 보자.

우리나라 제조업의 새로운 자리매김을 바라며

양재하

저는 한·미1군단 부관부에서 군 복무를 마친 후, 사회생활의 대부분인 40년을 DY에서 보냈습니다. 그리고 2016년 봄, 13년 동안 재직했던 CEO직에서 은퇴하면서 저술한 『창조경영의 비밀』이라는 책에서 다음과 같이 한국 제조업의 미래에 대한 저의 생각을 나누었습니다.

우리나라 제조업은 그동안 '생산성 모델'을 경쟁력의 원천으로 삼아왔습니다. 그러나 이 모델에 의존한 채 저성장 또는 역성장의 위기를 겪고 있는 국내 제조업이 새로운 도약을 이루기는 쉽지 않은 현실입니다. 신흥국의 업체들이 빠르게 성장하는 상황에서 이들과의 경

안상수 교수 집무실에서. 구흥서, 이상균, 양재하.

쟁에서 우위를 지속하기조차 어려워지고 있습니다.

　미국 제조업의 사례를 보면, IT와 지식산업에서 경쟁력을 강화하면서 기존 제조업에도 IT와 지식산업을 접목하여 새로운 경쟁력을 창출하고 있습니다. 100년 전통의 제조업 강자 GE가 "우리는 세계 10위권 소프트웨어 기업이 되어 SAP나 IBM과 경쟁할 것"이라고 선언한 것은 미국 제조업의 이러한 변화를 단적으로 보여줍니다.

　한국 제조업 또한 변화를 필요로 하는 시점에 와 있습니다. 저는 한국이 인구 대국 중국과 가까이 위치한 점이 위협이자 동시에 기회라고 생각합니다. 만약 우리가 그들과 동일한 방식으로 경쟁한다면, 더 큰 시장과 저렴한 생산비를 가진 중국이 위협이 될 것입니다. 그러나 우리 제조업에 창조성을 더한다면, 오히려 중국이라는 대규모 시장이 커다란 기회가 될 것입니다.

　그렇다면 제조업에 창조성을 더할 경우 어떤 변화가 일어날까요? 우리 제품이 세계적인 명품으로 자리잡을 가능성이 커질 것입니다. 유럽에서 인구가 많은 독일과 인구가 적은 스위스의 사례를 보면 이를 쉽게 이해할 수 있습니다. 스위스는 산악이 많아 불리한 제조 환경 속에서도 명품 시계로 세계 시장에서 그 불리함을 훌륭하게 극복했습니다. 세계 시계 시장에서 스위스 시계는 수량 점유율로는 2.5%에 불과하지만, 금액 점유율로는 54%를 차지합니다. 이러한 '창조성 모델'을 기반으로 한 스위스의 1인당 GDP는 독일의 2배에 달합니다.

　우리도 한민족이 가진 창의성을 제조업에 접목한다면 충분히 승산이 있습니다. 최근 K-Pop의 세계적 인기를 보면 우리 민족의 창조성을 확인할 수 있습니다. K-Pop은 단순한 음악이 아니라, 음악과 안무, 무대가 어우러진 종합 예술입니다. 창조적인 안무와 무대 연출이 더해져 전 세계적으로 인기를 얻고 있는 것입니다.

이제 우리에게 필요한 것은 단순한 생산성 경쟁이 아니라, IT, 지식, 콘텐츠로 무장한 창조성 경쟁입니다. 중소기업에서 시작해 회사를 중견기업으로 성장시키는 과정에서 변화를 주도해 온 저의 경험을 통해, 한국 제조업이 창조성 모델을 도입하면 성공할 수 있다는 확신을 갖게 되었습니다. 이 책에 담긴 생각이 그러한 변화를 도울 수 있기를 바랍니다.

우리 제조업이 과거의 생산성 모델 성공 경험에서 벗어나 창조성 모델로 과감히 전환한다면 현재의 어려움을 충분히 극복할 수 있습니다. 변화에 따른 위험을 두려워하여 기존 방식에 안주하게 되면 오히려 시대의 뒤편으로 사라지는 더 큰 위험을 맞이할 수 있습니다. 필요한 변화를 담대하게 실행하는 편이 도리어 안전합니다.

지금이야말로 우리 제조업이 중진국형에서 선진국형으로 전환해야 할 때입니다. 창조성 모델로의 전환이 이를 가능하게 할 것입니다. 이 책이 중소·중견 제조기업의 미래를 고민하는 경영자와 종사자들에게 창조성 모델로 변화를 추구하는 데 용기를 줄 수 있기를 바랍니다.

생산성 모델과 창조성 모델의 차이는 바로 '새로운 가치의 추구' 여부에 있습니다. 생산성 모델은 동일한 제품을 효율적으로 생산하여 경쟁력을 확보하는 방식입니다. 반면, 창조성 모델은 새로운 가치를 더해 경쟁에서 우위를 점하거나, 더 나아가 경쟁이 없는 새로운 시장을 여는 방식입니다. 노키아가 통신 기능과 카메라 등의 단순 편의기능만으로 시장 점유율 1위를 차지하던 휴대폰 시장에서, 인터넷과 앱이라는 새로운 가치를 추가한 애플이 노키아를 밀어내고 시장 점유율 1위를 차지한 것이 대표적인 예입니다.

새로운 가치를 창출하기 위해 필요한 것은 영감(Inspiration)입니다. 미국이 다수의 제조업 분야에서 경쟁력을 잃고도 여전히 세계 최강국으로 자리매김할 수 있는 이유는, 영감을 통해 지속적으로 가치를 창출하기 때문입니다. 인터넷, GPS, IoT, AI 등 혁신적인 기술들이 미국에서 탄생했으며, Microsoft, Apple, Google, Facebook, Amazon, Tesla와 같은 기업들이 기술 스타트업으로 시작해 새로운 시대를 열어온 것을 보면 이를 쉽게 이해할 수 있습니다.

한국은 이러한 가치를 창출하기에 유리한 환경을 갖추고 있습니다. 세계 최고의 문자로 평가받는 한글을 보유하고 있으며, K-Pop, K-Food, K-Movie, K-Music 등 한국적 가치가 전 세계적으로 확산되고 있는 것이 그 예입니다.

저는 『창조경영의 비밀』 발간 후 다시 7년 동안 DY 미국 법인장으로 북미 사업을 총괄하다가 은퇴한 뒤, 2023년 6월에 IMI(Inspiration Management Institute)를 설립했습니다. 이를 통해 영감을 활용한 컨설팅과 코칭으로 북미에 진출한 한국 중소·중견 제조기업의 창조경영을 지원하고 있습니다. 한국적 가치를 창출하여 한국 제조업이 세계를 무대로 크게 도약하기를 꿈꾸며 최선을 다해 돕고자 합니다.

양재하
부관부

시니어를 위한 자산관리법

황 성 호

종종 사람들이 내게 묻는다. 어떻게 자산관리를 해야 하는지. 그러나 보통 우리 나이가 되면 자산 형성은 이미 끝났다고 보아도 좋다. 물론 아직도 어떻게 하면 주식으로 돈 벌 수 있냐고 묻는다. 방법은 다 있다. 그리고 많은 사람들이 그 방법을 이미 알고 있다고 생각한다. 그러나, 주식이든 다른 무엇이든 자산형성은 첫째, 위험 감수를 상정해야 가능하다. 둘째, 망설이면 안 된다. 분석이 끝나면 행동으로 바로 본인이 생각한 포지션을 만들어야 한다. 셋째, 내가 사는 주식이나 자산 중 거의 70-80%는 사면 바로 손해로 나타나고, 그렇게 되면 바로 후회하게 되니, 마음 근육을 키우는 방법을 알아야 한다.

그러나 보통은 이걸 못한다. 말은 용감하게 하지만, 결과는 거의 뻔하다. 그리고 이런 것이 쉽지 않다. 투자와 돈에는 부모 자식도 없다. 서학개미라고 해외 주식에 투자하는 사람들이 있다. 아버지와 아들이 다 서학개미였는데, 아들이 아버지에게 물었다. "아버지 테슬라 더 사도 되겠어요?" 아버지가 진지하게 대답했다. "그래, 테슬라는 더 사도 될 것 같은데." 그래서 아들은 용기를 내어서 테슬라 주식을 열심히 샀다. 그러나 바로 그 순간 옆방에서 아버지는 열심히 테슬라 주식을 팔았다고 한다. 또 내가 팔고 나면 주식이 꼭 올라가고 내가 사고

나면 꼭 떨어져서, 팔려고 할 때 6번을 참고 팔았더니, 그래도 올라 가더라고 고백한 사람이 있다. 온갖 세력과 국내외 정세 사기꾼들이 득실거리는 곳이 주식시장이다. 요즈음 언론에도 자주 등장한다. 기업까지 포함해서, 많은 선수들이 개미들 돈을 훑어가기에 바쁘다고.

이런 세상에 우리처럼 학같이 산 사람들이 돈이 많이 있을 리 만무다. 그런데 왜 나한테 재테크를 묻는가? 혹시 하는 희망인가 아니면 그냥 한번 해 보라고 하는 건가? 물론 돈 버는 방법은 있다. 하면 된다. 그러나 다시 말하지만, 대부분은 못한다. 아니 못한다가 아니고 세상이라는 것이 만만치 않아, 조심조심하면서 살아온 우리는 돈을 만질 자격이 애초부터 부족했던 것이 아닌가 한다.

테슬라의 앨런 머스크는 7번의 부도 위기를 맞았다고 한다. 스타벅스 회장은 그의 첫번째 스타벅스 road shop을 열기 위해 사업계획서를 들고 700번이나 사람을 만났다고 한다. 엔비디아 젠슨 황이 첫번째로 잡은 일자리는 Denny라는 평범한 레스토랑의 접시닦기였는데, 그는 그 레스토랑에서 가장 접시를 잘 닦는 사람이었다고 한다.

무엇을 말하려고 이런 이야기를 하는 것일까? 부는 많은 사람이 원하지만, 부를 만드는 과정은 극히 비민주적이라는 것이다. 다른 말로 하면 극히 소수만이 그 부를 얻을 수 있다는 것이다. 무언가를 얻는다는 것은 다른 한편에서 무언가를 잃어버린다는 것을 뜻한다. 종종 가족생활도, 건강도, 그리고 친구도 잃는다. 어떻게 보면 부를 얻은 후에는 생활이나 여러 면에서 운명적으로 드라이해 지기 쉽다. 서양의 어느 재벌가문은 그들은 친구가 없다고 천명한다. 그들에게 있는 것은 오직 사업 파트너들뿐이다.

이미 70대 초·중반이 된 우리는 어떤 재테크를 해야 하는가?

내 나름 생각해 본다. 지금까지 살아온 것을 더듬어 보면서.

첫째. 세상을 바꾸는 기술이 있는 곳에 있어야 한다. 거기서 일을 하던 사업을 하던 거기 있으면 기회가 온다. 미국의 0.1%에 해당하는 사업가가 그렇게 얘기한다. 젠슨 황이 게임 계산을 위해 GPU를 만들었는데, 몇년 전까지 그냥 그랬다. 그런데 Microsoft가 Open AI를 내놓으면서 세상은 뒤집어졌다. 앞으로 10년 후에는 우리가 상상할 수 없는 세상이 온다. 앤비디아의 시가 총액은 우리나라 전 주식을 두 번 사고도 남는다. 세상을 바꾸는 곳에 있어라. 의사 변호사 공무원이 될 생각을 하지 말고. 자손들한테 돈 벌고 싶으면 그렇게 하라고 해야 한다. 영국에 알란 왓츠라는 철학자가 있다. 이 양반이 대학생들을 모아놓고 강의한 것을 보면 그 내용을 '부모 말 믿지 말고 너 하고 싶은 것 해라. 하고 싶은 것 오래 하면 그게 돈이 된다.'라는 것으로 요약할 수 있다. 이것을 우리나라 친구가 실행했다. '오빤 강남스타일'로 유명한 싸이이다. 싸이는 미국에 가서 놀고 싶었다고 한다. 그래서 부모님이 보내주신 등록금으로 미국에서 열심히 열심히 놀았단다. 그렇게 오래 동안 열심히 논 끝에 '오빤 강남스타일'이 나왔다고 한다.

둘째. 투자를 생활화하라. 투자위험을 기꺼이 감수하면서 장기투자에 혼신의 힘을 기울여라. 10여년 전에 비트코인이 10불, 20불 할 때에, 한 1000개만 사 놓았더라면, 지금 재산이 약 1500억쯤 되었을 것이다. 그러나 그렇게 한 사람은 없다. 한 서너 배 올랐으면 판다. 그것이 인간이다. 그런데 참으로 끈질긴 사람을 봤다. 한 재벌회사 주요 간부로 은퇴했는데, 끝까지 자신이 받은 주식을 팔지 않고 가지고 있어서 수백억 재산으로 만든 사람이 있었다.

이미 시간이 지나서, 이런 저런 것 다 지나갔지만, 한 1억쯤 가지고 월 2~3백 버는 것은 그렇게 어렵지 않다. 이걸 어떻게 글로 다 말하겠는가? 가능하다. 연구를 하고 공부를 하면 충분히 가능하다. 이런 방법으로 돈을 버는 사람들을 알고 있다.

셋째, 70이 넘은 우리의 재테크는 몸테크이다. 현대 아산병원 노년내과 의사인 정희원 교수는 열심히 운동하고 건강 관리하면, 나중에 간병인 안 쓰고, 병원에 안 가고 하는 비용이 적어도 20억은 된다고 한다. 이것 저것 하다가 가지고 있는 것 다 까먹지 말고, 몸테크 열심히 해서 조금이나마 후손에게 보태주어야 한다고 생각한다. 그러니 열심히 운동해야 한다. 미국 건강책에 『Younger Next Year』라는 것이 있다. 의사와 운동 전문가가 쓴 책인데, 운동을 열심히 하면 내년에는 더 젊어진다는 내용의 책이다. 할 일도 없고, 골방 노인도 지루한데 운동을 하면, 봄에 새싹 돋듯이 몸에 활기를 느낀다. 몸테크로 한 10억을 벌 생각을 해야 한다.

넷째, 오늘 우리 점심 먹은 것과 같은 재테크이다. 어느 샤브샤브집(베트남 쌈밥집)에 갔는데, 채소가 많은 샤브샤브를 엄청 먹고, 3인이 5만원 정도 냈다. 아직 저녁을 안 먹고 있다. 며칠 전 집에서 피자 한 판에 콜라 하나 시켰더니 5만원이었다. 앞으로 절대로 피자 시키는 일은 없을 것이다. 그 샤브샤브집은 오후 3시까지 손님으로 꽉 차고 넘쳤다. 우리 시니어들은 다른 모든 것을 내려놓고 우선 가성비를 찾아야 한다. 옷도 겸손하게 평범한 옷을 입어야 한다. 누가 눈여겨 봐주는 사람도 없다. 젊은이들 눈에는 그저 다 '아버님' 아니면 '어르신'이다. 깨끗하고 깔끔하고 센스 있게 입으면 된다. 음식이나 옷만 그런 것이 아니다. 모든 면에서 가성비를 생각하고 나를 치장하고, 잘 먹이고 하는 일을 그만 두는 것도 생각해야 한다. 흔히 쉽게 하는 말처럼, 없어서가 아니다. 그런 일들이 인생을 뜻있게 하거나, 풍족하게 하거나, 나를 더 낫게 하는 일이 아니라고 생각되기 때문에 하지 않는 것이다. 가성비를 찾으면 여러 가지 할인도 많고, 노인들 위주의 프로그램도 많고, 친구도 손쉽게 만나게 되는 동네 주민도서관이 훌륭하다는 것을 발견하게 된다. 나는 그런 곳에 안 가는 것이 뭔가 나를 돋보이게 하는 것이라고 생각한다면 그것은 혼자만의 자위에 불과하다. 우리 시니어들은 이제 지나간 인생이라는 것을 알고 동병상련으로 서로를 위로하고 보듬고 품어가며 살 줄 알아야 한다. 쓸데없이 잘 알지도 못하는 정치 이야기에 끼어들어 목청 높이다가는 꼰대 소리 듣기 딱 좋다. 정치하는 사람들 우리를 보호해 주지도 않는다. 사회적으로 효용이 끝난 사람들이기 때문에 우리는 모든 것 다 버리고 가성비를 찾아야 한다.

다섯째, 자산 관리 중 중요한 것이 돈을 잃어버리지 않고 빼앗기지 않는 것이다. 보험 상품을 통해 위험을 관리하고, 목돈보다는 연금형 보험을 연구해 보기를 권한다. 자식도 못 뺏아가고, 엉뚱한 투자로 날리는 일도 없다. 연금을 들어 말년에 현금이 모자라지 않도록 해야 한다. 한 2~3억 넣어 놓으면 죽을 때까지 매달 3백 정도는 받을 수 있지 않나 한다. 옛날에는 아는 사람들의 등살에 보험을 들었지만, 요즈음에는 잘만 보면 좋은 보험 상품들도 의외로 많다. 어떤 상품은 의료비까지 보장해 주기도 한다.

여섯째, 일을 해라. 본인이 전문적으로 일하던 분야에서 잘 찾아보면, 그 사람들에게도 필요하고 본인에게도 좋은 일들이 많이 있다. 물론 급여는 거의 최저급여 수준이지만 말이다. 어떤 의학 부분에서 일하다 은퇴한 시니어가 은퇴하고도 월 천만원 정도를 버는 것도 봤다. 5개 정도 회사에서 고문, 이사, adviser로 받는 금액이다. 나는 그때 은퇴하기 전이었는데도 그 분이 부러웠다. 지금 나도 여기 저기 나가서 용돈벌이에 열심이다. 보통의 경우 노인들에게는 월 백만원 이하의 급여를 주고 쓰고 싶어한다. 쪽 팔린다고 생각하지 말고 일자리를 찾아라. 전문 분야이니 나름대로 보람도 찾을 수 있다. 돈이 다가 아니다. 인생에서는 경험과 성장도 무척 중요하다. 죽을 때는 모든 것을 다 놓고 가지만, 경험은 또 다른 의미를 가진다. 경험은 내가 보람되게, 잘 살았다고 느낄 수 있게 하는 거의 유일한 길이다.

일곱째, 성장을 놓지 않는 삶테크를 해야 한다. 성장한다는 것은 꼭 성공하는 것을 의미하는 것이 아니다. 오늘보다 내일이 좀 더 나은 내가 되는 것이 성장인 것이고, 그것이 삶에 중요한 의미를 부여할 수 있다. 무엇이든 간에 집중하고 오늘보다 더 나은 내일을 만들기 위해 노력하는 것이 곧 삶테크이다. 이런 과정이 위의 몸테크도 되고 재테크도 되고 후손한테 모범이 되는 자손테크도 되는 것이다. 그리고 무엇보다도 이것이 당당한 노인테크이다. 지금 나이에는 앞보다는 뒤가 많이 되돌아 보여 후회와 회한이 많다. 그러나 또 다시 일어나, 앞으로 가야 한다. 포기하지 말아야 한다.

Duffle Bag 동기 이상균, 황성호, 구흥서.

끝으로 선후배 여러분들의 건강과 가정에 만복이 있기를 바라고, 끊임없는 '테크'로 죽을 때까지 지금까지 해 왔던 것처럼 열심히 사시기를 기원한다.

황성호

부관부

사람이 만든 돌, 콘크리트 이야기

박 홍 용

　대학 3학년 2학기 재학 중, 졸업을 2학기 남겨두고 입대했다. 그날이 2월 1일이었는데 증평 신병교육대에도 눈이 많이 내렸다. 입소하는 날 훈련병들은 연병장에서 입대신고식을 마치고 더플백에 굵은 모래를 담아서 등에 지고 사단 뒷산 정상에 올랐다. 그곳 시설물 공사용 모래라고 했다. 잠시 쉬는가 싶었더니 땀이 채 식기도 전에, 아직 눈이 남아 있는 공터에 팬티바람으로 집합시키더니 이리굴러 저리굴러를 하라고 했다. '이게 군대구나.'라는 두려움과 걱정이 뒤범벅된 가운데 훈련소 생활이 시작되었다. 한겨울에 겪은 열악한 훈련소 내무반 생활이 꽤나 힘들었던 것으로 기억한다.

전우와 함께 산에 오르다.
감종홍, 박홍용, 서장선, 이진업, 정홍구, 임병수

6주 훈련을 마치고 101보충대로 보내졌다. 아마도 보충대에서 보낸 며칠간이 군생활 중 가장 편했던 때가 아니었나 싶다.

며칠 후 자대 배치를 받았다. 그리고 트럭에서 내려 훈련소와는 분위기가 전혀 다른 곳으로 들어갔다. 그 후 전역할 때까지 여러 일들이 있었지만 기억에 남는 건 늘 안 좋은 일이기 마련이다.

판문점 도끼만행 사건만 없었더라면 2학기 복학이 가능했을텐데 그 사건 때문에 전역이 늦추어지는 바람에 복학도 못하고 집에서 복학할 준비를 하기로 했다. 말이 복학 준비지 그냥 쉬는 것이었다. 그러나 그것도 하루 이틀이었다. 빈둥거리다가 용돈도 없고 해서 아버지 소개로 설계회사에 가서 일하기로 했다. 입사 첫날 선임 기사가 데려간 곳이 종로3가 지하철 역사 안에 있는 지하철 설계단 합동사무실이었다. 3학년 1학기까지 다녔지만 전공에 관한 지식은 거의 없다고 봐도 될 정도였다. 구조설계계산서, 설계도면 등 모든 게 낯설기만 했다. 지하철 구조물은 90% 이상이 철근과 콘크리트로 만들어진다. 이렇게 해서 나는 콘크리트와 인연을 맺게 되었다.

대학원을 다니면서 콘크리트에 대해 좀 더 깊이 있게 알게 되었다. 운이 좋아 대학 선배들의 요청으로 명지대에서 강의를 하기 시작했다. 학과가 용인 캠퍼스로 이전하여 실험을 할 수 있게 될 때까지는 늘 아쉬웠던 것이 직접 콘크리트를 만들지 못했다는 것이었다. 용인 캠퍼스에 있으면서 실험을 해 가면서 이론을 가르칠 수 있었던 것은 큰 보람이었다.

피라미드를 어떻게 지었을까?

늘 궁금했던 것 가운데 하나가 '피라미드를 어떻게 지었을까?'라는 것이었다. 과연 4,500여년 전에 한 개의 무게가 10톤도 더 되는 수백만 개의 자연석을 다듬어서, 수십 년이라는 오랜 세월에 걸쳐 쌓아올렸다는 것이 가능한 일이었을까? 가장 큰 기자 피라미드는 높이가 140여 미터이고 밑변의 길이가 230여 미터이다. 피라미드 건설 당시의 일에 관한 상세한 기록은 남아 있지 않다. 피라미드의 건설에 관해 오늘날 전해지는 기록은 모두 후세에 기록된 것이다.

피라미드 건설에 관한 가장 오래 된 기록은 기원전 430년경에 고대 그리스의 역사학자 헤로도투스가 그의 역사서에 기록한 것이다. 그도 그 당시 4,000여년 전에 건설된 피라미드에 대해서 정확히 기술할 수는 없었을 테지만, 그의 기록에 따르면 나무로 된 틀을 만들어 그 안에 석회, 모래, 찰흙 등을 다져넣어 사람이 돌을 만들었다는 것이다. 후세의 학자들이 저지른 오역 때문에 많은 사람들이 피라미드는 자연석을 다듬어 쌓아 올렸다고 믿고 있지만, 이것은 헤로도투스의 기록과는 다른 것이다. 피라미드와 콘크리트에 관한 이런 저런 책들을 접하면서 나는 피라미드는 자연석으로 만들어진 것이 아니라는 의심을 가지게 되었다. 이 돌을 만드는 방법은 그 당시에는 사제들에게만 전해졌던 비법이었을 것이라는 학자들의 주장이 있다. 더 이상의 피라미드 건설이 중단된 까닭은 많은 노동력, 오랜 시간, 비용, 재료 등을 감당하기 어려웠기 때문일 것이고, 그래서 돌을 만드는 비법도 전해지지 않았을 것이다.

로마인들은 수경성(물과 섞여 굳어지는 성질) 콘크리트의 잠재력을 알아내고, 제국 전체에, 5세기에서 멸망할 때까지 열정적으로 이 콘크리트를 사용했다. 로마인들은 콘크리트 생산과 사용을 체계화했다. 그들은 콘크리트를 커다란 틀 속에 넣고 한 덩어리로 된 건축 자재를 만들어 활용한 최초의 민족이었다. 판테온은 서기 125년에 건설되었는데, 이 건물은 그레코-로만시대 이래로 온전하게 남아 있는 고전 시대의 유일한 건물이다.

18세기 판테온의 내부.
조반니 파올로 파니니 그림.

고대에 건설된 가장 큰 돔이며 직경이 43.3미터이고 격자 구조로 된, 무보강 콘크리트 구조물이다. 로마의 베드로 성당, 런던의 세인트 폴 성당이 50여 년에 걸쳐 가공된 석재로 지어졌지만, 로마의 기술자들은 판테온을 단 10년 만에 완공하였다. 로마 기술자들은 깊게 파인 격자 구조를 이용해서 재료의 과도한 중량을 줄여주었고, 격자 구조형식의 벽체를 형성함으로써 돔의 강도를 유지하였다. 로만 콘크리트는 과도한 수분을 제거하기 위해서 아주 적은 량으로 타설하고 꼭꼭 다져 놓았다.

일제 강점기에 우리나라의 많은 왕릉들이 도굴되거나, 조사 목적이라는 이름으로 훼손되었다. 그러나 조선시대 왕릉은 도굴되지도 않았고 훼손되지도 않은 채 지금까지 잘 보존되어 왔다. 조선 왕릉의 석실은 거대한 화강암으로 만들었고, 입구는 미닫이 형식의 돌문으로 막은 뒤 마지막으로 그 앞에 문의석을 설치해 이중 돌빗장을 채웠다. 석실 주변에는 석회3, 가는 모래1, 황토1의 비율로 섞은 '삼물(三物)'을 1.2미터 두께로 둘러쌌다. 삼물은 시간이 지나면서 단단하게 굳을 뿐 아니라 느릅나무 껍질에 있던 코르크층이 물과 공기를 차단하는 역할도 했다. 지금도 장례과정에서 광에다 관을 내린 후 그 주위에 회를 섞은 삼물 같은 재료로 회다지를 하는 지방도 있다. 이 삼물도 사람이 만든 돌이다.

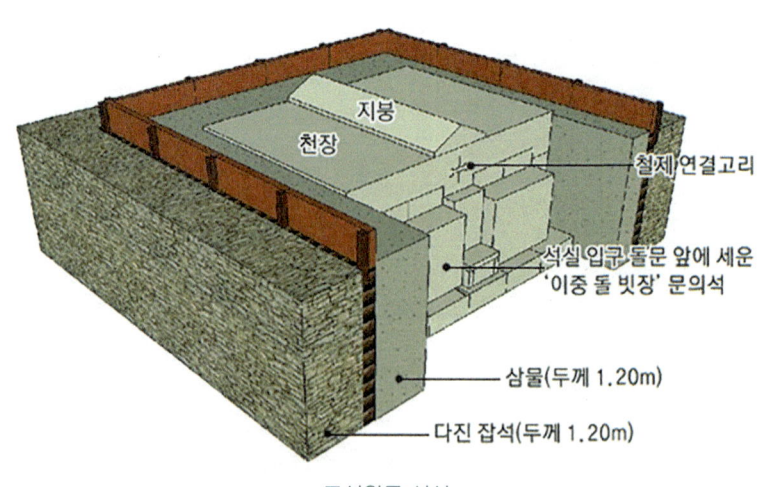

조선왕릉 석실

콘크리트는 현대적이다. 이 말은 단순히 '전에는 그것이 없었는데 지금은 있다.'라는 뜻이 아니라, '콘크리트가 현대성에 대한 우리의 경험과 연계되는 매체 중의 하나'라는 뜻이다. 20세기에 살고 있는 사람들의 삶은 다른 어떠한 것보다도 콘크리트에 의해 변화되었다는 것을 부정할 수 없다. 콘크리트는 20세기의 여러 가지 많은 발명품처럼 인류에게 혜택을 줄 것으로 기대되었고, 다른 발명품들과 마찬가지로 삶의 오랜 방식, 오래된 기술, 사회관계의 모습 같은 것들을 깨뜨려 버렸다. 콘크리트에 대해 갖는 적대감이나 반감 등도, 콘크리트가 가져온 수많은 혜택처럼 콘크리트가 지닌 현대성의 일부일 뿐이다.

콘크리트는 '발전된' 기술임과 동시에 땅에서 생긴다는 후진성을 지니고 있다. 콘크리트 고유의 후진성은, 시골 농부의 거친 솜씨로 만들어지는 진흙 작업에서 알 수 있듯이, 그 근원이 토속적인 것이다. 그리고 그 토속성은 언제든지 기술자나 숙련공에 의해 다시 살아날 수도 있는 성격의 것이다. 콘크리트는 교육받은 전문가가 가진 지식으로서 시멘트의 화학 이론과 응력의 이론적 이해를 바탕으로 하는 발전된 기술이지만, 동시에 세계 여러 곳에서 이론적 지식이 전혀 없는 사람들도 할 수 있고, 하고 있는 단순한 공정이기도 하다.

사정이 이렇다 보니 콘크리트는 대중적 재료가 되어 제대로 된 설계도조차 없이 손쉽게 사용하는 재료가 되었다. 콘크리트를 이용하여 누구나 개울에 슬래브 다리도 놓고 골목길도 포장하고 심지어 집도 지었다.

1970년을 전후해서 서울 곳곳에 시민아파트 건설이 추진되었다. 그러다가 1970년 4월 와우아파트 한 동이 무너져 33명이 사망하고

39명이 부상당하기도 하였다. 그후 30년도 지나지 않아 이때 지어졌던 시민아파트는 거의 다 재개발 사업으로 철거되었다. 같은 시기에 남산 자락에 외인아파트가 지어졌다. 1994년 김영삼 정부 시절에 이 아파트를 폭파 철거했다.

  1990년대 말 당시 노태우 정부는 주택난을 해결하고 부동산 투기를 잡기 위해 신도시 개발정책을 세웠다. 그리고 이 계획에 따라 분당, 일산, 평촌, 산본 등 수도권에 200만호 주택건설을 목표로 대규모 사업이 추진되었다. 그리고 이 과정을 통해 우리 국민은 아파트에 길들어졌고, 신도시 아파트는 재산 증식의 중요한 수단으로 간주되었다. 그런데 이 아파트들이 콘크리트로 지어졌기 때문에 신도시는 그야말로 콘크리트 정글, 콘크리트 덩어리 그 자체가 되고 말 수밖에 없었다. 건물 사이사이에 조성해 놓은 녹지는 장식에 지나지 않았다. 놀랍게도 우리는 한꺼번에, 짧은 기간 동안에 도시를 뚝딱 만들어내었다. 그리고 이 거대도시의 급조에 가장 큰 몫을 차지한 것이 바로 콘크리트였다. 콘크리트를 만드는 데에 필요한 시멘트, 골재의 수요가 급격히 늘어 양질의 재료가 제대로 공급이 되지 않았다. 콘크리트는 신도시에서 사람들의 손을 거치면서 황금으로 변했다. 사람들은 콘크리트로 만들어진 집에서 행복을 느끼며 살았다.

  그러나 30여년이 지난 오늘날 이들 신도시 단지들에서는 다시 재건축, 재개발을 들먹이고 있다. 걱정되는 것은 이 신도시의 건물들이 지금은 사라진 시민아파트의 운명을 다시 거치지 않을까 하는 것이다. 만약 이들 신도시들이 재건축이나 재개발 된다면 그 과정에서 쏟아져 나올 콘크리트 잔해들은 어디로 가야 할 것인가? 안타깝게도 콘크리트가 묻힌 곳은 생명체가 살기 힘든 죽은 땅이 된다. 그래서 콘크리트 폐기물을 재생하는 일이 중요하다. 그러나 이 일에는 엄청난 비용이 들어야 하기 때문에 아직은 시멘트 폐기물의 재생 비율이 높지 않다. 자연을 두 번씩 망가뜨려서는 안 된다.

문제는 거기서 끝나는 것이 아니다. 재개발사업을 진행하기 위해서는 현재 그곳에 살고 있는 사람들은 새로운 주거지를 마련해야 한다. 아직 심각한 정도는 아니지만, 재개발지역의 거주민들이 정착하지 못하고 낯선 곳에서 집없이 떠돌아다니는 일이 종종 생기고 있다. 콘크리트는 제3세계나 개발 중인 나라에서 가난한 사람들의 재료로 여겨져 왔으나 우리의 사정은 이미 그와는 다르다. 콘크리트는 가진 자에게는 황금이 되지만 없는 자에게는 빚덩이가 될 수도 있다. 도시의 콘크리트는 점점 더 폭력적으로 변해간다. 주위를 압도하듯이 치솟은 콘크리트 건물은 위압감을 주기에 충분하다.

콘크리트는 자연적인 것이 아니다. 이것은 콘크리트의 장점임과 동시에 그것이 가지는 단점이다. 콘크리트의 장점, 특히 철근으로 보강된 합성재료로서 콘크리트는 다른 자연발생적 재료로는 감당할 수 없을 일들을 해낼 수 있다는 점이다. 그럼에도 콘크리트는 자연으로부터 사람들을 단절시키거나 자연을 말살하는 소재로 인식되기도 한다. 콘크리트의 단점은 이른바 '천연' 재료에서 찾아 볼 수 있는 속성들이 콘크리트에는 현저히 결핍되어 있다는 점이다.

콘크리트를 비자연적인 것 또는 인공적인 것이라고 언급하는 것은 언뜻 보는 것과는 달리 훨씬 더 복잡한 일이다. 일반적인 견해는 콘크리트는 천연재료가 아니라는 것인데, 그 이유는 콘크리트를 만들려면 인력에 의존해야 되기 때문이다. 현대의 건물과 사회기반시설에 쓰이는 콘크리트는 시멘트, 모래, 골재, 철근과 같은 구성 재료가 공사현장과 같은 한 장소에 모이기 전에는 존재하지 않는다. 이들 구성 재료들이 하나의 장소에 모이고, 그것이 인간의 노동과 함께 어우러질 때, 그것들은 비로소 콘크리트가 된다. 이러한 점에서, 콘크리트는 재료라기보다는 공정이라고 표현하는 것이 훨씬 더 적절할 수도 있다. '자연적인' 재료조차도 인간의 노동력 투입에 따라 건설재료로서 가치를 얻을 수 있다. 이것들과 콘크리트 간의 차이는 단지 인간의 노동력이 언제 그리고 어디서 투입되는가의 문제일 뿐이다. 콘크리트는, '완전하게 만들어질 가능성'이 없다는 면에서, 합성재료의 기대치에 전혀 부합되지 못하고 있다. 자연에서 빼앗은 인공적인 제품은 자연에 저항하고 자연이 배제된 환경을 만들어 내는데, 바로 그것이 '자연에서 벗어난' 것이다. 자연은 인간이 존재하지 않는 곳, 인간이 닿기 전에 지구의 그곳, 인간이 태어난 그곳이라는 것이다. 자연은 그 자체의 힘을 가지고 있다. 그 힘이 인간에게는 없다.

  콘크리트를 구성하는 재료는 잘 알다시피 주변에서 흔히 구할 수 있는 모래, 자갈, 석회 등이다. 석회를 가열하고 점토를 섞어서 가공해서 시멘트를 만든다. 자연을 훼손하지 않으면 얻을 수 없는 재료들이다. 콘크리트 구조물을 철거하면 그 폐기물은 다시 자연으로 돌아가기 어렵다. 폐기물을 땅에 버리거나 묻어버리면 그 땅은 죽은 땅이 된다. 값싼 재료이기는 하지만, 콘크리트 전·후의 상태는 자연을 2중으로 망가뜨린다는 면에서, 결코 바람직한 재료는 아니어서 만들 때 잘 만들어서 오랫동안 망가지지 않게 해야 할 것이다.

  콘크리트는 가끔 멍청하다거나 바보 같은 재료라고 취급당하기도 한다. 다양한 언어에서 수사적 표현으로 콘크리트가 이용되기도 한다. 독일어로, '베톤 프락치온 Beton-Fraktion'은 비타협적인 고집불통의 정치집단을 뜻하는 말로 사용되기도 하며, '베톤 코프 Beton-Kopf'는 글자 그대로 'concrete head'인데 반동적인 야당 정치집단을 뜻한다. 스웨덴에서는 1950년대와 1960년대에 도시 중심부의 재개발을 책임지고 있던 스톡홀름 시정부의 강력한 사회민주당의 당수였던 히알마르 메어 Hjalmar Mehr를 '꽉 막힌 사회주의자 betonsosse', 즉 'concrete socialist'라고 불렀다. 우리나라에서도 정치권에 자주 쓰이는 '콘크리트 지지층'이란 말이 있다. 견고한 고정 지지층을 뜻하는 말이기도 하지만, 꽉 막힌 고집불통이라는 의미로도 쓰인다.

원자재에 불순물이 섞이거나 품질이 낮거나 공정이 부실해서 불량하게 만들어진 콘크리트에는 균열이 생기기 마련이다. 공사판에서 콘크리트는 흔히 '공구리'라고 불리기도 하는데, 굵은 골재, 잔 골재, 시멘트, 물이 비벼져서 만들어지는 돌이다. 그래서 나는 콘크리트라는 말 대신에 '비빔돌'이라고 부르고 싶다. 중국에서는 섞어서 굳어진 흙이라는 뜻에서 '혼응토(混凝土)'라고 쓰기도 하고, 사람이 만든 돌이라는 뜻에서 석(石)·인(人)·공(工) 세 글자를 합성하여 '砼(동)'이라고 쓰기도 한다.

콘크리트에 관한 좋은 시가 있어 소개하고 이 글을 마무리하고자 한다.

태초에 콘크리트가 있었나니 (Concrete ab ovo)

리즈 팰리(Reese Palley)

얕은 바다는 조개껍질과 광물로 채워져
수억 년 세월이 지난다.
켜켜이 가라앉아 쌓이고 엄청난 큰 힘에 눌린 채
세월은 끝도 없이 흘러
바다는 뭍으로 조개껍질은 바위로 모습을 바꾼다.

땅껍질을 깨고 솟아올라 또다시 대기를 맞으며
살아 있는 모습으로 드러낸다.
깜짝할 새에 인간은 물로 빚어지고 켜켜이 쌓여 거대한 석회 덩어리를
찾아내고 파내서, 부수고, 화로 속에서 달구어 고운 가루로 갈아낸다.
오백 파운드 바위 덩어리는 오십 파운드 한 자루 고운 가루로 모습을
바꾼다.

오십 파운드 한 자루 가루는
오늘도 세상을 바꾸고 있다.

박홍용
포병부

Active 시니어로 살기

구흥서

요즈음 우리는 흔히 100세 시대라는 말을 듣습니다. 또한 유튜브나 SNS 등을 살펴보면 60~70대 장년들이 '인생 2막'을 키워드로 내걸고 자기 계발을 주제로 활발한 활동을 전개하고 있음을 손쉽게 발견할 수 있습니다. 그리고 우리는 매일 새로운 Application이 스마트폰에서 홍수를 이루고 있는 것을 봅니다. 은퇴 이후에도 하고 싶은 일을 찾아 능동적으로 도전하는 50~60대가 우리 주변에는 너무 많습니다. 이들은 전통적인 고령자인 '실버 세대'와는 달리 자기 계발과 여가활동, 관계 맺기에 매우 적극적입니다.

서부전선 Radar Site #○ 기지에서 ▶
정보처 Air 팀과 함께

◀ 좌로부터 구흥서, 신현우, 허교번, 조태준, 김병언, 이규호, 정국진

◀ 구흥서 상병

군소리 4집 편집에도 ▶
함께 할 수 있는 계기를 만들어 준
평생 잊지 못할 나의 때묻은 정든 타자기

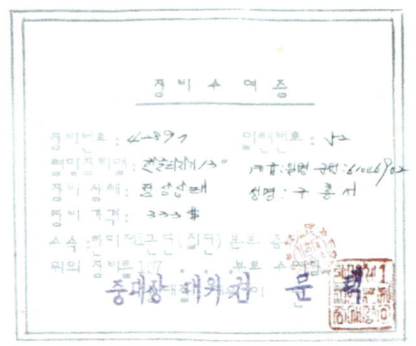
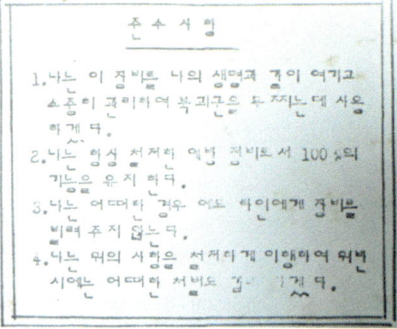

한·미1군단 복무 3년간 타이핑 경험이 전역 후 50여년 간 실무에 많은 도움이 되었다.

지난 2020년 5월 문화체육관광부와 국립국어원은 '액티브 시니어'를 대체할 우리말로 '활동적 장년'을 선정했습니다. 한국은 2017년 전체 인구에서 65세 이상 고령 인구가 차지하는 비율이 14%가 넘는 '고령사회'로 진입했습니다. 2025년이면 이 비율이 20%가 넘어 '초고령사회'로 들어설 것으로 보입니다. 청년 5명이 노인 1명을 부양해야 하는 상황 속에서 '활동적 장년'은 계속 늘어날 것으로 전망됩니다.

이런 상황에서 여기서는 스마트폰에서 이용할 수 있는 구글렌즈라는 Application 활용법을 요약, 정리하여 제공하고자 합니다.

구글렌즈는 구글에서 개발한 앱입니다. 이 앱은 매우 다양하게 활용할 수 있기 때문에 우리 전우들에게 많은 도움이 될 것입니다. 이 앱의 활용법을 잘 익혀 변화하는 환경에 적극적으로 동참하고 능동적으로 도전하는 Active Senior로 살아남을 수 있기를 기대합니다.

요즈음 인공지능이 세계적인 이슈입니다. 그런데 우리가 사용하는 스마트폰에 이미 예전부터 인공지능을 활용한 기능이 들어 있었습니다. 바로 구글렌즈입니다. 무엇이든 물으면 답해 주는 구글렌즈는 인공지능의 원조라고도 할 수 있습니다.

구글렌즈는 휴대폰에 기본적으로 설치되어 있는 앱은 아니기 때문에 이 앱이 없는 분도 있으실 것입니다. 구글렌즈가 없으신 분들은 구글 플레이 스토어에 들어가셔서 구글렌즈로 검색을 하시면 바로 찾을 수 있습니다.

〈그림 1〉
구글렌즈가 설치된 화면(좌) / Play 스토어를 클릭(중) / Google Lens 로고 확인(우)

이미 설치되어 있는 분은 열기라고 나오고. 그림 1 좌측 그림처럼 구글을 실행하게 되면 검색칸에 마이크 로고와 구글렌즈 로고가 화면에 뜨게 됩니다. 설치가 되지 않으신 분은 그림 1 중앙 그림처럼 Play store에서 검색하여 설치해 주시면 되겠습니다. 위에 구글렌즈 로고가 보이시지요? 이것을 클릭해서 앱을 설치하고 실행합니다.

구글렌즈를 실행하면 기본적으로 내 스마트폰에 저장되어 있는 사진들이 나옵니다. 자 그 사진에서 원하는 것들을 검색할 수 있지요? 커서를 아래로 내려보도록 하겠습니다.

그러면 메뉴가 3개 나옵니다. 번역과 검색 과제가 되겠습니다. 자 번역부터 보도록 할텐데요. 이 번역은 말 그대로 번역하는 기능 외에도 스마트폰 카메라로 비치는 글씨를 디지털 텍스트로 변환해주는 기능도 같이 제공합니다.

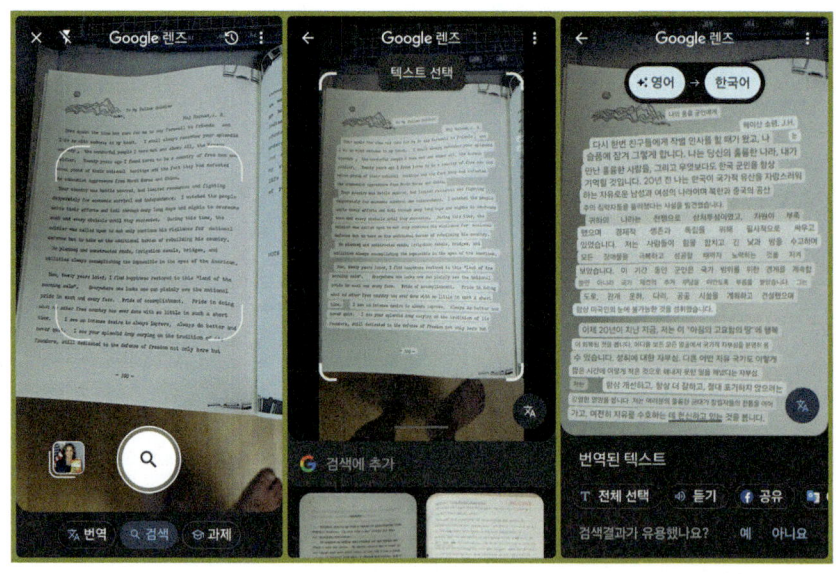

〈그림 2〉
군소리 3집 촬영(좌) / 사진 찍은 후 텍스트를 선택(중) / 번역 누른 화면(우)

지금 화면에서 예시한 것은 『군소리』 제3권 100페이지에 실린 헤이만 미군본부중대장의 글입니다.

자 이것을 한번 찍어보도록 하겠습니다. 그리고 번역을 누르면 영어를 한국어로 바꾼다고 나옵니다. 스마트폰 카메라로 찍은 언어는 자동 감지가 되는데, 그 언어를 내가 원하는 언어로 바꿔줄 수 있는 것입니다. 자 일단 찍어보도록 하겠습니다. 원하는 책을 이렇게 비춰준 다음 셔터 버튼을 누릅니다. 그러면 사진이 찍힙니다. 그 사진에 있는 글씨들을 여러 가지로 활용할 수 있습니다. 전체 선택을 하면 이 페이지의 전체 문서를 디지털 텍스트로 변환할 수 있습니다.

사진을 전체 선택하면 이것은 이미 전부 디지털 텍스트화가 되어 있는 상태이기 때문에 내가 원하는 곳에 붙여 넣는 등 다각도로 활용할 수 있습니다. 그리고 그 정보를 보여주게 되죠. 그 다음 이렇게 선택된 텍스트를 텍스트 복사를 이용해서 복사한 다음 내가 원하는 곳에 붙여 넣어주시면 되는 겁니다. 복사를 '내 컴퓨터'로 선택하면, 복사는 내 스마트폰으로 하였지만, 내 컴퓨터로 가서 Ctrl+V해서 내가 원하는 곳에 붙여넣기 할 수 있습니다. 이때 내 컴퓨터의 사용 프로그램이 "훈글"이든 "EXCEL"이든 "PPT"든 상관없습니다.

사진을 찍을 때에 돋보기 표시 좌측에 네모난 화면은 내 휴대폰에 저장된 사진들입니다. 기존에 찍은 사진을 텍스트로 인식하거나 번역할 때 사용하면 됩니다. 카톡에 올라 있는 원고를 "훈글"에서 편집도 할 수 있습니다.

구글렌즈의 카메라 로고를 클릭하면 그림 3의 좌측 그림처럼 폰에 저장된 많은 이미지들이 뜹니다. 사진 라이브러리에 대한 액서스 허용 요청 메세지에서 허용을 클릭하면 직접 찍은 사진이나, 카톡으로

〈그림 3〉
액세스 허용 클릭(좌) / 폰에 저장된 사진 선택(중) / 카톡으로 받은 원고모집 사진(우)

다운로드 받은 사진 등이 그림 3의 중앙처럼 뜹니다. 이들 사진들에서 원하는 사진을 클릭하여 선택할 수 있습니다. 그림 3의 우측 사진은 '원고모집공고'라는 사진을 클릭하였을 경우를 예시한 것입니다.

구글렌즈를 통하여 획득한 이미지는 사물과 이미지를 인공지능에 의하여 구분, 분류하여 여러 방법으로 활용할 수 있습니다. 검색이나 텍스트의 경우는 읽어주기도 하고 본인이 원하는 언어로 번역을 지원해 주기도 합니다. 복사도 할 수 있는데, :을 클릭하면 구글 Chrome이 실행 중인 동일한 ID로 로그인 한 PC는 그림 4 우측 그림과 같은 컴퓨터 내역이 나타납니다.

원하는 컴퓨터를 클릭하면 컴퓨터가 어디에 있던 내 컴퓨터에서 Ctrl+V로 붙여넣기 할 수 있습니다. 그래서 편집하는 데에 매우 편리합니다. 텍스트로 된 서류의 사진만 있으면 일일이 타이핑하지 않고도 쉽게 문서 전체의 텍스트를 빠른 시간에 타이핑하는 것과 같은 결과를 얻을 수 있는 것입니다. 텍스트 인식은 인쇄물뿐만 아니라 필기

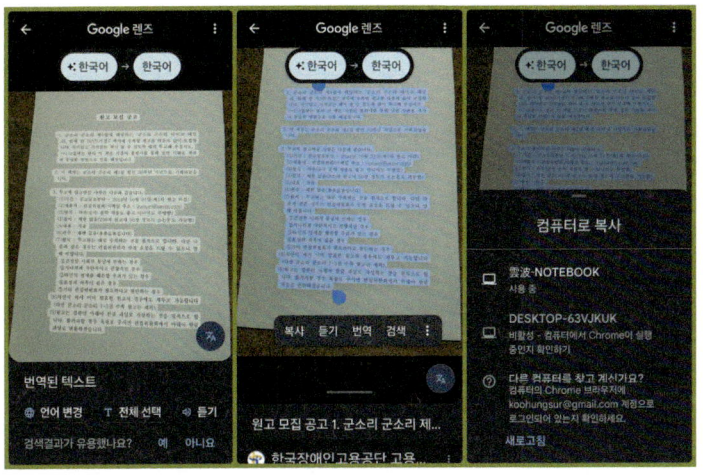

<그림 4>
음영 표시된 텍스트(좌) / 좌측에서 전체선택 화면(중) / 중앙그림의 ⋮ 클릭 PC 복사

서류도 가능합니다.

 그 다음으로는 듣기 기능이 있습니다. 이 듣기 기능은 지금 스마트폰 카메라로 찍은 사진에 있는 텍스트들을 전부 읽어주는 기능입니다. 한국어 번역본을 보면서 듣기를 누르면 한국어로 읽어 주고, 영어 본문을 보면서 듣기를 누르면 영어로 들려줍니다.

 번역 기능도 있습니다. 지금 예시된 화면은 한국어로 선택되어 있는데 다른 언어로 변경할 수도 있습니다. 만약 다른 언어로 번역하려면 '언어 변경'을 눌러줍니다. 그러면 도착 언어를 설정할 수 있습니다. 지금 한국어로 설정되어 있는 이 문서를 영어로 설정해 보겠습니다. 그러면 지금 구글렌즈로 비친 한글로 된 문장들을 전부 영어로 바꿔줍니다. 그런 다음 듣기를 선택해 주면 전부 또는 해당 부분을 영어로 읽어줍니다. 간단하게 스마트폰 카메라에 비친 텍스트를 내가 원하는 언어로 바꿀 수 있는 것입니다.

 이러한 기능은 외국 관광지에서 안내 표지판 등을 읽고자 할 때에 아주 유용하게 활용할 수 있습니다. 스마트폰의 포커스만 맞추면 스마트폰 화면에 자동으로 한국어로 번역되어 표시됩니다. 이때 듣기를 누르면 블루투스 이어폰을 통하여 내용을 청취할 수도 있습니다.

다음은 검색 기능입니다. 이 기능을 이용하면 원하는 것은 무엇이든 검색할 수 있습니다. 외부에 나가서 집 앞에 있는 나무를 검색해 보십시오. 이 나무가 무슨 나무인지 금방 알 수 있습니다. 잎이 구별될 정도로 가까이 다가간 다음 셔터 버튼을 누르면 검색할 수 있습니다. 그러면 그 나무에 대한 정보가 인터넷에서 쭉 나오게 됩니다.

잎 모양 보면 실제 나무와 화면 속 나무의 잎 모양이 똑같죠? 잎 모양 외에도 다양한 정보들을 확인할 수 있습니다. 이렇게 이 기능은 식물을 검색할 때에 아주 유용하게 이용할 수가 있습니다. 이번에는 자동차도 한번 검색해 볼까요? 자동차 같은 경우에는 전체 사진을 찍지 않고 일부분만 찍어도 어느 정도 다 찾아줍니다. 인공 지능이 인터넷 상에 올라와 있는 모든 사진들을 전부 검색한 다음 최대한 부합되는 사진을 찾아주게 되는 것입니다.

이제 구글렌즈의 번역과 검색 기능은 거의 완벽하게 이용할 수 있을 것입니다. 궁금한 것이 있거나 해외에 나갔을 때, 물체의 이름이 궁금할 때 등 원하는 것은 무엇이든 검색할 수 있을 것입니다. 앞으로는 구글렌즈를 많이 활용해 보십시오.

구흥서
정보처

풍수 이야기

이 진 엽

풍수(風水)란 무엇인가?

풍수란 수천 년에 걸쳐 동아시아의 우리 조상들이 찾아낸 삶의 지혜라고 생각한다. 만물은 모두 땅에서 생(生)하고 땅의 영향을 받고 살아가고 마지막에는 땅으로 돌아간다. 우리 조상들은 어떤 장소가 살아가는 데에 가장 유리한지를 끊임없이 찾게 되었고, 이러한 것이 풍수학-감여학(堪輿學)으로 이어지게 된 것이다. 그리고 이 풍수학은 살아있는 사람뿐만 아니라 죽은 사람에게도 적용된다.

풍수는 장풍득수(藏風得水)에서 유래되었다. 즉 바람은 가두고 물을 얻는 곳을 찾는 것이다. 그럼 좋은 땅, 나쁜 땅의 영향이 확실히 존재하는 것일까? 수많은 명당과 흉지를 답사한 내 개인 직접경험에 의하면 그렇다고 확신한다. 다만 양택(집터, 사업장터)풍수에서는 거주하는 사람과 시기가 한정되어 터의 영향을 확인하는 것이 비교적 용이하지만, 음택(묘지)풍수에서는 대상과 시기가 모호하여 정확히 어떻게 영향을 미치는지 확인하는 것이 어려운 것도 사실이다. 단 흉지에 묘를 쓰면 나쁜 일이 생기는 것은 분명하다고 판단된다.

20여년 전 풍수를 처음 접하고 제일 궁금했던 것이 내가 그때까지

살아왔던 곳들의 땅의 기운과 우리 집과 나의 생의 흐름이 과연 일치하는가 하는 것이었다.

그런데 놀랍게도 100% 일치하였다.

내가 태어난 곳은 왕십리역 뒤편 한양대학교 산자락에서 산줄기의 힘이 멈춘 곳, 소위 풍수에서 말하는 금계포란형(金鷄抱卵形)의 명당이라고 판단된다. 부모님은 해방 전 포천에서 이곳으로 이사왔다. 아버지는 석유회사의 노무자였지만, 어머니는 집 바로 앞 미군부대의 바느질 일감이 넘쳐 당시 수업료가 상당한 교대부속국민학교에 내 원서를 넣을 정도로 꽤 풍족하게 살았다. 경제적 여유가 생기자 내가 국민학교 4학년 때에 도선동의 국민학교 근처의, 그 동네에서 가장 좋은 조선기와집으로 이사를 했다. 어린 마음에 우쭐한 기분이 들기도 했던 기억이 난다.

그런데 그 기분은 거기까지였다. 아버지는 노름과 주색에 빠지시고 어머니는 시름시름 몸져눕고……

풍수를 배우고 나서 판단해 보니 그 집터는 최악의 흉지였다. 계곡 절벽위에 위치하여 풍광은 좋았으나 소위 '바람 맞는 자리'였다. 내가 결혼하고서 몇 번을 이사다녔는데 대치동 은마아파트와 서판교에 살 때에는 모든 일이 순조로웠는데, 월계동, 역삼동, 안양 비산동에서는 모든 일이 별로였다. 역시 터가 좋은 곳에서는 모든 일이 순조로왔고, 터가 나쁜 곳에서는 일들이 꼬였던 것으로 판단된다.

내가 태어난 집터는 정말 기운이 좋은 곳이었다. 그 터에 이사왔던 사람들 모두 상당한 부를 이루었고, 30년 전에 그 터를 구입하여 택시 두 대로 사업을 시작한 분은 현재 서울의 최대 택시회사를 운영 중이고, 그 집터를 현재도 사업본거지로 사용하고 있다.

몇 년전 우리나라 풍수 권위자 몇 분과 함께 그 터의 기운을 측정해 보았더니, 예상했던대로 이구동성으로 최고의 길지라고 평가하는 것이었다. 물론 내 마음 한 구석은 웬지 씁쓸하였지만 말이다.

풍수와는 거리가 멀 것 같은 교회도 터의 영향이 지대하다고 주장하지 않을 수 없다. 우리나라에서 명성 있고 교세가 대단한 교회들을 보면 그렇다. 그런 교회들 대부분은 하나같이 명당터에 자리잡고 있다. 명일동 명성교회, 서빙고 온누리교회, 이전 하기 전의 사랑의교회, 구의동 광현교회, 여의도 순복음교회가 그렇다. 그 터를 잡을 때 그곳을 정한 분들이 풍수를 보고 정한 것은 물론 아닐 것이다. 아마도 하나님께 간절히 기도하여 그 터를 얻은 것 아닌가 생각한다.

반대로 명성 있던 교회가 터를 이전하여 망한 사례도 있다. 바로 김○○ 대통령이 다녀서 유명했던 ○○교회이다. 이 교회가 충무로에 있을 때에는 교세가 5만 명이 넘을 정도로 대단했지만 역삼동으로 이사해서는 지금 교세가 1만 명 수준으로 쪼그라든 것으로 알고 있다. 역삼동 ○○교회의 크기나 규모, 건물의 웅장함과 멋스로움은 우리나라는 물론 세계적으로도 내놓을 만하다. 그런데 교회의 위치는 역삼동의 제일 높은 곳(산꼭대기)에 위치하여 풍광은 좋지만 바람 맞는 곳에 위치하고 있다. 대표적인 흉지라고 볼 수 있는 것이다. 물론 표면적으로는 교회 세습 문제로 내부 분란이 있었던 것이 교회 쇠락의 원인이라고 볼 수 있겠지만, 풍수가의 관점에서는 흉지이기 때문이라고 주장하고 싶다.

음식맛이 그저그런데도 줄서서 기다리는 수십년 된 음식점들도 한결같이 명당터에 위치하고 있다. 하남 마방집, 광주 남종면 강마을 다람쥐, 남양주 조안면 기와집 순두부, 이천 천서리 막국수, 은마아파트 지하1층 좌판 막국수 점포 등 뭔가 되는 집들은 한결같이 명당 곧 기운이 좋은 터에 자리잡고 있다. 은마아파트 지하 칼국수 좌판점포, 바로 위 지상점포(옷가게), 2층점포(한의원)도 모두 문전성시였는데, 지금도 그런지는 모르겠다.

대기업 사옥터도 거의 대부분 명당터에 위치하고 있었다. 태평로 삼성본관, 계동 현대건설 사옥, 서린동 SK본사, 소공동 대한항공사옥 등도 모두 풍수 길지에 있다. 반면 옛 ○○그룹 양재동 사옥터, 논현동 ○○그룹 사옥터, ○○그룹 사옥터, 양재동 ○○ 사옥터, 역삼동 ○○○○호텔터 등 없어진 기업들은 대부분 바람 맞는 곳(언덕 꼭대기, 언덕 비탈길)에 위치하고 있었다.

유명 인사들의 생가도 100% 명당에 위치하고 있다.

구미 박정희 대통령 생가, 의령 이병철 회장 생가, 진주 구인회 회장 생가, 음성 반기문 총장 생가, 고창 김성수 부통령 생가 등등이 모두 그렇다.

그럼 명당터는 어떤 곳일까? 물론 장풍득수의 위치에 땅의 기운이 뭉쳐있는 곳이다. 풍수에서는 산의 정기가 흘러내려와 그 기운이 멈춘 곳, 즉 혈맥이 멈춘 곳, 혈장 그곳을 명당이라고 한다.

그러면 그런 곳을 어떻게 찾을 수 있을까? 지형 지세를 살펴서 가능성 여부를 판단하고 최종적으로는 땅의 기운을 감지해서 혈처 여부를 판단한다. 대부분의 풍수전문가들은 엘로드 탐침봉, 수맥추 등의 움직임을 보고 기운을 판단하는데, 나의 경우는 도구를 쓰지 않는다.

그 대신 특별한 자리에 가게 되면 몸에 전기자극이 느껴져서 그것으로 좋은 곳인지 아닌지를 판단하는데, 도구를 쓰는 분들과 거의 일치된 결과를 얻는다. 명당터를 찾는 것은 매우 어려우나 나쁜 터를 가려내는 것은 비교적 용이하다.

10여년 전 일이다. 내 바로 아래 동생이 휴대폰 매장을 20여개 이상 운영하고 있었는데, 한번은 천호동 오거리 코너에 매장을 새로 내겠다고 평가를 부탁한 일이 있었다. 코너이다 보니 유동인구가 많아 언뜻 보기에는 좋은 곳이라고 착각할 수가 있으나, 살펴보니 바람 맞는 자리라(대로가 일직선으로 점포 자리까지 뻗쳐 바람 맞는 곳이었다) 절대 그 매장을 내지 말라고 했는데도 기어이 매장을 얻더니, 결국 일년도 못 버티고 철수했다.

망하는 나쁜 터는 어떤 곳인가? 바로 다음과 같은 곳이 대표적인 곳이다.

1. 언덕 꼭대기
2. 비탈길 터
3. 낭떠러지 옆 또는 밑
4. 골목 끝터(도로가 나를 찌르는 모양)
5. 도로 또는 물길이 나를 등지고 있는 곳
6. 도로 밑에 있는 터
7. 물가 바로 옆 : 건강에 매우 나쁘니 무조건 피해야 한다.

10여년 전 또 집사람 친구의 딸이 나름 이름 있는 남자배우와 결혼했는데, 남한강 근처에 별장을 매수하려 하는데 도와달라고 해서 봐준 적이 있었다. 남한강이 별장터를 휘돌아 감아가고 있고 배산임수에 좌청룡이 우람하여 매우 좋은 터로 판단되었다. 그래서 아들 둘은 문제없겠다고 덕담을 해주었더니 정말 아들 둘이 태어났다. 참고로 그 배우는 5대 독자이다. 첫아들이 태어나자 그 친구는 또 성북동으로 이사를 가려는데 보아 둔 곳이 있으니 또 봐달라고 하여 대답을 하지 않았다. 그랬더니 내 집사람을 하도 졸라대서 할 수 없이 봐주게 되었다.

그가 첫번째로 마음에 둔 집을 보니 풍광은 훌륭하지만 쪽박찰집(낭떠러지집)이라 1분만에 철수하고, 두번째 집을 보니 성북동에서 가장 좋은 터라고 판단되어 적극 추천하면서, "아마도 집주인이 돈이 몹시 급해서 내놓기는 했는데 흥정이 어려울 것이다, 매수가 어려우면 전세라도 얻도록 하는 것이 좋겠다."라고 조언했는데, 결국 매수를 못하고 2년 동안 전세를 살았다. 그 뒤 성북동의 또다른 풍수 좋은 집을 사서 살고 있는데, 그는 지금도 매일 방송에 보이는 등 승승장구하고 있다.

풍수는 역사가 오래다 보니 과장되거나 사실과 다르게 만들어진 설화가 부지기수다.

숙종대왕 풍수이야기, 의왕 오봉산 청풍김씨 6정승 이야기, 춘천 왕건 신숭겸 묘 이야기, 모현면 정몽주 묘 옆 이석현 묘 발복 이야기 등 재미있는 설화가 널려 있는데, 그 중 하나만 들어 보자.

숙종대왕이 암행시찰차 변복을 하고 수원 부근의 냇가를 지나려는데 남의 집에서 머슴살이하는 듯한 총각이 관을 옆에 두고 냇가 바로 옆에서 땅을 파고 있는 것을 보았다. 숙종은 하도 기가 차서 총각에게 그 연유를 물었더니, 그 총각은 근처 산골짜기에 사는 도사 한 분이 자신을 불쌍히 여겨 이곳에 어머님을 모시면 금시 발복한다 하여 땅을 파고 있다고 대답하는 것이었다. 숙종대왕은 어떤 미친놈이 그런 짓을 했느냐고 화를 내면서, 그 총각에게 글을 하나 써줄테니 그걸 수원부사에게 가서 보여주라고 했다. 그 서찰에는 이 총각의 사정이 딱하니 쌀 3백섬을 내주고 그의 어머니를 좋은 곳에 장사지내 주라고 써있었다. 그러고도 숙종대왕은 화가 풀리지 않아 수소문하여 그 도사라는 놈이 사는 산골짜기 처소를 찾아갔더니 그의 처소는 계곡에 토굴을 파놓고 거적으로 가려놓은 거지소굴 같은 곳이었다. 숙종대왕은 그곳에 볼품없는 노인이 보이길레 네놈이 총각에게 냇가에 묘터를 잡아준 도사냐고 화를 내었다. 그 노인이 대답하기를 그 총각은 벌써 쌀 3백섬에 또다른 묘터를 얻어 장사를 지내고 있을텐데 그만한 못자리가 어디있느냐고 하더란다. 숙종대왕이 짐짓 놀라면서도 또 그 노인에게 꾸짖기를 네놈이 그렇게 도사면 왜 이런 곳에서 사느냐고 화를 내었다. 그러자 노인이 대답하기를 이곳은 천하 귀인이 왕림할 자리이기 때문이라고 하였다. 그리고는 날짜를 더듬어 보더니 대왕님 죽을 죄를 지었습니다 하고 넙죽 엎드렸다고 한다. 이후 그 노인은 숙종대왕의 풍수고문으로 평생을 지냈다고 하는 허풍 같은 얘기가 전해진다.

풍수에서 명당터를 찾는 것은 신이 내려주지 않으면 정말 어렵다고 한다. 조선 역사에서 풍수로 유명하신 분이 많지만 그 중에서도 격암 남사고, 토정 이지함 선생이 특히 유명하다.

그런데 그 두 분마저도 실패한 유명한 설화 또는 사례가 있다. 남사고의 구장십천은 유명한 설화다.

남사고는 조선 최고의 풍수가였기 때문에 그의 부모 묘소를 최고의 길지에 모시고 싶어했다. 그래서 묘자리를 찾아 묘를 쓰고 나면 얼마 지나지 않아 그 자리가 무언가 또 부족한 점이 보여서 또 더 나은 자리를 찾았다. 이렇게 해서 부모의 묘자리 옮기기를 아홉 번이나 했다. 그런데도 또 부족한 것이 보여 찾고 찾아서 마침내 비룡승천형(飛龍昇天形) 길지(吉地)를 찾아 이장을 했다. 밤늦게까지 묘소를 다듬고 남사고가 산길을 내려오는데 마주오던 중이 "나뭇가지에 말라 죽은 뱀이 걸려있는 터에 부모님을 모시는 불효를 했구나."라고 하면서 지나갔다. 다음날 아침 날이 밝자 남사고가 다시 그 터에 가보았더니 과연 그 중의 말과 같았다고 한다.

토정선생과 그 형제 및 선대, 후손들 묘는 충청도 보령의 해안가에 있다. 그 집단 묘터를 토정선생이 잡았는데 형님이나, 동생 분들 묘터는 매우 훌륭하여 유명한 후손들이 많이 배출되었는데 정작 토정선생 자신의 묘터는 무맥지여서 절손되고 말았다고 한다. 아무리 유명한 풍수가라도 자기가 묻힐 자리는 찾기 어려웠던 것 같다.

『터』의 저자로 유명한 육관도사 손석우 선생, 현충원 터를 잡은 지창룡 선생, 하남 장용득 선생, 심지어 나의 스승인 김항배 선생까지 신후지지로 찾고 찾은 곳을 보면 왜 그런 곳밖에 못 찾았을까 하는 아쉬움이 남는다.

역시 전생에서, 또 이승에서 많은 덕을 쌓아야 편히 쉴 곳을 얻을 수

이진업 전우

있지 않을까 한다. 길지를 찾는 것은 어렵고도 어렵다.

나는 나름 아마추어 고수로 그저 풍수를 즐기고 있다. 큰 기대는 마시기를……

이진업
통신부

내가 경험한 베트남

김 용 식

지금까지 살면서 30여개 나라를 방문했는데, 그 중 가장 긴 기간을 보냈던 나라가 베트남이었다. 나는 베트남에서 5년을 보냈지만, 베트남은 나에게 그리 좋은 선입견을 가진 나라는 아니었다. 어렸을 적 서울에 살았는데, 어느 날 이웃집에서 갑자기 커다란 통곡소리가 들렸다. 월남전에 참전하였던 아들의 전사통보가 가족들에게 전달되던 순간이었다. 이것이 내가 베트남을 알게 된 첫 순간이었고, 이것이 베트남 하면 내 머릿속에 가장 먼저 떠오르는 일이 되고 말았다.

어려서부터 반공교육을 받아온 우리 세대에게 베트남(월남)이라는 나라는 공산국가의 차갑고 두려운 이미지가 남아있는 듯하다. 내가 동남아로 파견 나가기 전까지는 베트남에 대하여 별로 잘 알지 못했다. 월남전이나 베트남 역사에 대한 관심도 적었고, 무식한 탓이기도 했다.

아직도 우리나라 사람들은 호치민이 지도자였던 북베트남 정부군과, 남베트남의 반군이었던 베트콩을 구분하지 못하는 사람이 많다. 우리 국군이 월남전에서 싸웠던 적은 북베트남 정부군이 아닌 베트콩이라고 불리는 남베트남 게릴라 부대였다.

현재의 베트남 사람들은 한국이 월남전에 참전했다는 이유로 우리를 적대시하지 않는다. 한국군의 월남 참전에 대한 베트남 정부의 공식 입장은 "(역사적으로) 잊지는 않겠으나, 양국 협력 발전을 위하여 나가는 길에 장애물로 삼지는 않겠다."라는 것이다. 물론 중남부 몇 개 성(省)의 양민피해지역의 민심은 좀 다르긴 하다. 그러나 심지어는 전쟁 당사자였던 미국에게도 자기 나라가 이긴 전쟁이므로 사과 받을 필요가 없다고 말한다. 베트남은 중국은 물론, 프랑스와도 오랜 전쟁 끝에 승리하여 민족을 통일한 자주독립국가라는 자부심이 강하다.

내가 겪어본 대부분의 베트남 사람들은 한국 사람들에게 우호적이다. 발전된 한국은 그들에게 선망의 대상이다. 지금은 한국과 베트남에 서로 10만 명 이상의 교민이 살고 있다. 특히 한국으로 온 결혼 이민자가 많아 베트남에서는 한국을 "사돈의 나라"라고 칭하기도 한다.

1992년 한국과 수교한 이래 지금은 미국, 중국과 더불어 한국의 3대 경제교류(단일)국가가 되었다. 지금은 다소 그 비중이 줄고는 있지만 하노이 인근에 있는 삼성전자 현지공장의 수출액이 베트남 전체의 20%를 차지한다. 전쟁 당사자인 베트남과 미국도 1995년에 수교했다. 그리고 이것이 기폭제가 되어 베트남은 경제국경이 넓어지고 지금까지 눈부신 경제발전을 지속해 오고 있다.

지금도 베트남의 공식명칭은 베트남사회주의공화국이다. 내가 베트남에 있을 때 일부 사회단체와 경제계에서 국호에서 '사회주의'라는 용어를 빼자는 주장이 대두되었다. 그러나 호치민 정치사상을 근간으로 운영되고 있는 베트남 정부는, 적어도 이념적으로는 자본주의사회로 급격히 변화하는 쪽을 선택하지 않았다. 그들 가운데에는 아직도 사회주의 옹호자들이 많다. 특히 정부 고위층이나 기득권층은 더욱 그렇다.

남중국해 파라셀군도(호앙사, 시사)와 스프래틀리군도(쯔엉사, 난사)를 두고 중국과의 국경문제가 첨예하기는 하지만, 그 외 동남아국가를 비롯한 세계 다른 나라와는 대체로 우호적인 관계를 유지하고 있어서 베트남은 사회주의 정치이념과는 상관없이 평화로운 가운데 경제개발에 좀 더 집중할 수 있는 국운융성기를 맞고 있다.

내가 국립경찰대학(공안아카데미(PPA)라고 부른다)에 파견되어 있었을 때에, 대학원 박사과정에 있는 한 학생의 논문심사를 맡은 적이 있었다. 그 학생은 현역 중령이었고 국제협력과장이었는데, 그의 논문 주제는 비전통적 안보위협에 관한 것이었다. 전쟁과 같은 전통적 안보위협이 아닌 다른 국가안보, 그 중에서도 국경을 넘는 마약범죄 예방에 관한 논문이었다. 물론 내가 이 분야의 전문가는 아니지만, 실행전략에 첨단 정보기술 활용이 필수적이라는 점에서 심사위원으로 위촉되었다. 이 논문은 영어로 작성되고, 모든 심사과정도 영어로 진행되었다.

베트남 공안부는 국방부와 마찬가지인 군대계급체계를 갖추고 있다. 공안부장관은 보통 사성급 장군이 맡는다. 공안부는 과거 우리나라의 내무부와 비슷한데 그 권한 범위는 훨씬 넓다. 출입국관리도 공안부가 맡는다. 공안부가 하는 일은 크게 국가안보와 질서, 경찰조직 운영으로 나뉜다. 차관도 두 명이다.

주심은 공안부 차관이 맡았고, 내부에서는 부총장(준장)과 영관급 2명, 외부 심사는 하노이지역 국립대 교수 두 명과 내가 맡았다. 특이하게도 지도교수는 경찰대학장(소장)이었다. 이 대학의 고위직은 대개가 별도의 절차를 통해 교수 자격을 취득한다. 교수가 되는 기본 요건이 박사학위 소지자들이다. 대부분은 풀타임 강의를 하지 않고, 보

논문 통과 후 기념사진

직 수행과 수업참여를 병행한다.

마지막 심사(Defence)는 모든 대학원, 학부생들의 참가가 허용된 대강당에서 열렸다. 심사회는 박사학위 청구자가 심사위원으로부터 받은 질문에 대하여 디펜스(방어)를 해야 한다. 플로어에 있는 청중에게도 질문 기회가 있다. 이 심사회의 마지막 단계로 7명의 심사위원의 투표에 의하여 논문 통과여부가 결정되었다.

이 경험은 내가 베트남이라는 나라의 역사, 전쟁, 안보, 경제, 이데올로기 등을 정리해 보고, 이해하는 소중한 계기가 되었다.

이제 한국과 베트남은 매우 친숙하고, 가까운 나라가 되었다. 최근 추계에 따르면 베트남은 인구 1억명이 넘는, 인도차이나반도에서 가장 큰 나라이다. 아직은 1인당 GDP(PPP)가 14,000불 정도이지만, 1992년 도이 머이라는 개방, 개혁 정책을 시행한 후 연간 경제성장률은 8~9%를 유지하였다. 2008년 이후에는 연간성장률이 5~6%로 떨어졌으나 여전히 고도성장을 지속하고 있다. 베트남이 전쟁 이후 이렇게 고도성장을 해온 결정적 이유는 미국을 비롯한 서방세계를 향한 개방과 젊은 세대의 높은 교육열, 근면하고 총명한 국민성에 있다고 생각한다.

내가 본 베트남은 전통, 풍습 등에서 우리나라와 비슷한 점들이 많았다. 그들은 유교적 관습과 철학에 바탕을 두고 있으면서도 서구문물에 대해서는 거부감 없는 수용자세를 보여주었다. 베트남은 전통적으로 농경 위주의 사회였고, 그러한 문화와 생활양식은 우리의 것과도 별반 다르지 않았다. 내가 보기에 베트남은 중국과 너무 비슷한 속성을 지니고 있으면서도 다른 한편으로는 오랜 지배와 억압에 기인한 반중국(反中國) 감정도 많이 가진 나라이다.

또한 전쟁 상대국이었음에도 불구하고, 미국과 프랑스를 비롯한 서구국가들의 문명을 빠르게 받아들이려는 경향도 강한데, 특히 젊은 이들이 그렇다. 일부 보수적인 정치인들은 이러한 젊은이들의 성향에 대해 우려하는 시각을 가지고 있고, 이념적으로 제동을 걸고 싶어 하기도 한다. 하지만, 국호에 사회주의라는 명칭이 들어있고, 공산당이 이념적 중심체 역할을 하며, 명목상으로 국토가 국유로 되어있다는 점을 빼면 시장경제체제의 자본주의 국가와 별반 다름이 없다. 그리고 이러한 추세를 되돌려 거슬러 가지는 못할 것으로 보인다.

내가 베트남 정부나 기관의 자문 역할을 하면서 가장 당황스러웠던 것은 이 보수적 이념체제와 진보적 발전전략 사이의 간극에 있었다. 물론 내가 가지고 있는 경험과 지식이 매우 한정적이기 때문이기도 했을 것이다.

나는 항상 그들에게 제도 개선과 전략적 정책실행을 강조했다. 그러면 그들은 내 의견에 동의하면서도 그들 나름의 이념적 가치관으로서는 수용하기 어려운 측면을 토로했다. 나는 빠른 발전을 위해서

신혼여행 중 한국(우리 집)을 방문한 PAP 장교 부부.

경쟁체제와 변화주도자의 역할을 제안했지만 그들은 평등과 같은 가치를 내세워 난색을 표명했다.

　더구나 정부 관료들은 베트남 사회에서 가장 보수적 이념집단이다. 그들은 급격한 사회변동을 원하지 않으며 이러한 토대 위에 한국이나 일본 같은 경제대국이 자국의 산업발전에 기여(해외직접투자, 유·무상 원조 포함)해 주기를 기대한다.

　내가 가진 제한된 분야와 제한된 능력으로 해줄 수 있는 일은 많지 않았지만, 나에게는 베트남이라는 나라를 이해하고, 협력할 수 있는 분야에 대하여 양국의 관계자들에게 작은 조언들이라고 할 수 있었던 것을 나름대로의 보람이었다고 기억한다.

　하이퐁 앞바다에 펼쳐져 있는 크고 작은 섬들(群島)인 깟바국립공원을 방문하는 중에 들렀던 한 카페에서 여주인이 우리 일행을 위해 틀어준 방탄소년단(BTS)의 뮤직비디오가 나에게 많은 것을 생각하게 했다. 비록 그 음악이 나에겐 생소한 것이었지만, 젊은 그들이 K-POP 스타의 열렬한 팬임과 동시에 한국을 선망의 나라로 여기고 있음은 분명했다.

　베트남은 정치체제나 이념이 우리와는 분명 다르다. 그러나 그러한 차이에도 불구하고 좋은 관계를 유지하며 협력하고 상생하는 노력을 계속한다면 한국과 베트남은 분명히 의미 있고 가치 있는 관계를 형성할 수 있을 것이라고 굳게 믿는다.

김용식
작전처

건강하고 아름다운 삶을 기대하면서

이 의 용

어느덧 2024년도 막바지로 가고 있습니다. 한·미1군단 시절의 혈기왕성했던 시기는 빠르게 지나가고 이제는 우리도 걸음도 천천히 걷는 노년기에 접어들었습니다. 그러다 보니 생각지 아니한 병들이 오고, 어떤 병은 평생을 친구삼아 가지고 가야 합니다. 자주 만나게 되는 질병을 잠깐 생각해 보면서, 생활습관을 통해서 건강을 잘 관리하고 질병을 미리 예방하여 남은 삶을 건강하게 잘 지내야겠다는 생각을 합니다. 이를 위해서 여기서는 내과 계열의 병을 중심으로 해서 간단하게 살펴보도록 하겠습니다.

TOW missile launching position 브리핑 이의용

1. 당뇨병

50대가 넘어가면서 당뇨병이 많이 발생합니다. 70대에서는 약 20% 정도가 당뇨병을 가지고 있습니다. 아마 이 글을 읽는 분 중에서도 당뇨병으로 약을 먹는 분들이 있을 것이며, 저 역시도 당뇨약을 수년째 복용 중입니다.

당뇨병은 1형과 2형이 있는데, 1형은 어릴 때부터 나타나기 때문에 이미 우리 같은 나이에 이른 사람들과는 관계가 없을 것 같습니다. 우리가 말하는 당뇨병은 주로 제2형 당뇨병인데, 주원인은 말초의 인슐린 저항과 췌장의 베타세포 기능 부전입니다.

당뇨병은 혈관 합병증을 일으켜 심혈관질환, 신장질환, 망막질환 등의 합병증을 가져오고, 이 합병증은 정상으로 돌아오지 않아서 결과적으로 환자 개인의 삶의 질을 크게 떨어뜨리고, 심지어는 사망에 이르게 하기도 합니다.

당뇨병은 단기간 치료해서 낫는 병이 아니고 평생을 함께 살아가야 하는 병입니다. 따라서 일단 당뇨병에 걸리고 나서는 합병증을 막고 다른 사람들처럼 아무 탈 없이 늙어갈 수 있도록 잘 관리하는 것이 중요합니다. 오랫동안 관리해야 하므로 스스로 당뇨병에 대해 알고, 스스로 잘 관리하는 것이 매우 중요합니다.

당뇨병은 혈액검사를 통한 당화혈색소 검사로 진단을 내립니다. 대개 당화혈색소가 6.5% 이상으로 나오면 약을 먹으라고 합니다. 약물 치료를 받아 당화혈색소가 6.5 정도를 유지하면 합병증은 많이 줄어듭니다.

당뇨병은 음식, 운동, 약으로 관리합니다. 음식은 설탕을 재료로 하는 단 음식을 피하라고 합니다. 예를 들면 커피믹스, 매실즙, 단팥빵 등 단 음식을 피하라고 합니다. 그리고 과식을 피해야 합니다. 일례로 밥도 먹고, 떡도 먹고, 옥수수도 먹는 것은 과식입니다. 만약 고구마를 먹으려면 평소보다 밥을 적게 먹고, 고구마를 먹어야 합니다. 국수, 빵, 밥 등은 다 먹어도 되고, 고기, 회, 야채, 과일도 먹어도 됩니다. 과일은 무제한으로 먹어서는 안 되고, 제한을 두어서 먹어야 합니다. 과일 주스는 피하는 것이 좋습니다.

운동은 걷는 운동, 유산소 운동은 많이 할수록 좋습니다. 어떤 분은 하루 2시간 걸으면 당뇨병은 나을 것이라고 주장하는 분도 있습니다. 근육운동까지 하면 더 좋습니다. 식사하고 나서 바로 앉아서 신문 보는 것은 피해야 할 습관입니다.

당뇨병 환자는 음식을 조절하고, 운동을 더 열심히 하시고, 체중 관리를 하시면 좋습니다. 그리고 증세가 심하면 의사의 지시를 받아 당뇨약을 복용해야 합니다. 약은 대개 정제로 된 약을 먹게 되지만 인슐린 주사를 맞아야 할 경우도 있습니다. 끝으로 담배는 끊는 것이 유익합니다.

2. 고혈압

혈압의 기준은 130/80으로 잡으며, 대개 3회 이상 측정해서 자주 그 이상 올라가면 약을 복용하라고 합니다. 혈압이 높으면 피로가 빨리 오고, 두통이나 머리가 맑지 못한 경우가 많습니다.

고혈압은 대개 원인이 없는 본태성이며, 가족 중에 고혈압이 있으면, 본인에게도 고혈압이 올 가능성이 높습니다.

혈압은 아침에 일어나서 소변을 본 후 1시간 이내에 측정하고, 자기 전에 측정합니다. 더 자주 측정할 수 있으면, 아침 식사 전이나 불편한 증상이 있을 때 측정하면 됩니다. 너무 집착해서 재면 측정할 때마다 혈압이 오릅니다. 커피를 마셨으면 1시간 지나서, 담배를 피웠으면 30분 정도 지난 뒤에 측정합니다.

고혈압은 약을 복용해서 완치되지 않습니다. 약을 복용하라고 하는 이유는 뇌졸중이나 심근경색증 등 심혈관 계통의 합병증을 예방하기 위함입니다. 평생 복용하라고 하는 이유는 나이가 많아져도 중풍이나 심근경색증 등으로 쓰러지지 않도록 하는 것입니다. 그래서 혈압이 안정되어도 약을 끊지 말라고 합니다.

고혈압 환자는 비만이나 과체중이 되지 않도록 체중을 조절하고, 식사는 짠 음식을 피해야 합니다. 우리나라 음식은 대개 짜고, 그 음식에 습관이 되어 있어서 입원해서 저염식 음식을 주면 식사를 못 하는 경우가 많습니다. 이때는 반찬을 적게 먹고, 국은 건더기로 먹고 국물은 남기라고 합니다. 술은 혈압의 변동을 크게 합니다. 처음에는 혈압이 내리지만, 술이 깰 때에는 혈압이 상승합니다. 술은 2잔 이하를 권합니다. 운동은 30분 이상 걷는 유산소 운동을 권합니다. 그리고 혈압약을 꾸준히 복용해야 합니다.

3. 뇌졸중(뇌출혈, 뇌경색)

중풍으로 알려진 뇌졸중은 뇌의 혈관이 터져서 출혈이 생긴 뇌출혈과 뇌혈관이 막혀서 오는 뇌경색으로 나눌 수 있습니다. 먼저 생명을 구하여야 하는 응급상황이 되고, 고비를 넘겨도 우측이나 좌측으로 편마비가 오는 불행한 후유증이 옵니다. 뇌졸중은 55세 이후부터는 나이가 10세 증가할 때마다 위험성은 2배 증가합니다. 남자에게 더 많이 옵니다.

뇌졸중은 발생 부위에 따라 운동마비, 감각마비, 감각실어증이 올 수 있습니다. 예방을 위해서는 금연, 절주, 체중 조절, 규칙적 운동이 중요합니다. 고혈압 환자는 고혈압 약을 복용하여 혈압이 140/80 이하로 유지되게 합니다. 또한 당뇨병 환자는 혈당 관리를 엄격히 하고, 당화혈색소가 최소한 7.0% 미만으로 유지되도록 해야 합니다. 고지혈증은 죽상동맥경화의 진행과 관련이 있습니다. 특히 심방세동이라는 심장의 부정맥이 큰 원인이 되기 때문에 가슴이 두근거린다든지 갑갑한 경우는 심전도 등 심장의 부정맥 검사를 하여 항응고제를 복용하는 것이 예방에 많은 도움이 됩니다. 아스피린도 도움이 되겠습니다.

4. 고지혈증(이상지질혈증)

우연히 건강검진이나, 혈액검사에서 콜레스테롤이 높다는 진단을 받을 수가 있습니다. 혈액 속의 콜레스테롤은 LDL-콜레스테롤(저밀도 콜레스테롤), HDL-콜레스테롤(고밀도 콜레스테롤), 트라이글리세라이드(중성지방)로 나눕니다. 그 중 대부분의 문제는 LDL-콜레스테롤로부터 옵니다. LDL 콜레스테롤이 적절하지 않으면 혈관의 동맥경화를 일으켜 혈관을 좁게 함으로써 협심증, 심근경색증, 뇌경색 등의 심혈관 질환을 일으킵니다. 특히 당뇨나 고혈압을 가지고 있는 경우는 더 철저하게 LDL-콜레스테롤을 조절해야 합니다. 주로 스타틴이라는 약을 복용합니다.

고지혈증의 치료와 예방을 위해서는 생활 습관이 매우 중요합니다. 먼저 규칙적인 운동은 지질을 낮추고, 혈압을 낮추고, 인슐린 저항을 개선하고, 혈관내피세포 기능을 향상시켜 죽상경화나 혈관 질환을 예방하는 역할을 합니다.

식사요법은 개인에 따라 다르겠지만, 일반적으로는 포화지방이 많은 육류(삼겹살, 갈비, 햄, 소시지, 곰탕, 곱창 등) 섭취를 절제하는 것이 고지혈증 조절에 도움이 됩니다. 그 외 유제품(버터, 생크림, 치즈 등), 케이크, 도넛, 파이 등 기름기 많은 과자류 등을 절제해야 합니다. 쇠고기, 돼지고기는 기름을 제거하여 살코기 위주로 먹고, 닭고기, 오리고기는 껍질을 벗겨서 먹는 것이 좋습니다. 과일, 해조류, 버섯, 보리, 귀리, 콩 등도 도움이 됩니다.

5. 심장병

심장병에는 여러 종류가 있지만, 걱정되는 심장병으로는 심근경색증, 협심증, 심부전이 있습니다. 심근경색증은 심장근육으로 가는 혈관이 막혀서 심장근육의 손상이 생길 때에 발생하는 병입니다. 매우 위험한 병이고 심할 경우에는 갑자기 사망하게 됩니다.

증상은 가슴, 특히 가슴 좌측으로 심한 통증이 오며, 좌측 어깨 부위로도 통증이 올 때가 있습니다. 숨이 막힐듯이 턱 주위가 불편하거나 마치 배탈이 난 것같이 속이 불편하면서 발병하는 경우도 있습니다.

발병하였을 경우에는 소위 '골든타임'이 중요합니다. 증상이 나타날 경우에는 '시간이 지나면 좋아지겠지.'라는 생각을 버리고, 빨리 가까운 병원의 응급실로 가서 처치를 받아야 합니다.

협심증은 심장의 혈관이 막힌 것은 아니지만, 어떤 이유로도 혈액 공급이 줄어들어 가슴 통증 등의 증상이 일어나게 됩니다. 무리한 운동을 피하고, 고지혈증을 관리하고 약을 복용하는 것이 필요합니다. 응급치료나 약 복용은 의사의 지시를 따라야 합니다. 규칙적인 운동,

체중 조절, 금연 등은 필수입니다.

  심부전은 숨이 차고, 특히 오르막에서 숨이 차고, 다리가 붓는 경우가 생깁니다. 심하면 누우면 숨이 차서 못 자고, 앉으면 숨이 덜 차는 경우가 생깁니다. 고혈압, 당뇨, 고지혈증, 흡연 등은 심부전을 일으키는 원인이 됩니다. 그 외 심근경색증, 부정맥, 판막증 등 심장병은 심부전으로 진행되는 경우가 많습니다. 담배는 반드시 끊어야 하며, 술은 절제가 필요합니다.

  6. 골다공증/근 감소증
  나이 들어감에 따라 나타나는 증상 중 하나는 골다공증과 근 감소증입니다.
  골다공증은 뼈 속에 구멍이 숭숭 생기는 병이라고 이해하면 손쉬울 것 같습니다. 뼈는 골 파쇄와 골 생성으로 유지되는데, 나이가 들어가고, 운동이 부족하거나 다른 질환이 있을 경우 골 파쇄는 빠르게 일어나는 반면 골 생성은 천천히 됩니다. 그래서 뼈가 그 겉모양은 유지하고 있지만 속은 부실한 상태가 되어 통증 등의 증상이 생기게 되고, 넘어질 경우 쉽게 골절이 됩니다. 골절은 우선 삶의 질을 아주 떨어뜨리며, 특히 대퇴골 골절은 사망률이 높기 때문에 매우 신경 써야 합니다. 그 외에도 골다공증이 생기면 허리가 굽는다든지, 키가 줄어드는 경우도 있습니다. 골다공증을 예방하기 위해서는 적절한 운동(유산소운동, 근력운동), 영양 섭취(칼슘 등)가 필요합니다. 70세 이후에는 1년에 1회 골밀도 검사에 의료보험이 적용되니 이 제도를 활용하면 별 부담 없이 골밀도 검사를 받을 수 있습니다.

근 감소증은 우리 몸의 근육이 감소하는 병인데, 나이가 들면 자연스럽게 이 증세가 나타납니다. 그러나 누구에게나 자연스럽게 나타난다고 해서 방치하면 안 됩니다. 근 감소증이 나타나면 신체의 활동력에 문제가 생기고, 가동 능력이 떨어지며, 심하면 누워서 지내야 하는 경우까지 생깁니다. 근 감소증을 예방하기 위해서는 보약보다 꾸준한 운동이 필요합니다.

7. 요통

허리가 아픈 증상은 많은 사람들이 가지고 있습니다. 증상이 나타날 때에 푹 쉬면 대체로 좋아지지만, 이러한 호전은 일시적인 경우가 많습니다. 그래서 50% 정도는 6개월 이내에 재발합니다.

요통의 원인은 매우 다양합니다. 갑자기 허리에 충격이 가해지거나 일시적으로 무리가 왔을 때에 나타나는 경우도 있지만 드물게는 암이나 골절 등 다른 질병이 원인일 수도 있습니다. 따라서 요통이 나타나면 먼저 암이나 골절 등의 다른 질병이 없는지 확인해 보고, 없으면 운동요법과 약물요법으로 증상의 호전을 도모할 수 있습니다. 요통에 효과적인 운동은 유튜브 등에 많이 소개되어 있고, 이를 잘 활용하면 요통의 예방 및 치료에 도움이 될 수 있습니다. 약은 타이레놀 등 몸살약이 도움이 됩니다.

8. 치매

우리의 인지기능은 나이가 들수록 떨어집니다. 그러나 독서, 운동, 대화, 사회활동 등의 차이 때문에 인지기능이 떨어지는 정도에는 차이가 있을 수 있습니다. 당뇨, 고지혈증 등 혈관과 관계있는 혈관성 치매와 베타아밀로이드의 단백이 생기는 알쯔하이머 치매가 가장 많습니다.

증상은 기억력 감퇴, 인지기능 감퇴 등이 대표적이고 성격의 변화 등이 나타나는 경우도 있습니다.

치매는 아직까지 근원적인 치료법이 개발되지 않았습니다. 따라서 현단계에서 치매를 치료한다는 것은 그 증상을 잘 관리하고 통제하여 천천히 나빠지도록 하는 것을 목표로 하고 있습니다. 나이 드는 것은 막을 수 없고, 나이가 많아지면 치매 증상이 나타나는 것이 자연스러운 일일 수도 있습니다. 그러나 당뇨, 고지혈증, 고혈압 등을 철저히 관리하고, 운동과 사회활동, 독서 등을 활발하게 함으로써 치매가 오는 것을 늦추고 그 정도를 가볍게 하는 것은 충분히 가능합니다.

주마간산(走馬看山) 격으로 노년에 자주 만나게 되는 내과계열의 질병에 대해 살펴보았습니다. 아무쪼록 이 글이 도움이 되어서 동료들이 더욱 건강하고 즐거운 생활을 누릴 수 있기를 기도합니다.

이의용
공병부

치아 건강과 전신 건강

유 달 준

"아! 이게 누구십니까?"

목소리의 주인공이 백병장이라는 것을 금방 알 수 있었다. 그리고 살아 돌아온 전우를 만난 반가움을 감출 수 없었다. 실로 오십여년 만에 듣는 목소리인데도 하나도 거리감을 느낄 수 없었다. 늘 옆에 있었던 친우처럼 조금도 거리낌 없이 반가운 대화를 나누었고, 그와 함께 했던 우리들의 병영생활이 주마등처럼 스쳐지나갔다.

게다가 어떻게 간직했는지 몰라도 50여년 전에 군복 입고 함께 찍은 사진까지 보내주니 더 고마웠다. 덕분에 잊고 있던 그때의 군대 생활이 생생하게 머리에 떠올랐다. 그때는 군대라는 곳에서, 다른 곳에서는 도저히 경험 못할 인생 쓴맛 단맛을 다 본다는 생각이 들기도 했는데, 이제 와서 되돌아보니 그때 그 경험들이 내가 살아오는 동안에 내 삶에 소중한 밑거름이 되었다는 것을 새삼 느낀다.

백병장은 나보다 선임이었다. 그러나 좀 우습게 들릴지 몰라도 그는 나를 깍듯이 예우했던 것으로 기억한다. 아마도 백병장은 늦은 나이에 입대한 나에게 나이 대접한 것이리라 짐작하고, 지금도 마음으로나마 고마워하고 있다. 늘 밝은 미소와 불그스레한 얼굴로, 전혀 스트레스 같은 것은 없는 것으로 보였던 백병장이었다. 이제라도 연락이 되었으니 조만간 소주잔이라도 기울이면서 옛 군대시절 이야기로 추억을 더듬을 소중한 만남을 기대하고 있다.

  그런데 백병장이 『군소리』를 언급하며 글을 써달라고 요청하였다. 글을 써달라는 요청을 반가와 할 사람이 누가 있겠는가? 그러나 내가 일등병 때 『군소리』에 기고했던 글까지 보여주며 종용하는 데에는 어쩔 방법이 없었다. 그래서 새삼스럽게 선임병장의 명령(?)을 받은 것으로 알고 진료 틈틈이 원고를 작성하기로 하였다. 이왕이면, 우리 군우들이 이미 나이가 들었으니, 노년 건강에 도움이 되었으면 더 좋겠다는 생각에서 구강 건강에 대한 주제를 잡았고, 내가 이전에 강의했었던 내용을 발췌해서 정리하는 방법을 택하기로 하였다. 아무쪼록 군우들의 건강 유지에 조금이나마 도움이 되었으면 한다.

  모두들 건강하시고 행복하시기를 기원합니다.

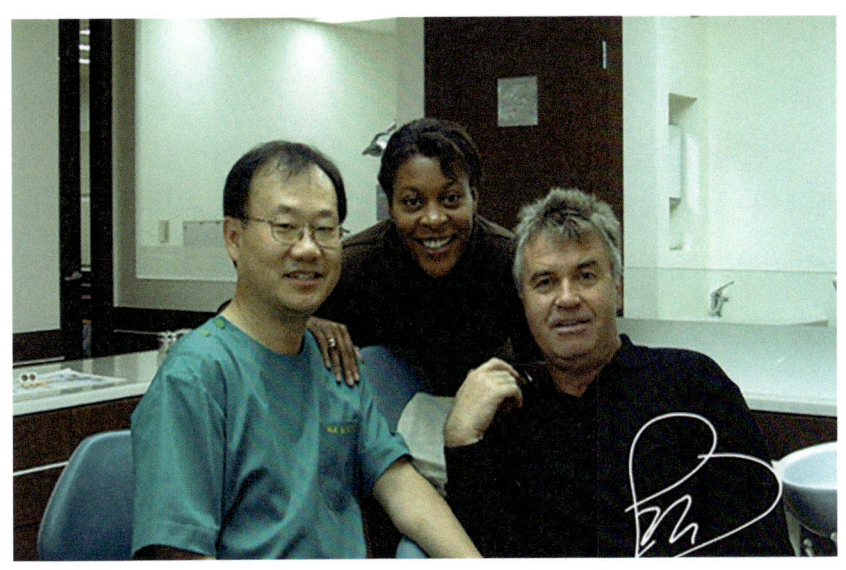

치아와 전신 건강

치아와 잇몸에 생긴 병은 온몸으로 전이될 수 있고, '감염'이 전신 질환을 일으키거나 다른 질병을 악화시킬 수도 있다. 입 안의 세균이 혈류를 타고 우리 몸속의 여러 주요 장기에 새로운 감염을 일으키기 때문이다.

구강질환과 연관성이 있는 질환으로는 심장질환, 암, 뇌졸중, 중풍, 호흡기질환 등이 있다. 그리고 때로는 조산이나 저체중아의 출생에 영향을 미치기도 한다. 치과학회 등에서는 치주질환이 있는 환자가 심혈관 질환에 걸릴 확률이 그렇지 않은 경우에 비해 약 배(倍) 가량 높다고 경고하고 있다. 그만큼 치아와 전신건강은 밀접한 관계가 있다고 할 수 있다.

1. 씹는 힘이 뇌에 미치는 영향
(1) 사람이 씹지 못하면 뇌의 노화 속도가 빨라진다.

씹는 자극은 턱관절과 뇌를 활성화시키는 역할을 한다. 그래서 치아수가 적고 씹는 힘이 약한 사람일수록 뇌의 자극이 경미하므로 치매가 더 쉽게 진행될 수 있다 또한 음식을 씹을 때에 생성되는 타액은 소화작용, 항균작용, 점막 보호작용을 하는데, 이 작용이 뇌와 연관됨으로 꼭꼭 씹는 것만으로도 뇌는 활성화되고 치매 위험이 감소한다.

(2) 올바른 칫솔질을 해야 한다.

올바른 방법으로 칫솔질을 3분 정도만 해도 잇몸 건강을 유지하는데에 도움이 된다. 반면에 올바르지 못한 칫솔질과 가글 사용은 치아 건강에 치명적이다. 그 이유는 치약의 계면활성제(거품을 만들고 세정제 역할을 하는 성분)와 가글 속의 염화물(살균 소독 효과)이 만나면 치아가 변색되기 때문이다. 가글은 양치질을 하고 30분 이후에 하는 것이 효과적이며 가글한 후 30분 정도는 음식물을 섭취하지 않는 것이 좋다.

(3) 치주질환은 임산부에게 악영향을 미친다.

치주질환을 앓고 있는 임산부는 조산아와 저체중아를 출산할 확률이 치주질환이 없는 임산부에 비해 7배 가량 높은 것으로 알려져 있다. 그래서 임신을 계획할 때에는 미리 치주질환 검사부터 받는 것이 필요하다. 특히 임신 말기(7~9개월)에는 세심하게 주의해야 하고 진료를 받기 전에 치과의사에게 임신 사실을 알려야 한다.

(4) 구강의 세균이 다른 질병을 유발할 수 있다.

과학자들은 입에 존재하는 세균이 폐로 흡입되면 폐렴 같은 호흡기질환을 일으킬 수 있다고 경고하고 있다. 또한 췌장암 환자의 조직검사 결과 치주염균과 동일한 균들이 발견된 것으로 보고되어 있다.

(5) 정기적으로 치과 검진을 받아야 한다.

치아는 전신 건강과 밀접하게 연관된 만큼 6개월에서 1년 간격으로 정기검진을 받는 것이 필수적이다.

(6) 음식을 바른 방법으로 씹어야 한다.

씹는 방법에도 문제가 있다. 조사에 의하면 식사 시 충치나 치아

통증으로 인해 한쪽 어금니로 주로 씹는다고 답한 사람이 전체의 33.5%였으며, 씹는 횟수는 90% 이상이 한 수저 당 10회 미만이었다. 그리고 10회 미만으로 씹는다고 답한 사람들의 경우 소화력에 문제가 발생하였다고 하였다.

(7) 치과질환이 생기면 치과병원에 가서 진료를 받아야 한다.
지극히 당연한 것 같지만 사실은 그렇지 못하다. 한 조사에 의하면 응답자의 59.2%는 치과 질환이 있어도 치과에 가지 않는 것으로 나타났다. 다른 병도 마찬가지겠지만 적절한 시기에 치료를 받지 않으면 병은 악화될 수밖에 없다. 그리고 대부분의 치과질환은 아무리 시일이 지난다고 해도 자연 치유가 되지 않는다. 치과 치료를 미루는 것은 병을 키우는 것이다.

2. 노년기 구강 질환들
① 치아우식증
② 치주병
③ 구강건조증
④ 입냄새
⑤ 기타 질환

3. 반드시 검진을 받아야 할 치주질환 증상이나 경우들
① 칫솔질 할 때 잇몸에서 피가 난다.
② 잇몸 색이 벌겋게 변하고 부은 느낌이 들거나 건드리면 아프다.
③ 잇몸이 치아와 뜬 느낌이 든다.
④ 입냄새가 계속된다.

⑤ 치아와 잇몸 사이로 고름이 나온다.
⑥ 치아가 흔들리는 느낌이 든다.
⑦ 씹을 때마다 치아 위치가 변하는 느낌이 든다.
⑧ 이빨 사이가 점점 벌어진다.
⑨ 심장질환, 당뇨, 호흡기 질환, 골다공증이 있는 경우
⑩ 가까운 시기에 임신을 계획하고 있을 경우
⑪ 가족 중 누군가가 치주 질환을 가지고 있는 경우(세균은 침을 통해서도 옮기기 때문에)
⑫ 입 안이 헐어서 불편함이 2주 이상 지속되는 경우

4. 치아에 좋지 않은 습관들

① 딱딱한 얼음을 깨물어 먹는 습관은 치아에 무리한 힘이 가해져 미세한 균열이 생길 수 있으므로 주의해야 한다.
② 질긴 고기나 연골, 건어물 등을 자주 씹어 먹는 습관도 주의해야 한다.
③ 술을 마실 때 술병 뚜껑을 이빨로 따거나, 음료수 병이 안 열린다고 이빨을 사용하는 습관 또한 좋지 않다.
④ 차가운 음식과 뜨거운 음식을 함께 먹는 습관은 주의를 요한다. 뜨거운 음식을 먹자마자 찬물을 마시는 경우가 많은데, 이럴 경우 입 안의 온도 차이가 크게 나서 치아의 부피가 늘어났다 줄어들었다 하게 되고, 이 과정에서 치아 표면에 얇은 금이 생길 수 있다.
⑤ 음료를 마신 직후 양치질하는 습관도 좋지 않다. 탄산음료나 술, 커피 등과 같은 산성 음료를 마신 다음에 바로 양치질을 하면 치아 표면이 산성을 띄게 되고, 이때 치아와 치약의 연마제가 만나 치아 표면이 부식될 수 있다.

5. 본인만 모르고 남들은 다 아는 '입냄새'

대화 도중 상대방이 슬며시 고개를 돌리는 것 같다면 입냄새 때문일 가능성이 매우 높다. '나는 입냄새 없는데……'라고 생각할 수도 있겠지만 그렇지 않다.

방은경 이대목동병원 치주과 교수는 "일반적으로 사람들은 자기 냄새에 쉽게 적응하기 때문에 입냄새가 난다는 사실을 모르고 지나친다."며 "충치를 비롯한 구강질환이나 오래 된 보철물이 입냄새를 야기하고, 위장병 등 내과적인 질환이나 복용하는 약제 때문에 구취가 날 수도 있으므로 정확한 원인을 먼저 파악해야 한다."라고 강조했다.

입냄새는 세균이 만들어내는 일종의 화학반응이다. 혀에 설태가 쌓이거나 음식물 찌꺼기 등 각종 이물질이 입속에 오래 남아있으면 화학반응이 더욱 활발히 일어나 구취도 심해진다.

침 분비가 적어도 입냄새가 심해진다. 침은 입속의 음식물 찌꺼기와 세균을 씻어내는 자정작용을 하기 때문이다. 나이가 들면서 구취가 심해지고, 자고 일어났을 때 냄새가 나는 것은 침 분비가 줄었기 때문이다. 신경안정제나 항우울제 등의 정신과 약이나 요실금 약, 방광기능 개선제, 고혈압 약을 오래 먹어도 입안이 건조해져 구취가 나는 경우가 있다.

여성은 생리 중이나 임신 중에 입냄새가 심해지기도 한다. 난소에서 분비되는 황체호르몬이 체내 황화합물을 증가시키기 때문이다. 다이어트 중에도 지방이 분해되면서 에너지원으로 사용되면 입에서 단내가 난다.

입냄새의 원인 중 90% 정도는 구강 내에 있다. 이 말은 치과치료를 통해 입냄새를 잡을 수 있다는 뜻이다. 식후에 바로 양치질하고, 혀에 낀 설태도 잘 닦아내는 등 구강관리를 철저히 해서 세균 번식을 막는 것은 기본이다.

치석제거(스케일링)는 6개월에 1회 정도가 적당하다. 치석을 그대로 방치하면 입냄새뿐 아니라 잇몸병으로 진행될 수 있으므로 주의해야 한다.

담배를 피우고 난 뒤에는 반드시 양치질을 하고 잠자리에 들어야 한다. 흡연은 입속 말초신경을 수축시켜 잇몸을 약화시키고 염증을 유발한다. 담배연기가 입 속을 더욱 건조하게 만들어 입냄새를 부추기기도 한다.

반면, 정신과적 문제로 별로 입냄새가 나지 않는데도 스스로 입냄새가 난다고 느끼는 사람이 있다. 이럴 때는 객관적인 '구취측정기'가 도움이 된다. 대학병원이나 치과전문병원에는 '헬리메타'나 '오랄크로마'와 같은 구취측정기가 있다. 입 안의 휘발성 황화합물 수치를 측정하면 입냄새 정도를 객관적으로 확인할 수 있다.

방 교수는 "스스로 입냄새를 느낄 정도면 심각한 수준이라고 봐야 한다."면서 "이런 사람들은 섬유질이 풍부한 음식을 많이 먹는 것이 좋고, 입 안에 잔여물이 많이 남는 밥이나 과자, 밀가루 음식 등 탄수화물을 먹은 뒤에는 즉시 이를 닦는 습관을 들여야 한다."라고 조언했다.

6. 치매와 물의 관계

인간에게 치매는 나이 먹고 늙어서 생기는 병이 아니라 물을 잘 마시지 않아 생기는 병 중의 하나이다. 우리 몸에 물이 부족하면, 물이 없어도 살 수 있는 부분부터 물 공급을 줄여 나가게 된다. 그렇게 되면 우리 몸 어딘가에 수분이 모자라게 된다. 이때가 물을 잘 마시지 않게 되는 30대부터이다. 노화가 진행되기 시작하는 시기이다. 40~50대가 되면 물을 더 잘 마시지 않게 된다. 그러면 우리 몸은 더 물 공급을 줄이게 된다. 그리고 나이 듦에 따라 이런 과정이 심화된다.

그럼 우리 몸 중 어디가 가장 먼저 늙어 갈까? 피부이다. 피부가 말랐다고 당장 사람이 죽지는 않는다. 그래서 피부부터 제일 먼저 수분 공급을 줄이는 것이다. 그래도 물이 부족하면 어디를 줄여 나갈까? 장기이다. 이때가 대략 50~60대이다. 이때부터 여기저기 아파지는 곳이 많아지는 것이다. 물론 그동안 많이 사용했다는 것이 이렇게 여기저기 아픈 가장 큰 이유이겠지만, 건강에 대해 관심을 소홀히 하였다는 것도 중요한 이유 가운데 하나이다. 최종적으로 물이 부족하면 뇌에 물 공급이 잘 되지 않으므로 뇌가 아프기 시작한다. 그래서 노인이 되면 질환 중에서 뇌 관련 질환이 많아지는 것이다.

7. 물 부족은 만병의 근원

물 부족이 만병의 근원이다. 반대로 물만 잘 마셔도 질병의 80%는 스스로 낫는다고 한다. 물을 잘 마시면 치매를 예방할 수도 있고, 치매의 진행을 늦출 수도 있다. 사람이 늙어서 죽을 때에는 몸에 수분이 거의 빠져나가 양자 파동이 없어진다고 한다. 그러므로 물을 자주 마시는 습관을 들여야 한다.

8. 온수는 보약

우리가 상온(常溫)의 물만 마셔도 몸은 몰라보게 건강해진다. 냉수는 체온을 떨어뜨리는데 체온이 1도 떨어질 때마다 면역력은 30%가 줄고 기초대사력은 12%씩 떨어지게 된다. 냉수는 소화, 혈액순환, 효소의 활성기능을 떨어뜨리며 체내 산화를 촉진시켜 노화를 촉진한다. 암세포는 저체온 상황에서 활성화 되고 고체온에서는 얼씬도 못하게 된다. 우리가 병에 걸리면 일단 몸이 불덩이가 되는데 그 이유는 무엇일까? 몸이 스스로 알아서 체온을 높여, 몸속에 들어온 병균을 죽이거나 퇴치하여 그 결과 스스로를 살리고자 하는 생명의 자생능력이 발동하기 때문이다. 몸이 따뜻해지면 '더 이상 지방 비축이 필요 없구나.'라고 인체가 스스로 판단해서 음식을 과다 섭취하지 못하게 하거나 몸속의 지방 비축을 스스로 제어하게 된다.

몸이 건강해지려면 일단 가정에서부터 생수나 식수를 냉장고 안에서 밖으로 끌어내도록 해야 한다. '세상 살기 싫으면 냉수를 자주 마셔라.'라는 말이 있다. 냉수를 멀리하고 적합한 온도의 물을 마시는 습관을 들여야 할 것이다.

세월 가고 나이가 드니
욕심은 줄어들고 생각은 깊어진다.
화려한 생활보다 소박한 삶이 좋고,
좋은 옷보다 편안한 옷이 좋으며,
짙은 향기보다 은은한 향기가 좋다.

복잡한 것보다 단순한 것이 좋아진다.
잘난 사람보다 편안한 사람이 좋고
멋진 구두보다 편한 구두가 좋으며,
거친 파도보다 잔잔한 물결이 좋다.

유달준
의무

인구문제 해결을 위한 제언(提言)

백 승 춘

젊을적 잦은 해외 출장 여행 중 한가해진 휴일 저녁, 호텔로비 쇼파에 앉아 샹들리에(Chandelier) 알맹이를 혼자 세기도 했다. 혼자가 아닌 여럿이서 세고 싶었다. 먼훗날 가족여행을 하며 손주들이랑 함께... 웃으며 장난도 치면서.

아쉬운 것 없이 무딘 사람인 척
미련없이 보내놓고
남은 사랑 만큼 고통들도
웃음 뒤에 숨겨 놓았어
그깟 한 사람 따윈 떠난 건 나 사는 동안
가끔 걸리는 한낱 열병일뿐
함께 했던 날들도 곧 흉터 하나 없이
아무는 가벼운 상처 자국이지만
지친 내 하루의 끝에 거울이 비춘
깊이 패인 상처에 난 눈물만 덩그러니
너무 그리워서 몰래 한번
그 이름 부른 뒤 다시 가리는 얼굴
이별해서 내게 자유로와진 척

이리저리 바빠지고

잊기 힘들어서 아픈 추억들을

농담처럼 늘어 놓았지

그깟 한 사람 따윈 떠난 건 나 사는 동안

가끔 걸리는 한낱 열병일뿐

함께 했던 날들도 곧 흉터 하나 없이

아무는 가벼운 상처 자국일 뿐

지친 내 하루의 끝에 거울이 비춘

깊이 패인 상처에 난 눈물만 덩그러니

너무 그리워서 몰래 한번

그 이름 부른 뒤 다시 가리는 얼굴

널 보낼 수 없는 날 알면서

날 믿는다 떠난 너

이제 조금씩 허술해진 가면

흘러 내려 흉한 날 보겠지

그때쯤엔 조금이라도 아물어져 있어서

널 보면 숨지 않길

그때쯤엔 한번 너의 눈 바라볼 수 있도록

날 알아봐줘

그때쯤엔 두번 다시는 그 누구에게라도

상처 주지 말아줘

제목이 맘에 와 닿아 좋아 하게된 이수영의 "덩그러니"란 노래. 이 나이에 혼자 우두커니 앉아 멍해지긴 싫다. 혼자보단 둘이 좋고 둘보단, 셋~넷이 좋고, 그래서 대대손손 孫이 번창 하라고 고향 양지바른 좋은 곳에 가족묘지도 만들고. 물론, 내자리도 만들었다. 조상님 보살핌 한껏 느끼며 두루두루 살다 저세상 그곳 가서도 두루두루 지내고 싶어서...

후손없이 우리 늙은이들만 "덩그러니" 황량한 벌판에 둘러 앉아 있는 세상이 얼마나 쓸쓸하고 섬뜩하기조차 할까? 군소리에 느닷없는 인구관련 글을 써자니 생각이 깊어지기도 했다. 허나 나이든 우리가 이 문제에 기초 지식이라도 가져 주는 것도 최소한의 밥값은 될까 하여 글을 만들기 시작해 보았다.

젊었을 때부터 인구문제에 관심이 많았고, 『군소리』 제2권에 이와 관련한 글을 실었던 경험이 있다.

우리나라의 어린이날이 공휴일로 지정된 것은 먹는 문제가 거의 해결되고 아동의 인권에 관심을 가지기 시작한 1975년이었다. 당시 합계출산율(가임여성(대략 15~49세 여성) 1명이 평생 낳을 것으로 예상되는 평균 출생아 수)이 4.5명, 인구 성장률은 1.5~2.00%였고, 아직도 산아제한, 인구 줄이기가 진행되고 있을 때였다. 저출산 문제가 심각한 오늘날의 현실을 생각해 보면 당시의 산아제한이나 인구 줄이기 정책이 잘못된 것이었음을 인정하지 않을 수 없다.

인구문제는 특정 국가의 인구 현상과 그 사회의 존속, 발전 사이의 불균형으로 인한 모순이므로 『군소리』에 실은 글에서 당시 필자는 단순히 자연 출생율을 감소시키는 소극적 정책보다 근본적 문제해결을 기대하였다. 즉, 산업의 개편과 산업의 고도화를 추진하는 것과 함께 고용증대책과 인구분산책을 함께 추진할 것을 제안하였다. 그러나 불행하게도 우리는 인구의 도시 집중, 특히 수도권 집중을 막지 못했다. 그리고 이는 엄청난 소득불균형과 주거 불안정을 불러왔고, 주택 구입비, 육아비, 교육비 과중을 초래하였다. 이러한 상황에서는 출산율이 낮아지는 것은 어쩌면 필연적 결과가 아닌가 생각된다. 인구는 산업 노동력, 국가 안보(군병력 유지) 등과도 밀접한 연관성을 지니고 있다. 따라서 지금 우리에게는 적정 인구를 유지하는 것이 제1의 당면과제라 할 것이다.

베이비붐 세대(1955~1963년 출생)를 거치며 급격하게 높아지던 출산율이 개발 시대를 거치며 1가구 3자녀 시대가 1가구 2자녀로 변해 가던 시대라고는 하지만 앞에서 언급한대로 1970년대에는 아직도 높은 출산율을 유지했는데, 이것이 2023년에는 0.72명으로 곤두박질하였다. 그래도 총인구가 최초로 감소한 2020년 DEAD-CROSS(사망률이 출생률을 추월하는 것-도표 참조) 이후 수년 만에 총인구는 5,177만 500명으로 1년 전보다 0.16%, 즉 8만 2,000명이 늘었다(도표 참조). 이는 자연 출산율은 감소하였으나, 외국인(노동자)의 가파른 증가에 기인한 것이었다. 즉, 한국인 수는 줄고, 한국 인구는 늘었다는 의미다. 외국인이란 국내 체류 3개월 이상의 외국 국적자를 말한다. 당해년도 외국인은 전년 대비 10.4%가 증가한 193만 5,000명이었는데, 이는 2015년 이후 최대 증가 폭이었다. 그러나 내국인 인구는 매년 줄어들어 이 해에도 1년 전보다 감소한 4,983만 9,000명이었다. 통계청에 따르면 외국인을 포함한 총인구는 2024년까지 증가하고 이후 다시 줄기 시작하여 2072년에는 3,622만 명까지 줄어들 것으로 추산되었다. 즉, 현재와 같은 초저출산율이 유지되고, 이민법 등이 고수된다면, 2025년부터는 외국인 증가 폭보다 내국인 감소 폭이 더 커질 것을 예상할 수 있다.

도표 1 : 인구 Dead Cross

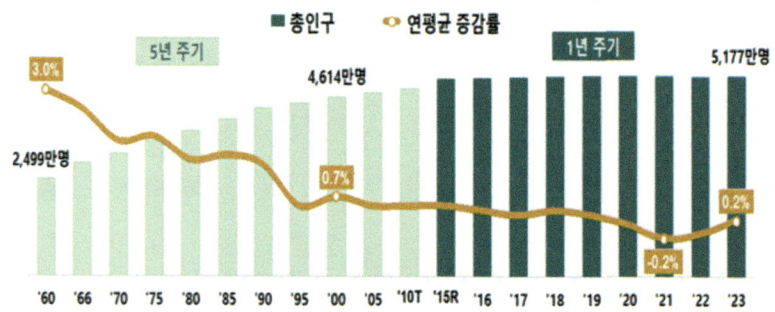

도표 2 : 총인구 및 연평균 증감률

"2024년 12월 23일부로 한국, 초고령 사회로!" 국민 5명중 1명이 "65세 이상". OECD 터, 현재 속도라면 25년뒤 최고령국이 된다고 한다. 우리나라의 자연 출산율은 전 세계에서 가장 낮다. 세계 최고령국인 일본을 비롯하여 저출산, 고령화가 심한 주요선진국들은 1.3~1.8명 수준이다, OECD 회원국의 평균 출산율은 1.5~1.6명으로 우리보다 2배 이상이다. 2024년 우리나라의 예상 출산율은 0.68명이다.출산율은 줄고 평균수명은 늘어나 현재 65세 이상의 인구가 차지하는 고령화 비율이 한국이 19%, 일본이 29%이나 이 상태로 간다면 2050년 우리나라의 고령화 비율은 일본을 추월함은 물론 세계 최고 수준인 40%까지 오를 것이라고 한다.

인구절벽은 각종 문제를 양산하고 있다. 생산연령(노동) 인구의 저하, 국방 인원수요 미달, 학령인구 감소, 국민연금 고갈, 건강보험 수지 악화, GDP 대비 국가부채 증가 등 각종 문제의 근본 원인이 인구절벽이라고 할 수 있다. 우리나라의 저출산 원인은 매우 복합적인데 그것들은 대체로 다음과 같다.

첫째, 인구 분산의 실패

고도산업사회로 급격히 전환하는 과정에서 빚어진 인구의 도시집중, 특히 과도한 수도권 집중으로 국토의 12%에 50%가 훨씬 넘는 인구가 살고 있다. 그리고 이는 낮은 자연 출산율을 부채질하고 있다. 도시로 갈수록 출산율이 낮아지는 현상이 이를 입증하고 있고, 실제 서울 등 수도권 출산율이 각 시도 중 최하위권이다. 수도권 인구 집중 현상은 부의 불균형, 지방인구 감소와 소멸 위기 초래와 동시에 저출산 문제를 야기한 원흉이라고 할 수 있다.

둘째, 경제적인 문제

높은 주거 비용. 과도한 육아 비용, 사교육비, 청년실업 등으로 결혼율, 출산율이 급격히 낮아지고 있다, 결혼 연령도 높아지고 있다. 그리고 결혼이 늦으니 자연 출산율도 낮아질 수밖에 없다, 1990년 우리나라의 평균 결혼 연령은 남자 27.79세, 여자 24세였는데, 2022년에는 남자 33.72세, 여자 31.26세로 높아졌다. 아예 결혼하지 않는 젊은이들도 늘어나고 있고, 결혼을 해도 아이를 낳지 않겠다는 딩크족들이 많이 늘어나고 있는 것은 우리 주변에서 흔히 볼 수 있는 상황이 되고 있다.

셋째, 사회적 문제

여성의 사회진출 증가-결혼 시 일과 가정 양립의 어려움. 출산과 관련한 사회적 여건 부족(출산휴가 등). 비결혼 및 만혼 풍조 증가. 부담 없이 살려는 딩크족의 증가. 달라진 독신생활의 여건과 환경(인스턴트식품, 세탁, 빨래방, 의류 가게 등 각종 서비스업의 확산) 등으로 국내 1인 독신가구 비율은 2021년 33.4%, 2022년 34.5%, 2023년에는 35.5%가 되었다. 이는 곧 미혼, 만혼, 이혼 등과 관련이 있음은 물론 전통 가족 시스템의 붕괴와도 밀접한 관계가 있다.

인구 감소가 생태파괴를 예방하는 긍정적 효과가 있다고 하지만, 우리나라 같은 사정에서는 이를 반길 수만도 없다. 석탄 등 환경 비친화적 연료를 사용하는 기업들이 년간 1,000억 톤의 이산화탄소를 내뿜는다고 한다. 그런데 인구 1명 감소에 58.6톤의 이산화탄소 저감효과가 있다고 하니 이것은 실제로는 미미하기 짝이 없는 것이다. 이 정도는 신재생 에너지, 원자력 등을 통해서도 점차적으로 해결해 갈 수 있는 수준이다.

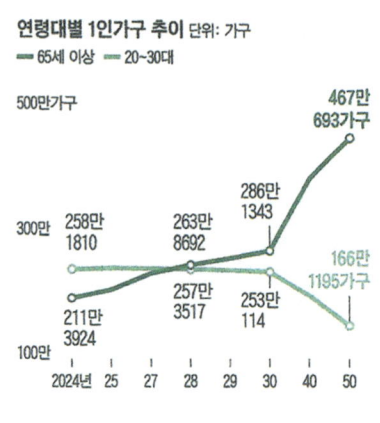

도표 3 : 연령대별 1인 가구 비율

인구감소는 내수 부실을 초래하고, 성장률에도 영향을 미침은 물론이다. 인구가 1% 증감하면 GDP도 1% 증감한다고 한다. 테슬라와 민간 우주기업 스페이스엑스의 일론 머스크 CEO는 초저출산 수개국의 국가소멸 위기를 우려한 바 있다.

저출산 문제로 인해 한층 복잡해진 여러 도미노적 문제들을 어떻게 해결할 수 있을 것인가?

첫째, 인구 분산을 위해 지방 분권화와 지방의 균형 발전을 촉진하여 지방 소멸을 막아야 한다.

수도권 공룡화, 대규모 산업의 수도권 집중에 의한 자연 출산율 감소, 지방인구 유출 등은 그 손실이 너무 크다. 이를 위해 공항, 정부행정기관, 국책은행, 대학, 대기업 공장 등의 지방분산이 필수적이다. 기득권층과 노조의 반발이 극심하기도 하나 국가의 백년대계를 위해서는 감수하지 않으면 안 될 일이다. 아울러 농업, 임업의 발전과 지역인재의 연고지 정착을 위한 예산투입도 절실하다.

둘째, 정부 예산의 효율적인 지원 확대가 필요하다.

과거 20년간 380조원에 달하는 예산을 저출산 대책비로 사용하였다고 한다. 그러나 실질적 지원은 외국에 대비해 보았을 때 매우 부족하다 그간의 지원금을 분석해 보면 출산지원금, 보육비, 아동수당 등 국제기준에 맞는 저출산 지원비는 지원금 전체의 절반에도 못 미친다. 물론 간접 지원에 해당하는 청년 주택지원, 창업지원 등으로 경제적 자신감을 가지게 하여 결혼을 촉진시키는 것도 필요하다. 그러나 그보다는 실질적 출산 직접 지원비 비중을 대폭 늘려나가야 한다. 특히 퇴직 교사, 고령 인력 등을 활용한 365일 돌봄센터 및 보육시설을 맞춤형으로 늘려 국가에서 아이들을 키워주는 시스템을 강화해 나가야 한다. 아직도 국제통용 직접 지원 지출은 GDP 대비 1.56%로 OECD 38개국(평균 2.29%) 중 최하위이다. 상위권인 프랑스는

3.44%, 스웨덴은 3.42%, 룩셈부르크는 3.36%, 폴란드는 3.35% 등이다. 프랑스의 출산율은 EU 국가 중 1위이다.

셋째, 사회적 변화에 대한 능동적 대처와 기본인식 개선이 필요하다.
여성의 사회진출을 돕는 제도와 여성 능력에 대한 인식을 제고(提高)하고 여성의 육아와 일의 양립을 지원하는 제도와 문화를 정착시켜야 한다. 유럽에서 출산율이 제일 높은 프랑스 상장기업 이사회의 여성 비율이 45.3%로 EU(30.6%)는 물론, 한국(4.2%)을 크게 웃돈다. 그러한 프랑스도 2014년 2.01명에 달했던 출산율이 1.6~1.7명으로 계속 내려가 절치부심 특단의 대책들을 강구 중이다. 아울러 남성의 적극적 육아 활동의 확대 등 인식 개선이 필요하다. 이에 따라 남성의 출산휴가를 늘려가는 것이 중요하다. 분석 결과에 의하면 남성의 가사노동 분담 비율이 높을수록 출산율이 높아진다고 한다. 남성의 적극적 육아 참여 확대는 여성의 경력 단절 문제를 해결함과 동시에 출산 욕구를 증가시키는 데에 도움이 된다.

넷째, 전통적 혼인관습에 얽매이지 않는 가족 규범에 대한 개방적 사회 인식 전환과 비혼 동거 부부, 미혼 가정 등 다양한 가족 형태에 대한 사회적 거부감을 줄여 주어야 한다.
이는 오랜 유교사회였던 한·중·일의 공통 과제다. 2000년대 이후 서구 선진국들의 출산율이 동아시아 국가들을 앞서가고 있다. 이에는 비혼 출산 비율이 큰몫을 차지한다. 그 비율은 2020년 OECD 국가들의 평균이 41.9%인데 비혼 출산율이 가장 높은 프랑스는 62%에 달한다. 이것이 프랑스의 출산율이 EU 국가 중 가장 높은 주된 이유인 것 같다. 출산율이 세계에서 가장 낮은 우리나라는 이 비율이 2.5%에 불과하다. 아울러 이러한 가정에 대한 정부 지원도 미약한 편임은 말할 것 없다. 제도, 관습에 너무 얽매이는 것보다 생명을 중시하여 지원을 늘리고 입양에 대한 사회적 인식도 높여 나가야 한다.

다섯째, "사내 연애 하세요"... 하나은행의 파격실험이다. 즉, 미혼 직원 연애 장려 행사다. 청년들의 짐을 줄이고 밝은 미래를 꿈꾸게 해야 한다.

그래야 연애도 하고 결혼도 하고 아이를 많이 낳고 잘 키울 힘을 가질 수 있을 것이다. 일례로 국민연금법 개정도 사회 초년 젊은이들의 과도한 희생을 요구하지 말고 기성세대, 현 국민연금 혜택을 입는 노년 세대들이 더 희생을 감수하는 방향으로 이루어져야 할 것이다.

근무시간의 지속적 단축으로 젊은 남녀들이 일에만 매달리지 않고 취미생활과 건강한 신체를 가지게 해야 한다. 이는 가정과 종족 보존의 의욕을 향상시킬 수 있다. 근무시간 단축은 생산성 향상에도 긍정적 효과가 크다는 연구 결과들이 많다.

특히 우리나라의 청년자살율이 상당히 높다고 한다. 이를 낮추는 방안을 강구하고 청년자살 예방을 위한 사회 안전망 구축이 필요하다. 낳기도 힘든데 다 커서 허무하게 생을 마감하는 청년층의 고뇌를 해결하는 데에 우리 사회가 모두 관심을 가져야 한다.

이상과 같이 저출산에서 비롯된 자연적 인구감소 문제와 그 해결책에 대해 나름대로 기술해 보았다. 이것은 한 시도 미룰 수 없는 국가 최대의 현안이다. 특히 저출산 문제는 노동력, 국가안보를 위한 필수

병력수를 유지하는 것과도 밀접한 연관이 있다.

인구의 현재 수준은 물론 적정 노동력 유지를 위해서는 선진국의 경우 대체 출산율이 2.1명은 되어야 하는 것으로 알려져 있다. 이는 불임, 영아 사망률과 남녀성비를 고려한 최소 수치이다. 그러나 선진국 중 이스라엘을 제외하면 그 어느 나라도 이에 미치지 못한다. 자연 출산율 증가 노력만으로는 이 수치에 도달하는 것이 요원해 보인다. 따라서 적정 노동력과 병력유지를 위해 자연적 인구증가는 물론 인위적 인구 증가 방안을 마련해야 한다. 전체 인구의 감소를 막고 이 추세를 역전시킬 방안에 대한 연구도 활발히 진행해야 한다. 설사 한국인 수가 줄더라도 나라(한국) 인구는 늘려나가는 것이 좋다. 물론 저출산 문제 해결을 통한 자연적 인구증가와 인위적 인구증가는 적절한 균형을 맞추어 나가도록 해야 한다.

노동력 인구란 경제 활동이 가능한 인구로 생산 가능한 15~64세의 연령층을 의미한다. 식량은 산술급수로 증대하는데 인구는 기하급수로 증대한다는 맬서스의 인구론은 산아제한을 뒷받침하는 이론적 근거이다. 그러나 먹는 문제가 해결되어 가면서 맬더스의 인구론은 반휴머니즘적이라는 비판을 받기도 했다. 근래에는 당시와는 반대로 대부분 선진, 개발도상국들이 인구감소라는 추세에 직면해 있다. 인구는 소비자이면서 생산요소로서 노동력을 공급하는 집단 개념이다.

현재 추세대로라면 우리나라 생산 가능 인구는 2022년 71.1%에서 2072년에는 45.8%로 급감할 것으로 예상된다. 즉, 2030년대 중반까지 1,700만명 이상의 생산 가능 인구가 줄어들 것으로 예상되는 것이다. 이렇게 되어서는 기업의 생산성과 경쟁력, 나아가 국가경쟁력에 큰 타격을 주는 것은 물론, 사회보장 시스템도 장담할 수 없다.

생산 부양 인구 100명당 노년 부양비율은 올해 27.4명에서 2072년 104.2명으로 급등할 것으로 예상된다. 그리고 이는 잠재성장률의 하락을 초래하는 중요한 요인으로 작용하게 될 것이다.

인구와 GDP는 불가분의 관계이다. 노동력을 증가시키고 잠재성장율 하락을 막기 위해 아래와 같은 방안이 필요하다고 본다.

첫째, 초저출산 보완을 위해 외국 인력을 적극적으로 유치하고 활용해야 한다.

이를 위해 외국인 유입정책을 강화해야 한다. 이는 생산노동력 증대, 결혼 증가를 돕기 위해서도 필수적이다. 배타적이고 까다로운 귀화, 이민 정책을 대폭 완화하고, 이들이 안정적으로 정착할 수 있는 사회적, 문화적, 정책적 환경, 법적 제도 조성에 노력해야 한다. 파생될 여러 부정적 요인을 최소화하기 위해 연구하고 융화를 위한 여건을 만들어 가야 한다. 이를 위한 이민청 신설이 필요하다.

아울러 이민을 받아들이는 것도 중요하나 우리 인력을 지키는 것은 더 중요하다. 부자 이민, 우수인력의 해외 유출 사태를 우려하는 바이다. 상속 증여세를 완화하고, 미래의 먹거리가 될 첨단 산업의 연구개발비에 대한 국가적 차원의 지원을 효율적으로 늘려가야 한다. 특히 심각하게 진행되고 있는 의료사태-우수인력 해외 유출의 원만한 해결이 필수적이다. 즉흥적, 당리당략적이 아닌, 먼 장래를 내다보는 신중한 정책과 사회적 합의가 필요하다.

둘째, 기피하는 일자리의 공백을 AI 로봇으로 대신한다.

근래에 현대자동차 미국 계열사가 도요타자동차 연구소와 협약을 맺어 인간형 로봇에 도요타의 LAM(대규모 행동모델)을 적용할 예정이라고 한다. LAM이란 사용자의 작업을 학습하여 인간을 대신할 수 있는 인공지능(AI)이다. 공장에 투입하는 산업용과 노인 간호를 위한 가정용 스마트 로봇을 개발하는 것이 목표라고 한다. 이의 개발에 우리 돈으로 조 단위 이상의 투자가 예상된다. 유수의 대기업들이기에 가능하다. 지속적인 연구 개발도 필요하다. 또 비용 문제도 해결해야 한다. 실제 산업현장에서 인력이 더 부족한 쪽은 여건이 좋은 대기업, 첨단 산업보다는 중소기업, 노동집약업 등이다. 고용률을 유지하며 실업률을 감소시키기 위해서는 중소기업이나 노동집약적 산업 분야는 계속 필요하다. 따라서 로봇 개발을 위한 재정 부담을 완화할 수 있는 정책적 지원과 이의 현실화도 과제다. 단계적으로 이미 진행 개발된 기술로 항만, 보안 감시 및 모니터링, 스마트 팩터리, 전자, 자동차, 원자력 발전, 교육, 병원 분야부터 시행하고 이를 점차 늘려나가 보자. 그러나 역시 너무 앞서 나가 인간 고용률에 문제가 생긴다면 심각한 사회문제를 야기할 수 있으니 적절한 조절과 대책이 요구된다. 대량의 실직 사태와 인간성 상실에 대한 예방 대책도 필요하다.

셋째, 경험 많은 노령인구의 적극적인 경제활동 참여가 중요하다.
　근래의 조사에 의하면 노령층의 경제 활동 희망이 상당히 높아지고 취업률도 다른 연령층보다 더 높다고 한다(연령대별 취업자 도표 참조). 노령층 10명 중 7명은 계속 일을 하고 싶어한다는 조사 결과도 있다. 그들은 고도 경제성장 과정에서 공헌이 컸고 경험과 능력을 갖추고 있다. 많은 베이비붐 세대들이 정년퇴직을 하였다. 스스로도 현 65세 노인 연령의 상향도 받아들이려는 것이 대세다. 의욕은 물

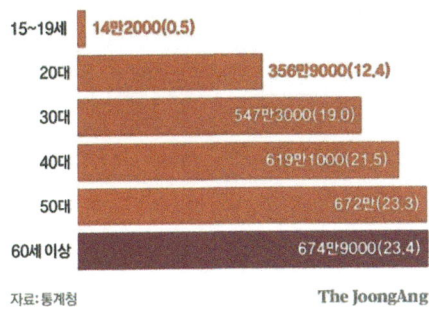

도표 4 : 연령대별 취업자

론 지속적 건강관리와 평균수명 연장이 이를 뒷받침하고 있다. 그러나 노인층의 취업 증가로 인한 생산성 저하에 대한 우려가 상존하고 있음도 무시할 수는 없다. 적당한 일자리와 적절한 임금 수준도 충분히 고려해야 한다.

얼마 전 해병대 지원자 수가 급감한다는 뉴스가 화제가 되었다. 다른 요인들도 있겠지만 주원인은 인구감소 때문이라고 한다. 지원자가 줄어드는 양적 감소를 맞춤형 교육을 통한 질적 향상으로 보완하고 병력 감소에 대비해 도입될 첨단 무인 장비를 능숙하게 다룰 수 있는 교육과정을 개설하고 준비해 나가겠다고 한다. 너무도 당연하고 좀더 일찍 추진해야 했을 대책이다.

이 문제는 비단 해병대뿐만 아니라 공군, 개병제인 육군에도 조만간 닥칠 일이다. 남북대치 상황, 지정학적 정세를 고려할 때 심각한 개선대책을 가속화해 가야 하겠다. 일설에 따르면 우리의 군병력이 올해 50만 명, 2039년 39만 명, 2043년엔 33만 명 수준으로 줄어들 것으로 전망된다고 한다. 이는 재래식 전력의 수 자체가 절대적으로 부족해짐을 의미한다.

근래 군에서 여군 인력 활용성 제고를 위한 방안 연구를 시작했다니 만시지탄이긴 하지만 다행한 일이다. 능력 있는 여성 인력을 사회는 물론 군에서도 더 적극적으로 활용할 수 있어야 한다.

미국과 같은 군 인력수급 정책을 추천한다. 소정의 절차를 거쳐 입대하여 일정 기간 군에서 복무한 외국인에 대해 귀화를 융통성 있게 허용하고 원하는 교육, 정착 자금을 지원하는 것도 바람직하다. 아울러 경계, 보초 업무를 민간 외주화시켜 나가는 것도 바람직하다. 현역과 예비군, 민방위를 경험한 50~60대를 활용할 수도 있다. 점차적으로 운전, 취사 등도 외주화 하는 것을 고려할 수 있다

그 외 비상시 예비군의 즉시 투입을 위한 장비를 현역 수준에 맞춰 상시 준비하고, 예비군을 현실에 맞추어 잘 훈련시켜야 한다. 그리고 필요하다면 현역병의 복무기간 연장도 고려해 보아야 한다. 이로 인해 젊은이들의 사회적 발달이 정체되거나 경력중단 현상이 발생할 수 있다. 이런 요인들을 예방할 수 있는 제도와 시설을 빈틈없이 마련하고 적극적으로 도입해야 한다. 사회 진출시에 불이익을 최소화할 수 있도록 군경력자에 대한 우대 정책이 절실하다.

그리고 언제가는 우리도 군대를 직업 군인화하는 시대가 올 것으로 예상하고 이에 대한 대책도 미리미리 마련해야 할 필요가 있다.

반가운 소식도 들린다. 올해 8월부터 혼인 건수가 늘어나고 출산율도 미미하게나마 높아졌다는 소식이다. 작년 합계출산율인 0.72명을 초과하는 것은 물론 금년 예상치인 0.68명을 초과해서 0.74명으로까지 달성하는 것도 가능할 것 같다는 낭보다. 이런 현상이 지속되어 2030년까지 1.0명대 목표를 달성시키길 기대한다. 코로나 이후 밀린 혼인이 늘어나고 정부의 꾸준한 정책이 조금씩 자리를 갖추어 가는듯하여 그나마 다행이다. 물론, 이제 시작이고 아직 갈 길이 멀다. 그래도 조금이나마 희망을 가지고 나아진 기분으로 이 글을 마무리 할 수 있어 다행스럽다.

인구문제. 너무나 많은 사람들이 알고 있고 회자하는 단어라, 독특

한 걸 만들어 내기가 쉽질 않다. 그저 알고 있는 지식으로 방향을 잡고, 참고 자료를 찾아 살을 붙여 가는 식으로 마무리해 갔다. 서두에 이야기 했듯이 50여 년 전 비슷한 글을 썼고, 과거 두어 번 논문에도 관련 글을 만들어 보았다. 가장 접하기 쉬운 평범한 카테고리를 택하며 웃음지었다. 오십 년을 더 살아 또 이에 관한 글을 쓴다면 웃게 될까? 울게 될까? 낙관적 성격상 아마 웃으리라. 나를 비롯한 여러분들의 걱정과 대책들이 참조가 되어 훗날 인구문제가 잘 해결되어 두루두루 함께 어울려 대대손손 잘 사는 훌륭한 나라가 되기를 기대한다.

백승춘
작전처

좌로부터 박진섭, 이인규, 염동문, 정지수, 정기련, 이상구, 황완주, 이우현, 이진선.

황성영, 김종인, 백승춘, 정지수, 한상철
서울 서초동 울돌목, 2017년 5월 19일.

민병출, 감종홍, 이의용, 황호찬, 백승춘.
1976년 여름.

김종인, 정지수, 김용식, 백승춘
베트남 Fansifang, 2018년 1월.

한국의 핵무장

변 진 학

1. 러시아 핵 능력

전문가들 사이에서는 러시아가 현재 염화코발트 핵폭탄을 개발한 상태에 있는 것으로 알려져 있다. 이것이 현재까지 개발된 핵 폭탄 중에선 가장 파괴력이 큰 6세대의 핵폭탄으로 알려졌다. 같은 양의 폭약일 경우 히로시마에 투하된 핵폭탄의 3,600배의 파괴력을 가진 것으로 알려졌다.

이 코발트탄은 반감기가 5.3년으로 인류가 현재 개발한 핵폭탄 중 가장 반감기가 긴 것이다. 만약 이 폭탄이 폭발했을 경우 인류가 그 지역에서 다시 살 수 있는 조건이 되려면 최소한 100년 걸린다고 한다. 그리고 이 폭탄을 상공에서 폭발시킬 경우 그 오염범위가 광범위하고 수원지가 총체적으로 오염되기 때문에 인류의 생존은 불가능하게 되는 무서운 무기라고 한다. 이 핵폭탄이 실제로 투하될 경우 지하대피소에 있는 사람들 중 일부가 생존할 가능성이 있지만 이들이 지상으로 나올 수 있는 길은 없다고 보아야 한다.

2. 러·우 전쟁과 강대국 핵전략

미국은 예전부터 선제공격할 수 있다는 정책을 유지하고 있었지만 러시아는 러·우전 발발 이전까지 핵의 선제공격 정책을 갖고 있지 않았다. 그런데 러시아가 우크라이나를 침공한지 1년 4개월이 지났을 무렵 2023년 6월 러시아도 방어적 핵전략을 수정하여 선제공격이 가능할 수 있도록 하자는 수정제안의 에세이가 러시아에서 발표되었다.

이 에세이의 발표자는 러시아의 키신저급이라는 최고 전략전문가이자 푸틴이 가장 신임한다고 알려진 Sergei Karaganov라는 인물이고 논문의 제목은 Difficult but Necessary Decision이었다.

그리고 이 논문에 대한 답신형식으로, 10일 후 또 다른 러시아의 핵전략가 Dmitri Trenin가 Conflict in Ukraine and Nuclear Weapons를 발표했다.

그런데 이 두 사람의 에세이가 한 편으로 완성되는 것 같은 느낌을 주었다. 그들은 냉전이 끝난 이후 서방에 등장한 젊은 새 지도부들은 핵전쟁이 일어나면 미국과 러시아는 물론 인류 전체가 멸망할 수 있다는 무서운 사실을 모르는 사람들로 포진이 되어 있다고 개탄했다. 미국과 유럽의 젊은 지도자들은 러시아가 핵의 강국이라는 것을 무시하고 러시안 룰렛을 돌리고 있다는 것이다.

카라가노프는 지난 25년간 나토는 쉬지 않고 러시아를 향한 무력압박을 해왔고 서방의 선의에 기댄 러시아의 지도자들이 대화로 풀어보려고 노력했으나 결국 실패했다고 했다. 그리고는 서방의 호의에 의지하는 유화적인 태도로 가다가는 결국 전쟁을 피할 수 없을 것이라는 러시아 내부의 비관론자들의 예측이 맞아떨어진 것이라고 주장했다.

예측대로 러·우전쟁은 터졌고 러시아도 결단의 시기에 다가가고 있으며 만일 나토에 의하여 러시아가 견딜 수 없을 정도로 러·우전쟁이

장기화되고 결정적 위협에 노출된다면 '어렵지만 필요한 결단'인 전술핵 사용을 피하지 말아야 한다고 주장했다. 이는 러시아의 생존을 위해서도 필요하지만 지구규모의 핵전쟁으로 확전되는 것을 사전에 막아 인류를 파멸로부터 막기 위해서라도 선제적으로 소규모 전술핵을 써야 할 필요가 있다고 주장한 것이다.

그는 구체적으로 나토의 전략적인 군사시설이 있는 도시를 고지하고 무고한 시민들에게 피난할 수 있는 시간을 준 후 실제로 전술핵으로 타격하는 안을 제안했다. 미·소냉전의 시기에도 미국은 폴란드의 포스난을 보호하기 위하여 미국의 보스턴을, 독일의 함부르크를 보호하기 위하여 미국의 시카고를 희생할 생각이 없었고, 지금도 미국은 나토의 동맹국이 핵공격을 받았을 경우 미국의 도시가 핵타격의 위험에 빠지는 것을 감수하며 결코 핵보복을 해 줄 계획이 없다고 주장했다.

그는 나토에 대한 러시아의 전술핵 선제공격에 대해 미국의 핵우산 제공 약속이 허상이라는 것이 밝혀지면 나토는 결정적으로 약화되거나 결국 해체되고 말 것이라고 예측했다.

그런데 전술핵 선제사용 조건을 낮추자는 카라가노프의 핵전략 수정안에 대한 기자의 질문을 받은 푸틴은 전술핵을 쓰지 않고, 재래식 무기만으로도 나토와의 전쟁에서 이길 수 있다고 자신감을 보였다. 다만 푸틴은 나토가 우크라를 이용해 중장거리 미사일로 러시아 본토를 공격하면 그 미사일 제공 국가를 적국으로 간주하여 전술핵을 그 나라에 쓸 수도 있다는 여운을 남겼다.

실제 러시아의 입장에서 볼 때 우크라에서 보통의 재래식 중장거리 미사일을 러시아를 향해 날리다가 어느날 갑자기 핵탄두 미사일을 발사한다면 러시아로서는 핵미사일을 방어할 수단이 없어지게 된다는 것은 기술적으로 보아 사실로 보인다.

그리고 우크라와 러시아 본토에 대한 미사일 공격은 위성 등 종합적인 통신 정보자원을 가진 나토의 개입 없이 이루어지는 것이 불가능하기 때문에 이는 러시아에 대한 나토의 직접적인 공격으로 간주한다고 선언했다. 이는 결국 러시아 본토에 대한 미사일 공격은 나토에 의한 러시아에 대한 잠재적 핵공격으로 간주한다는 뜻이다. 결국 러시아의 소형 전술핵 선제사용 여지를 열어두는 전략을 채택한 셈이다.

이것은 전세계 핵보유국에게 전술핵 사용의 문턱을 낮추게 하는 선례가 될 것 같다. 핵의 2대 강국인 미국과 러시아가 선제공격의 여지를 열어 둔 것이고 북한도 핵선제공격 옵션을 열어둔 상태이다. 러·우 전쟁은 재래식 전쟁이지만 언제라도 핵전쟁으로 비화될 수 있는 전쟁이 됨으로써 많은 나라에게 수많은 생각을 던져주는 셈이 되었다.

특히 한국은 러·우전쟁의 간접적 당사자가 되어 그동안 우호적 관계를 유지해 오던 러시아와도 준적대적 관계로 바뀌었다. 러시아는 우리의 주적인 북한과 군사동맹을 맺음으로써 러시아의 핵이 우리와 대치하게 된 셈이 되었다.

3. 핵무장 국가 북한

김일성은 1950년초 이미 핵개발에 관심을 가졌다. 1940년대 초부터 해방이 될 때까지 하바롭스크에서 소련 예비군의 대위로 무위도식하던 친소파 김일성이 소련의 핵무기 등에 대한 정보도 입수할 수 있었을 것이다. 그리고 그때부터 소련의 '평화를 위한 핵 이니셔티브 연구센터'에 수백명의 학생을 파견 공부시켰다. 그리고 2000년대 초

나름대로 수많은 제재를 뚫고 간난신고 끝에 김정일 때에 북한은 핵무기 개발에 성공했다.

핵개발이 불완전했을 때 잠시 미국의 제재와 당근에 귀기울이는 듯한 시늉을 했으나 그들은 결국 핵무기를 개발했다. 북한은 지금 소형 전술핵까지 개발한 상태로 보인다. 소형 전술핵은 투발수단이 간단하고 방어가 어렵다. 심지어 장사정포로도 발사할 수 있다고 알려졌다.

4. 북한 핵폐기 협상의 비현실성

트럼프의 싱가포르 회담의 담대한(?) 반대급부 제안은 김정은과 처음부터 동상이몽일 수밖에 없었다. 역지사지(易之思之)로 생각하면 쉽다. 김정은이 천치바보가 아니라면 핵폐기에 정말로 동의할 수 있겠는가? 입장을 바꾸어 놓고 보면 이해가 쉽다. 핵무기가 없는 약소국이 미국과 갈등이 생기고 미국의 뜻에 따르지 않을 경우 주권은 무너지고 말았던 역사적 기록이 적지 않다.

민주국가라고 하지만 미국이라는 나라의 정체성은 한가지가 아니다. 정권 담당자의 정책이 정당에 따라서도 바뀌고 사람에 따라서도 바뀐다. 어제의 미국이 오늘의 미국이 아니고 오늘의 미국이 내일의 미국이 아니다. 안전보장 위협에 수십년간 노출되어 있던 북한 지도부도 이를 잘 알고 있을 것이다. 북한 관료들은 한번 자리에 앉으면 잘 바뀌지 않는다. 미국 담당 참모들의 경험은 잘 축적된다고 보아야 한다.

앞으로도 북핵 폐기협상은 부질없는 시간낭비다. 서로 뻔한 거짓말을 하면 시간 낭비다. 왜 거짓말을 하는가? 어떻게 만들어 낸 핵인가? 북한 지도부가 바보가 아닌 이상 이것을 포기할 리가 없다.

5. 북핵 선제공격 불가능

북한의 핵개발 위협을 느낄 때마다 항상 나오는 이야기 중의 하나가 북핵시설을 선제공격하여 완전히 파괴시키는 계획이다. 과연 선제공격으로 북한 지도부와 핵시설만 정교하게 단번에 제거할 수 있을까?

미 공군의 실력을 보자. 다른 전쟁터의 선제공격 성과를 보면 장애물이 거의 없는 이라크나 리비아 등 평야지대 공격 목표에 대해서는 미군이 성공했다고 볼 수 있다. 그러나 베트남, 아프가니스탄과 같은 산악지대 전투에서 성공시켜 본 적이 없다. 군사장비가 좋은 미국도 산악전에서는 힘을 못 쓴다.

미군의 전쟁 수행방식은 압도적 공군력에 의한 선제공격이 특징인데 이는 정글과 산악지역에서 큰 효과가 없었다는 것이 역사적 사실이다. 따라서 험준한 산악기지로 이루어진 북한에 대한 대규모 공군력에 의한 선제공격 또한 성공 가능성이 낮다고 보아야 한다.

더구나 북한은 땅굴건설에 관한 세계 최고의 기술을 가지고 있다고 알려졌다. 이란 땅굴도 북한이 도왔다고 알려졌다. 이스라엘도 이란의 땅굴 속 군사기지를 제대로 폭격할 자신이 없다.

북한에 대한 선제공격이 100% 성공을 하지 못하고 실패할 경우 그 반대급부는 무자비한 핵반격을 각오해야 할 것이다.

미국의 핵 전략가 중의 한사람인 스캇 세이건은 남북 핵전쟁 발발 시 북한주민 100만 명, 남한주민 100만 명 정도의 희생을 예상한 바 있다. 더욱 심각한 것은 핵오염에 의한 국토의 불모지화라는 준영구적 피해이다.

그는 북한 최고지도자가 자신이 제거되었을 때, 살아남아 있는 차상급자가 무조건 핵 단추로 자동보복하는 전략계획을 이미 세워 두고 있을 가능성도 있다고 보았다.

　미국에는 한 종류의 이념과 도덕성을 가진 지도층만 있는 것이 아니다. 미국의 기득권층 가운데에는 전쟁의 승패에는 무관심하고 군·산복합의 돈벌이에 주력하는 이익집단도 있다. 군 출신이었던 아이젠하워 대통령도 의회 퇴임식 연설에서 군·산복합체의 위험성을 경고했다. 이들은 동맹의 운명보다는 자신의 이익에 관심이 더 큰 집단이다. 동맹국을 장기판의 말처럼 생각할 수도 있다.

　우리는 현재 우크라에서 미국과 러시아 등 강대국 이익의 충돌현장을 똑똑히 보고 있다. 우크라 국민들이 얼마나 살상당하고 국토가 파괴되느냐 하는 것은 그들의 관심사가 아니다. 서둘러 휴전하겠다는 젤렌스키에게 전쟁을 더하라고 부추긴 인물이 영국의 보리스 존슨이다.

　우크라 국민들은 과연 자국의 주권과 자유민주주의를 위해서 싸우다 죽고 있는 것일까? 젤렌스키는 정말로 우크라의 주권을 지키기 위하여 총동원령을 내려 국민들을 끝까지 희생시키고자 하는 것일까?

　이 전쟁을 냉정하게 표현한다면 러시아는 국가명운을 걸었고 미국은 이익을 걸고 싸우고 있다. 마치 중간에 낀 장기판의 말 같은 우크라이나 수많은 청년들의 목숨이 사라지고 있다. 돈이 있거나 권력이 있는 우크라의 국민들은 상당수가 해외로 도망가 있다.

　냉전시 소련 봉쇄전략의 기안자로 알려진 조지 캐넌, 구소련 붕괴 당시 주모스크바 대사를 역임했던 맥럭 같은 외교관, 그리고 공격적 현실주의 이론의 정치학자 존 미어샤이머도 같은 목소리를 냈다.

　핵의 강대국인 러시아가 국가의 명운을 걸고 우크라 전쟁을 한다면 나토나 미국이 핵전쟁을 각오하지 않는 한 결코 이길 수 없으니 나토의 경계선을 우크라까지 확대하지 말라고 했다.

러·우전쟁을 보면서 느끼는 것이 많다.

국가의 주권이라는 명분이 그렇게 국민들에게도 가치 있는 것일까? 누구를 위한 주권이고 가치와 이념인가? 강대국의 주권과 중견국의 주권 약소국의 주권이 과연 같은 값을 가지는 것일까?

전쟁의 위험 앞에 선 우리도 가치와 이념에 대한 근본적인 질문을 해 보아야 한다.

6. 다시 한국 전쟁이 일어난다면

앞으로 한반도에서 전쟁이 일어난다면 피할 수 없는 것이 남북한의 초토화일 것이다. 수많은 국민들 생명은 물론이고 우리가 이룩했던 역사적인 국부가 삽시간에 사라져 없어질 것이다. 국민들의 생명과 국가의 평화적 번영의 가치보다 높은 이념이 과연 있을까?

한반도는 동아시아의 지정학적 요충지다. 4대강국 어느 누구도 이것이 통째로 다른 세력에게 넘어가는 것을 허용할 수 없다. 허접하게 보이던 시절의 6·25 당시 한반도조차도 강대국들에게는 남에게 내주기 싫은 땅이었다.

하물며 한국이라는 세계 경제10위권의 나라, 그리고 가난하지만 핵 보유국 북한의 가치는 어느 누가 독점하는 것을 허용하기 쉽지 않을 것이다. 국경은 원상복귀가 되고 남북한만 초토화되고 말 것이다. 분단된 상태로 휴전될 가능성이 훨씬 높을 것이다.

이 전쟁으로 돈을 버는 강대국 전쟁상인들만 미소 지을 것이다. 그것이 강대국 국제정치의 냉엄한 현실이다. 파괴된 기업 인프라와 국토, 희생된 국민, 해외로 도망간 국민들. 이것이 달랑 남은 한 장의,

우리의 계산서일 가능성이 높을 것이다.

우리는 한반도 전쟁을 어떠한 명분을 걸고라도 허용해서는 안 된다.

7. 한국 핵무장 기회

돌아온 트럼프가 다시 한번 김정은을 접촉한다면 핵을 완전 폐기하자는 조건은 결코 아닐 것이다. 핵탄두 수량을 제한하는 것을 전제로 한 협상일 가능성이 높을 것이다. 눈 가리고 아웅 하는 거짓말도 할 것이다. 설령 합의한다고 하더라도 북한이 이를 지키겠는가?

그럼에도 불구하고 트럼프 협상이 진행되면 한국의 안전보장 조건상 매우 불리한 조건이 분명하게 나올 가능성 있다. 이때 우리의 실리를 찾아야 한다.

트럼프가 우리의 뜻에 반해서 협상을 강행할 때 이때야말로 절호의 기회다. 천재일우의 기회가 올 수 있다.

어떻게 해서든지 우리의 독자 핵무장 카드와 맞바꾸어야 한다.

과거 불가능했던 한미동맹을 만들어 자유시장 경제발전의 토대를 만든 이승만 대통령과 같은 능력과 지혜가 있는 인물이 있다면 이 정도는 반드시 해결해 낼 것이다.

8. 다시 도래한 전쟁의 시대

약육강식의 시대가 다시 찾아왔다. 4대 강국이 서로의 이익을 확대하기 위해 꿈틀거리는 전략적 요충지 한반도는 현재 휴전상태이다. 언제 다시 전쟁이 터질지 모른다. 강대국의 지정학적 이익이 충돌하는 지역에 사는 국민들은 지혜로워야 하고 특히 이념적 사기꾼이 아닌 진실하고 유능한 지도자를 선택할 수 있어야 한다. 우리나라의 정치 지도자를 지향하는 자들은 95% 쯤 개인의 이익밖에 생각이 없는데 이념을 미끼로 삼는 사기꾼들이었다는 것이 역사의 교훈이다. 거짓말에 능하고 국가 경영에 무능한 자를 지도자를 뽑았을 때 국가와 민족전체가 지옥으로 떨어질 수 있다.

9. 북핵은 한국에게 재앙만 되는가?

한때 북한의 비핵화에 찬성했다. 예전에는 위험하고 부정적인 면만 생각했다. 긍정적인 면도 있다는 생각은 하지 않았다. 그런데 냉정하게 판단하자면 북한의 핵무장은 한반도에 부정과 긍정의 두 얼굴을 가지고 있다.

긍정적인 면은 우리가 '잘 관리만 한다면' 북핵무장 상태가 상당기간 한반도 전쟁방지를 위한 중요한 장치가 될 수도 있다는 점이다. 강대국이라 하더라도 인구 2,600만의 핵무장 국가 북한을 공격하는 것은 위험하다. 공격한 강대국도 핵 반격에 의한 피해를 예상할 때 얻는 이익과 잃는 손해를 계산하면 남는 장사가 아닐 수 있다.

북한에 핵이 없었을 때에는 강대국의 의중에 따라서는 선제공격의 리스트에 언제라도 들어갈 수 있었다. 이라크가 그랬고 세르비아가 그랬고 리비아가 그런 대상이었다. 북한에 대한 선제공격이 이루어질 경우 한국은 자동적으로 전쟁 당사자가 될 수밖에 없었다. 그런데 핵무장 북한에 대한 선제공격 위험부담이 적어졌다. 한국이 자동적 전쟁 당사자가 될 가능성도 현저하게 줄어든 것이다.

이에 덧붙여 최근 세계 최강의 핵강국 러시아와 북한이 군사동맹을 맺은 상태다. 이로써 북한은 더 이상 적대적 선제공격 대상이 아니라고 보아도 무리가 없다. 이는 한반도 전쟁 가능성이 줄어들었다는 뜻이기도 하다. 단, 한국이 잘 관리한다는 조건이다.

부정적인 면이 남아 있다.

그것은 만일 김일성처럼 북한의 어리석은 지도자가 한국으로 핵미사일을 날릴 경우 이를 방어할 수단이 전혀 없다는 것이다. 아무리 잘 관리한다고 하더라도 만일 북한이 핵으로 한국을 공격한다면 미국이 정말로 핵우산으로 보호해 주고 보복해 줄 것인가?

미국은 자기들에게 위험한 보복을 감수하면서까지 우리를 위해 나서줄 것 같지 않다. 러시아의 전략가 카라가노프는 유럽 전장에서 이 점을 지적했고 프랑스 드골의 독자 핵무장론도 같은 이유였다. 말로는 핵우산을 제공한다고 하지만 실제로는 불가능할 것이라는 주장이다.

그렇다면 어린애처럼 징징거리지 말고 대응책을 마련하는 것이 국가의 의무다. 괜찮다고 듣기 좋은 소리만 하는 사람들 때문에 임진왜란을 당했다. 터무니없는 보고를 한 자도 그렇고, 그 말을 믿고 대비를 안 한 자도 무능하고 게으른 자다. 국가경영의 기본을 모르는 무책임한 자들이다. 이런 지도자들을 만나니 국민들이 죽어 나갔다. 평화 시에 전쟁을 준비하지 않는 자는 전쟁 때 죽고 파괴되는 수밖에 없다.

전쟁 시대의 재래와 지정학적 질서 재편의 시기, 우리가 살 길은 한국의 핵무장으로 귀결될 수밖에 없다. 북한의 핵무장은 불가역적 기정사실이고, 이에 더해서 러시아 군사동맹이라는 날개까지 달았다.

10. 한국의 핵무장에 따른 유불리

우리도 핵무장을 하지 않으면 우리를 지킬 수 없다는 것은 확실해졌다. 이익과 불이익을 따져보자.

1) 한국의 핵보유 이익

첫째, 대중국 안전 확보

김정일도 민족 천년의 원수라고 비판한 중국이 우리를 또다시 분열시켜 지배하려고 호시탐탐 노리고 있다. 고구려도 중국의 지방정권이었다며 동북공정 가짜역사도 미리 준비해 둔 자들이다. 내부분열을 시켜 지배하는 수법은 중국의 이웃나라를 잡아먹는 수천년 된 역사적 수법이다. 분열작업이 끝나면 중국 군대가 무혈입성한다.

김정일도 천년원수라고 규정한 흉폭한 중국에 대해 세세하며 굽실거리면 살 수 있다고 새빨간 거짓말하는 집단을 지지하는 한심한 국민도 적지 않다. 핵을 가진 한국을 중국도 그리 쉽게는 보지 못할 것이다.

둘째, 대북 억지력

권력을 위해 형도 죽였다. 민족타령을 하지만 이는 거짓말이다. 자신의 왕조를 위해서 필요하면 남쪽 민족을 향해 핵미사일을 거침없이 쏠 수 있는 것이 북한이다. 그러나 만약 우리가 핵무장을 한다면 북한도 그렇게 쉽게 경거망동하지는 못할 것이다.

셋째, 대일본 억지력

한국이 핵 보유국이 되면, 심지어 군사적 긴장 발발시 일본의 도발 의욕도 감소시킬 것이다.

넷째, 대미국 억지력

미국 대통령도 겁내는 세력. 아이젠하워도 겁냈고 케네디 대통령도 겁냈다. 클린턴 대통령은 이라크 공격을 거부했었다. 그러자 르윈스키 성추문으로 탄핵직전까지 갔다. 허니트랩에 걸려들었다. 이 세력은 전통적으로 재래식 전쟁 전문가들이다. 약한 나라들은 재래식 전쟁의 소용돌이에 휩쓸리기가 쉽다. 핵을 보유하면 이러한 소용돌이에서 비교적 자유롭다.

2) 한국의 핵보유 불이익

세계규모의 핵전쟁이 일어난다면 핵보유국 한국은 피할 수 없는 핵공격의 1차 타격 대상이 될 가능성이 높을 것이다. 한국은 종심이 좁고 국토가 좁기 때문에 일단 핵공격을 받으면 직접적 타격과 낙진에 의하여 거의 회복불능 상태에 빠질 가능성이 높아진다. 핵을 보유함으로써 확보되는 이익이 훨씬 크지만 세계대전급의 핵전쟁이 벌어질 때 위험성은 치명적이다. 핵을 보유한다고 하여 100% 안전이 보장되는 것은 아니다. 이것은 양날의 칼이다

11. 핵무장 추진 설득 논리

프랑스 드골이 나토의 핵무장 우산을 마다하고 미국 대통령에게 점잖게 설득한 논리가 있다. 국제정치에서는 그 밑바닥에 움직이는 것은 국익우선이지만 때로는 명분과 논리가 탄탄히 뒷받침될 때 뛰어넘을 수도 있다. 프랑스의 드골 대통령은 미국 존슨 대통령에게 프랑스 독자핵무장 명분에 관해서 이렇게 젊잖게 얘기했다고 알려졌다.

American nuclear weapons remain the essential guarantee of world peace. [...] But the fact remains that American nuclear power does not necessarily respond immediately to all eventualities concerning Europe and France.

미국의 핵무기가 세계평화를 위한 보증이 된다는 것은 의심할 여지가 없다. 그러나 미국의 핵무기가 유럽과 프랑스에 대한 모든 우발적 핵공격에 대해서도 즉각적으로 대응해 줄 수 있을지에 대해서는 여전히 문제가 있다. 따라서…

그 후 드골 대통령은 프랑스 독자 핵무장의 길을 걷고 미국도 이를 저지하지 못했다.

12. 미국의 한국 핵무장 반대 이유

첫째, 핵확산 금지조약의 무력화는 핵강대국 미국의 이익에 반한다. 한국에게 핵무장을 허용할 경우 일본과 대만도 같은 논리로 핵무장을 요구할 것이다. 중동의 강국들도 가만히 있으려 하지 않을 것이다. 특히 미국의 군·산복합체에서는 한국의 핵 개발을 절대 반대할 것이다. 그들은 끊임없이 재래식 무기를 팔아야 하는데 핵무기를 보유한 국가는 미국식 재래식 무기구매에 소극적이기 때문이다.

둘째, 친중세력에 대한 우려

대중국 및 대북 방어를 위해 허용해 준 한국 핵무장이 만일 친중 반미세력이 집권하여 총부리를 거꾸로 잡는다면 미국에게는 재앙이 될 것이다. 핵무장한 경제대국 한국의 친중화는 미국에게는 재앙이다.

셋째 일본의 핵무장에 대한 우려

한국이 핵무장한다면 일본도 반드시 핵무장을 하려고 할 것이다. 핵무장한 일본이 중국의 세력에 붙으면 미국의 패권은 끝장이다. 미국뿐만 아니라 친북 친중세력도 한국의 핵무장을 반대할 가능성이 높다. 핵무장이라는 것은 명백하게 북한과 중국에 대한 방어수단이지만 위협수단이기도 하다. 따라서 친북 친중세력은 그들의 보스 눈치를 보며 한국의 핵무장을 반대할 것이다. 어쩌면 선제공격 협박을 할 가능성조차도 있다.

13. 트럼프 시대의 핵무장 기회

한국의 핵무장은 이러한 중첩된 장애요인이 있음에도 불구하고 불가능한 것만은 아니다. 트럼프 대통령의 재등장이 기회일 수도 있다.

1) 주둔비 부담 긴장 발생

트럼프는 미국 역대 대통령 중에서 유별나게 개성이 강한 인물이다. 그는 실용적 장사꾼이다. 장사꾼 출신답게 현장을 중시하고 있는 그대로 읽고 본다. 그대로 대책을 세우고 실천하는 데 거침없다. 말할 때 과장이 세지만 머리는 냉정하고 치밀하다.

트럼프는 미국 글로벌리스트 딥 스테이트가 자신의 실력을 과신하여 해외로 촉수를 뻗쳐 국력을 낭비했기 때문에 미국의 힘이 현저하게 약화되었으며 이대로 가다가는 패권을 잃는다는 인식이 있다. 그 결과 서민과 중산층의 삶이 파탄에 빠졌다고 생각을 한다. 앞으로 해외에서의 돈 낭비를 줄이고 우선 국내 경제와 미국서민의 삶의 질의 향상에 주력을 하겠다고 목표를 세웠다. 경제 최우선이다.

그리고 극좌이념주의로 파탄난 미국의 가족과 윤리를 회복시키겠다고 주장했다. 그러나 다른 나라의 이념에 간섭하지 않겠다는 생각의 소유자다. 이 점은 러시아 푸틴과 비슷하다.

동맹국에 대해서도 가차 없는 잣대를 들이대고 미국 우선주의로 가겠다고 선언했다. 트럼프의 이 정책은 한국에 대해서도 그대로 적용될 것이다. 트럼프는 한국에게 주한미군 주둔비를 대폭 인상해 달라고 요구하고 그 요구가 반영되지 않으면 주한미군을 철수할 수도 있다고 협박할 것이다. 그러나 철수까지는 가지 않을 것이다. 트럼프 1기 정권 당시 독일에서 실제로 그렇게 한 적이 있다. 독일 주둔군 일부를 빼서 폴란드로 이전 주둔시켰다.

한국과 주한미군 관련한 경비 문제 때문에 긴장관계에 돌입할 가능성이 있다. 주한미군 비용에 대한 동맹국과의 긴장관계는 피하는 것이 옳다고 본다. 쥐 한 마리 잡으려다 장독 깰 수는 없다. 미국이 원하는 대로 어느 정도는 양보하되 그 댓가로 핵무기 개발할 기회를 얻는 것이 훨씬 이득이라고 생각한다. 이 문제로 인한 파열음이 생겼을 때도 뜻밖의 기회가 생길 수 있다.

2) 미군은 중국방어, 한국군은 북한방어 전략변화

2기 트럼프 행정부의 국방부 서열 3위 정책차관으로 임명된 엘브릿지 콜빈은 한국에서 중요한 인터뷰한 적 있다. 그는 인터뷰 때 한국의 핵무장을 미국이 동의할 것도 고려해야 한다는 개인적 소견을 표한 바가 있다. 콜비는 한국은 북한을 전담하여 방어하고 주한미군은 중국을 대비한 전력으로 쓰자는 전략개념을 제시한 바 있다.

이 개념은 대환영할 만한 개념이다. 우리 스스로 자주국방을 하라는 것이니 피할 일이 아니다. 주한미군의 주둔 목적이 대중방어로 바뀌고 한국이 독자적으로 대북방어를 하는 조건을 전제로 한 핵무장 허용이라면 고액의 추가 비용이 들더라도 감사하게 받아들여야 한다.

3) 한국 핵무장의 명분

콜비와 같은, 한국 핵무장에 대한 긍정적 태도를 지닌 인물은 워싱턴에 극소수에 불과하다고 알려졌다. 워싱톤의 핵무장 불가론자들을 설득하기 위한 논리가 필요하다.

한반도에 대해서 깊이 이해하는 전문가라면 귀를 기울일 수밖에 없는 명분이 분명히 존재한다. 만일 자체 핵무장 없이 이대로 수년간 허송할 경우 한국이 중국 세력권으로 빨려 들어갈 가능성이 점점 높아지고 있다는 엄중한 사실에 관한 인식문제이다.

첫째 북한은 현재 전속력으로 전술핵 개발을 진행하고 있다. 앞으로 4, 5년이 지나가면 300기 정도의 핵탄두를 보유할 가능성이 있다고 알려졌다.

둘째 북한이 한국에 대하여 핵을 사용할 때 미국은 샌프란시스코를 희생시켜가면서 부산을 보호해 줄 수 없을 것이라는 점을 많은 한국인들이 점차 인식하기 시작했다. 이 점이 매우 중요하다.

셋째 미국의 핵 반격이 불가한 조건에서 만일 북한에 의한 재앙적 핵공격이 있다면 한국민의 선택은 절멸보다는 생존이 중요하니 항복하는 수밖에 없다.

넷째 자체 핵무장이 되지 않은 상태에서 북한의 핵능력이 300기 정도로 늘어날 경우 북한의 한국에 대한 핵협박 준비는 마친 것이다.

다섯째 이 단계가 마지막이다. 북한의 핵협박과 한국 내의 친북 친중정권이 정권을 잡고 절대 다수당이 되었을 때 전쟁이냐 평화 통일이냐를 내걸고 연방제 통일을 시도할 가능성이 높아진다. 정리해 본다면 다음과 같다.

자체 핵무장이 없는 한국.

미국의 핵우산 불신.

북한의 핵 협박과 한국내 친중연합세력에 의한 평화통일론 전개.

이 과정은 전쟁 없이도 한반도가 친중세력으로 흡수될 수 있다는 뜻이 된다.

결론적으로 더 이상 미국이 한국의 핵무장을 허용하지 않을 경우 결국 중국의 세력권으로 흡수된 한반도가 될 가능성이 높다.

4) NPT 형평성

북한이 NPT 조약에서 탈퇴하여 핵 개발을 하였다. 한국도 국가와 국민을 핵으로부터 지키기 위하여 NPT 조약에서 탈퇴하여 핵무기를 만들 권리가 있는 것이다. 냉정하게 말하자면 미국이 한국의 주권을 제한할 권리가 없는 것이다. 문제는 미국의 핵우산이다. 한국의 부산이 북핵 공격받을 때 과연 미국은 샌프란시스코가 희생되는 것을 감수하면서 즉시 보복할 수 있겠는가? 그러한 보복 핵우산이라는 것은 미국도 불가능하다는 것은 이제 덮을 수 없는 사실로 인정해야 한다.

전쟁을 잠시 쉬고 있는 휴전상태의 한반도에서 북한은 핵을 개발하여 협박 중이고 한국은 손발이 묶인 상태이다. 한국만이 NPT 조약에 구속된 채 핵무장하지 못한 채 수년간 그대로 갈 경우 한반도가 결국 중국의 세력권으로 빨려 들어갈 가능성이 매우 높아지고 있는 것을 두고 볼 것인가?

이러한 절박한 이유가 있음에도 불구하고 미국이 강력히 반대한다면 그 다음의 대책을 생각하지 않을 수 없다. 경제제재 등을 감수하며 핵개발로 가든가 아니면 중간 단계로 대안을 생각해야 한다.

14. 핵 자체 개발 불가시의 대안
1) 핵무기 임대

한국의 핵무장이 지연될 경우를 대비하여 일본의 일각에서 검토하고 있다는 핵무기 임대 방식도 검토할 필요가 있다.

일본은 이미 미국과 영국 프랑스에 임대 가능성을 타진한 적이 있다고 알려졌다. 영국과 프랑스에서는 긍정적인 대답을 받은 바 있다고 한다. 문제의 키는 미국이 쥐고 있다.

핵무기 자체 개발이 미국의 강력한 반대로 어렵다면 억지로 추진하기보다 한국이 미국의 핵무기를 임대하는 방안을 제안해 보아야 한다.

수량은 최소한의 방어수량이라고 여겨지는 20-30기를 임대하여 보유하는 방안이다. 만일 미국이 직접 임대해 주는 것이 대외 명분상 꺼려진다면 영국이나 프랑스로부터 핵무기 20-30기를 임대하는 것을 미국이 묵인해 주는 방안도 있을 수 있다.

트럼프 정권이 막 출범한다. 트럼프 정권 콜비 정책차관의 시기 한국 핵무장의 기회가 올 때를 대비하고 있다가 기회가 올 때 전광석화처럼 개발해야 한다. 준비된 자만이 잠깐 다가오는 기회를 잡아낼 수 있다. 우리 실력으로 6개월이면 다소 미흡하지만 핵탄두용 농축 우라늄을 만들 수 있다고 했다.

우리는 러시아의 미사일 기술지원 덕분에 독자적 미사일 설계능력이 세계적인 수준에 올라 있다. 그런데 핵무기 임대조차도 불가능해질 경우는 어떻게 할 것인가? 러·우전쟁을 통하여 소개된 러시아의 최첨단 미사일의 한 종류가 돌파구가 될 수도 있겠다는 생각이 든다.

2) 한국형 Oreshnik 미사일

러시아의 전략가인 카라가노프가 주장한 소형 전술핵 선제공격 가능성을 배제하지 말자는 의견에 대하여 푸틴은 재래식 무기로도 나토를 이길 수 있다는 자신감을 표시한 바 있다.

그리고 최근 러시아는 실제로 소형 전술핵 못지않은 미국과 나토를 깜짝 놀라게 한 성능의 극초음속 미사일을 선보였다. 이 미사일로 인하여 서방 세계는 깜짝 놀랐다. 이것은 재래식 무기의 형태를 띠고 있으나 그 파괴력은 소형 전술핵에 버금간다고 전문가들은 말한다.

우크라이나의 드니프로에 있는 지하 미사일 제조공장을 단 1발의 모탄(母彈)에서 나온 36개의 자탄(子彈) 미사일로 타격했다. 이곳은 나토 최고의 기술자들도 함께 일하며 미사일 등 첨단 무기를 비밀리에 만들고 있는 대규모 공장이 있다고 알려진 곳이다. 폭발음도 크게 들리지 않고 폭발화염도 나타나지 않았으나 지하공장은 완벽하게 가루로 변했다고 알려졌다. 지금까지 존재하지 않았던 재래식 첨단 무기로 파악되었다. 아예 푸틴이 목표시설을 가루로 만들었다고 기자회견장에서 선언했다. 이 미사일은 마하 10에서 11 사이의 속도로 내리꽂히기 때문에 서방의 어떠한 미사일 방어체계도 이를 감지하고 방어할 수 없다고 한다. 푸틴은 기자회견에서 서방세계에서 이같은 고성능 극초음속 미사일을 아마도 1-2년 이내에는 도저히 개발할 수 없을 것이라는 자신감을 표시했다. 푸틴이 공개 석상에서 1-2년이라고 얘기했으니 어쩌면 3-4년 이상 걸려야 할지 모른다. 그리고 재래식 운송수단을 개량한 몸체에 최첨단 탄두를 탑재하는 방식이기 때문에 대량생산 효율성이 있다는 암시도 했다.

미국 MIT 대학의 군사무기 전문학자가 이 Oreshnik 미사일의 영상과 파편 잔해 사진을 본 후 미국에는 이러한 최첨단 미사일이 아직 없다고 확인했다. 그 구조와 원리에 대해서는 막연히 추측만 하지 미국의 기술로 비슷한 미사일 제조가 언제까지 가능한지도 알 수 없다고 했다. 그리고 덧붙이기를 극초음속 개발을 하다가 미국에서는 여러 차례 실패한 상태에 머물러 있다고 했다.

전술핵 사용은 일단 공포스런 협박용으로 효과가 크다는 것은 틀림없다. 그러나 방사능 오염에 의한 피해가 워낙 크기 때문에 실제 선제공격하는 데에는 아무래도 전세계적인 윤리적 반감을 우려하지 않을 수 없다. 그렇지만 푸틴이 들고 나온 이 최첨단 미사일은 일반 재래식 미사일 성능을 극대화시킨 것에 지나지 않으니 전쟁 무기의 윤리성 문제가 없다. 이 무기는 서방사회에 엄청난 충격을 주었고 아마도 많은 나라가 러시아의 이 신무기를 흉내낸 개발에 뛰어들 것으로 예상된다.

한국의 핵무기 개발이 여러 가지 이유로 사실상 어렵다면 이런 무기야말로 우리가 핵무기 전단계로 개발할 좋은 모델이라고 생각된다. 우리의 미사일 기술도 어느 정도 궤도에 올랐으니 러시아의 이같은 미사일 모델을 벤치마크 하여 만들 수만 있다면 상당한 억제력으로 작동할 수 있을 것 같다. 마침 한국은 현무 6의 개발 공개를 통하여 미사일 기술수준이 세계 탑 수준에 근접해 있다는 것을 증명한 바 있다. 강대국이 반대하는 핵무기 개발을 위하여 치루어야 하는 경제적 대가는 천문학적 비용이다. 이 비용으로 최첨단 러시아 오레슈닉

미사일의 한국버전을 개발할 수 있다면 전술핵 대용으로 활용 가치가 있을 것이다.

제2의 KF-21식 국가적인 사업으로 추진하는 것이 좋겠다. 독자항공기 KF-21도 성공적으로 런칭하여 시험비행 1000소티를 무사고로 소화했다. 록히드마틴 엔지니어들도 한국의 실력에 놀라고 있다. 여러 가지 이유로 현실적으로 핵무장이 불가능하다면, 핵무장으로 가는 중간단계로 한국식 Hazel Tree(Oreshnik)을 개발하자.

혹시 모르겠다. 발사된 핵무기를 되돌려 떨어뜨려 발사장소를 역타격할 수 있는 특별한 레이저 무기라든지 우리가 상상하지 못했던 무기체계를 개발할 수만 있다면 더 좋은 대안이 될 수 있을 것이다.

15. 이 글을 마치면서

얼마 남지 않은 타임 테이블 속에서 여전히 한국사회가 가지고 있는 병적현상 때문에 과연 한국의 핵무장이 가능할지 불안감을 금할 수 없다. 민주주의의 본가라고 알려진 미국은 클린턴 대통령 이래 소위 리버럴쪽 이념을 극단적으로 추진하면서 이념 독재주의로 흘러갔다.

진보적 독재주의는 최고 수준의 민주 사회 속에 암세포처럼 파고들어 있다. 혹자는 이런 극좌적 이념이 권력투쟁에서 패배한 트로츠키의 이념적 후배들이 소련을 탈출하여 미국으로 들어온 약 100만 명의 유대인들을 원점으로 삼는다고 주장하기도 하고 히틀러를 피해 미국으로 도망온 독일 프랑크푸르트학파의 후배들을 원점으로 삼기도 한다.

미국 대학사회의 연구와 교육환경은 이들의 극좌화되는 영향권에서 벗어날 수 없었다. 시간이 지나자 90%가 넘는 미국 대학교수들이 극단적 좌익사상 동조자들로 이루어진 것으로 알려져 있다. 이들로부터 교육받은 자들이 미국은 물론 전 세계로 퍼져 나가기 시작했다. 미국사회는 클린턴 정권 이래 급격한 이념적 절대주의 속에서 함몰되어 갔다. 정치적으로는 글로벌리스트 아젠다와 뒤섞여 국경이 무한정 개방되고 수백 수천만 가난한 난민들과 뒤섞이면서 유럽과 미국은 정체성과 삶이 도전받게 되었다. 미국의 주류언론이 이념적 다양성을 인정하지 않고 자기와 다른 이념의 상대방을 증오하면서 언론자유를 통제하고 지워버리는 독재적 횡포를 부려왔다. 심지어 현직 대통령 트럼프의 트위터 계정을 삭제하여 퇴출시켜 버릴 정도였다. Political Correctness, Wokeism, DEI, LGBTQ, 환경제일주의, BLM, 글로벌리즘 등…… 말은 그럴싸한데 앞과 뒤가 다르고 속과 겉이 다른 위선자들이 대부분이다. 탄산가스와 환경문제를 거론하는 자들이 자가용 비행기를 타고 뻔뻔하게 돌아다녀도 존경받았다. 자신들의 주장에 동의하지 않으면 조직적으로 지속적으로 끊임없이 악마화 시킨다. 미국은 심하게 병들었다. 전 세계적인 미국의 평판은 땅에 떨어졌다.

그런데 한국은 어떠한가?

한국 대학사회에 많은 미국 유학파 선생들에 의해 미국식 극좌적 리버럴 사조가 들어왔다. 대안과 생산성 그리고 지속가능성에 대한 깊은 성찰없이 이념적 주장만 가르친다. 선진국의 사조이니 그럴싸하다고 믿는 단세포들의 세계관이다. 민주주의가 어떤 뜻인지 왜 진짜 민주주의를 실현하는 것이 얼마나 어려운 건지 아는 깊이 공부하는 학자가 몇 없다. 당연히 미국은 지금 민주주의라고 할 수 없을 정도로 독재적 가치관의 혼돈에 빠져있다는 사실을 인식하는 자들이 거의 없다.

기적적으로 트럼프가 돌아왔다. 트럼프 제2기의 출범은 허울좋은 극좌적 이념에 병들어 비틀거리던 미국을 되살릴 마지막 기회인지도 모른다. 트럼프는 취임식에서 신(神)을 다시 불러왔다. 가족을 다시 찾아오려 하고 있다. 에너지 산업을 다시 살려 인플레이션을 잡고 미국의 경제를 안정화시키겠다고 한다. 미국에 공장을 다시 유치하여 돌리겠다고 한다. 미국에 물건을 팔겠다는 자들은 그에 상응하는 관세를 내도록 하겠다고 했다. 외국에서 쓸데없는 전쟁을 하지 않겠다고 했다.

혁명가가 된 트럼프의 정책이 제대로 실천된다면 어쩌면 미국은 과거의 영광에 다시 접근할 수 있을는지도 모른다.

그러나 한국은 격변의 국제정세 속에서 20세기 중반의 허상 김일성의 영향을 받은 주사파 좌익들과 미국의 극좌익의 영향을 받은 자들의 합작품처럼 보이는 사조가 여전히 미쳐 날뛰는 사회다. 낡은 사조가 한국 사회 전분야를 유령처럼 떠돌고 병들게 하고 있다. 한국사회의 각 분야에 널리 퍼져 있는 시대착오적 세력들에 의하여 한국의 핵무장이 봉쇄될 수도 있다는 불안감을 지울 수 없다.

그러나 트럼프의 등장과 함께 한국이 핵무장할 수 있는, 과거에 없는 절호의 기회가 오고 있는 것은 틀림없다. 핑계는 필요 없다. 이 기회를 어떻게든지 살려내야 자유민주주의의 번영된 국가를 지켜낼 수 있다.

변진학

인사처

2내무반 전우들과 함께

중대본부에서 CRC로 출근버스에서

문봉희, 변진학, 김명식 중대장, 김병언, 임영화, 변진학 외 전우 전역 기념사진.

임병수, 변진학.

정문부(鄭文孚), 북관(北關)을 지켜내다
―임진왜란 함경도 의병장 정문부 약전(略傳)

구 범 회

임진왜란(1592. 선조25년) 초기 북관(北關. 함경도)대첩의 영웅 정문부(鄭文孚. 1565-1624)장군은 현저한 숫적 열세를 무릅쓰고 가토 기요마사(加藤淸正)가 이끄는 2만여 명의 최정예 왜군을 함경도에서 몰아낸 인물이다.

그는 원래 문관 출신이었다. 24세 때인 1588년(선조 21년) 식년 문과에서 갑과 2위(02/34)로 급제해 한성부(漢城府) 참군(參軍·정7품)을 지낸 뒤 27세에 함경도 병마평사(정6품·병마절도사보좌관)로 부임했다. 임진왜란이 일어나기 한 해 전인 1591년이었다. 그는 28살의 청년 관원으로 임진왜란을 맞은 셈이다.

개전 초기 함경도는 어느새 왜군의 세상이 되어 버렸다. 그로부터 두세 달 뒤 정문부는 그 지방 수령들과 무관, 선비들에게 떠밀리다시피 해서 의병장에 추대됐다. 그러나 이때까지는 싸움 한번 제대로 해 본 적 없는, 그야말로 젊은 애송이 사대부에 지나지 않았다.

그런 그가 의병장이 되면서 북으로는 여진(女眞)·말갈(靺鞨)을 평정해 국경을 튼튼히 했고, 안으로는 회령(會寧)·경성(鏡城)·명천(明川) 등지에서 일어난 반란(叛亂)을 진압, 후방을 안정시켰다. 이어 함경도를 점령한 채 약탈을 일삼던 2만여 명의 왜적들과 4개월여에 걸친 혈전을 벌여 이들 왜구를 함경도 땅에서 모조리 쫓아낸 것이다. 이 세 갈래의 싸움은 약간의 시차만 있을 뿐, 모두 왜적과 대치·전투 중에 벌어진 것이었다.

그러나 이러한 그의 공헌에도 불구하고 정문부는 임진왜란이 끝난 지 26년, 그리고 인조반정이 일어난 지 1년 뒤인 1624년(인조 2년) 10월 역적으로 몰려 심한 매질을 당한 끝에 억울하게 죽었다.

20여 년에 걸쳐 5차례나 영의정을 지냈던 양파(陽坡) 정태화(鄭太和. 1602-1673)는 현종에게 정문부에 대한 신원(伸寃)과 추증을 주청(奏請)하면서 바로 이 점을 지나치지 않았다.

병마평사 신 문부가 몸소 의병을 거느리고 청정(淸正. 가토 기요마사)을 토벌하여 육진 밖에서 적군의 깃발을 뽑아버렸으며, 백탑 아래에서 (왜적을) 대파했습니다. 위엄으로 말갈을 복종시켜 변경을 온전히 했고 오랑캐의 기세를 꺾어 빛나는 공훈을 세웠으니, 이는 만력(萬曆·명나라 연호)이래 선무(宣武)공신이 된 장수들 중에는 없었던 바입니다(兵馬評事臣文孚, 躬將義師, 討淸正搴旗六鎭之外, 踐血白塔之下, 威服靺鞨以全邊境, 挫蠻夷之氣, 建震耀之勳, 萬曆以來, 宣武諸將之所未有也).

선무공신은 임진왜란 때 공을 세워 공신에 책록된 신하들을 가리킨다.

'초회왕(楚懷王)' 시(詩)가 뭐라고

초나라에 비록 세 집만 남아 있더라도 진나라는 망한다는 남공의 말이 꼭 맞지는 않는구나. 한 번 무관에 들어가자 백성의 희망 끊겼는데 잔약한 후손은 무슨 일로 또 회왕이 되었는가?
(楚雖三戶亦秦亡, 未必南公說得當. 一入武關民望絶, 孱孫何事又懷王)

이 시는 농포(農圃·정문부의 호)가 창원부사로 있을 때인 1618년(광해군 10년) 역사적 사실들을 소재로 읊었던 영사(詠史) 10수(首) 중의 한 수다. 그의 문집인 『농포집』에도 실려 있다.

전국(戰國)시대의 패자(霸者)인 진(秦)나라와 자웅을 겨뤘던 초(楚)나라 회왕이 땅을 떼어주겠다는 진나라 소양왕(昭襄王)의 계략과 장의(張儀)의 감언이설에 속아 진나라에 갔다가 무관(武關)에 억류되어 일생을 마친다. 장의는 당시 소진(蘇秦)과 함께 당대 제일의 유세객이었다.

그 뒤 전국 말기에 회왕의 후손인 웅심(熊心)이, 비명에 간 회왕을 기리고 진나라에 대한 초나라 백성들의 복수심을 일깨우며 천하통일의 의지를 다지기 위해 항량(項梁)에 의해 다시 회왕으로 추대되었다. 웅심은 훗날 초나라 황제가 되어 의제(義帝)로 불렸으나 유방(劉邦)과 천하를 다투던 항우(項羽)에게 거슬려 끝내 살해되고 만다.

농포는 초나라의 회왕과 의제에 얽힌 이처럼 비극적이고도 슬픈 운명과 아픈 역사를 칠언절구의 짧은 시 속에 함축해 읊조린 것이다.

그런데 바로 이 시가 빌미가 되어 임진왜란이 끝난 지 26년, 그리고 인조반정이 일어난 지 1년 뒤인 1624년(인조 2년) 10월 정문부는 역적으로 몰려 심한 매질을 당한 끝에 죽임을 당한다. 이 시가 왕좌에서 축출된 광해군을 안타까워하고, 반정(反正)으로 왕위에 오른 인조를 꼬집은 것이라는 죄목이었다. 그러나 인조가 반정한 해는 1623년이고, 정문부가 이 시를 지은 때는 앞서 말했듯이 1618년이니, 이는 앞뒤가 맞지 않는 것이었다.

정문부는 당초 이괄(李适)의 난에 연루되었다고 하여 의금부에 잡혀 들어갔으나 대질신문에서 결백이 밝혀져 곧 석방될 참이었다. 반적들과 내응했던 부사과(副司果·五衛의 종5품무관직) 박래장(朴來章)이란 자가 혼자서 마음속으로 문무를 겸전한 정문부를 반란군 대장으로 점찍었다. 그리고는 평소 안면 있는 의생(醫生) 이대검(李大儉)이 정장군의 종기를 치료하고 있음을 알고 그의 뜻을 떠보라고 일렀고, 이 말이 체포된 반적의 입에서 흘러나왔다는 것이다.

정문부와 대면한 이대검이 "朴으로부터 그런 말을 들었지만, 종기를 치료한다고 침 한 번 놓았을 뿐인데 어떻게 장군께 그 말을 할 수 있겠느냐?"라고 진술함으로써 정문부의 역모연루 건은 혐의 없음으로 일단락되었다.

그러자 이번에는 사헌부와 사간원을 움직여 다시 '초회왕' 시를 들이대며 "불순한 저의가 있다."라고 얼토당토않은 이유로 곤장을 쳐 죽음에 이르게 했다. 그는 잡혀오기 전부터 오래된 종기가 악화되어 이미 몸도 제대로 가누지 못하는 상태였다.

그러나 조정에서는 당시 문사랑(問事郎·신문관)이었던 택당 이식(澤堂 李植)과 조익(趙翼)을 빼고는 그 누구도 정문부의 구명에 나서지 않았다. 그가 얼마나 억울했으면 마지막 죽는 순간까지 "원통하다. 원통하다."를 되뇌었을까.

왜적·여진·반도 토벌한 함경도 호랑이

가토 기요마사 부대 2만여 명이 관북지방에 발을 디딘 것은 1592년 6월초(이하 음력)였다. 이로부터 한 달여만에 함경도 전체는 왜적의 수중으로 들어간다.

남병사 이혼(李渾)이 철령(鐵嶺)에서 패한 데 이어 한달여 뒤인 7월 18일 믿었던 북병사 한극함(韓克諴)마저 해정창(海汀倉·城津)전투에서 통한의 패착을 두고 만다. 한극함은 이일과 함께 북방을 누비며 오랑캐를 토벌해 온 맹장이다. 한극함은 전투가 시작되자 천여명의 정예 기병들을 투입, 적진을 휘저으며 적을 짓밟고 베는 우수한 기병전술로 기선을 제압했다. 겁에 질린 왜적은 허둥지둥 창고 안으로 도주, 화물더미에 숨어 콩볶듯이 조총을 쏘아댔다. 비처럼 쏟아지는 총탄세례에 조선군 기병들은 맥없이 쓰러졌고, 군마들 또한 고슴도치의 몰골로 속절없이 땅바닥에 나자빠져 버둥거렸다. 화공(火攻)으로 압박하지 않고 보이지 않는 적을 계속 공격한 게 화근이었다. 창고 안 물건들이 아까웠으면 일단 뒤로 빠져 적이 다시 나오기를 기다렸어야 했다. 날이 어두워진 가운데 조선군은 상당한 타격을 입고 남은 병력을 수습, 근처 야산으로 후퇴했으나 야음을 틈탄 왜적의 매복 기습에 혼비백산, 여지없이 무너지고 말았다. 조선군엔 사상자가 즐비했고, 나머지 생존자들은 모두 뿔뿔이 흩어져 자취를 감췄다.

이로써 조선의 북방 22개 주는 한순간에 왜적의 소굴로 변해버렸다. 이 와중에서 감사 유영립(柳永立)은 산골에 숨어 있다가 반적(叛賊)들에게 붙잡혀 가등청정군에게 넘겨졌으나 뒤에 가까스로 탈출했다. 목숨은 건졌지만 함경감사 직에서 파면되는 수모를 감수해야 했다. 도망자 신세로 전락한 이혼은 갑산(甲山)에서 반적들에게 붙잡혀 피살됐다. 한극함도 반적들에 의해 가등청정에게 넘겨진다. 한극함은 얼마 뒤 왜적의 소굴을 탈출, 의주(義州)행재소로 달려가 관북의 실정을 아뢰고 자신의 결백을 주장했으나, 적과 내통했다는 죄목으로 결국 처형되고 말았다.

다른 지방수령들도 왜적과 반적들에게 붙잡힐까 두려워 모두 꼭꼭 숨어버렸다. 무법천지였다. 백성들의 생사(生死) 문제는 어느새 반적들에게 넘어가 있었다. 회령(會寧) 관노(官奴) 출신의 반적 수괴 국경인(鞠景仁)과 그의 숙부로 경성(鏡城) 관노였던 국세필(鞠世弼), 명천(明川)의 사노(寺奴) 정말수(鄭末秀)와 목남(木男) 등의 무리들이 사방에서 발호(跋扈)했다. 백성들끼리 서로 이간질하도록 부추기니 소위 차도살인(借刀殺人)하는 청적(淸賊·가등청정)의 간교함이 이처럼 흉측하기 짝이 없었다.

가등청정은 안변(安邊)을 중심으로 길주(吉州) 이남에 병력을 주둔시키고, 춥고 척박한 북쪽땅은 충성을 맹세한 이들 반적들에게 맡겼다. 기록에는 관북 8개 지역이 한동안 반적 손아귀에 들어있었다고 되어 있다.

국경인과 국세필은 관북에 피란 중이던 선조의 두 아들 임해군(臨海君)과 순화군(順和君), 그리고 이들을 시종하던 조정신하들인 상락부원군 김귀영(金貴榮)·황욱(黃彧)·황혁(黃赫) 등을 붙잡아 가등청정에게 바쳤다. 그 댓가로 이들이 받은 '선물'이 관북 8개 지역이었던 것이다.

정문부는 이때 함경북도 병마평사로 왜적과 반도들에 쫓겨 부령(富寧) 정암산(靖巖山)에 은신해 있었다. 산속을 전전하며 산나물을 캐먹고 열매를 따먹으며 초근목피(草根木皮)로 목숨을 이어갔다. 28세의 청년으로 병마평사로 부임해온 지 1년여만에 왜란을 당한 것이다.

반적들에게 붙잡혀 끌려가다가 농사짓던 선비의 도움으로 겨우 목숨은 건졌지만 반적의 화살에 맞은 부상으로 몸이 성치 않았다. 반적들의 눈을 피해가며 남루한 옷차림으로 문전걸식(門前乞食)하는 나날이 이어졌다. 용성(龍城)의 눈밝은 박수무당 한인간(韓仁侃)이 동냥온 그를 용케도 알아보고 집안으로 모셔 극진히 예우했다. 이것이 인연이 되어 함경도 탈환의 일등공신으로 '사의사(四義士)'로 불리는 이붕수(李鵬壽)·최배천(崔配天)·지달원(池達源)·강문우(姜文佑)를 만난다. 이들의 주도로 비밀리에 창의기병(倡義起兵·의병모집)의 사발통문(沙鉢通文)이 돌자, 함경도 전역에서 수백명의 백성들이 몰려들었다.

정문부 장군의 문집인 『농포집(農圃集)』에 실린 장계(狀啓)에는 주을온(朱乙溫) 만호(萬戶·종4품邊將) 이희당(李希唐) 등 창의를 함께 했던 60여 명의 동지들이 자세히 기록되어 있다.

이들 외에도 전(前)감사 이성임(李聖任)·경원부사 오응태(吳應台)·경흥(慶興)부사 나정언(羅廷彥)·수성(輸城)찰방 최동망(崔東望) 등과 조정신료로 피란 중이던 서성(徐渻), 귀양와 있던 한백겸(韓百謙)·나덕명(羅德明) 등도 창의군에 가세했다. 이들뿐이랴. 산간벽지에 흩어져 있던 많은 전현직 벼슬아치들과 장사들도 속속 합류했다.

이들의 전폭적인 지지로 직급과 나이를 뛰어넘어 의병장에 추대된 정문부는 먼저 국경인·국세필·정말수·목남 등 반적 수괴들을 참수하여 후방을 튼튼히 했다. 민심이 안정되자 의병 세력은 순식간에 불어나 그 규모가 6천여 명에 달했다.

백탑교전투에서 왜군을 격파하다

　이를 발판으로 정문부 장군이 이끄는 관북 의병들은 본격적인 왜적 토벌에 나섰다. 이때가 9월16일이었다. 이틀 뒤 아무 영문도 모른 채 경성에 왔던 길주(吉州) 주둔 왜군 90여 명을 일망타진했다. 이를 시작으로 장평(長坪·길주소재), 쌍포(雙浦·임명(臨溟)소재), 단천(端川), 백탑교(白塔郊·길주부근)전투에서 모조리 승리했다.
　가등청정이 이끄는 왜적은 백탑교 등 일련의 전투에서 수천 명의 장졸을 잃는 등 심대한 타격을 입고 함경도에서 도망치듯 퇴각했다. 1593년 2월초였다. 함경도를 점령했던 왜적과 싸움을 벌인지 4개월여 만이었다.
　영조 때 홍문관대제학이었던 강한(江漢) 황경원(黃景源)이 쓴 충의공(忠毅公) 정문부장군 신도비와 북관대첩비, 장계(狀啓) 등에는 당시의 치열했던 장평전투와 백탑교전투가 잘 묘사돼 있다.
　먼저 장평전투의 주요 장면을 보자.

　장평에 이르자 왜노 수괴 직정(直正)이 장수 도관(都關)및 여문(汝文) 등과 함께 많은 적들을 이끌고 과감하게 죽음을 무릅쓴 전면전으로 맞서왔다. 강문우와 종사(從事) 원충서(元忠恕)가 좌·우를 맡아 기병을 이끌고 들이치고 복병장 한인제(韓仁濟·防垣萬戶)가 또 번갈아 앞으로 돌격했다. 노비 무리와 역졸(驛卒)들도 용감하게 분전했다. 6시간의 혈전 속에 아군은 우박 퍼붓듯이 화살을 쏘아댔고, 더이상 견디지 못한 왜구들은 장덕산(長德山)으로 도망쳤다. 왜장 도관과 여문도 10여 발의 화살을 맞고 도주했고 사방에서 아군 복병이 출몰하며 왜적을 대파했다. 왜적의 주요 장수 5명을 죽이고 목을 벤 왜적의 수가 8백25명이었다.

산으로 도망간 나머지 많은 왜적들은 불을 질러 태워 죽였으며, 화살을 맞고 벼랑으로 떨어져 죽은 자들은 다 헤아릴 수가 없었다. 관북 의병들은 왜적의 배를 갈라 창자를 대로에 늘어놓았으며, 이에 아군의 명성은 크게 진작되고 왜적은 더욱 두려워했다.

특히 정문부가 2만의 가등청정의 대군과 맞붙은 백탑교 전투는 두 진영의 명운을 가른 결전이었다. 임진왜란이 일어난 지 9개월여 뒤인 1593년 1월말의 일이었다.

가등청정은 2만의 병력을 이끌고 마천령(摩天嶺)을 넘었다. 직정의 부대와 합세해 북상하고 있었다. 공은 6백명의 정예기병을 이끌고 말을 채찍질했다. 그리고 6천여 명의 장졸들을 향해 외쳤다.
"우리가 나라를 위해 싸우다 죽지 않으면 충신이 아니다(吾爲國家不戰死, 非忠臣也)."

모두가 하나같이 두려운 기색 없이 오히려 공경하는 눈빛으로 장군의 뒤를 따랐다. 하루 종일 60여 리에 걸쳐 좌우에서 협공하며 후미를 기습하는 등, 치고 빠지는 싸움을 거듭하면서 적의 예봉을 꺾었다. 그리고는 백탑교에 이르자 경기병으로 벼를 찧듯이 일거에 적을 짓뭉개 버렸다. 흐르는 피는 들판을 가득 메웠다(流血盈野). 화살에 맞아 죽은 자만도 천여 명을 헤아렸다. 왜적은 전사자들의 시체를 싣고 길주성으로 들어가 시신들을 불태웠다. 가등청정은 얼마나 혼쭐이 났던지, 밤이 되자 저녁밥도 지어먹지 못한 채 성을 버리고 남쪽으로 도주했다.

조선의 대표적인 실학자 가운데 한 사람인 순암(順菴) 안정복(安鼎福)은 '정평사의 쌍포 왜적격파도 뒤에 쓴 글(題鄭評事雙浦破倭圖後)'

에서 이 때의 가등청정을 이렇게 묘사했다.

　　청정의 용맹과 사나움은 왜장 중의 으뜸이다. 크게 북치며 철령을 넘어 북쪽땅을 유린하고 야인(野人·여진족)들의 경계에까지 이르렀으니, 이 부대의 흉악함과 사나움을 알 수 있다. 그러나 공을 만나 한 번 대패하고는 머리를 감싸쥐고 쥐새끼처럼 도망쳤다(淸正之雄勇鷙悍, 爲諸酋之最, 一鼓而踰鐵嶺蹂躪北土, 至于野人之界, 其兵鋒之兇猛可知也. 然而遇公一敗, 抱頭鼠竄).

그러면서 "정문부를 삼남(三南)의 병사(兵使)로 기용했더라면, 청정이 어찌 감히 진양(晋陽)을 함락시키고 남원(南原)을 도륙할 수 있었겠는가?" 라고 크게 탄식했다.

북관 야스쿠니 그리고 북관

　　정문부는 사대부 출신의 20대 의병대장으로 임진왜란 동안 적어도 육전(陸戰)의 경우, 타의 추종을 불허하리만큼 숱한 전공(戰功)을 세웠다. 6천의 의병을 이끌고 북관의 매서운 추위와 삭풍 속에서도 최정예 왜군인 2만여 가토 기요마사(加藤淸正) 부대를 연전 연파, 함경도땅에서 왜구를 완전히 몰아낸 것이다.

　　청정(淸正)부대와의 치열한 격전이 임란(壬亂)이 터진 해인 1592년 9월 하순부터 4개월여 동안 끈질기게 계속됐던 것도 전례 없는 일이다. 이뿐만이 아니다. 함경도 의병은 다른 지역 관군이나 의병들과 달리 세 가지 어려움을 안고 싸웠다. 왜적과 북방오랑캐, 그리고 왜적과 내응(內應)·결탁한 반란세력으로부터 함경도를 온전히 지켜내기 위함이었다. 정문부 의병을 '삼위군(三衛軍)'이라고 부르게 된 이유다.

정문부는 여진족들을 다독여 북쪽 국경을 안정시켰고, 반적(叛賊)들을 모조리 소탕했으며, 왜적들까지 함경도 밖으로 깡그리 몰아냈다. 관북의 '삼중고(三重苦)'를 일거에 해결한 것이다.

이를 높이 평가한 부분이 영조 때 대사헌이었던 정암(貞庵) 민우수(閔遇洙)가 쓴 『농포집(農圃集)』 서문에 잘 나타나 있다.

> 공은 한 젊은 서생으로 의병을 이끌고 반란한 백성들을 제거하고 계속 여러 차례에 걸쳐 왜적을 격파하면서, 북방 오랑캐들의 침입을 미리 막아 함경도가 적에게 함락됨을 면하게 하였다. 일일이 중흥의 공적을 헤아려 볼 때, 거의 이에 견줄 만한 것이 없다(公以眇然一介書生, 糾率義旅, 旣剪叛民, 繼而屢破倭賊, 逆拒胡寇, 使關北一路, 得免淪陷, 歷數中興功績, 殆無其比).

이처럼 눈부신 활약을 펼쳤음에도, 공은 승진과 포상 한 번 제대로 받지 못했다. 그리고 공의 전공은 오랫동안 역사의 뒷전에 묻혀버렸다.

왜 그랬을까? 이유는 간단하다. 먼저 유영립(柳永立)의 후임으로 함경감사로 부임해 온 윤탁연(尹卓然)이 공을 미워했기 때문이다. 형조판서와 호조판서 등 3차례나 판서를 지낸 윤탁연에게 강직한 성격으로 고분고분하지 않고 남과 타협할 줄 모르는, 젊은 정문부가 곱게 보였을 리 없었을 것이다. 공이 왜적과의 전투에서 잇달아 엄청난 승리를 거뒀음에도 윤감사는 조정에 올리는 장계에서 정문부의 이름은 쏙 빼버렸다. 대신 자신의 맘에 드는 경성(鏡城)부사 정현룡(鄭見龍) 등에게 공의 전과(戰果)를 나눠주었다. 정문부에게 돌아온 것은 윤감사의 시기와 질책과 모함뿐이었다.

이 때의 상황이 대문장 택당(澤堂) 이식(李植)이 쓴 〈임진의병의 일을 기록하다(記壬辰擧義事)〉의 '길주사적(吉州史蹟)'편에 다음과 같이 기록되어 있다.

> 이때 관찰사 윤탁연은 정문부의 명성과 공적을 미워하여 이를 덮어버렸다. 도리어 '문부가 본래 한 장수의 막료인데 스스로 대장이 된 것은 부당하며 이는 자신의 절도를 어긴 것'이라고 책망했다. 문부가 굽히지 않자, 탁연은 대노(大怒)하여 사실과 반대로 의주행재소에 아뢰고 문부가 벤 왜적의 수급들을 자신의 휘하 사람들에게 나누어 주었다. 그리고 문부가 뇌물을 받았다고 모함하는 계책을 꾸몄다.

이를 두고 영조 때에 홍문관대제학을 지낸 강한(江漢) 황경원(黃景源)은 이렇게 준엄하게 꾸짖었다. "북방이 평정된 것이 누구의 공이던가. 아, 너희 측근 신하가 도리어 충신을 헐뜯었도다(朔方載定,伊誰之功.咨汝屛臣,乃反訾忠)."

공의 전공이 오랜 세월 역사의 암흑에 갇혀 있었던 것은 인조 즉위 다음 해 일어난 이괄(李适)의 난에 연루됐다는 모함을 받아 억울하게 장살(杖殺)당한 탓도 크다.

원혼(寃魂)이 돼 구천을 떠돌던 장군의 원통함이 뒤늦게나마 풀어진 것은 그의 사후(死後) 41년인 1665년(현종 6년)이다.

당시 함경도 북평사였던 외재(畏齋) 이단하(李端夏)가 관찰사 민정중(閔鼎重 호는 老峰)과 의기투합, 실종된 북관대첩의 진실을 찾아내 조정에 알렸다. 이를 바탕으로 장군에겐 좌찬성 등이 추증되고, 논공행상에서 빠졌던 의병과 그 후손들에게도 부족하나마 추증과 포상이 이루어졌다. 정문부 장군과 용맹했던 관북의병들은 경성의 창렬사(彰

烈祠)와 부령(富寧)의 청암사(靑巖祠)에 배향되었다.

장군과 의병들의 억울함을 풀어준 덕분이었을까? 이단하와 민정중은 훗날 똑같이 좌의정에 오른다. 두 사람은 모두 실력 있고 올곧으며 덕망있는 충신이었다. 뜻있는 신료와 선비들은 오히려 이들 두 사람이 영상이 되지 못한 것을 아쉬워했다고 한다.

장군의 신원(伸寃)에는 또 노봉 집안의 공이 컸다. 노봉에 앞서 그의 동생인 민유중(閔維重)이 경성통판(通判·판관)으로 있을 때 이런 사실을 알고 관북의병들의 묘에 정성스럽게 제사를 지내줬다. 이 인연으로 그의 아들 민진후(閔鎭厚)는 어명으로 정문부의 시장(諡狀·시호를 내리는 글)을 썼고, 민진후의 아들 민우수(閔遇洙)는 장군 후손의 요청으로 『농포집』의 서문을 썼다. 그러니까 민씨 집안이 3대에 걸쳐 정문부 장군과 각별한 인연을 맺은 셈이다.

농포를 기리는 일은 여기서 끝나지 않았다. 숙종 때에 문장으로 이름난 최창대(崔昌大)가 함경도 북평사로 있을 때, 다시 북관대첩의 누락된 실상들을 상세히 조사, 조정의 재가를 받아 길주(吉州) 임명(臨溟)에 자신의 글로 북관대첩비를 세웠다. 1707년 숙종 34년의 일이다. 이에 힘입어 6년 뒤인 1713년 정문부 장군에게 충의공(忠毅公)이라는 시호가 내려졌다.

정문부와 관북의병들에 대한 최창대의 평가는 명쾌하다.

…… 고단하고 보잘것없는 몸을 일으켜 도망가 숨은 자들을 분발시켜 단지 충의로써 서로 감격하여 끝내 오합지졸로 전승을 거둬 한 지방을 수복한 것으로는 관북의 군대가 으뜸이다(…… 若起單微奮逃竄,徒以忠義相感激,卒能用烏合取全勝,克復一方者,關北之兵爲最).

정문부 장군 묘와 비석
경기도 의정부시 산단로 132번길 59-17 용현동 소재

이렇게 늠름했던 북관대첩비는 1905년 노(露)·일(日)전쟁의 와중에서 일본땅으로 '피납(被拉)'되는 비운을 맞는다. 이 전쟁에 참전해 함경도땅을 밟았던 한 일본군 부대장이 이 비석을 알아보고 일본으로 약탈해 간 것이다.

북관대첩비는 그동안 군국일본의 상징인 도쿄 시내 지요다(千代田)구 야스쿠니(靖國)신사에 방치된 채 이루 말로 다할 수 없는 수모를 당했다.

일본은 장군의 태산 같은 기세를 꺾겠다며 북관대첩비를 땅속에 처박는가 하면, 이 비석 위에 육중한 1톤짜리 돌덩어리를 얹어놓았다. 독립투사 조소앙(趙素昻) 선생이 지난 1909년 대한흥학회보에 '북관에 대한 나의 소감'이란 제목으로 기고한 글에 그런 내용이 나와 있다. 장군이 얼마나 두렵고 무섭고 미웠으면, 북관대첩 4백여년이 지나서도 일제가 말 못하는 비석에까지 이런 비열한 짓거리를 서슴지 않았을까. 북관대첩비는 이렇게 처참한 신세로 한·일합방, 일제식민통치, 대동아전쟁, 해방, 한국전쟁 등 수난의 민족사를 고스란히 겪어내야 했다. 다행히도 지난 1978년 도쿄 소재 한국연구원의 최서면(崔書勉) 원장 눈에 띄어 한·일 민간 및 정부간 교섭을 통해 고국을 떠난 지 1백년 만인 지난 2005년에 조국으로 되돌아왔다. 이듬해 북관대첩비의 고향인 북한으로 보내졌고, 한국에는 복제 북관대첩비가 국립박물관과 장군의 무덤가 등에 외롭게 세워져 있다.

구범회
통신부

1975년 9월 유격훈련을 마치고.

서병교, 양현중, 이상균, 구흥서, 김건중, 황성호, 구범회.
2024년 4월 평택에서.

편집후기 및 부록

편집후기

편집위원회

구흥서

그동안 신현우 양현중 이상균 황성호 서병교 전우들과는 전역이래 줄곧 만나 회포를 풀고 지내 왔지만, 지난 2024. 08. 14. 서병교 전우가 운영하는 호텔에서 전역 이래 50여 년 만에 선후배 전우들을 만나게 되어 반갑기 그지없었다.

원고를 접수 편집하는 동안 또 한 살의 나이를 먹었다. 엊그제 새해를 맞이한 것 같은데 벌써 5월 중순이 지나가고 있다. 나이를 먹어가면서 걱정하는 것이 노인성 치매이다. 치매 예방을 위해서라도 전우들의 군소리 책자는 꾸준히 계속하였으면 한다.

박경신

길고 힘든 과정이었다. 그래도 의미 있는 작업을 했다고 생각한다. 편집위원 모두에게 감사드린다. 특히 원고 수집과 정리 때문에 고생하신 백승춘 위원과 구흥서 위원께는 더 큰 감사를 드린다.

백승춘

어언 오십여 년. 휴가 기간에 체육대회 참가 약속 지키려 일시 귀대한 게 엊그제 같은데.

군소리 4집이라. 해운대 바닷가에서 뜸 들이고 눈 내리는 고양 주막에서 막걸리 마시며 철둑 넘어 뚱순 이쁜 아씨,

PX 낚시질도 회상하고…. 송성문 형 미안하외다.

군소리 3집 편집하느라 밤 지새우던 임유성, 김용호, 김용식 작전처 군우들, 감히 소인이 편집위원을 대신했다오.

수송부 이영규 못 찾아 아쉽네! 살아있재?

함께 수고하신 편집위원님들, 밤새워 원고 쓰시고, 무언으로 성원해 주신 기라성 같은 전우 여러분 고마울 뿐.

열심히 숨 쉬고 건강히 오래 사세요.

서병교

군 생활이라는 것이 묘~~~하다. 50여 년 전의 기억이 너무나 생생하기 때문이다. 일반 사회생활에서는 아득히 잊히는데, 어찌하여 이런 기억들이 새록새록 머릿속을 스쳐 지나가기에 엷은 미소가 어울릴까?

군소리 4집을 제작한다기에 그동안 묵혀두었던 서재 한구석의 앨범을 찾아서 먼지를 털고 닦으며 하나씩 쳐다보니 그리움이 가슴 깊이 일어난다.

그립고 기다렸던 재회의 시간이 되어 언 30명 정도 모였는데, 얼굴에는 세월의 흐름과 거센 풍파의 흔적이 너나 할 것 없이 똑같이 새

겨져 있었다.

그동안 삶의 역경들을 들으며 술 한잔을 하면서 "남은여생 행복하게 살아갑시다."라는 말이 절로 나온다. 세월은 바로 이런 것으로 생각하며~~

그래서 기도한다. "하느님! 하느님께서 자비하신 것과 같이 우리도 하느님을 닮아 낮은 사람들에게 자비를 베풀 수 있도록 저희를 깨우쳐 주소서. 우리 주 예수 그리스도 이름으로 기도 드립나이다. 아멘!"

서장선

작년(2024년) 이맘때만 해도 I Corps 전우들과 50주년 기념으로 무엇을 해야 하나 하고 걱정했는데 이렇게 군소리 4집이 완성되고 나니 이생에 남기는 것이 있는 것 같고 꿈만 같다.

너무 큰 수고를 하신 박경신 교수님, 백승춘 사장님, 구흥서 박사님 등 여러 편집위원님께 감사드린다.

정지수

공간은 기억이 거주하는 집, 누구와 살았는지 어떤 추억을 함께 만들었는지,
그 기억이 숨 쉬는
순간 마음속 그 집으로 달려가고
싶습니다. 반세기가 넘었지만, 그 숨소리 아련히 들렸습니다.
저만 그런가요?

回憶(돌아온 기억)

가끔가끔

기억이 납니다.

기억한다는 거슨

그리워한다는 것이고

그리워한다는 거슨

보고 싶다는 것이고

보고 싶다는 거슨

가슴 한켠에 못다한 마음 남아 있다는 증거입니다.

아무일도 거들지

못하여서 편집후기 대신 그리움을 전합니다…

정 춘

촌심천고(寸心千古)는 추사 김정희 선생의 명구인(名句印) 가운데 하나다. 세한도에 찍힌 '장무상망(長毋相忘)'과 비슷한 뜻을 가진 인장이다. 장무상망이 '오래토록 서로 잊지말자'는 뜻이라면 촌심천고는 '내 작은 마음은 천고의 세월이 흘러도 변하지 않는다'는 의미다. 짧으면 짧았으며, 길다면 길었던 군생활의 내 작은 마음은 아무리 세월이 흘렀어도 변하지 않는다.

부록 :
<I CORPS FAMILY 명단>

권문택

감종홍 구범회 구흥서 김건중 김광섭 김규석 김명식 김병언
김삼현 김수룡 김영희 김용식 김용호 김효종 문봉희 민병출
박경신 박동근 박승경 박용우 박홍용 박홍철 백승춘 변진학
서병교 서장선 송성문 신종철 신현우 안상수 안상순 양재하
양현중 유광호 유달준 이 경 이경영 이상균 이상명 이상원
이석우 이영규 이의용 이정룡 이진업 이흥건 이희배 임병수
임유성 장창희 전상구 정국진 정지수 정 춘 정홍구 조병주
조용호 한규훈 한상철 허형석 황성영 황성호 황완주

창간 50주년기념 軍소리군소리 제4권

I CORPS Family 함께한 50년

초판 1쇄 인쇄일 2025년 4월 23일
초판 1쇄 발행일 2025년 4월 30일

지은이	아이코 전우회
펴낸이	한선희
편집/디자인	정구형 이보은 박재원 안솔비
마케팅	정찬용 정진이
영업관리	한선희 한상지
책임편집	정구형 안솔비
인쇄처	으뜸사
펴낸곳	국학자료원 새미(주)
등록일	제 395-3240000251002005000008 호
	경기도 고양시 덕양구 권율대로 656 원흥동 클래시아 더 퍼스트 1519, 1520호
	Tel 02)442-4623 Fax 02)6499-3082
	http://www.kookhak.co.kr
	kookhak2010@hanmail.net
ISBN	979-11-6797-231-6 *03810
가격	32,000원

* 저자와의 협의하에 인지는 생략합니다.
  국학자료원·새미·북치는마을·LIE는 국학자료원 새미(주)의 브랜드입니다.
* 이 책 내용의 전부 또는 일부를 재사용하려면 반드시 저작권자의 동의를 받아야 합니다.